Fundamente der Mathematik

Rheinland-Pfalz

Gymnasium · Klasse 5

Herausgegeben von
Dr. Andreas Pallack

Inhaltsverzeichnis

	Bauplan zu „Fundamente der Mathematik"	4
1.	**Natürliche Zahlen und Größen**	**5**
	Dein Fundament	6
1.1	Daten erheben und auswerten	8
	Streifzug: Befragungen planen, durchführen und auswerten	12
1.2	Natürliche Zahlen – große Zahlen	13
1.3	Römische Zahlen	16
	Streifzug: Zahlen im Zweiersystem	18
1.4	Runden	20
1.5.	Zahlenstrahl	22
1.6	Größen schätzen	25
1.7	Größen umrechnen	28
1.8	Größen in Kommaschreibweise	32
1.9	Maßstab	34
1.10	Vermischte Aufgaben	38
	Prüfe dein neues Fundament	40
	Zusammenfassung	42
2.	**Rechnen mit natürlichen Zahlen**	**43**
	Dein Fundament	44
2.1	Addieren und Subtrahieren	46
2.2	Multiplizieren und Dividieren	50
2.3	Rechnen mit allen Grundrechenarten	53
	Streifzug: Strategien zum Lösen von Problemen	56
2.4	Rechengesetze der Addition und Multiplikation	58
2.5	Distributivgesetz	61
2.6	Überschlagsrechnung	64
2.7	Schriftliches Addieren und Subtrahieren	66
2.8	Schriftliches Multiplizieren und Dividieren	69
2.9	Potenzieren	72
	Streifzug: Ermitteln von Anzahlen mit Baumdiagrammen	74
2.10	Vermischte Aufgaben	76
	Prüfe dein neues Fundament	78
	Zusammenfassung	80
3.	**Grundbegriffe der Geometrie**	**81**
	Dein Fundament	82
3.1	Senkrecht und parallel zueinander	84
	Streifzug: Parallelverschiebung	88
3.2	Koordinaten	90
3.3	Vierecke	94
3.4	Achsensymmetrie	98
	Streifzug: Geometrie mit dem Computer	102
3.5	Grundkörper	104
3.6	Körpernetze	108
3.7	Schrägbild eines Quaders	112
3.8	Vermischte Aufgaben	116
	Prüfe dein neues Fundament	118
	Zusammenfassung	120

4.	**Flächeninhalt und Umfang**	**121**
	Dein Fundament	122
4.1	Flächen vergleichen	124
4.2	Flächeneinheiten	128
4.3	Flächeninhalt eines Rechtecks	132
4.4	Flächeninhalt von zusammengesetzten Figuren	136
4.5	Umfang	138
	Streifzug: Modellieren	141
4.6	Vermischte Aufgaben	143
	Prüfe dein neues Fundament	146
	Zusammenfassung	148
5.	**Volumen und Oberflächeninhalt**	**149**
	Dein Fundament	150
5.1	Volumen vergleichen	152
5.2	Volumeneinheiten	155
5.3	Volumen eines Quaders	158
5.4	Oberflächeninhalt eines Quaders	161
5.5	Zusammengesetzte Körper	164
5.6	Vermischte Aufgaben	167
	Prüfe dein neues Fundament	170
	Zusammenfassung	172
6.	**Brüche**	**173**
	Dein Fundament	174
6.1	Teiler und Vielfache	176
6.2	Teilbarkeitsregeln	179
	Streifzug: Primzahlen	182
	Streifzug: Gemeinsame Teiler und gemeinsame Vielfache	184
6.3	Anteile von einem Ganzen – Brüche	186
	Streifzug: Triff den Bruch	190
6.4	Brüche erweitern und kürzen	192
6.5	Brüche vergleichen und ordnen	196
6.6	Brüche und Größen	199
6.7	Unechte Brüche und gemischte Zahlen	203
6.8	Brüche am Zahlenstrahl	207
6.9	Vermischte Aufgaben	209
	Prüfe dein neues Fundament	212
	Zusammenfassung	214
7.	**Komplexe Aufgaben**	**215**
8.	**Methoden**	**221**
9.	**Anhang**	**225**
	Lösungen	226
	Stichwortverzeichnis	237
	Bildnachweis	239
	Impressum	240

Das Kapitel 6 Brüche wird auch als **erstes Kapitel vom Band 6** angeboten.

Bauplan zu „Fundamente der Mathematik"

Aktivieren

Dein Fundament:
Mit der Doppelseite „Dein Fundament" kannst du Themen wiederholen zur Vorbereitung auf das neue Kapitel.

Die Lösungen zu diesen Aufgaben findest du im Anhang.

Aufbauen

Einstiegsaufgaben:
Jedes Unterkapitel beginnt mit einer Aufgabe, die dich in das neue Thema hineinführt.

Beispiele:
Die Lösungen von Beispielaufgaben werden dir Schritt für Schritt erklärt.

Basisaufgaben:
In den Basisaufgaben kannst du dein neu erworbenes Wissen und Können sofort ausprobieren.

Weiterführende Aufgaben:
In anspruchsvolleren Aufgaben kannst du dein Wissen festigen. Etwas schwierigere Aufgaben sind mit einem Kreis ● gekennzeichnet.

 **Stolperstelle:**
Bei diesen Aufgaben sollst du typische Fehler erkennen.

DGS Geometrie mit dem Computer

Ausblick:
Die letzte Aufgabe in der Lerneinheit ist die schwierigste.

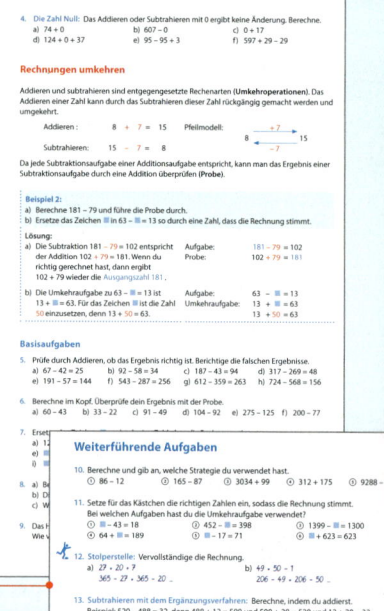

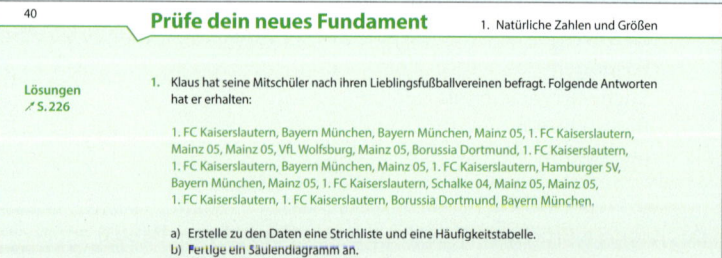

Sichern

Prüfe dein neues Fundament:
Hier kannst du dein Wissen selbstständig überprüfen, auch in Vorbereitung auf Tests und Klassenarbeiten.

Die Lösungen zu diesen Aufgaben findest du im Anhang.

1. Natürliche Zahlen und Größen

Beim Wandern ist es nützlich, wenn man Entfernungen schätzen und mit dem Maßstab einer Wanderkarte umgehen kann.

Nach diesem Kapitel kannst du …
- mit natürlichen Zahlen und Größen umgehen,
- Zahlen in unterschiedlichen Darstellungen schreiben,
- einen Maßstab anwenden,
- Daten sammeln und auswerten.

Dein Fundament

1. Natürliche Zahlen und Größen

Lösungen
↗ S. 226

Daten aus Tabellen und Diagrammen entnehmen

1. Die Übersicht zeigt die Ergebnisse der letzten Klassenarbeit der Klasse 5b.

sehr gut	gut	befriedigend	ausreichend	mangelhaft	ungenügend
3	5	9	3	1	0

   a) Wie viele Kinder erhielten in der Klassenarbeit die Note „befriedigend"?
   b) Wie viele Kinder nahmen an der Klassenarbeit teil?
   c) Wie viele Kinder erhielten in der Klassenarbeit die Note „sehr gut" oder die Note „gut"?

2. Zum Klassenfest der Klasse 5a wurde ein Quiz mit acht Fragen durchgeführt. 23 Kinder nahmen daran teil. Kein Kind hatte alle Fragen richtig beantwortet. In der Tabelle sind einige Ergebnisse dargestellt.

Anzahl der richtigen Antworten	8	7	6	5	4	3	2	1	0
Anzahl der Kinder		1	5	4	3	4	2	2	2

   a) Übertrage die Tabelle in dein Heft und vervollständige sie.
   b) Wie viele Kinder hatten drei richtige Antworten?
   c) Wie viele Kinder hatten weniger als vier richtige Antworten?
   d) Wie viele Kinder hatten mehr als drei richtige und weniger als sieben richtige Antworten?
   e) Wie viele Kinder hatten nur zwei falsche Antworten?

3. Das Säulendiagramm zeigt das Alter der Kinder der Klasse 5a.

   a) Übertrage die folgende Tabelle in dein Heft und vervollständige sie.

Alter der Kinder der Klasse 5a in Jahren	10	11	12
Anzahl der Kinder			

   b) Wie viele Kinder der Klasse 5a sind 11 Jahre alt?
   c) Wie viele Kinder der Klasse 5a sind älter als 10 Jahre?
   d) Wie viele Kinder gehen in die Klasse 5a?

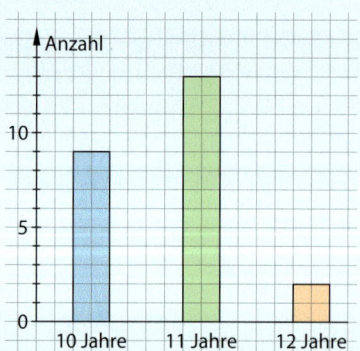

Natürliche Zahlen in einer Stellenwerttafel darstellen

4. Katja hat in der Stellenwerttafel eine Zahl dargestellt.
   a) Lies die Zahl.
   b) Katja schreibt an der Tausenderstelle nun anstelle der 8 eine 7 und an der Zehnerstelle anstelle der 8 eine 0. Wie heißt diese Zahl?

T	H	Z	E
8	8	8	8

5. Trage in eine Stellenwerttafel ein.
   a) 719
   b) 4010
   c) 2 T 4 H 1 E
   d) fünfhundertsiebzehn
   e) 9987
   f) 1 T 5 E
   g) 5780
   h) zweitausendfünfhundert

6. Ines hat in einer Stellenwerttafel mit 11 Plättchen eine Zahl dargestellt.

T	H	Z	E
●●●●	●●●●●		●●

   a) Wie heißt die Zahl?
   b) Martin nimmt ein Plättchen weg. Gib alle möglichen Zahlen an, die entstehen können.
   c) Tanja legt ein Plättchen dazu. Gib alle möglichen Zahlen an, die entstehen können.

7. Welchen Wert bezeichnet die Ziffer 3 in der Zahldarstellung?
   a) 213   b) 231   c) 321   d) 9023

Natürliche Zahlen vergleichen und ordnen

8. Übertrage in dein Heft und ersetze ■ richtig durch eines der Zeichen <, > oder =.
   a) 12 ■ 17   b) 23 ■ 13   c) 89 ■ 98   d) 31 ■ 13

9. Ordne der Größe nach. Beginne mit der kleinsten Zahl.
   a) 11, 4, 1, 9   b) 23, 9, 17, 19   c) 50, 10, 40, 90   d) 31, 5, 27, 0, 18

10. Ordne der Größe nach. Beginne mit der größten Zahl.
    a) 5, 7, 19, 11
    b) 50, 100, 150, 25
    c) 79, sechzig, 59, 66
    d) dreihundert, 550, 99, 301

11. Übertrage in dein Heft und vervollständige. ■ ist durch eine Ziffer zu ersetzen.
    a) ■ < 1   b) 18 < 1■   c) 7■ > 78   d) 62 > 6■

Natürliche Zahlen auf einem Zahlenstrahl ablesen

12. Gib an, welche Zahlen jeweils durch die blauen Buchstaben gekennzeichnet sind.

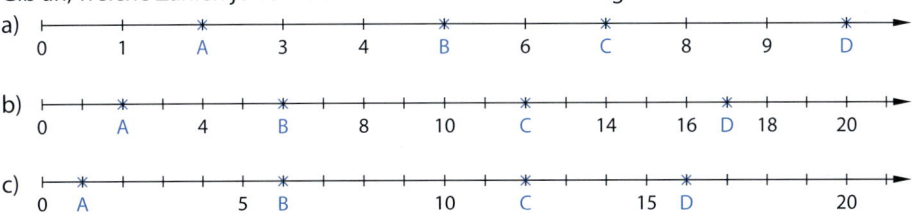

13. Gib drei Zahlen an, die auf einem Zahlenstrahl
    a) rechts von der Zahl 12 liegen,
    b) links von der Zahl 5 liegen,
    c) zwischen der Zahl 19 und der Zahl 23 liegen.

14. Bestimme, wie viele natürliche Zahlen
    a) zwischen 6 und 9 liegen,
    b) zwischen 8 und 16 liegen,
    c) zwischen 2 und 19 liegen.

1.1 Daten erheben und auswerten

■ Die Klasse 5b führt eine Umfrage durch. Alina fragt ihre Mitschüler nach deren Lieblingsfach.
Sie notiert die Antworten auf einem Zettel. Wie kann sie die Umfrage auswerten und die Ergebnisse übersichtlich darstellen? ■

Deutsch	III
Sport	HHT III
Kunst	HHT I
Erdkunde	II
Mathe	IIII

Mit einem **Fragebogen** kann man Daten erheben. In vielen Fragebögen muss man sein Alter oder sein Geschlecht angeben. Beim Alter trägt man eine **Zahl** ein, beim Geschlecht setzt man häufig nur ein **Kreuz** bei „w" oder „m".
Es gibt auch Fragen, bei denen mehrere Kreuze in der Antwort möglich sind. Bei anderen Fragen ist eine Antwort in **Textform** nötig.

Abzählbare Daten lassen sich gut mit einer **Strichliste** oder einer **Häufigkeitstabelle** zusammenfassen. So kann man die Ergebnisse einer Umfrage übersichtlich darstellen und gut vergleichen.

Man kann die Ergebnisse einer Umfrage auch in einem **Säulendiagramm** darstellen. An der Höhe der Säulen lässt sich sofort erkennen, welche Antwort am häufigsten gegeben wurde und welche am seltensten. Die Spalten der Häufigkeitstabelle und die Achsen des Diagramms sollten dabei gleich benannt werden.

Hinweis
In einem **Säulendiagramm** werden die Säulen **senkrecht** dargestellt:

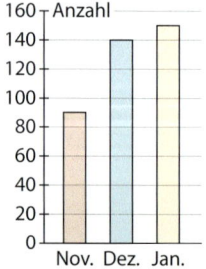

In einem **Balkendiagramm** werden die Säulen **waagerecht** dargestellt:

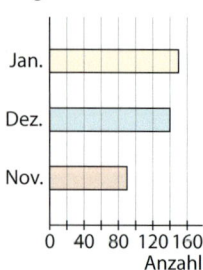

Beispiel 1: In einer 5. Klasse wird eine Umfrage durchgeführt. Gregor fragt seine Mitschüler nach der Anzahl ihrer Geschwister und notiert die Antworten:
0, 2, 1, 1, 1, 2, 0, 3, 2, 1, 1, 2, 4, 0, 0, 1, 1, 1, 2, 0, 3, 0, 0, 1, 0, 2, 1, 1
Erstelle a) eine Strichliste, b) eine Häufigkeitstabelle sowie c) ein Säulendiagramm.

Lösung:

a) Strichliste

Anzahl der Geschwister:

keine   HHT III
ein   HHT HHT I
zwei   HHT I
drei   II
vier   I

b) Häufigkeitstabelle

Anzahl der Geschwister	Häufigkeit
keine	8
ein	11
zwei	6
drei	2
vier	1

c) Im Säulendiagramm wird jede Angabe der Häufigkeitstabelle durch die Höhe einer Säule dargestellt.

Wähle die Skalierung so, dass die größte Zahl gut darstellbar ist. Beschrifte die Skala von unten nach oben. Eine Einheit ist hier 1 Kästchen.

Zeichne dann für jede Geschwisteranzahl eine Säule in der richtigen Höhe: Für „keine" ist die Höhe der Säule 8.

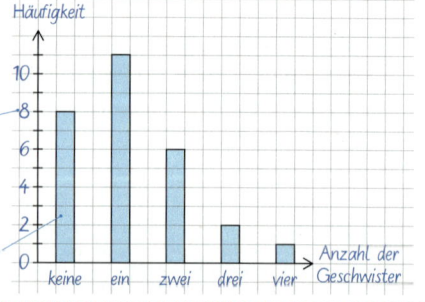

1.1 Daten erheben und auswerten

Basisaufgaben

1. Nina hat in ihrer Klasse nach Lieblingstieren gefragt. Die Antworten hat sie in einem Säulendiagramm dargestellt.
   a) Lies in dem Säulendiagramm ab, wie häufig jedes Tier in der Klasse genannt wurde.
   b) Stelle die Antworten in einer Häufigkeitstabelle dar.

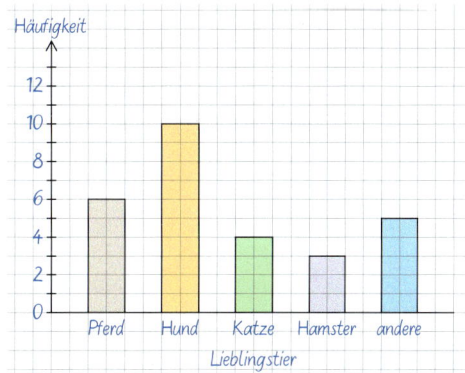

Hinweis:
Angaben, die nur selten vorkommen, kann man unter „andere" zusammenfassen. So bleibt ein Diagramm übersichtlich.

2. Janno hat seine Mitschüler nach ihrem Alter befragt. Die Ergebnisse hat er in einer Häufigkeitstabelle eingetragen. Zeichne dazu ein Säulendiagramm.

Alter	9	10	11	12
Häufigkeit	3	14	9	4

3. So kommen die Kinder der Klasse 5b morgens zur Schule:

zu Fuß	mit dem Fahrrad	mit dem Bus	mit dem Auto
ΙΙΙΙ ΙΙ	ΙΙΙΙ	ΙΙΙΙ ΙΙΙΙ Ι	ΙΙΙΙ Ι

   a) Erstelle zu der Strichliste eine Häufigkeitstabelle.
   b) Zeichne ein Säulendiagramm.

4. Lars hat seine Mitschüler nach ihrer Lieblingsfarbe befragt. Folgende Antworten hat er erhalten:
   Rot, Blau, Rot, Lila, Gelb, Grün, Gelb, Gelb, Blau, Rot, Lila, Grün, Gelb, Rot, Gelb, Blau, Rot, Gelb, Lila, Gelb, Rot, Gelb, Lila, Blau, Blau, Grün, Gelb.
   Fertige a) eine Strichliste, b) eine Häufigkeitstabelle und c) ein Säulendiagramm an.

Hinweis zu 4:
Hier findest du die Häufigkeiten der Farben.

5. Das Diagramm zeigt die Herkunftsländer der Schüler einer Schule.

   DE … Deutschland
   GR … Griechenland
   IT … Italien
   RO … Rumänien
   TR … Türkei

   Lies die Anzahl der Schüler aus den unterschiedlichen Herkunftsländern ab und erstelle eine Häufigkeitstabelle.

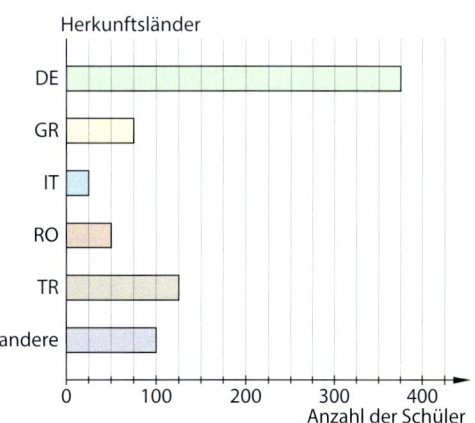

6. Wirf einen Würfel 50 Mal. Zähle, wie oft jede Zahl vorkommt. Erstelle eine Strichliste, eine Häufigkeitstabelle und ein Säulendiagramm.

Weiterführende Aufgaben

7. Claudia hat von ihrem Onkel ein Tierlexikon geschenkt bekommen und Informationen über ihre Lieblingstiere gesammelt.
   a) Die Tabelle zeigt, wie alt die einzelnen Tierarten werden können. Stelle die Lebenserwartung der Tiere in einem Säulendiagramm dar.
   b) Kann man das Gewicht der Tiere ebenfalls übersichtlich in einem Säulendiagramm darstellen? Begründe deine Antwort.
   c) Wann sollte man die Daten in einer Tabelle, wann in einem Diagramm darstellen?

Tier	Gewicht	Lebenserwartung
Pferd	1200 kg	30 Jahre
Katze	4 kg	15 Jahre
Giraffe	2000 kg	25 Jahre
Känguru	70 kg	20 Jahre
Tiger	280 kg	25 Jahre

8. Bei der Wahl zum Klassensprecher werden die Stimmen gezählt. Wer mehr als die Hälfte aller Stimmen erhält, ist gewählt.
   In der Klasse 5c ergab sich die abgebildete Stimmenverteilung:
   a) Wie viele Stimmen erhielt jeder Bewerber?
   b) Wie viele Schüler haben ihre Stimme abgegeben?
   c) Wird Sabine Klassensprecherin?

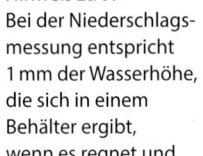

Hinweis zu 9:
Bei der Niederschlagsmessung entspricht 1 mm der Wasserhöhe, die sich in einem Behälter ergibt, wenn es regnet und kein Wasser abfließt.

9. **Stolperstelle:** In Teilen Australiens gibt es nur zwei Jahreszeiten: Die Trockenzeit von Mai bis Oktober und die Regenzeit von November bis April. Die Stadt Brisbane liegt an der Ostküste Australiens. Dort wurden die folgenden Regenmengen gemessen:

Monat	Nov.	Dez.	Jan.	Feb.	Mär.	Apr.
Regenmenge (in mm)	90	140	150	145	135	90

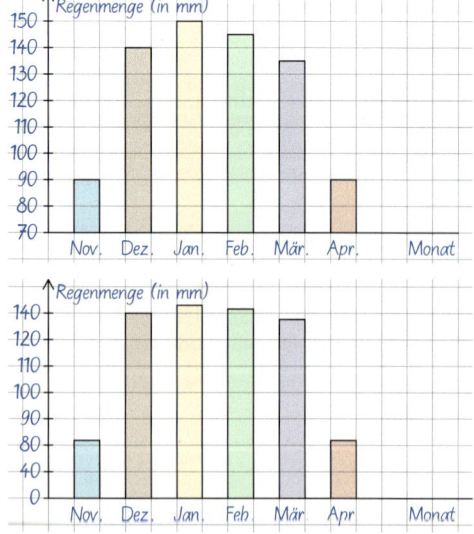

a) Pedro sollte die Regenmengen in einem Säulendiagramm darstellen. Vergleiche die Werte in der Tabelle und im Diagramm rechts oben. Hat Pedro richtig gezeichnet?
b) Als Pedro sein Diagramm vorstellt, sagt er: „Im Januar regnet es ungefähr vier Mal so viel wie im November oder im April."
Entscheide: Ist Pedros Behauptung richtig?
Begründe deine Antwort.
c) Sara hat die Skala anders beschriftet als Pedro. Ihr Diagramm siehst du rechts unten.
Entscheide: Ist Saras Skalierung richtig?
Begründe deine Antwort.
d) Schlage eine passende Einteilung der Skala vor, mit der du die Daten aus der Tabelle darstellen würdest.

1.1 Daten erheben und auswerten

10. Im folgendem Balkendiagramm ist die Anzahl der Schüler der fünften Klassen des Mariengymnasiums dargestellt.

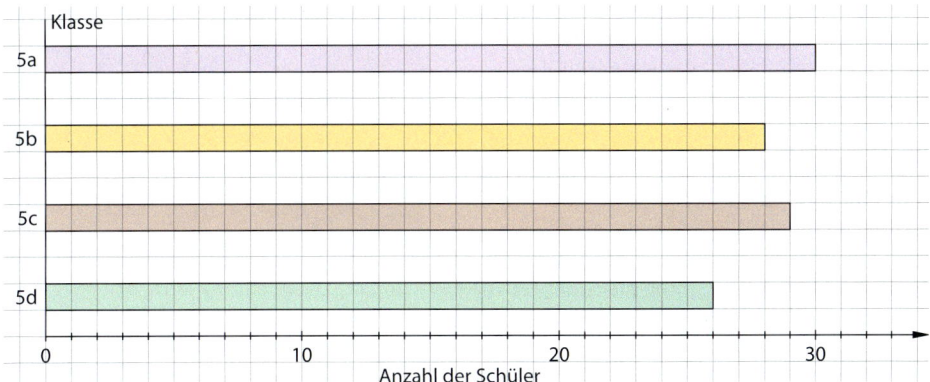

a) Wie vielen Schülern entspricht ein ausgefülltes Kästchen?
b) Wie viele Schüler sind in jeder Klasse?
c) Zeichne für deine Klasse und die Parallelklassen ein passendes Balkendiagramm.

11. Führe in deiner Klasse eine eigene Umfrage durch. Erstelle dazu jeweils eine Strichliste, eine Tabelle und ein Diagramm. Hier sind einige Anregungen für deine Frage.
- Wie alt bist du?
- Was ist dein Lieblingsfach?
- Wie viele Geschwister hast du?
- Wie groß bist du? – Kleiner als 120 cm, 120 bis 129 cm, 130 bis 139 cm, 140 bis 149 cm, 150 cm oder größer?
- Wie lange dauert dein Schulweg? – Weniger als 10 Minuten, 10 bis 19 Minuten, 20 bis 29 Minuten, 30 Minuten oder länger?

12. Ausblick: Die TNS-Emnid Medien- und Sozialforschung ist eines der größten Meinungsforschungsinstitute in Deutschland. In einer aktuellen Umfrage wurden 1000 Jugendliche im Alter von 10 bis 18 Jahren nach ihrem täglichen Medienkonsum befragt. Das Diagramm zeigt die Ergebnisse.

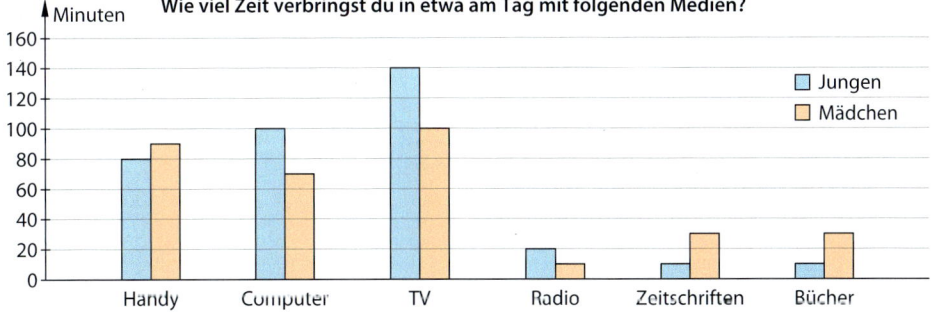

a) Erstelle eine Tabelle für Jungen und Mädchen, in die du die ungefähren Minutenangaben aus dem Diagramm einträgst.
b) Stimmt die Behauptung, dass Jungen viel mehr Zeit mit neuen Medien (Handy und Computer) verbringen als Mädchen?
Begründe deine Antwort.
c) Wie viel Zeit verbringst du mit den oben genannten Medien am Tag? Schätze die Zeitangaben in Minuten und zeichne ein eigenes Säulendiagramm.

Streifzug

1. Natürliche Zahlen und Größen

Befragungen planen, durchführen und auswerten

■ Moritz und Anastasia befragen ihre Mitschüler auf dem Schulhof zum Thema „Wie zufrieden seid ihr mit eurer Schülervertretung?".
Sammelt Fragen, die sie ihren Mitschülern stellen können. Wie könnte ein Bericht zu den Umfrageergebnissen in der Schülerzeitung aussehen? ■

Eine gute Befragung teilt sich in fünf Schritte auf:

1. Planen: Vor einer Befragung werden alle Fragen ausformuliert, die man stellen möchte. Dann erstellt man einen Fragebogen, eventuell auch mit vorgegebenen Antwortmöglichkeiten. Ebenfalls ist vorab zu klären, welche Personen man befragen möchte und an welchem Ort.

2. Durchführen: Während der Befragung muss man sich genau an die Planung halten, also am richtigen Ort den richtigen Leuten die richtigen Fragen stellen. Entsprechende Befragungsbögen werden vollständig ausgefüllt und gesammelt.

3. Auswerten: Alle Antworten in den Befragungsbögen fasst man in Häufigkeitstabellen zusammen. Auch hier ist Genauigkeit und Vollständigkeit gefragt.

4. Darstellen: Befragungsergebnisse kann man in Diagrammen, zum Beispiel in Säulendiagrammen, anschaulich darstellen. Man erkennt dann schnell, welche Antworten häufig und welche selten genannt wurden.

5. Folgern: Aus den Ergebnissen kann man Schlussfolgerungen ziehen. Was ist das wichtigste Ergebnis der Befragung? Reichen die Informationen? Kann man die Befragung verbessern oder muss eine weitere durchgeführt werden?

Aufgaben

Hinweis:
Da eine Umfrage viel Zeit beansprucht, kannst du die einzelnen Teilaufgaben zu unterschiedlichen Zeiten bearbeiten.

1. Führe eine Umfrage zum Thema „Interessen deiner Mitschüler" durch.
    a) Überlege dir, welche Themen du selbst interessant findest. Zu bestimmten Fragen kannst du auch Antwortmöglichkeiten vorgeben. Bei einer Frage nach der Dauer des Freizeitsports pro Woche sind zum Beispiel die Antworten „weniger als 1 Stunde", „1 bis 3 Stunden" und „mehr als 3 Stunden" möglich. Wähle drei verschiedene Themen für deine Umfrage.
    b) Entwirf einen Umfragebogen und befrage damit deine Mitschüler.
    c) Fasse die Antworten mithilfe von Strichlisten und Häufigkeitstabellen zusammen.
    d) Zeichne für die Daten passende Diagramme und stelle deine Ergebnisse auf einem DIN-A4-Blatt zusammen.
    e) Überlege dir, welche Fragen du bei einer weiteren Umfrage stellen würdest, um noch genauere Informationen zu erhalten.

1.2 Natürliche Zahlen – große Zahlen

■ Lies den folgenden Zeitungsartikel vor und achte besonders darauf, die Zahlen richtig wiederzugeben. ■

Die Weltbevölkerung steigt rapide

Vor 75 000 Jahren gab es auf der Welt etwa 10 000 Menschen. Vor 10 000 Jahren soll es bereits bis zu 10 000 000 Menschen und vor 2000 Jahren etwa 300 000 000 Menschen gegeben haben. Trotz Krankheiten wie der Pest im Mittelalter stieg die Weltbevölkerung bis zum Jahr 1500 n. Chr. auf etwa 500 000 000. Für das Jahr 2050 rechnet man mit einer Weltbevölkerung von etwa 9 000 000 000 Menschen.

Zählen müssen Menschen schon seit Tausenden von Jahren. Wenn etwas gezählt wird, dann werden dafür die Zahlen 0, 1, 2, 3, … genutzt. Diese Zahlen nennt man die **natürlichen Zahlen**.

> **Wissen: Natürliche Zahlen**
> Zum Zählen nimmt man die **natürlichen Zahlen** 0, 1, 2, 3, … (kurz ℕ).

Stellenwerttafel

Natürliche Zahlen werden mit den **Ziffern** 0, 1, 2, 3, 4, 5, 6, 7, 8 und 9 geschrieben. Die Bedeutung einer Ziffer hängt davon ab, an welcher Stelle der Zahl sie steht. Der Wert einer Stelle ist dabei immer das Zehnfache der vorhergehenden Stelle. Deshalb wird unser Zahlensystem auch **Zehnersystem** genannt. Im Zehnersystem bedeutet die Zahl 290 944 beispielsweise: 2 Hunderttausender, 9 Zehntausender, 0 Tausender, 9 Hunderter, 4 Zehner und 4 Einer.

Wissen: Stellenwerttafel

100 Billionen	10 Billionen	Billionen	100 Milliarden	10 Milliarden	Milliarden	100 Millionen	10 Millionen	Millionen	100 Tausender	10 Tausender	Tausender	Hunderter	Zehner	Einer	Lies …
											1	2	0	0	1 Tausend 200
										1	0	0	3	0	100 Tausend 300 (?)
							7	2	3	0	0	0	0	0	7 Millionen 230 Tausend
					3	0	0	0	0	2	0	0	0	3	3 Milliarden 20 Tausend und 3
		4	0	3	2	0	0	0	0	0	0	0	0	0	4 Billionen 32 Milliarden

Tipp:
Zum Lesen großer Zahlen kannst du sie von rechts nach links in Dreierpäckchen einteilen wie 18 738 493 847 oder die Stellenwerttafel verwenden.

1. Natürliche Zahlen und Größen

Hinweis:
E = Einer
Z = Zehner
H = Hunderter
T = Tausender
ZT = Zehntausender
HT = Hunderttausender
Mio. = Millionen
Mrd. = Milliarden
Bill. = Billionen

Beispiel 1: Trage die Zahlen in eine Stellenwerttafel ein und lies sie laut vor.
23 432 411, 235 731, 567 345 und 236 911

Lösung:
Trage bei jeder Zahl zuerst die Einer (E), dann die Zehner (Z), die Hunderter (H) usw. ein.

Mio.	HT	ZT	T	H	Z	E
2	3	4	3	2	4	1	1
		2	3	5	7	3	1
		5	6	7	3	4	5
		2	3	6	9	1	1

Lies dann laut in „Dreierpäckchen":
23 Millionen 432 Tausend 411
235 Tausend 731
567 Tausend 345
236 Tausend 911

Basisaufgaben

1. Trage die Zahlen in eine Stellenwerttafel ein und lies sie laut vor.
   a) 2345   b) 23 902   c) 93 986   d) 200 700
   e) 1 923 000   f) 73 001 002   g) 387 248 292   h) 18 723 897 402

2. Schreibe die Zahl in „Dreierpäckchen" und lies sie laut vor.
   a) 82 054   b) 504 500 431   c) 94 078 540 025   d) 295 405 899 003

Hinweis zu 3:
Insgesamt sind es 53 Ziffern.

3. Überlege, wie viele Ziffern die Zahl hat. Schreibe die Zahl dann mit Ziffern.
   a) 85 Tausend   b) 57 Millionen   c) 11 Milliarden
   d) 3 Millionen 714 Tausend   e) 152 Milliarden 10 Millionen   f) 1 Milliarde 3 Tausend

Erinnere dich:
Jede natürliche Zahl hat einen **Nachfolger**, die um 1 größere Zahl. Die um 1 kleinere Zahl ist der **Vorgänger**.

4. Gib Vorgänger und Nachfolger der Zahl an.
   a) 33   b) 342   c) 2334   d) 10 000   e) 99 999   f) 521 099

Zahlen nach ihrer Größe ordnen

Beispiel 2: Ordne die Zahlen nach ihrer Größe: 23 432 411, 235 731, 567 345 und 236 911.

Lösung:
23 432 411 ist die größte Zahl, da diese Zahl die meisten Stellen hat (siehe Beispiel 1).

Bei Zahlen mit gleich vielen Stellen vergleichst du stellenweise von links nach rechts.
Vergleich der Hunderttausender ergibt:
567 345 > 235 731 und 567 345 > 236 911,
denn 500 000 > 200 000.

Vergleich der Tausender ergibt:
236 911 > 235 731, denn
6 000 > 5 000.

Ergebnis: 23 432 411 > 567 345 > 236 911 > 235 731

Basisaufgaben

Erinnere dich:
Das Kleinerzeichen „<" und das Größerzeichen „>" zeigen immer auf die kleinere Zahl wie bei 5 < 7 und 7 > 5.

5. Statt „5 ist größer als 3" kannst du auch „5 > 3" schreiben. Statt „3 ist kleiner als 5" kannst du auch „3 < 5" schreiben. Setze im Heft für ■ das richtige Zeichen < oder > ein.
   a) 14 ■ 27   b) 57 ■ 23   c) 98 ■ 89   d) 512 ■ 453

6. Setze im Heft für ■ das richtige Zeichen < oder > ein.
   a) 8 251 ■ 8 152   b) 13 581 ■ 13 858   c) 25 987 ■ 25 897
   d) 248 972 ■ 2 243 487   e) 330 200 ■ 34 900   f) 10 000 000 ■ 9 999 999

1.2 Natürliche Zahlen – große Zahlen

7. Vergleiche die Zahlen. Begründe.
   a) 234 und 512
   b) 2345 und 1234
   c) 4893 und 1893
   d) 12 344 234 und 12 398 123
   e) 47 282 489 012 und 87 234 692
   f) 3 284 762 341 233 und 100 000 000 000 000

8. Mit Größer- oder Kleinerzeichen lassen sich auch mehrere Zahlen vergleichen.
   Beispiel: 1 < 2 < 3 < 4 oder 4 > 3 > 2 > 1
   Ordne die Zahlen der Größe nach. Überlege dir, mit welcher Zahl du anfängst.
   a) 13, 5, 9, 36, 24
   b) 625, 135, 745, 243, 540
   c) 6060, 6006, 6600, 6606, 6000
   d) 35 732, 36 732, 35 351, 35 731, 35 761

Weiterführende Aufgaben

9. a) Welchen Wert hat die Ziffer 5, wenn sie an der 3. oder 7. oder 9. Stelle einer Zahl steht?
   b) Schreibe als Zahl: vierzehn Millionen achthunderttausendelf, drei Milliarden zwölftausenddreihundertacht, siebenundsechzig Millionen vierundachtzigtausend.
   c) Ordne die Zahlen 7428, 4857, 7425 und 5428 der Größe nach.

10. **Stolperstelle:** Prüfe, ob die Lösungen richtig sind. Korrigiere alle Fehler.
    a) Schreibe dreihundertfünfundsechzig als Zahl.
       Lösung: 356
    b) Ordne 2060, 2065, 2006 und 2050 der Größe nach.
       Lösung: 2065 > 2060 > 2006 < 2050

11. Unser Sonnensystem besteht neben der Sonne aus acht Planeten. Auf den Kärtchen findest du die mittlere Entfernung der Planeten zur Sonne in Millionen Kilometern. Ordne jedem Planeten die richtige Entfernung zu.

12. Hanna sagt: „Ich bin 2004 geboren. Wenn ich den Vorgänger und den Nachfolger einer natürlichen Zahl zusammenzähle, so erhalte ich mein Geburtsjahr. Wäre ich ein Jahr später geboren, so könnte ich keine natürliche Zahl finden, deren Vorgänger und Nachfolger zusammengezählt 2005 ergeben."
    a) Erkläre, warum auf diese Weise nicht die Zahl 2005 entstehen kann.
    b) Warum ist das so?

13. **Ausblick:** Welche Zahl erfüllt alle Bedingungen?
    ① Sie hat 9 Ziffern.
    ② Die Summe der einzelnen Ziffern ist 45.
    ③ Die Zahl ist kleiner als 200 000 000.
    ④ Der Nachfolger einer Ziffer steht immer rechts neben dieser Ziffer.

1.3 Römische Zahlen

■ Auf der Uhr sind Zahlen in römischer Schreibweise angegeben. Schreibe für 1 bis 12 die römischen Zahlen in dein Heft ab.
Welche Zeichen wurden verwendet, um diese Zahlen darzustellen, und was bedeuten sie? ■

Bis ins 16. Jahrhundert nutzte man in Europa die römischen Zahlen. Die römischen Zahlzeichen sind Buchstaben.

römisches Zahlzeichen	I	V	X	L	C	D	M
Wert	1	5	10	50	100	500	1000

Hinweis: Die Römer nutzten ein Additionssystem. Heute schreibt man Zahlen im Stellenwertsystem.

Das Zeichen I steht für den Wert 1, das Zeichen X für den Wert 10. XII bedeutet X + I + I, also 12.

Wissen: Römische Zahlen lesen
1. Die Werte der einzelnen Zahlzeichen werden addiert.
2. Steht ein kleineres Zahlzeichen vor einem größeren Zahlzeichen, dann wird subtrahiert.

Beispiel 1: Schreibe im Zehnersystem.   a) VIII   b) XXVI   c) IX   d) XCIV

Lösung:
Bei a) und b) wird addiert.

Bei c) und d) musst du auch subtrahieren. Subtrahiere nur, wenn ein kleineres Zeichen vor einem größeren steht. Die restlichen Zeichen addierst du.

a) VIII = V + I + I + I = 5 + 1 + 1 + 1 = 8
b) XXVI = X + X + V + I = 10 + 10 + 5 + 1 = 26
c) IX = X − I = 10 − 1 = 9
d) XCIV = C − X + V − I = 100 − 10 + 5 − 1 = 94

Wissen: Römische Zahlen schreiben
Heute schreibt man römische Zahlen nach folgenden Regeln:
1. Die Zeichen I, X, C und M stehen höchstens dreimal hintereinander.
2. V, L und D dürfen nur einmal verwendet werden.
3. V, L und D dürfen nicht vor einem höheren Zeichen stehen.
4. Von einem Zeichen darf man nur das nächstkleinere der Zeichen I, X oder C subtrahieren.

Beispiel 2: Schreibe als römische Zahl.   a) 38   b) 91

Lösung:
a) Schreibe die 38 mit den Zeichen X = 10, V = 5 und I = 1.

38 = 10 + 10 + 10 + 5 + 1 + 1 + 1 = XXXVIII

b) Für die 90 subtrahierst du die X = 10 von der C = 100. Addiere dann 1.

91 = 90 + 1 = XCI

Basisaufgaben

1. Schreibe im Zehnersystem.
   a) V   b) VI   c) XI   d) IV   e) CX   f) MC   g) DLV
   h) XVIII   i) IX   j) XIV   k) XLIV   l) CDLXX   m) DXLIX   n) MMCXCVII

1.3 Römische Zahlen

2. Schreibe als römische Zahl.
   a) 2   b) 7   c) 10   d) 12   e) 36   f) 151   g) 1520
   h) 9   i) 14   j) 140   k) 405   l) 549   m) 2945   n) 3999

3. a) Schreibe das Geburts- und Todesjahr von Thomas Mann in unserem Stellenwertsystem.
   b) Wann wurde Katia Mann geboren? Wann starb sie?

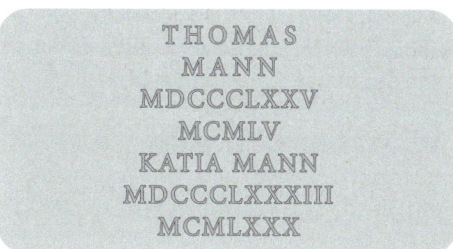

THOMAS MANN
MDCCCLXXV
MCMLV
KATIA MANN
MDCCCLXXXIII
MCMLXXX

Hinweis:
Thomas Mann, deutschsprachiger Schriftsteller, schrieb u. a. die Romane „Buddenbrooks" und „Der Zauberberg".

Weiterführende Aufgaben

4. Bei den Römern waren Würfelspiele sehr beliebt. In einem Spiel würfelte man mit sechs Würfeln und bildete die Summe aller Augen.
   a) Stelle die Ergebnisse der einzelnen Spieler als römische Zahlen dar.
   b) Wer hat in dem abgebildeten Spiel gewonnen?

5. Schreibe die Zahlen im Zehnersystem.
   a) VI   b) XVIII   c) XIX   d) CLXIV   e) MCMIII   f) MDCCCLIX

6. a) Erkennst du, welche römische Zahl Julian schreiben wollte? *XXXXVIIII*
      Wie schreibt man die Zahl korrekt in römischer Schreibweise?
   b) Schreibe 14 und 99 mit römischen Zahlzeichen. Erkläre die Regeln, die du verwendet hast.

7. a) Welches Jahr passt zu welchem Ereignis?   MI   DCCC   MCMXLV   MCMLXI

   | Ende des Zweiten Weltkriegs | Wikinger betreten amerikanisches Festland. | Erster Mensch im Weltall | Karl der Große wird gekrönt. |

   b) Erstellt eigene Karten mit römischen Jahresangaben und Ereignissen.

8. **Stolperstelle:** Jannik und Katharina versuchen, die Jahreszahl MDCLXIX zu übersetzen. Sie erhalten dabei unterschiedliche Ergebnisse. Wo liegt der Fehler? Begründe.

   Jannik: MDCLXIX
   = M + D + C + L + X + I + X
   = 1000 + 500 + 100 + 50 + 100 + 10 + 1 + 10
   = 1671

   Katharina: MDCLXIX
   = MD + C + L + X + IX
   = 1500 + 100 + 50 + 10 + 9
   = 1669

9. **Ausblick:** Cäsar eroberte Gallien mit etwa 60 000 Legionären. Kann man diese Zahl mit römischen Zahlzeichen aufschreiben?
   a) Ermittle die größte Zahl, die man mit den Zahlzeichen I, V, X, L, C, D, M schreiben kann.
   b) Erfinde ein Zeichen für 5000. Wie groß ist nun die größte Zahl?
   c) Welche Zeichen musst du noch erfinden, um die Größe von Cäsars Heer anzugeben?

Streifzug

1. Natürliche Zahlen und Größen

Zahlen im Zweiersystem

Hinweis:
Gewicht ist hier die Kurzbezeichnung für Wägestück oder Gewichtsstück.

■ Für diese Balkenwaage ist je ein Gewicht zu 1 g, 2 g, 4 g und 8 g vorhanden. Auf der einen Seite wird der zu wiegende Gegenstand aufgelegt, auf der anderen Seite einzelne dieser Gewichte, um die Waage ins Gleichgewicht zu bringen.
Welche Massen können mithilfe dieser Gewichte gewogen werden? Notiere, welche Gewichte dazu jeweils verwendet werden. Gehe systematisch vor.
Welches zusätzliche Gewicht benötigt man als Nächstes, um weitere Massen abzuwiegen? ■

Hinweis:
Zum Zweiersystem sagt man auch **Dualsystem** oder **Binärsystem**.
Zum Zehnersystem sagt man auch **Dezimalsystem**.

So ähnlich wie diese Waage funktioniert das Zweiersystem. Es ist wie unser Zehnersystem ein Stellenwertsystem, das heißt, die Bedeutung einer Ziffer hängt davon ab, an welcher Stelle sie in einer Zahl steht. Im Zweiersystem werden nur die Ziffern 0 und 1 verwendet.

Wissen: Stellenwerttafel des Zweiersystems

...	...	32er	16er	Achter	Vierer	Zweier	Einer	Umwandlung ins Zehnersystem
					1	0	1	$1 \cdot 4 + 0 \cdot 2 + 1 \cdot 1 = 5$
			1	1	0	1	0	$1 \cdot 16 + 1 \cdot 8 + 0 \cdot 4 + 1 \cdot 2 + 0 \cdot 1 = 26$

(jeweils ·2 von Stelle zu Stelle)

Um anzuzeigen, dass eine Zahl im Zweiersystem geschrieben ist, schreibt man $(101)_2$ und liest „eins null eins im Zweiersystem".

Beispiel 1: Schreibe die Zahl $(1011)_2$ in unserem Zehnersystem.

Lösung:
Du kannst die Bedeutung der vier Ziffern von $(1011)_2$ aus der Stellenwerttafel ablesen.

32er	16er	Achter	Vierer	Zweier	Einer
		1	0	1	1

$(1011)_2 =$

$(1011)_2 = 1 \cdot 8 + 0 \cdot 4 + 1 \cdot 2 + 1 \cdot 1$
$= 8 + 2 + 1$
$= 11$

Beispiel 2: Schreibe die Zahl 58 im Zweiersystem.

Lösung:
Überlege, welche der Zahlen 1, 2, 4, 8, 16, 32, ... du addieren musst, damit das Ergebnis 58 ist.

32er	16er	Achter	Vierer	Zweier	Einer
1	1	1	0	1	0

$58 =$ (siehe Tabelle)

$58 = (111010)_2$

Streifzug

Aufgaben

1. Schreibe die Zahl in unserem Zehnersystem.
   a) $(100)_2$
   b) $(111)_2$
   c) $(1001)_2$
   d) $(10000)_2$
   e) $(10110)_2$
   f) $(11111)_2$
   g) $(101010)_2$
   h) $(10110111)_2$

2. Schreibe die Zahl im Zweiersystem.
   a) 8
   b) 6
   c) 21
   d) 64
   e) 33
   f) 68
   g) 100
   h) 177

3. Welche der beiden Zahlen ist größer? Setze im Heft für ■ das richtige Zeichen < oder > ein.
   a) $(111)_2$ ■ $(1000)_2$
   b) $(110000)_2$ ■ $(101101)_2$
   c) $(100101)_2$ ■ $(100101)_{10}$
   d) $(10101010)_2$ ■ $(101)_{10}$

4. Schreibe jeweils den Vorgänger und den Nachfolger im Zweiersystem auf.
   a) $(110)_2$
   b) $(1000)_2$
   c) $(1111)_2$
   d) $(10111)_2$

5. a) Welches ist die größte 4-, 5- und 6-stellige Zahl, die man im Zweiersystem aufschreiben kann? Notiere die Zahlen und wandle sie anschließend ins Zehnersystem um.
   b) Wie viele Stellen hat die Zahl 999 im Zweiersystem?
   c) Bilde eine möglichst große und eine möglichst kleine Zahl aus 4 Einsen und 3 Nullen.

6. a) Rechne ins Zweiersystem um. Was fällt dabei auf?
   ① 3   ② 7   ③ 15   ④ 127   ⑤ 5   ⑥ 9   ⑦ 17   ⑧ 65
   b) Woran erkennt man im Zweiersystem, dass eine Zahl gerade ist? Wann ist sie ungerade?

7. a) Wie ändert sich der Wert einer Zahl im Zweiersystem, wenn man hinten eine 0 anhängt?
   b) Enya behauptet: „Wenn man vorn eine Eins anhängt, wird die Zahl mehr als doppelt so groß." Stimmt das? Erkläre.

8. a) Addiere die Zahlen im Zweiersystem. Beachte das Beispiel und den Hinweis rechts.
   Beispiel: $(11)_2 + (10)_2 = (101)_2$
   Rechne stellenweise von rechts: $1 + 0 = 1$ und $1 + 1 = 0$, Übertrag 1.
   ① $(101)_2 + (1)_2$ ② $(101)_2 + (10)_2$ ③ $(111)_2 + (100)_2$ ④ $(1111)_2 + (101)_2$
   b) Notiere ein Beispiel für das Subtrahieren von Zahlen im Zweiersystem. Gib dafür die Regeln wie in der Randspalte an.

   Hinweis:
   Regeln für das Addieren von Zahlen im Zweiersystem:
   $0 + 0 = 0$
   $1 + 0 = 1$
   $0 + 1 = 1$
   $1 + 1 = 0$ Übertrag 1

9. Zum Abwiegen mit einer Balkenwaage stehen Gewichte zu 1 g, 2 g, 4 g, 8 g, 16 g, 32 g, 64 g und 128 g zur Verfügung.
   a) Welche Gewichte benötigt man, um einen 70 g schweren Gegenstand zu wiegen?
   b) Wie schwer ist der leichteste Gegenstand, bei dem man 5 Gewichte benötigt?

10. **Forschungsauftrag:** Das 16er-System (Hexadezimalsystem) hat 16 Ziffern. Hier sind große Zahlen kürzer als im Zehnersystem. Dafür benötigt man außer 0 bis 9 noch sechs weitere Ziffern. Man nimmt A für 10, B für 11 usw. F steht für 15. An der zweiten Stelle, vor den Einsern, stehen hier nun die Sechzehner, davor die Zweihundertsechsundfünfziger usw.
    Beispiel: Die Zahl $(2B8)_{16}$ bedeutet $2 \cdot 256 + 11 \cdot 16 + 8 \cdot 1 = 696$.
    a) Schreibe die Zahlen 10, 20, 30, 100, 200, 255, 256 und 400 im Hexadezimalsystem.
    b) Schreibe die Zahlen $(100)_2$, $(10000)_2$, $(101010)_2$, $(100100100)_2$ im Hexadezimalsystem.

1.4 Runden

■ Im April 2010 wurde in Oslo ein 30,22 m hoher Turm gebaut, der zwei Monate lang den Weltrekord „höchster Legoturm" hielt. „Er soll aus 499 978, also rund 400 000 Steinen bestehen", erklärt Tanja bei ihren Vortrag begeistert.
Lisa meldet sich, sie ist anderer Meinung: „Das sind rund 500 000 Steine."
Wem stimmst du eher zu? Begründe deine Entscheidung. ■

Interessiert nur ein ungefährer Wert, so wird eine Zahl gerundet. Häufig sind es große Zahlen, die auf- oder abgerundet werden, da sie dadurch übersichtlicher werden. Man kann auf Zehner, Hunderter, Tausender, … runden. Dabei ersetzt man die Ziffern, die hinter der Zehnerstelle, Hunderterstelle, … stehen, durch Nullen. Für die Rundungsstelle gelten diese Regeln:

> **Wissen: Vereinbarung zum Runden natürlicher Zahlen**
> Wähle zunächst die Rundungsstelle.
> **Abrunden:** Folgt nach der Rundungsstelle eine **0, 1, 2, 3 oder 4**, wird abgerundet.
> **Aufrunden:** Folgt nach der Rundungsstelle eine **5, 6, 7, 8 oder 9**, so wird aufgerundet.

Beispiel 1: Runde die Zahl
a) 35 auf Zehner,   b) 1835 auf Hunderter,   c) 79 835 auf Tausender.

Lösung:
a) Die Rundungsstelle ist die 3. Die Ziffer rechts neben der 3 ist die 5, also werden die 3 Zehner auf 40 aufgerundet. $35 \approx 40$

b) Die Rundungsstelle ist die 8. Die Ziffer rechts neben der 8 ist die 3. Es wird auf 8 Hunderter abgerundet, also 1800. $1835 \approx 1800$

c) Die Rundungsstelle ist die 9. Die Ziffer rechts neben der 9 ist die 8, also werden die 9 Tausender aufgerundet. $79\,835 \approx 80\,000$

```
  79 000
+  1 000
  80 000
```

Basisaufgaben

1. Runde die Zahlen auf die vorgegebene Rundungsstelle.

a) Zehner	b) Hunderter	c) Tausender	d) Zehntausender
86	460	8 359	84 931
131	7 549	67 498	625 129
648	7 956	89 528	996 732

2. Runde 75 845 auf Zehner, Hunderter, Tausender und Zehntausender.

3. Zoés Schulweg wird in einem Routenplaner mit 789 Metern angegeben. Gib die Entfernung gerundet an.

1.4 Runden

4. Runde die Zahlen, bei denen es sinnvoll ist. Begründe deine Entscheidung.
   a) Lenas Telefonnummer lautet 865214. b) Das Konzert hatte 13 589 Besucher.
   c) Nils wohnt in der Goethestraße 198. d) Darmstadt hat 149 743 Einwohner.
   e) Gib weitere Beispiele an, bei denen es sinnvoll oder nicht sinnvoll ist zu runden.

Weiterführende Aufgaben

5. a) Runde 35 634, 20 471, 187 456 und 859 328 auf Zehner, Hunderter, Tausender und Zehntausender.
   b) Eine Zahl wurde auf volle Zehner gerundet und lautet nun 240. Gib drei mögliche Ausgangszahlen an.

6. **Stolperstelle:** Paul hat die folgenden Aufgaben bearbeitet. Prüfe, ob seine Lösungen richtig sind. Korrigiere alle Fehler.
   a) Runde die Zahl 1995 auf Zehner und die Zahl 129 950 auf Hunderter.
      Lösung: 1995 ≈ 1000   *129 950 ≈ 129 000*
   b) Runde die Zahl 3549 auf volle Hunderter.
      Lösung: 1. Schritt: 3549 ≈ 3550   *2. Schritt: 3550 ≈ 3600. Also ist 3549 ≈ 3600.*

Hinweis zu 6: Beim Runden verwendet man das Zeichen ≈.

7. Herr Müller möchte sein Bad renovieren. Dazu braucht er 1440 neue Fliesen und 62 ℓ Wandfarbe. Er rundet und kauft 1400 Fliesen sowie 60 ℓ Farbe. Begründe, warum Herr Müller nicht sinnvoll rundet. Finde eine sinnvolle Rundung.

8. **Rundungsfehler:** Der Rundungsfehler bezeichnet den Unterschied zur Ausgangszahl, nachdem man gerundet hat. Runde die Zahlen auf Hunderter und auf Zehner. Gib bei jeder Rundung den Rundungsfehler an.
   Beispiel: Die Zahl 532 wird auf 500 abgerundet. Der Rundungsfehler ist 32.
           Die Zahl 884 wird auf 900 aufgerundet. Der Rundungsfehler ist 16.
   a) 52   b) 349   c) 4918   d) 294   e) 756   f) 972

Hinweis zu 8: Hier findest du die Rundungsfehler.

9. Julian hat einige Zahlen gerundet und den Rundungsfehler angegeben. Auf welche Stelle wurde gerundet? Was kann man über die Ausgangszahl sagen, die gerundet wurde?

	a)	b)	c)	d)
gerundete Zahl	50	110	1200	3400
Rundungsfehler	4	2	17	41

10. a) Die Schülerzahl einer Schule wurde auf Zehner gerundet. Das Ergebnis ist 680. Wie viele Schüler sind es demnach mindestens? Wie viele Schüler sind es höchstens?
    b) Wenn man die Schülerzahl auf Hunderter rundet, so sind es 700 Schüler. Wie viele Schüler sind es jetzt mindestens? Wie viele Schüler sind es jetzt höchstens?

11. Mila und ihre Mutter gehen einkaufen. Mila hat 50 € dabei. Sie kauft sich neue Jeans für rund 40 € und ein T-Shirt für rund 20 €. Wie ist das möglich?

12. **Ausblick:** Die beiden Zahlen sind gerundet. Zwischen welchen Zahlen liegt die Summe der zugehörigen Ausgangszahlen?
    a) 320 und 140 (gerundet auf Zehner)   b) 1500 und 2700 (gerundet auf Hunderter)
    c) 46 000 und 58 000 (gerundet auf Tausender)
    d) 5300 (auf Hunderter) und 12 000 (auf Tausender)

1.5 Zahlenstrahl

■ Welcher Wert ist in den Bildern markiert?
Was gibt der Wert an?
Beschreibe Gemeinsamkeiten in den
Messanzeigen. Fallen dir ähnliche
Anzeigen ein? ■

> **Wissen: Zahlenstrahl**
> Die natürlichen Zahlen kann man am **Zahlenstrahl** als Punkte darstellen. Der Zahlenstrahl beginnt mit der Zahl Null. Er hat kein Ende, da die Folge der natürlichen Zahlen nicht abbricht.
>
>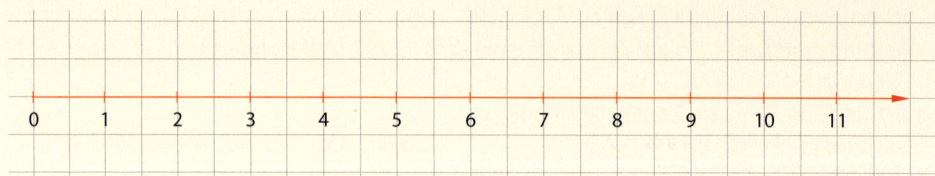
>
> Der Abstand zwischen zwei benachbarten Punkten ist immer gleich groß.
>
> Je weiter rechts die Zahl auf dem Zahlenstrahl ist, desto größer ist sie.

Wie groß der Abstand zwischen benachbarten Punkten gewählt wird, hängt davon ab, welche Zahlen dargestellt werden sollen.

Beispiel 1: Zeichne einen Zahlenstrahl und markiere die Zahlen.
a) 1, 3, 6, 9
b) 5, 20, 25, 40
c) 20, 50, 140, 170

Lösung:
a) Die größte Zahl, die du abtragen musst, ist die 9. Als Einheit am Zahlenstrahl wird 2 Kästchen = 1 Einheit gewählt. Mit der Einteilung kannst du den Zahlenstrahl gut in dein Heft zeichnen.

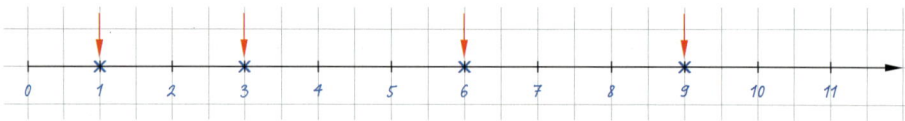

b) Bei größeren Zahlen musst du die Einteilung gröber wählen.
Wähle hier 2 Kästchen = 5 Einheiten.

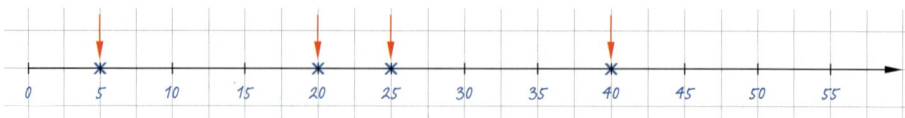

c) Bei Zahlen über 100 musst du für 2 Kästchen mindestens 10 oder 20 Einheiten wählen.

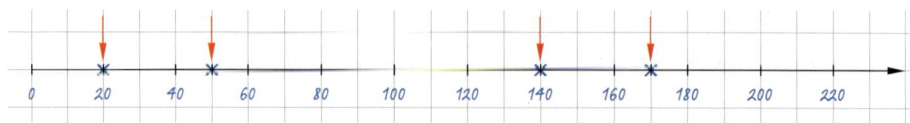

1.5 Zahlenstrahl

Basisaufgaben

1. Auf dem Zahlenstrahl sind einige Zahlen markiert. Wie lauten diese Zahlen?

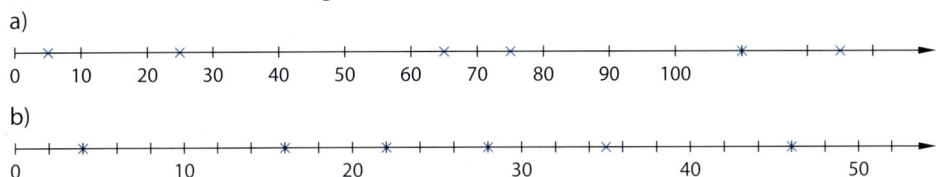

2. Ersetze die Buchstaben an den Zahlenstrahlen durch die entsprechenden Zahlen.

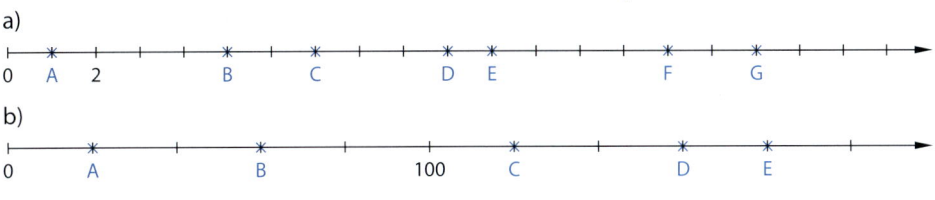

Hinweis zu 2b:
Die Summe der Zahlen ist 540; Summe siehe auch 2.1.

3. Zeichne jeweils einen Zahlenstrahl mit der Einteilung 1 Kästchen = 1 Einheit. Markiere die Zahlen.
   a) 1, 5, 8, 11, 15
   b) 3, 7, 12, 14, 18
   c) 0, 2, 4, 8, 16

4. Zeichne jeweils einen Zahlenstrahl und markiere die Zahlen. Wähle für 2 Kästchen so viele Einheiten, dass der Zahlenstrahl gut in dein Heft passt.
   a) 2, 5, 8, 12
   b) 10, 15, 30, 50, 65
   c) 30, 60, 80, 150

Weiterführende Aufgaben

5. Hier sind Ausschnitte eines Zahlenstrahls abgebildet. Ersetze die Buchstaben durch die entsprechenden Zahlen.

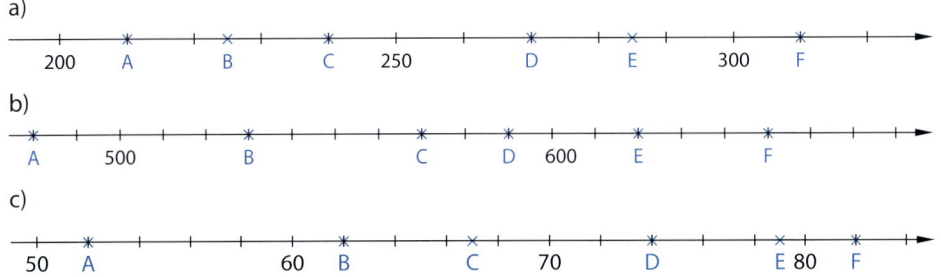

Hinweis zu 5:
Manchmal ist es günstiger oder ausreichend, nur einen Ausschnitt aus dem Zahlenstrahl zu zeichnen.

6. Felix möchte die Zahlen 10, 20, 30, …, 120 am Zahlenstrahl darstellen. Wie lang sollte er den Zahlenstrahl zeichnen, damit er gut in das Heft passt? Zeichne einen solchen Zahlenstrahl in dein Heft.

7. Zeichne einen geeigneten Zahlenstrahl, auf dem die folgenden Zahlen genau eingetragen werden können:
   a) 100, 50, 150, 25, 125 und 75.
   b) 40, 80, 120, 160, 200 und 240.

8. a) Zeichne den Ausschnitt eines Zahlenstrahls von 200 bis 500 mit 2 Kästchen = 20 Einheiten. Markiere die Zahlen: 220, 360, 380, 400, 440.
   b) Zeichne den Ausschnitt eines Zahlenstrahls mit einer geeigneten Einteilung. Markiere dann die Zahlen: 7500, 8000, 9000, 9500, 10 500.

9. **Stolperstelle**
   a) Paul soll einen Zahlenstrahl zeichnen. Er hat eine Einteilung von 2 Kästchen = 2 Einheiten gewählt und einige Zahlen markiert. Korrigiere seinen Fehler.

   b) Monika hat den Ausschnitt eines Zahlenstrahls gezeichnet, auf dem Zahlen zwischen 500 und 520 genau markiert werden sollen. Welchen Fehler hat sie begangen? Was kann man hier besser machen? Zeichne einen geeigneten Ausschnitt eines Zahlenstrahls.

10. Gesucht sind zwei Zahlen, die sich um 8 unterscheiden. Auf einem Zahlenstrahl liegen beide Zahlen gleich weit von der Zahl 12 entfernt. Bestimme die beiden Zahlen. Zeichne dafür einen geeigneten Zahlenstrahl.

11. a) Gesucht sind alle natürlichen Zahlen, die auf dem Zahlenstrahl links von 60 und rechts von 55 liegen. Zeichne dafür einen geeigneten Ausschnitt eines Zahlenstrahls.
    b) Gesucht sind alle natürlichen Zahlen, die größer sind als 250, aber kleiner sind als 260. Zeichne dafür einen geeigneten Ausschnitt eines Zahlenstrahls.

12. Welche Zahl liegt genau in der Mitte zwischen den eingetragenen Zahlen?

13. **Ausblick:** Bei jedem Bundesligaspiel werden die Zuschauer gezählt. Die Tabelle zeigt die durchschnittliche Anzahl von Besuchern einiger Vereine in der Spielzeit 2013/2014.

Verein	Zuschauer
Bayern München	71 000
Borussia Dortmund	80 323
Schalke 04	61 569
Hertha BSC Berlin	51 892
Hamburger SV	51 819
VfB Stuttgart	50 471
TSG Hoffenheim	26 906
SC Freiburg	23 388

    a) Runde die Zuschauerzahlen auf volle Tausender.
    b) Zeichne mit den gerundeten Werten ein geeignetes Säulen- oder Balkendiagramm.

1.6 Größen schätzen

■ Schätze die Größe und die Länge der Dinosaurier. Erkläre, wie du vorgegangen bist. ■

① Brachiosaurus
② Spinosaurus
③ Monolophosaurus
④ Zuniceratops

Hinweis:
Das Wort „Gewicht" hat sich umgangssprachlich durchgesetzt, obwohl eigentlich die Masse gemeint ist.

> **Wissen: Ausgewählte Größen und ihre Einheiten**
> Die Größe 100 m setzen sich aus der **Maßzahl** 100 und der **Maßeinheit** m (Meter) zusammen. Die Maßeinheit gibt an, um welche Größe es sich handelt.
>
> Gebräuchliche Maßeinheiten für Länge, Gewicht und Zeit sind:
> **Länge:**   **1 mm** (Millimeter), **1 cm** (Zentimeter), **1 dm** (Dezimeter),
>   **1 m** (Meter), **1 km** (Kilometer)
> **Gewicht:** **1 mg** (Milligramm), **1 g** (Gramm), **1 kg** (Kilogramm), **1 t** (Tonne)
> **Zeit:**   **1 s** (Sekunde), **1 min** (Minute), **1 h** (Stunde), **1 d** (Tag)

Eine genauere Vorstellung zu einer Länge, zu einem Gewicht oder zu einer Zeitspanne erhält man durch **Messen** mit geeigneten Instrumenten, zum Beispiel mit einem Lineal, einer Waage oder einer Stoppuhr. Häufig genügt es, den Wert einer Größe durch **Schätzen** zu beschreiben, um eine ungefähre Vorstellung zu erhalten. Meist wird das Schätzen genauer, wenn man die gesuchte Größe mit etwas Bekanntem **vergleichen** kann.

> **Beispiel 1:** Schätze und begründe deine Schätzung:
> a) Wie hoch ist eine Getränkedose?
> b) Wie viel wiegt eine volle Kiste mit 12 1-ℓ-Wasserflaschen?
> c) Wie schnell ist ein Spitzensportler beim 400-m-Lauf?
>
> **Lösung:**
> a) Eine Getränkedose ist ungefähr so hoch, wie eine Hand lang ist. Eine Hand ist etwa 10 cm bis 20 cm lang.
> b) 1 Liter Wasser wiegt etwa 1 kg. 12 Liter wiegen also 12 kg. Dazu kommt noch das Gewicht der Kiste und das Gewicht der Flaschen. Also sind es insgesamt zwischen 13 und 15 kg für Plastikflaschen, bei Glas noch mehr.
> c) Ein Weltklassesprinter läuft eine Strecke von 100 m unter 10 s. Für einen 400-m-Lauf braucht er mindestens viermal so lang, vermutlich sogar etwas mehr, also etwa 45 s.

Basisaufgaben

1. Schätze und begründe deine Antwort.
   a) Ein Auto wiegt ungefähr 1 t. Wie viel wiegt ein Lkw?
   b) Ein Zimmer ist etwa 2,50 m hoch. Wie hoch ist dann ein Haus mit 5 Etagen?
   c) Um die Zahl 23 laut und verständlich auszusprechen, braucht man ungefähr 1 s. Wie lange brauchst du dann, um von 20 bis 40 zu zählen?

Packung Mehl: 1 kg

Schokolade: 100 g

Butter: 250 g

DIN-A4-Blatt: ungefähr 20 cm x 30 cm

Tisch: 80 cm hoch

100 km Autobahn: 1 h bei 100 km/h

1 km zu Fuß: 10 – 15 min

1 km mit dem Fahrrad: 4 – 6 min

2. Schätze die Länge der Gegenstände.

a)    b)    c)    d)

3. Ordne den Gegenständen ein passendes Gewicht zu.
   Überlege zunächst, in welcher Gewichtseinheit man das Gewicht zweckmäßig angibt.

   2 mg   10 g   2 kg   500 g   95 kg   400 kg   2 t

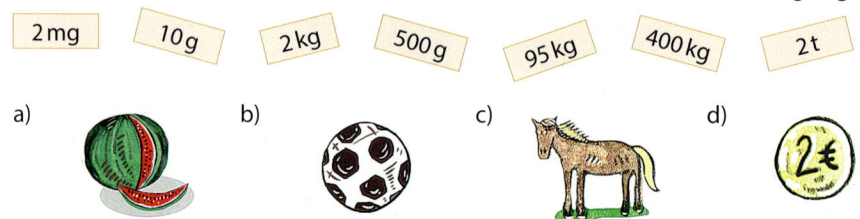

a)   b)   c)   d)

4. a) Nenne Produkte aus dem Supermarkt, die ungefähr 100 g, 250 g, 500 g oder 1 kg schwer sind.
   b) Gib jeweils Gegenstände an, die ungefähr 1 cm, 10 cm, 1 m oder 10 m lang sind.
   c) Gib jeweils Ereignisse an, die ungefähr 1 s, 1 min, 1 h oder 2 h lang dauern.

5. a) Ergänze die Lücken.
   „Vom Frankfurter Hauptbahnhof waren wir mit der S-Bahn in nur 10 ▪ am Frankfurter Flughafen. 2,5 ▪ vor dem Abflug erreichten wir das Terminal. Leider mussten wir 35 ▪ am Check-In anstehen, weil vor uns 17 ▪ anstanden. Als ich meinen Koffer aufs Förderband stellte, zeigte die Anzeige 16,5 ▪ an. Unser Flug benötigte für die knapp 9000 ▪ nur 10 ▪. Unfassbar, dass ein 560 ▪ schweres Flugzeug in der Luft bleibt. Nachdem wir ausstiegen, fing ich bei 36 ▪ direkt an zu schwitzen."
   b) Schreibe eine eigene Lückengeschichte und lass die Lücken von einem Mitschüler ergänzen.

Weiterführende Aufgaben

6. Schätze die Länge, das Gewicht oder die Zeitspanne. Begründe deine Schätzung.
   Woran hast du dich orientiert? Nutze auch die Lösungen der Beispiele.
   Prüfe dann durch Messen, Zählen oder Rechnen.
   a) Breite der Tafel in deiner Klasse
   b) Länge, Höhe und Breite deines Klassenzimmers
   c) Gewicht aller Schulbücher, die du an diesem Tag in die Schule mitgebracht hast
   d) Gewicht aller Schüler der Schule
   e) Anzahl der Stunden, die du in einer Woche in der Schule verbringst

7. a) Schätze die Länge, Breite und Dicke deines Mathematikbuchs. Überprüfe deine Schätzung durch Messen mit einem Lineal.
   b) Schätze das Gewicht deines Mathematikbuchs. Überprüfe deine Schätzung durch Messen.
   c) Wie lange würdest du benötigen, um dein Mathematikbuch Seite für Seite laut vorzulesen? Begründe.

1.6 Größen schätzen

8. **Stolperstelle:** Julia hat das Gewicht, die Größe oder die Zeitdauer geschätzt. Überprüfe und benenne mögliche Fehler.
   a) Ein Blauwal wiegt bis zu 30 m.
   b) Die Strecke von Hamburg nach München ist 10 000 m lang.
   c) In einem Kochtopf wird Wasser erhitzt. Es dauert 2 min, bis 1 ℓ Wasser kocht. Daher dauert es 20 min, bis 10 ℓ Wasser kochen.
   d) Ein Sprinter braucht für 100 m 12 s. Für 10 km benötigt er also 1200 s.

9. Teste dein Gefühl für Längen:
   a) Zeichne auf weißem Papier ohne Lineal Strecken von 2 cm, 10 cm, 20 cm und 26 cm. Überprüfe danach durch Messen mit dem Lineal.
   b) Arbeitet in Gruppen: Nehmt eine Schnur und spannt damit nach Augenmaß eine Länge von 1 m, 2 m und 6 m. Überprüft durch Messen mit einem Maßband.

   Hinweis zu 9a: Du kannst die Kante deines Buches als Lineal verwenden.

10. Teste dein Zeitgefühl:
    a) Schließe die Augen und öffne sie nach genau einer Minute wieder. Überprüfe dich selbst mit einer Uhr.
    b) Teste auch dein Gefühl für längere und kürzere Zeitabschnitte (wie 2 min oder 10 s).

11. Arbeitet in Gruppen. Schätzt die folgenden Anzahlen, Zeitdauern ... Begründet eure Lösung.
    a) Anzahl der Schüler in eurer Schule
    b) Zeit, die ihr für Mathematik-Hausaufgaben seit Beginn des Schuljahres benötigt habt
    c) Höhe eurer Schule
    d) Gewicht aller Schülertische in eurem Klassenzimmer
    e) Anzahl der Schüler, die man benötigen würde, um eine 1000 m lange Menschenkette zu bilden

    Tipp zu 11: Besonders gut könnt ihr eure Ergebnisse vergleichen, wenn ihr sie auf Plakaten vorstellt.

12. Schätze jeweils die Weltrekorde aus der Tierwelt. Recherchiere sie dann in einem Lexikon oder im Internet.

13. **Ausblick:** Prüfe, ob die Aussage wahr oder falsch ist. Begründe deine Antwort.
    a) Die Entfernung von Berlin nach Mainz ist länger als die Strecke, die du in zehn Stunden zu Fuß zurücklegen kannst.
    b) Einer deiner Arme ist schwerer als eine Flasche Sprudel.
    c) Langsam von 1 bis 20 zu zählen dauert länger, als eine trockene Scheibe Toastbrot zu essen.
    d) 1 kg Eisen ist schwerer als 1 kg Federn.

1.7 Größen umrechnen

■ Schreibe den Steckbrief mit Größen, unter denen man sich besser etwas vorstellen kann. ■

Die grüne Meerkatze	
Gewicht:	7000 g
Größe:	550 mm
Alter:	Bis zu 360 Monate
Patenschaft im Jahr:	2000 Cent

Zum Vergleichen von Größen oder zum Rechnen mit Größen muss man sie in die gleiche Maßeinheit umrechnen. Dazu verwendet man **Umrechnungszahlen**.

Längen und Gewichte umrechnen

Wissen: Umrechnungszahlen bei Längen und Gewichten

Länge: km —1000→ m —10→ dm —10→ cm —10→ mm

Kilometer   1 km = 1000 m
Meter   1 m = 10 dm
Dezimeter   1 dm = 10 cm
Zentimeter   1 cm = 10 mm
Millimeter   1 mm

Gewicht: t —1000→ kg —1000→ g —1000→ mg

Tonne   1 t = 1000 kg
Kilogramm   1 kg = 1000 g
Gramm   1 g = 1000 mg
Milligramm   1 mg

Hinweis: Umrechnungszahl 10 oder 1000.

Hinweis: Umrechnungszahl 1000.

Tipp: Kleinere Einheit heißt größere Maßzahl. Größere Einheit heißt kleinere Maßzahl.

Beispiel 1: Rechne um.
a) 3 m in die nächstkleinere Einheit
b) 4000 mg in die nächstgrößere Einheit

Lösung:
a) 10 dm sind 1 m.
   3 m sind also 3 mal 10 dm, somit 30 dm.

   3 m = 3 · 10 dm
        = 30 dm

b) 1000 mg sind 1 g.
   4 mal 1000 mg sind also 4 g.

   4000 mg = 4 · 1000 mg
            = 4 g

Basisaufgaben

1. Rechne in die nächstkleinere Einheit um.
   Längen: a) 6 cm   b) 20 m   c) 4 km   d) 132 dm
   Gewichte: e) 18 kg f) 30 g   g) 5 t   h) 212 g

2. Rechne in die nächstgrößere Einheit um.
   Längen: a) 5000 m b) 40 dm   c) 60 mm   d) 436 000 m
   Gewichte: e) 6000 g f) 9000 kg g) 24 000 mg h) 1 983 000 g

1.7 Größen umrechnen

3. Vervollständige im Heft.
   a) 6 m = ■ dm
   b) 3 dm = 30 ■
   c) 23 km = ■ m
   d) 16 cm = 160 ■
   e) 3 kg = ■ g
   f) 70 g = ■ mg
   g) 12 t = ■ kg
   h) 15 t = 15 000 ■

4. a) Was ist länger: 3 km oder 2953 m, 94 dm oder 10 m, 57 000 mm oder 570 m?
   b) Was ist schwerer: 8 kg oder 7389 g, 40 000 mg oder 400 g, 743 kg oder 7 420 000 000 mg?

5. Vergleiche die Quartettkarten. Ordne die Tiere
   a) nach der Länge,
   b) nach dem Gewicht.

Seehund Länge 17 dm Gewicht 150 kg
Hund Länge 120 cm Gewicht 45 kg
Hauskatze Länge 95 cm Gewicht 5000 g
Luchs Länge 1,5 m Gewicht 22 kg

Zeiten umrechnen

> **Wissen: Umrechnungszahlen bei Zeiten**
>
> Zeit: d — 24 — h — 60 — min — 60 — s
>
> Tag   1 d = 24 h
> Stunde   1 h = 60 min
> Minute   1 min = 60 s
> Sekunde 1 s

Beispiel 2: Rechne um.
a) 5 h in die nächstkleinere Einheit
b) 72 h in die nächstgrößere Einheit

Lösung:
a) 1 h sind 60 min.   5 h = 5 · 60 min
   5 h sind also 5 mal 60 min, somit 300 min.   = 300 min

b) 1 d hat 24 h.   72 h = 3 · 24 h
   3 mal 24 h sind also 3 d.   = 3 d

> **Wissen: Zeitpunkt und Zeitspanne**
> Zwischen zwei **Zeitpunkten** liegt die **Zeitspanne**.
>
> Beispiel: Zwischen den Zeitpunkten 14:00 und 18:00
> liegt die Zeitspanne 4 Stunden.

Basisaufgaben

6. Rechne die Zeiten in die nächstkleinere Einheit um.
   a) 3 min
   b) 7 h
   c) 3 Tage
   d) 13 min

7. Rechne die Zeiten in die nächstgrößere Einheit um.
   a) 120 s
   b) 180 min
   c) 48 h
   d) 120 h

Hinweis zu 8:
Hier findest du die Maßzahlen der Lösungen.

8. Rechne in die angegebene Einheit um.
   a) in Minuten: eine halbe Stunde, eine Viertelstunde, eine Dreiviertelstunde, eineinhalb Stunden
   b) in Sekunden: eine halbe Minute, zwei Minuten, zehn Minuten, eine Stunde
   c) in Stunden: ein halber Tag, eineinhalb Tage, zwei Tage, sieben Tage

9. Was dauert länger: 122 s oder 2 min, 1 440 min oder 2 Tage, 4 h oder 18 000 s?

10. Entscheide, ob Zeitpunkt oder Zeitspanne gemeint sind.
    a) Ich komme dann um vier zu dir.
    b) Für die Hausaufgaben habe ich den ganzen Nachmittag gebraucht.
    c) Die Erde dreht sich pro Tag einmal um ihre Achse.
    d) Der Mathematiker Gauß lebte von 1777 bis 1855.

11. Gib die Zeitspanne zwischen den Zeitpunkten an.
    a) 16:15 Uhr bis 16:53 Uhr b) 10 Uhr bis 18 Uhr c) *1707 †1783

12. Amelie und Ole hatten von 7:50 Uhr bis 12:55 Uhr Schule. Wie lange waren sie in der Schule?
    Amelie rechnet: 7:50 Uhr —+10min→ 8:00 Uhr —+4h→ 12:00 Uhr —+55min→ 12:55 Uhr
    Ole rechnet: 7:50 Uhr —+5h→ 12:50 Uhr —+5min→ 12:55 Uhr
    a) Wie würdest du rechnen? Berechne das Ergebnis.
    b) Ein Kinofilm läuft von 15:45 Uhr bis 17:28 Uhr. Wie lange dauert der Film?
    c) Herr Landau fährt jeden Morgen mit der S-Bahn um 6:50 Uhr zur Arbeit. Heute ist er um 17:12 Uhr wieder zu Hause. Wie lang war er unterwegs?
    d) Das Fußballtraining beginnt um 17:30 Uhr und dauert 1 h 45 min. Wann endet es?

Weiterführende Aufgaben

Hinweis zu 13:
1 € = 100 ct

13. Rechne die Geldbeträge in die angegebene Einheit um:
    a) in Cent: 5 €; 2,79 €; 30,05 €   b) in €: 200 Cent; 465 Cent; 5699 Cent

14. Wofür steht das „k" in „km" oder „kg"? Finde die Bedeutung heraus.

15. Rechne in zwei (oder mehr) Schritten in die in Klammern angegebene Einheit um.
    Beispiel: 3 dm = 3 · 10 cm = 30 cm = 30 · 10 mm = 300 mm
    a) 19 m (in cm)   b) 32 km (in dm)   c) 15 m (in mm)   d) 3 km (in mm)
    e) 2 t (in g)   f) 50 kg (in mg)   g) 17 t (in mg)   h) 2 h (in s)

16. a) Rechne in sinnvolle Einheiten um:
    Die Klasse 5a nimmt an den Bundesjugendspielen teil. Sie muss 200 000 cm bis zum Stadion laufen und braucht dafür 1200 s. Alexander springt 3000 mm weit. Sabine wirft den 160 000 mg schweren Ball 210 dm weit. Mona braucht für den 100 000-cm-Lauf 240 s. Die Kugel beim Kugelstoßen ist 4000 g schwer, Zoé wirft sie 9000 mm weit. Die Klasse ist insgesamt 150 min im Stadion.

   b) Schreibe selbst eine Geschichte mit ungewöhnlichen Einheiten.

1.7 Größen umrechnen

17. Eine Python-Schlange kann sechs Meter lang werden, eine Waldameise fünf bis zehn Millimeter. Wie viele Ameisen ergeben in Kette die Länge einer Python?

18. Stolperstelle: Sabrina hat in ihren Rechnungen Fehler gemacht. Beschreibe die Fehler und berichtige sie.
   a) 24 km = 2400 m   b) 3000 kg = 3 g   c) 7 min = 70 s   d) 5 m = 50 000 mm

19. Mit Größen rechnen: Rechne in dieselbe Einheit um und rechne dann aus.
Beispiel: 21 m + 17 cm = 2100 cm + 17 cm = 2117 cm

   a) 200 m + 3 m   b) 30 cm + 2 mm   c) 2 km + 300 m
   d) 230 g + 20 kg   e) 3 g – 700 mg   f) 4 t – 800 kg
   g) 3 h + 50 min   h) 1 min – 37 s   i) 8 d + 11 h
   j) 320 dm + 3 km   k) 33 t – 667 000 g   l) 1 h – 368 s

Hinweis zu 19: In allen Ergebnissen kommen die gleichen Ziffern vor.

20. Erkläre, warum es bei den folgenden Aufgaben sinnvoller ist, von der kleineren Einheit in die größere Einheit umzurechnen und erst dann zu addieren. Rechne.
   a) 60 m + 20 dm   b) 90 g + 4000 mg   c) 3 km + 5000 m
   d) 2 min + 120 s   e) 89 000 kg – 80 t   f) 72 h – 1 d

21. Felix ist in Frankfurt Hauptbahnhof und will nach Kassel Hauptbahnhof fahren. In Kassel-Wilhelmshöhe muss er umsteigen.
   a) Wie lange fährt der Zug von Frankfurt Hauptbahnhof nach Kassel-Wilhelmshöhe bei den zwei angezeigten Verbindungen?
   b) Wie lange fährt Felix von Kassel-Wilhelmshöhe nach Kassel Hauptbahnhof bei den angezeigten Verbindungen?
   c) Felix muss spätestens um 10:45 Uhr in Kassel am Hauptbahnhof sein. Welche Verbindung kann er nehmen? Wie lange fährt er?

▶ Frankfurt Hauptbahnhof	Gleis 8	ab	08:58
Kassel-Wilhelmshöhe	Gleis 3	an	10:19
▶ Frankfurt Hauptbahnhof	Gleis 8	ab	09:13
Kassel-Wilhelmshöhe	Gleis 3	an	10:55
▶ Kassel-Wilhelmshöhe	Gleis 9	ab	10:05
Kassel Hauptbahnhof	Gleis 4	an	10:10
▶ Kassel-Wilhelmshöhe	Gleis 9	ab	10:35
Kassel Hauptbahnhof	Gleis 4	an	10:40
▶ Kassel-Wilhelmshöhe	Gleis 9	ab	10:49
Kassel Hauptbahnhof	Gleis 8	an	10:55

22. Runde die Größen.
Beispiel: 3448 m gerundet auf km: 3448 m ≈ 3000 m = 3 km
   a) Runde auf km: 5689 m, 9400 m, 34 650 m   b) Runde auf cm: 71 mm, 146 mm, 95 mm
   c) Runde auf m: 873 cm, 32 dm, 9950 mm   d) Runde auf kg: 9129 g, 1345 g, 21 750 g
   e) Runde auf t: 1100 kg, 4505 kg, 9500 kg

23. Ausblick: Eine Woche hat 7 Tage. Ein Jahr, das kein Schaltjahr ist, hat 365 Tage.
   a) Welcher Wochentag ist am 3. Oktober, wenn der 1. September ein Sonntag war?
   b) In diesem Jahr ist Irinas Geburtstag an einem Samstag. An welchem Wochentag ist er nächstes Jahr, wenn kein Schaltjahr ist? Überlege auch für deinen eigenen Geburtstag.
   c) Wie viele Tage sind es vom 16. Oktober bis zum Jahresende? Wie viele sind es von dem heutigen Datum aus?
   d) Die Sommerferien gehen vom 28. Juli bis zum 10. September. Wie viele Tage sind das?

1.8 Größen in Kommaschreibweise

■ Im Biologieunterricht bekommt die Klasse 5a Besuch von der einjährigen Schäferhündin Holly. Die Klasse beobachtet Hollys Verhalten und misst: Holly hat eine Schulterhöhe von 0,58 m und ein Gewicht von 30,5 kg.
Vergleiche Hollys Werte mit den Durchschnittswerten für Schäferhunde. Ist es möglich, dass Holly schon ausgewachsen ist? ■

Ausgewachsener Schäferhund	
Schulterhöhe	
Rüde:	60–66 cm
Hündin:	55–61 cm
Gewicht	
Rüde:	30–40 kg
Hündin:	25–35 kg

Größen kann man auch mithilfe einer **Einheitentafel** umrechnen. Dies ist besonders bei Größen sinnvoll, die in Kommaschreibweise angegeben sind.

Beispiel 1: Schreibe mithilfe einer Einheitentafel ohne Komma.
a) 6,7 km und 3,8 cm
b) 1,175 kg und 0,85 t

Lösung:
a)

	km	m			dm	cm	mm
	E	H	Z	E	E	E	E
6,7 km:	6	7	0	0			
3,8 cm:						3	8

Hinweis:
E = Einer
Z = Zehner
H = Hunderter

Schreibe die 6 unter km und die 7 daneben. Es sind 6 km und 700 m.

Schreibe die 3 unter cm und die 8 daneben. Es sind 3 cm und 8 mm.

Nun kannst du ablesen: 6,7 km = 6 km 700 m = 6700 m
3,8 cm = 3 cm 8 mm = 38 mm

b)

	t	kg			g			mg		
	E	H	Z	E	H	Z	E	H	Z	E
1,175 kg:				1	1	7	5			
0,85 t:	0	8	5	0						

Nun kannst du ablesen: 1,175 kg = 1 kg 175 g = 1175 g
0,85 t = 0 t 850 kg = 850 kg

Hinweis:
Viele Maßeinheiten enthalten Vorsilben:
• **k** steht für **Kilo** oder **1000**.
• **d** steht für **Dezi** oder **0,1**.
• **c** steht für **Zenti** oder **0,01**.
• **m** steht für **Milli** oder **0,001**.

Beispiele:
1 **kg** = 1000 g
1 **mg** = 0,001 g

Basisaufgaben

1. Trage die Längen in eine Einheitentafel ein. Schreibe dann ohne Komma.
   a) 8,95 m   b) 8,9 m   c) 0,2 cm   d) 4,2 km

2. Trage die Größen in eine Einheitentafel ein. Schreibe dann ohne Komma.
   a) 9,225 t   b) 6,75 kg   c) 2,9 g   d) 0,9 kg
   e) 10,5 kg   f) 20,25 km g) 20,25 g   h) 20,25 m

1.8 Größen in Kommaschreibweise

3. Schreibe ohne Komma.
   a)  b)  c)  d)  e)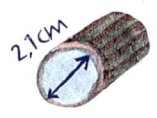

4. Schreibe ohne Komma. Verwende – falls nötig – eine Einheitentafel.
   a) 6,002 km b) 27,98 m c) 0,775 kg d) 7,5 g
      6,02 km   279,8 m   0,75 kg   7,55 g
      6,2 km   279,8 cm   0,7 kg   7,555 g

Weiterführende Aufgaben

5. Schreibe ohne Komma. Verwende eine geeignete Einheitentafel.
   a) 4,2 kg   b) 34,67 kg   c) 16,891 t   d) 5,76 km
   e) 43,92 km f) 5,76 m   g) 10,81 g   h) 0,960 kg
   i) 0,302 t   j) 102,94 km k) 70,301 km   l) 20,300 m

   Tipp zu 5:
   0,300 km = 0,3 km
             = 300 m

6. Bei Zeitangaben verzichtet man in der Regel auf die Verwendung des Kommas. Erkläre, warum Zeitangaben wie 1,7 h oder 12,37 min vermieden werden.

7. **Stolperstelle:**
   a) Erkläre, was Jan falsch gemacht hat, und verbessere.

Einheitentafel für Längen	km	m	dm	cm	mm	Umrechnung
	3	7				3,7 km = 37 m

   b) Miriam rechnet ohne Einheitentafel. Verbessere ihre Fehler.
   ① 0,6 m = 6 cm   ② 4,5 kg = 45 g   ③ 5,005 t = 55 kg

8. a) Erläutere für Längeneinheiten die Bedeutung der Vorsilben Kilo, Dezi, Zenti und Milli.
   b) Wo kommen diese Vorsilben im Alltag noch vor? Nenne jeweils mindestens ein Beispiel. Prüfe, ob die Bedeutung der Vorsilben so ist wie bei den Längeneinheiten.
   c) Recherchiere die Bedeutung der Vorsilben Giga und Mega bei Computern.

9. Ordne der Größe nach.
   a) 1200 mm; 12 cm; 1,2 dm; 0,12 m   b) 360 mm; 3,6 cm; 0,0036 m
   c) 2700 g; 2 kg; 70 g; 2,007 kg   d) 60 000 mg; 6 g; 0,06 kg

10. Ein Kleinwagen hat ein zulässiges Gesamtgewicht von 980 kg. Laut Fahrzeugschein hat er mit vollem Tank ein Leergewicht von 795 kg. Berechne, wieviel Gepäck noch in den Kofferraum geladen werden darf, wenn zwei Personen mit je 75 kg im Auto mitfahren.

11. **Ausblick:** Beim Umwandeln in eine größere Einheit können Zahlen mit Komma entstehen. Louis soll ohne Einheitentafel 1848 g in kg angeben. Er überlegt sich: „1 kg = 1000 g, also ist die Umrechnungszahl 1000. Ich muss daher das Komma in 1848 g um 3 Stellen (Einer, Zehner und Hunderter) nach links verschieben: 1,848 kg."
    Prüfe die Überlegung von Louis an eigenen Beispielen.

1.9 Maßstab

■ Bestimme die ungefähre Länge und Breite der Insel Spiekeroog mithilfe deines Geodreiecks und der Angaben auf der Karte. Welche Angaben hast du dabei genutzt? Was bedeuten die Zahlen auf der Karte? ■

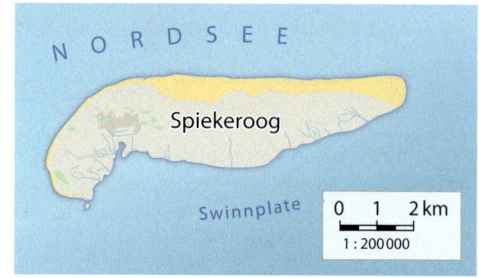

Auf Karten und Plänen werden Städte, Straßen, Häuser oder Zimmer oft verkleinert dargestellt. Der **Maßstab** gibt dabei an, wievielmal die Dinge im Bild verkleinert wurden. Je mehr durch den Maßstab verkleinert wird, desto weniger Einzelheiten kann man im Bild erkennen.

Der Maßstab wird angegeben als **Maßstabsleiste** (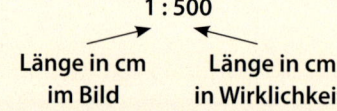) oder als Verhältnis (1 : 200 000).

Wissen: Maßstab

Der **Maßstab** gibt an, wievielmal die Dinge im Bild verkleinert oder vergrößert wurden.

Der Maßstab **1 : 500** („1 zu 500") bedeutet eine **500-fache Verkleinerung**.
1 : 500 bedeutet: 1 cm im Bild entsprechen 500 cm = 5 m in Wirklichkeit.

$$1 : 500$$

Länge in cm im Bild ←→ Länge in cm in Wirklichkeit

Der Maßstab **500 : 1** („500 zu 1") bedeutet eine **500-fache Vergrößerung**.

Längen in der Wirklichkeit berechnen

Beispiel 1: Der Stadtplan hat einen Maßstab von 1 : 10 000. Vom Rathaus zum Staatstheater sind es auf der Karte 4 cm.

Berechne, wie groß die Entfernung in Wirklichkeit ist.

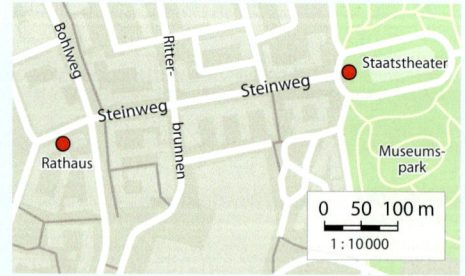

Lösung:
1 cm im Stadtplan entsprechen 10 000 cm in Wirklichkeit. Die Länge in Wirklichkeit ist also 10 000-mal so groß. Multipliziere daher mit 10 000.

Maßstab: 1 : 10 000

Länge im Bild: 4 cm
Länge in Wirklichkeit: 4 cm · 10 000
= 40 000 cm
= 400 · 100 cm = 400 m

In der Wirklichkeit ist die Entfernung 400 m.

1.9 Maßstab

Basisaufgaben

1. Schreibe zu den Angaben einen Text wie im Beispiel.
   Beispiel: 1 : 25 000 bedeutet, dass 1 cm in der Karte 25 000 cm = 250 m in Wirklichkeit sind.
   a) 1 : 2000
   b) 1 : 50 000
   c) 1 : 250 000
   d) 1 : 4 000 000

2. Berechne die Länge in Wirklichkeit.

	Maßstab	Länge in der Karte	Länge in Wirklichkeit
a)	1 : 5	5 cm	
b)	1 : 100	4 cm	
c)	1 : 5000	2 cm	
d)	1 : 20 000	3 cm	

3. Eine Karte des Edersees hat den Maßstab 1 : 6000. In Nord-Süd-Richtung ist der See auf der Karte etwa 20 cm breit. Berechne, wie lang diese Strecke in Wirklichkeit ist.

4. Astrid, Lea und Sarah messen zu Hause in einer Karte die Entfernung zur Schule. Dabei benutzen die drei Mädchen jedoch Karten mit unterschiedlichen Maßstäben. Untersuche, welches Mädchen am weitesten von der Schule entfernt wohnt.

	Astrid	Lea	Sarah
Maßstab der Karte	1 : 100 000	1 : 50 000	1 : 25 000
Entfernung auf der Karte	6 cm	9 cm	20 cm

Längen im Bild berechnen

Beispiel 2: Ein Handballfeld ist 40 m lang und 20 m breit. Das Spielfeld soll verkleinert in einer Zeitschrift abgedruckt werden.

Berechne die Längen, wenn das Handballfeld im Maßstab von 1 : 200 gezeichnet werden soll.

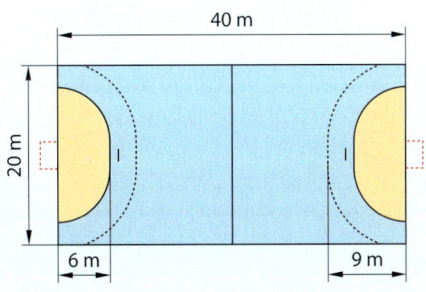

Lösung:
1 cm im Bild entsprechen 200 cm in der Wirklichkeit. Die Länge im Bild ist also 200-mal so klein.
Dividiere daher durch 200.
Wandle die wirklichen Längen (40 m und 20 m) vor dem Dividieren in cm um.

Maßstab: 1 : 200

Länge in Wirklichkeit: 40 m = 4000 cm
Länge im Bild: 4000 cm : 200 = 20 cm

Länge in Wirklichkeit: 20 m = 2000 cm
Länge im Bild: 2000 cm : 200 = 10 cm

In der Zeitschrift ist das Feld 20 cm lang und 10 cm breit.

Basisaufgaben

5. Ein Basketballfeld ist 30 m lang und 15 m breit. Berechne die Längen, wenn das Basketballfeld im Maßstab von 1 : 500 gezeichnet werden soll.

6. Berechne die Länge im Bild.

	Maßstab	Länge im Bild	Länge in Wirklichkeit
a)	1 : 3		15 cm
b)	1 : 50		2 m
c)	1 : 1000		50 m
d)	1 : 20 000		8 km

Weiterführende Aufgaben

7. a) Schätze, welcher Maßstab zu welchem Bild passt. Sortiere die Bilder nach der Größe des Maßstabs.

b) Miss im Bild die Länge des Automobils, die Höhe des Brandenburger Tors, die Nord-Süd-Ausdehnung von Deutschland und den Durchmesser der Erde. Berechne damit die Werte in der Wirklichkeit. Recherchiere, ob deine Ergebnisse stimmen.

8. Übertrage die Tabelle in dein Heft und vervollständige die Einträge.

	Maßstab	Länge im Bild	Länge in Wirklichkeit
a)	1 : 50	10 cm	
b)	1 : 100	5 cm	
c)	1 : 20		4000 cm
d)	1 : 20 000		800 m

9. Fabian benutzt einen Stadtplan mit dem Maßstab 1 : 25 000.
    a) Erkläre, warum es wichtig ist, dass auf einem Stadtplan der Maßstab angegeben wird.
    b) Fabian möchte zum Bahnhof und misst auf dem Plan eine Entfernung von 6 cm. Berechne, wie lang diese Strecke in Wirklichkeit ist, und erkläre deine Rechnung.
    c) Auf einem Wegweiser steht „Oper 500 m". Berechne, wie lang diese Strecke auf Fabians Stadtplan ist.

1.9 Maßstab

10. **Stolperstelle:** Tim und Fynn haben zwei Modellautos. Beide Autos sind 40 cm lang. Tims Auto ist im Maßstab 1 : 5 nachgebaut, Fynns Auto im Maßstab 1 : 6.
    a) Tim möchte berechnen, wie groß sein Auto in Wirklichkeit ist.
       Er rechnet: 40 cm : 5 = 8 cm
       Was hat Tim falsch gemacht? Korrigiere seinen Fehler.
    b) Fynn behauptet: „Die Autos sind in Wirklichkeit fast gleich groß, da der Maßstab fast gleich ist."
       Berechne die Originallänge von Fynns Auto. Erkläre dann, was an der Behauptung falsch ist.

11. Der Eiffelturm in Paris ist fast 300 m hoch. Im Souvenirladen gibt es Modelle im Maßstab 1 : 500, 1 : 1000 und 1 : 2000.
    a) Berechne die Höhe dieser Modelle.
    b) Lenny und Jonas diskutieren.
       Lenny: „Verdoppelt man den Maßstab, so verdoppelt sich auch die Höhe des Modells."
       Jonas: „Verdoppelt man den Maßstab, so halbiert sich die Höhe des Modells."
       Wer hat recht? Begründe.

12. Das Bild zeigt eine Skizze von Toms Kinderzimmer. Er möchte einen maßstabsgetreuen Grundriss des Zimmers auf ein DIN-A4-Blatt zeichnen.
    a) Untersuche, welchen der angegebenen Maßstäbe er dazu benutzen kann. Zeichne mit dem gewählten Maßstab den Grundriss.
       ① 1 : 5   ② 1 : 10   ③ 1 : 15
    b) Zeichne in den Grundriss auch das Bett ein. Zeichne außerdem einen Schreibtisch (90 cm breit, 45 cm lang) und einen Kleiderschrank (120 cm lang, 60 cm breit) ein.

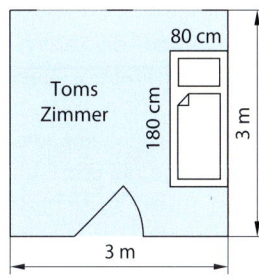

Hinweis zu 12: Ein DIN-A4-Blatt ist 210 mm breit und 297 mm hoch.

13. **Maßstab bestimmen:** Bestimme zur Maßstabsleiste den Maßstab mithilfe deines Lineals.

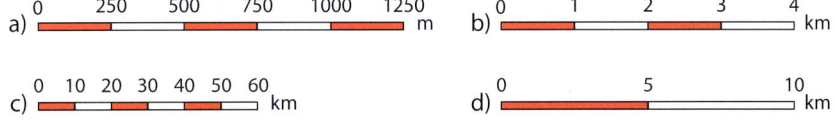

14. **Ausblick:** In den USA gibt es am Mount Rushmore vier Präsidentenköpfe, die in den Fels des Berges gehauen wurden.
    a) Schätze anhand des Bildes ab, wie groß der Kopf ist. Erkläre, wie du deinen Schätzwert ermittelt hast.
    b) Schätze, wie hoch eine Stein-Statue des „ganzen" George Washington im gleichen Maßstab wäre. Recherchiere, wie groß George Washington tatsächlich war.
    c) Welcher Maßstab wurde für den Präsidentenkopf am Mount Rushmore verwendet?

1.10 Vermischte Aufgaben

Hinweis zu 1:
Führt die Umfrage in eurer Klasse durch. Stellt die Ergebnisse in einem Säulendiagramm dar.

1. Maria hat ihre Mitschüler nach deren Größe gefragt und die Ergebnisse in einem Säulendiagramm dargestellt.
   a) Fertige eine Häufigkeitstabelle an.
   b) Wie viele Schüler sind in Marias Klasse? Begründe deine Antwort.
   c) Wie viele Schüler sind größer als 150 cm?
   d) Wie viele Schüler sind höchstens 160 cm groß?
   e) Kannst du aus dem Diagramm ablesen, wie groß das größte Mädchen und der größte Junge der Klasse ist? Begründe deine Antwort.

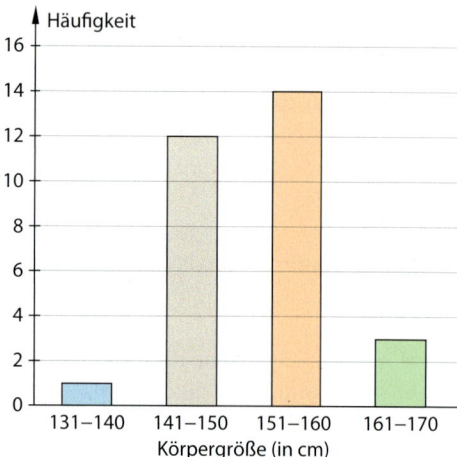

2. Die Tabelle enthält die Einwohnerzahlen der größten Städte in Hessen (Stand 2015).

Kaiserslautern	Koblenz	Ludwigshafen	Mainz	Neuwied	Trier	Worms
98 520	112 586	164 718	209 779	64 340	114 914	82 102

   a) Runde die Zahlen so, dass du sie gut in einem Säulendiagramm darstellen kannst.
   b) Zeichne ein Säulendiagramm.

3. Regina geht einkaufen. Im Kopf rundet sie auf volle Euro und addiert die gerundeten Beträge, um den Endpreis besser abschätzen zu können.
   a) An der Kasse muss sie genau 3 € weniger zahlen, als sie zuvor abgeschätzt hat. Wie viele Artikel hat sie mindestens gekauft?
   b) Regina überlegt, wie viele Artikel sie wohl mindestens hätte kaufen müssen, wenn sie an der Kasse 3 € mehr zahlen müsste als berechnet. Bestimme diese Anzahl.

4. Welche Zahl ist gesucht? Begründe deine Wahl.
   a) die kleinste Zahl mit 4 Ziffern
   b) die größte Zahl mit 7 Ziffern
   c) die größte vierstellige Zahl aus den Ziffern 1 und 2, die diese gleich oft enthält
   d) die kleinste zehnstellige Zahl aus den Ziffern 8 und 9, die diese gleich oft enthält
   e) die größte zwölfstellige Zahl, in der jede Ziffer mindestens einmal vorkommt

5. In der Zeitung las man Mitte 2012:
   „Banküberfall in der Innenstadt. Täter erbeuteten Goldbarren im Wert von etwa 1 Million Euro."
   a) Wie schwer war die Beute?
   b) Informiere dich, wie viel 1 g Gold aktuell wert ist. Wie viel ist die Beute zur Zeit ungefähr wert? Runde sinnvoll, sodass du das Ergebnis berechnen kannst.
   c) Wie viele Tüten Gummibärchen könnte man von 1 kg Gold kaufen? Begründe deine Schätzung.

> Gold zählt zu den ersten Metallen, die von Menschen verarbeitet wurden. Wegen der Beständigkeit seines Glanzes, seiner Seltenheit und seiner auffallenden Schwere ist Gold sehr begehrt. Es wurde in vielen Kulturen vor allem für rituelle Gegenstände verwendet. Heute werden etwa 85 % der Goldproduktion zu Schmuck verarbeitet. Ein Gramm Gold war 2012 etwa 40 Euro wert.

1.10 Vermischte Aufgaben

6. Das Foto zeigt zwei Riesenschuhe.
   Überlegt gemeinsam.
   a) Schätzt die Länge und die Schuh-
      größe der Riesenschuhe.
   b) Wie weit würde jemand mit so großen
      Füßen in der Minute gehen, wenn
      er genauso viele Schritte in der Minute
      machen würde wie du?

7. Auf einem Bauernhof leben fünf Pferde, ein Esel, zwei Hunde, zwanzig Kühe, zehn Schafe, zehn Schweine, acht Hasen, drei Enten, zwölf Hühner und eine Ziege.

   • Stelle die Anzahl der auf dem Bauern-
     hof lebenden Tiere – geordnet nach
     ihrer Häufigkeit – in einer Häufig-
     keitstabelle dar. Erstelle danach ein
     Säulendiagramm.
   • Ein Schwein wiegt ungefähr 200 kg.
     Wie viel wiegen alle Schweine zusam-
     men? Gib das Gewicht in Gramm,
     Kilogramm und Tonnen an.
   • Im Lager sind noch vier 25-Kilogramm-
     Säcke Kraftfutter für die Pferde.
     Ein Pferd bekommt jeden Tag 3000 g
     Kraftfutter. Reicht der Vorrat eine
     Woche für alle Pferde?

   • Die durchschnittliche Futtermenge für ein Pferd beträgt pro Tag 3 kg Kraftfutter, 6 kg
     Heu und 1 kg Stroh. 1 kg Kraftfutter kostet 50 Cent, 1 kg Heu 5 Cent und 1 kg Stroh
     3 Cent. Berechne für jede Futterart die Kosten, die für ein Pferd in einem Monat
     (30 Tage) anfallen. Gib auch die monatlichen Futterkosten für ein Pferd insgesamt an.
     Runde auf ganze Euro.

8. Mark hat ein neues Modellflugzeug im Maßstab 1 : 45 geschenkt bekommen. Peters
   Modellflugzeug ist nur halb so lang und im Maßstab 1 : 100 gebaut.
   Entscheide, welche Aussage richtig ist. Begründe.
   a) In der Wirklichkeit ist Marks Flugzeug länger.
   b) In der Wirklichkeit ist Peters Flugzeug länger.
   c) Wäre Peters Flugzeug im Maßstab 1 : 90 gebaut, dann wären die Flugzeuge in der
      Wirklichkeit gleich groß.

9. Landkarten und Stadtpläne gibt es in unterschiedlichen Maßstäben. Berechne die fehlenden Einträge und gib alle Ergebnisse in Zentimetern, Metern und Kilometern an.

		Landkarten	Touristenkarten	Wanderkarten	Stadtpläne
Maßstab		1 : 100 000	1 : 50 000	1 : 20 000	1 : 10 000
Entfernung auf den Karten/Plänen		2 cm		5 cm	
Entfernung in der Wirklichkeit	in cm				
	in m				600 m
	in km		3 km		

Prüfe dein neues Fundament

1. Natürliche Zahlen und Größen

Lösungen ↗ S. 226

1. Klaus hat seine Mitschüler nach ihren Lieblingsfußballvereinen befragt. Folgende Antworten hat er erhalten:

   1. FC Kaiserslautern, Bayern München, Bayern München, Mainz 05, 1. FC Kaiserslautern, Mainz 05, Mainz 05, VfL Wolfsburg, Mainz 05, Borussia Dortmund, 1. FC Kaiserslautern, 1. FC Kaiserslautern, Bayern München, Mainz 05, 1. FC Kaiserslautern, Hamburger SV, Bayern München, Mainz 05, 1. FC Kaiserslautern, Schalke 04, Mainz 05, Mainz 05, 1. FC Kaiserslautern, 1. FC Kaiserslautern, Borussia Dortmund, Bayern München.

   a) Erstelle zu den Daten eine Strichliste und eine Häufigkeitstabelle.
   b) Fertige ein Säulendiagramm an.
   c) In dem Säulendiagramm unten sind die Antworten der Schüler der Parallelklasse zu derselben Frage dargestellt. Wie viele Schüler der Parallelklasse sind jeweils Fans der Fußballvereine?

   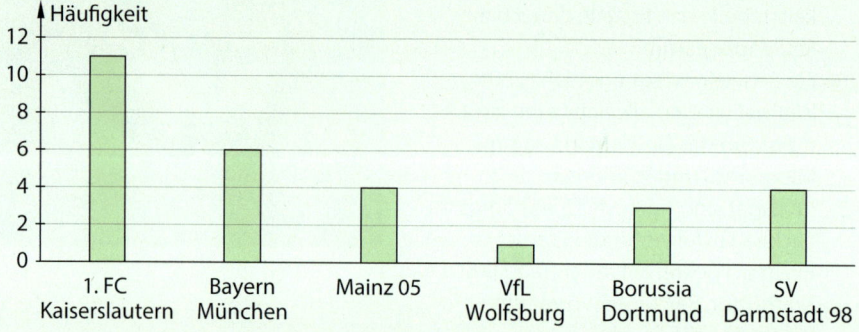

2. a) Schreibe die Zahl 123 450 als Zahlwort.
   b) Schreibe als Zahl: elf Millionen fünfhunderttausendeins.

3. Ordne die Zahlen nach ihrer Größe:
   83 315, 91 022, 85 000, 787 345, 8349, 83 402.

4. Runde
   a) auf Zehner: 312, 2037, 1845.
   b) auf Hunderter: 126, 6723, 73 928.
   c) auf Tausender: 14 872, 498, 99 999.

5. Runde die Zahlen, bei denen es sinnvoll ist. Begründe deine Entscheidung.
   a) Ein Bundesligaspiel zwischen dem 1. FC Köln und dem HSV besuchen 39 127 Zuschauer.
   b) Max hat Schuhgröße 47.
   c) Ein Blauwal wiegt 196 000 kg.
   d) Die Telefonnummer einer Schule lautet 8 722 387 123.
   e) Im Kölner Straßenkarneval feiern 1 900 000 Menschen rund um den Kölner Dom.

6. Stelle die Zahlen auf einem Zahlenstrahl dar.
   a) 5, 13, 2, 8, 24, 17, 21
   b) 200, 50, 475, 325, 600

7. Rechne in die angegebene Einheit um.
   a) 70 cm in mm
   b) 23 t in kg
   c) 7 min in s
   d) 470 cm in dm
   e) 800 dm in mm
   f) 420 min in h
   g) 10 kg in mg
   h) 550 000 mm in m

Prüfe dein neues Fundament

8. Schreibe in einer kleineren Einheit ohne Komma. Du kannst eine Einheitentafel verwenden.
   a) 5,6 dm   b) 14,5 t   c) 2,875 m   d) 10,90 €   e) 0,04 kg   f) 30,15 km

9. Ordne einem Holzkleiderbügel sinnvolle Größenangaben zu.

   Länge:
   295 cm – 170 mm – 17 cm – 0,43 m –
   0,04 km – 0,000 43 km – 0,002 95 km

   Gewicht:
   3,104 kg – 17 g – 0,001 t – 950 g –
   263 g – 1087 mg – 0,000 25 kg

10. a) Ein Film beginnt um 20:25 Uhr und dauert 105 min. Wann ist er zu Ende?
    b) Ein Zug fährt um 9:52 Uhr ab und kommt um 14:06 Uhr an. Wie lange ist er unterwegs?

11. Eine Schulturnhalle ist 40 m lang und 25 m breit. Sie soll im Maßstab 1 : 50 gezeichnet werden. Gib Länge und Breite der Turnhalle in der Zeichnung an.

12. Auf einer Landkarte im Maßstab 1 : 900 000 beträgt die Entfernung (Luftlinie) zwischen Mainz und Kaiserslautern 8 cm. Wie weit sind die Städte in Wirklichkeit voneinander entfernt?

13. Ein Fahrrad mit 26-Zoll-Rädern legt bei jeder vollen Umdrehung der Räder etwa 2 m zurück.
    a) Wie viele Umdrehungen macht jedes Rad des Fahrrades auf einer 6 km langen Strecke?
    b) Wie viele Minuten benötigt ein Radfahrer für 6 km, wenn eine Umdrehung eines Rades 1 s dauert?
    c) Schätze, welche Zeit du mit dem Fahrrad für 6 km benötigst.

Wiederholungsaufgaben

1. Übertrage in dein Heft und ergänze das passende Rechenzeichen.
   a) 4 ▪ 14 = 18   b) 5 ▪ 4 = 20   c) 48 ▪ 19 = 29

2. Berechne im Kopf.
   a) 8 · 13   b) 10 · 11   c) 12 · 5

3. Die drei Karten werden schräg hintereinander gelegt, um damit dreistellige Zahlen zu bilden. Bilde die größte und die kleinste Zahl, die mit üblichen Spielkarten möglich sind.

4. Bestimme mit dem Lineal die Länge der Linie.

Zusammenfassung

1. Natürliche Zahlen und Größen

Daten erfassen und darstellen	Mit einem **Fragebogen** lassen sich **Daten erheben**. Abzählbare Daten lassen sich gut mit einer **Strichliste** zusammenfassen. Werden statt der Striche Zahlenwerte angegeben, so spricht man von einer **Häufigkeitstabelle**. In einem **Säulendiagramm** kann man Daten anschaulich darstellen, auf einen Blick erfassen und gut miteinander vergleichen.	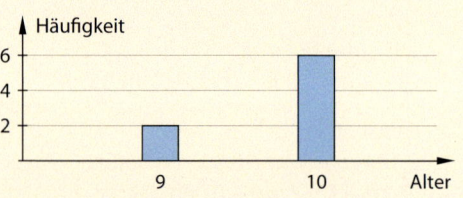 	Alter	Strichliste	Häufigkeit	 |---|---|---|
neun Jahre	||	2
zehn Jahre	╫|	6	
Natürliche Zahlen in der Stellenwerttafel	Die Zahlen 0, 1, 2, 3, … heißen **natürliche Zahlen** (kurz ℕ). Um Zahlen darzustellen, verwenden wir das Zehnersystem. Die Bedeutung einer Ziffer in einer Zahl hängt davon ab, an welcher Stelle sie steht. In einer **Stellenwerttafel** kann man große Zahlen übersichtlich darstellen.	Man bündelt 10 Einer zu einem Zehner, 10 Zehner zu einem Hunderter usw. In der Zahl 4 379 236 987 hat die linke 3 den Wert 300 Millionen und die rechte 3 den Wert 30 000. | Milliarden			Millionen			Tausender			Einer		| |---|---|---|---|---|---|---|---|---|---|---|---|
H	Z	E	H	Z	E	H	Z	E	H	Z	E
		4	3	7	9	2	3	6	9	8	7	
Natürliche Zahlen vergleichen	Von zwei natürlichen Zahlen ist diejenige die größere, die mehr Stellen hat. Bei gleich vielen Stellen ist die Zahl mit der höchsten größeren Stelle die größere.	1 2345 678 > 451 450 25 623 456 > 25 445 999, denn 600 000 > 400 000
Natürliche Zahlen runden	Wenn rechts von der Rundungsstelle eine 0, 1, 2, 3 oder 4 steht, wird abgerundet. Ansonsten wird aufgerundet.		Zahl	zu runden auf	Rundung	Zahl gerundet	 |---|---|---|---|
6553	Hunderter	aufrunden	6600
972	Zehner	abrunden	970	
Zahlenstrahl	Der **Zahlenstrahl** beginnt mit der Zahl 0. Er hat keinen Endpunkt, da die Folge der natürlichen Zahlen nicht abbricht. Der Abstand zwischen zwei benachbarten Punkten (Zahlen) ist immer gleich groß.	0 1 2 3 4 5 6 7 8 9 10 11 Beachte: Von zwei Zahlen ist diejenige die kleinere, die auf einem Zahlenstrahl weiter links liegt.
Einheiten von Größen (Länge, Gewicht, Zeit)	**Einheiten der Länge:** Kilometer (km), Meter (m), Dezimeter (dm), Zentimeter (cm), Millimeter (mm) **Einheiten des Gewichts:** Tonne (t), Kilogramm (kg), Gramm (g), Milligramm (mg) **Einheiten der Zeit:** Tage (d), Stunden (h), Minuten (min), Sekunden (s), aber auch Wochen, Monate, Jahre	1 km = 1000 m 1 m = 10 dm, 1 dm = 10 cm, 1 cm = 10 mm 1 t = 1000 kg, 1 kg = 1000 g, 1 g = 1000 mg 1 d = 24 h, 1 h = 60 min, 1 min = 60 s, 1 Jahr = 12 Monate, 1 Woche = 7 Tage
Maßstab	Der **Maßstab** gibt bei Verkleinerungen und Vergrößerungen das **Verhältnis** einer **Länge im Bild** zur entsprechenden **Länge in Wirklichkeit** an.	1 : 100 000 (sprich: 1 zu 100 000) Länge in cm Länge in cm im Bild in der Wirklichkeit

2. Rechnen mit natürlichen Zahlen

Ein Spiel dauert 90 Minuten. Hinzu kommt noch die Halbzeitpause, die Nachspielzeit – und manchmal – auch die Verlängerung. Wie viele Minuten sind es insgesamt?

Nach diesem Kapitel kannst du …
- geschickt im Kopf rechnen und Rechengesetze anwenden,
- mit großen Zahlen schriftlich rechnen,
- Potenzen aufstellen und berechnen.

Dein Fundament

2. Rechnen mit natürlichen Zahlen

Lösungen
↗ S. 227

Addieren und Subtrahieren natürlicher Zahlen

1. Rechne im Kopf.
   a) 13 + 34
   b) 45 – 32
   c) 56 + 13
   d) 49 – 24
   e) 32 – 12
   f) 43 + 24
   g) 100 + 15
   h) 119 – 7

2. Berechne.
   a) 28 + 17
   b) 45 – 27
   c) 80 – 21
   d) 87 + 9
   e) 75 + 25
   f) 100 – 88
   g) 90 + 60
   h) 120 – 80

3. Übertrage in dein Heft und ersetze ■ so, dass die Rechnung stimmt.
   a) 5 + ■ = 20
   b) ■ + 21 = 77
   c) 27 – ■ = 7
   d) ■ – 6 = 38

4. Überprüfe. Korrigiere alle fehlerhaften Ergebnisse.
   a) 23 + 19 = 42
   b) 36 + 24 = 50
   c) 100 – 33 = 77
   d) 76 – 41 = 37

5. Gib zwei Additionsaufgaben an, deren Ergebnis 27 ist.

6. Von den 24 Kindern der Klasse 5a können 17 Kinder schwimmen. Wie viele Kinder der Klasse 5a können nicht schwimmen?

7. Tim wiegt 55 kg und Hassan wiegt 47 kg. Sind sie zusammen schwerer als 100 kg?

Multiplizieren und Dividieren natürlicher Zahlen

8. Rechne im Kopf.
   a) 9 · 8
   b) 6 · 9
   c) 8 · 8
   d) 8 · 7
   e) 7 · 60
   f) 6 · 80
   g) 5 · 11
   h) 100 · 4

9. Rechne im Kopf.
   a) 32 : 8
   b) 36 : 4
   c) 72 : 9
   d) 56 : 7
   e) 640 : 8
   f) 840 : 10
   g) 600 : 20
   h) 100 : 4

10. Übertrage in dein Heft und ersetze ■ so, dass die Rechnung stimmt.
    a) 7 · ■ = 63
    b) ■ : 6 = 7
    c) 9 · ■ = 54
    d) 4 : ■ = 1

11. Überprüfe. Korrigiere alle fehlerhaften Ergebnisse.
    a) 12 : 4 = 4
    b) 6 · 3 = 21
    c) 210 : 30 = 6
    d) 7 · 40 = 280

12. Gib drei Multiplikationsaufgaben an, deren Ergebnis 60 ist.

13. Sechs Roggenbrötchen kosten 1,80 €. Wie viel kostet ein Roggenbrötchen?

14. Maria hat die Grundfläche ihres Zimmers im Maßstab 1 : 20 gezeichnet. Auf der Zeichnung ist die Wand am Fenster 20 cm lang. Wie lang ist sie in Wirklichkeit?

Dein Fundament

Große Zahlen

15. Trage die Zahlen untereinander in eine Stellenwerttafel ein. Schreibe sie auch als Zahlwörter.
  a) 1897 b) 25 407 c) 9088 d) 228 615
  e) 25 000 f) 201 500 g) 2 000 000 h) 10 800 000

16. Zähle
  a) von 5000 bis 10 000 in 1000er-Schritten,
  b) von 600 bis 1800 in 200er-Schritten,
  c) von 100 bis 300 in 25er-Schritten,
  d) von 100 000 bis 1 Million in 300 000er-Schritten.

17. Verdopple die Zahl viermal.
  a) 100 b) 3000 c) 25 d) 40 000

18. Halbiere die Zahl viermal.
  a) 1600 b) 80 000 c) 400 d) 480 000

19. Runde
  a) 5169 auf Tausender,
  b) 1272 auf Hunderter,
  c) 19 338 auf Zehntausender,
  d) 952 auf Hunderter.

Gemischte Aufgaben

20. Übertrage die Aufgaben in dein Heft und setze anstelle von ■ ein Rechenzeichen (+, ·, − oder :) so ein, dass die Rechnung stimmt.
  a) 7 ■ 8 = 56 b) 49 ■ 7 = 7 c) 2 ■ 2 = 4 d) 140 ■ 70 = 70
  e) 12 ■ 0 = 12 f) 132 ■ 5 = 127 g) 0 ■ 39 = 0 h) 100 ■ 50 = 2

21. Am Wandertag wollen die 25 Schüler der 5a an einem Bootsausflug teilnehmen. Sie werden begleitet von 6 Erwachsenen. In einem Boot haben jeweils 8 Personen Platz. Wie viele Boote müssen sie ausleihen, damit alle zugleich Boot fahren können?

22. Übertrage die Rechenschlange in dein Heft und setze die fehlenden Zahlen ein.
  a)    b)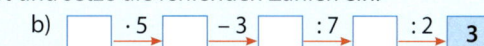

23. Hier sind drei unvollständige „Additionsmauern" gegeben. Die Summe der beiden unteren Steine soll im darüber liegenden Stein stehen.

① 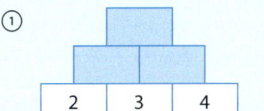   ② 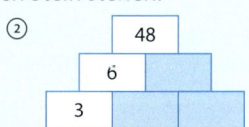   ③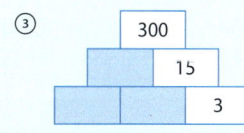

  a) Übertrage die Additionsmauern in dein Heft und vervollständige sie.
  b) Wie verändert sich die Zahl an der Spitze der Mauer ①, wenn die Zahl 2 in der unteren Reihe durch die Zahl 4 ersetzt wird?

2.1 Addieren und Subtrahieren

■ Maria bekam von ihrer Großmutter 12 € geschenkt, nahm sich dazu 12 € aus ihrem Sparschwein und ging damit auf den Rummelplatz. Sie fuhr Achterbahn für 8 €, holte sich eine Pizza für 3 €, ging danach in die Geisterhöhle für 6 € und kaufte ein Getränk für 2 €. Wie viel Euro hat sie noch? ■

Hinweis:
Bei einer Gleichung wie 8 + 7 = 15 unterscheidet man zwischen der **Summe** 8 + 7 und dem Ergebnis 15. Statt Ergebnis sagt man auch **Wert der Summe**.

Wissen: Fachbegriffe der Addition und Subtraktion
Man nennt einen Ausdruck wie 8 + 7 eine **Summe** und 15 − 7 eine **Differenz**.

8	+	7	= 15	15	−	7	= 8
Summand	plus	**Summand**		**Minuend**	minus	**Subtrahend**	

Addieren und Subtrahieren im Kopf

Beispiel 1: Berechne im Kopf.
a) 25 + 32   b) 67 − 52   c) 27 + 19   d) 52 − 28

Lösung:
a) und b) Zerlege eine Zahl in Zehner und Einer. Addiere (subtrahiere) die drei Zahlen von links nach rechts.

a) 25 + 32 = 25 + 30 + 2 = 55 + 2 = 57
b) 67 − 52 = 67 − 50 − 2 = 17 − 2 = 15

Vereinfache in c) und d) die Rechnung.
c) Was du zunächst zu viel addiert hast, musst du danach wieder subtrahieren.

c) 27 + 19 = 27 + 20 − 1 = 47 − 1 = 46

d) Was du zunächst zu viel subtrahiert hast, musst du danach wieder addieren.

d) 52 − 28 = 52 − 30 + 2 = 22 + 2 = 24

Basisaufgaben

Hinweis zu 2:
Die Lösungen zu a) bis h) findest du in der Blüte, die zu i) bis l) in den Blättern.

1. Addiere im Kopf.
   a) 32 + 46   b) 75 + 43   c) 37 + 14   d) 66 + 27
   e) 338 + 340   f) 157 + 305   g) 37 + 49   h) 19 + 87
   i) 76 + 18   j) 59 + 23   k) 524 + 198   l) 297 + 416

2. Subtrahiere im Kopf.
   a) 69 − 21   b) 87 − 36   c) 72 − 45   d) 144 − 36
   e) 247 − 160   f) 388 − 206   g) 76 − 39   h) 61 − 29
   i) 157 − 98   j) 538 − 291   k) 328 − 197   l) 525 − 426

3. Addieren und Subtrahieren mit mehreren Zahlen
   Beispiel: 75 + 25 − 30 = 100 − 30 = 70
   Berechne auf gleiche Weise von links nach rechts.
   a) 32 + 68 + 77   b) 81 + 52 + 25   c) 113 + 17 − 21   d) 24 + 36 − 49
   e) 89 − 24 − 15   f) 175 − 81 − 69   g) 145 − 98 + 33   h) 313 − 83 + 116

2.1 Addieren und Subtrahieren

4. **Die Zahl Null:** Das Addieren oder Subtrahieren von 0 ergibt keine Änderung. Berechne.
   a) 74 + 0
   b) 607 − 0
   c) 0 + 17
   d) 124 + 0 + 37
   e) 95 − 95 + 3
   f) 597 + 29 − 29

Rechnungen umkehren

Addieren und Subtrahieren sind entgegengesetzte Rechenarten (**Umkehroperationen**). Das Addieren einer Zahl kann durch das Subtrahieren dieser Zahl rückgängig gemacht werden und umgekehrt.

Addieren: 8 + 7 = 15   Pfeilmodell:

Subtrahieren: 15 − 7 = 8

Da jede Subtraktionsaufgabe einer Additionsaufgabe entspricht, kann man das Ergebnis einer Subtraktionsaufgabe durch eine Addition überprüfen (**Probe**).

Beispiel 2:
a) Berechne 181 − 79 und führe die Probe durch.
b) Ersetze das Zeichen ■ in 63 − ■ = 13 so durch eine Zahl, dass die Rechnung stimmt.

Lösung:
a) Die Subtraktion 181 − 79 = 102 entspricht   Aufgabe: 181 − 79 = 102
   der Addition 102 + 79 = 181. Wenn du   Probe: 102 + 79 = 181
   richtig gerechnet hast, dann ergibt
   102 + 79 wieder die Ausgangszahl 181.

b) Eine Umkehraufgabe zu 63 − ■ = 13 ist   Aufgabe: 63 − ■ = 13
   13 + ■ = 63. Für das Zeichen ■ ist die Zahl   Umkehraufgabe: 13 + ■ = 63
   50 einzusetzen, denn 13 + 50 = 63.   13 + 50 = 63

Hinweis zur Probe:
Aufgabe „minus 79"
Probe „plus 79"

Basisaufgaben

5. Prüfe durch Addieren, ob das Ergebnis richtig ist. Berichtige die falschen Ergebnisse.
   a) 67 − 42 = 25
   b) 92 − 58 = 34
   c) 187 − 43 = 94
   d) 317 − 269 = 48
   e) 191 − 57 = 144
   f) 543 − 287 = 256
   g) 612 − 359 = 263
   h) 724 − 568 = 156

Hinweis zu 5:
Du kannst dir die Probe auch am Pfeilmodell verdeutlichen.

       − 32
89   57
       + 32

6. Berechne im Kopf. Überprüfe dein Ergebnis mit der Probe.
   a) 60 − 43
   b) 33 − 22
   c) 91 − 49
   d) 104 − 92
   e) 275 − 125
   f) 200 − 77

7. Ersetze das Zeichen ■ so durch eine Zahl, dass die Rechnung stimmt.
   a) 12 + ■ = 40
   b) ■ + 22 = 63
   c) 120 + ■ = 230
   d) ■ + 120 = 250
   e) ■ − 8 = 18
   f) ■ − 23 = 31
   g) 25 − ■ = 18
   h) 162 − ■ = 23
   i) ■ − 87 = 203
   j) 480 − ■ = 200
   k) ■ − 99 = 143
   l) 1000 − ■ = 333

8. a) Berechne die Differenz von 89 und 34.
   b) Die Summe zweier Zahlen ist 77. Eine der Zahlen ist 22. Berechne die zweite Zahl.
   c) Wie viel musst du von 65 subtrahieren, um 28 zu erhalten?

9. Das Handballspiel zwischen dem SC Knettelbeck und dem HC Bunkenstedt ging 33 zu 27 aus. Wie viele Tore sind insgesamt im Spiel gefallen? Wie groß ist die Tordifferenz?

Weiterführende Aufgaben

10. Berechne und gib an, welche Strategie du verwendet hast.
a) 86 – 12   b) 165 – 87   c) 3034 + 99   d) 312 + 175   e) 9288 – 69

11. Setze für das Kästchen die richtigen Zahlen ein, sodass die Rechnung stimmt.
Bei welchen Aufgaben hast du eine Umkehraufgabe verwendet?
a) ■ – 43 = 18   b) 452 – ■ = 398   c) 1399 – ■ = 1300
d) 64 + ■ = 189   e) ■ – 17 = 71   f) ■ + 623 = 623

12. Stolperstelle: Vervollständige die Rechnung.
a) 27 = 20 + 7
   365 – 27 = 365 – 20 …
b) 49 = 50 – 1
   206 – 49 = 206 – 50 …

13. Subtrahieren durch schrittweises Ergänzen: Berechne, indem du addierst.
Beispiel: 520 – 488 = 32, denn 488 + 12 = 500 und 500 + 20 = 520 und 12 + 20 = 32.
a) 250 – 185   b) 727 – 573   c) 2074 – 1977   d) 8115 – 7738

14.
a) Füge zu 47 die Zahl 18 hinzu.
b) Ziehe von 81 die Zahl 43 ab.
c) Vermindere die Zahl 96 um 56.
d) Vermehre die Zahl 17 um 35.
e) Bilde die Differenz aus 134 und 131.
f) Füge zu 149 die Zahl 57 hinzu.
g) Bilde die Summe aus 67 und 74.

Bedeutet „plus"	Bedeutet „minus"
addieren	subtrahieren
hinzufügen	abziehen
vermehren	vermindern
hinzuzählen	wegnehmen
Summe bilden	Differenz bilden

15.
a) Wie ändert sich das Ergebnis von 100 – 20, wenn der Subtrahend um 5 vergrößert wird?
b) Wie ändert sich das Ergebnis von 45 – 12, wenn der Minuend um 8 verkleinert wird?
c) Wie ändert sich das Ergebnis von 55 + 27, wenn man beide Summanden um 6 vergrößert?

16. Notiere mit den Zahlen auf den Kärtchen eine Rechenaufgabe.

19   197   133   66   47   84   35

a) Subtrahiere zwei Zahlen, sodass der Wert der Differenz auf einem dritten Kärtchen steht.
b) Addiere zwei Zahlen, sodass der Wert der Summe auf einem dritten Kärtchen steht.
c) Subtrahiere zwei verschiedene Zahlen, sodass der Wert der Differenz möglichst klein ist.
d) Addiere drei verschiedene Zahlen, sodass der Wert der Summe möglichst groß ist.
e) Addiere zwei Zahlen und subtrahiere vom Ergebnis eine Zahl, sodass du 100 erhältst.

17. Marga erklärt die Lösung der Aufgabe 8 + ■ = 14:
„Es gibt zwei Lösungen, und zwar 7 und 6. Erst habe ich von 8 weitergezählt, also 8, 9, 10, 11, 12, 13 und 14, das sind sieben Zahlen. Außerdem habe ich gerechnet 14 – 8 = 6."
Gib an, welche Lösung nicht stimmt, und erkläre den Fehler.

2.1 Addieren und Subtrahieren

18. Zu welchen Situationen passt eine Aufgabe zum Addieren oder Subtrahieren? Löse diese Aufgaben. Oder erkläre, warum Addieren und Subtrahieren nicht passt.
    a) Aishe geht mit 33 Euro und 50 Cent einkaufen und kommt mit 5 € und 20 Cent wieder.
    b) Jonas und sein Vater gehen in den Zoo. Der Eintritt kostet 6 € für Erwachsene, 5 € für Auszubildende/Senioren/Arbeitslose/Sozialhilfeempfänger und 3 € für Kinder bis zu 16 Jahren.
    c) Ein Getränk kostet 1,50 €. Der Freundschaftspreis für 5 Getränke ist 5 €. Merle lädt ihre Freundinnen Pia, Elisa und Wiebke ein.
    d) Beim 25-km-Staffellauf müssen in einem Team 5 Personen laufen.

19. Erfinde zu jeder Aufgabe eine passende Situation.
    a) $3{,}00 + 0{,}50$
    b) $62 - 39 - 15$
    c) $8 + 8 + 8 - 3 - 3 - 3$

20. Manuelas Mutter notiert seit dem 4. Geburtstag ihrer Tochter immer deren Körpergröße am Türrahmen.
    a) In welchem Jahr ist Manuela am stärksten gewachsen?
    b) Um wie viel ist sie zwischen 2009 und 2013 insgesamt gewachsen?

2006	2007	2008	2009	2010	2011	2012	2013
100 cm	109 cm	115 cm	120 cm	127 cm	135 cm	143 cm	148 cm

21. 2013/2014 besuchten 842 Schüler die Carl-Friedrich-Gauß-Schule. Am Ende des Schuljahrs kamen 87 hinzu. 97 verließen die Schule.
    a) Berechne, wie viele Schüler es zu Beginn des Schuljahres 2014/2015 an der Schule gab.
    b) Im Jahr zuvor gab es 91 Zugänge und 99 Abgänge. Wie groß war vorher die Zahl der Schüler?

22. Das mittlere Kind ist 140 cm groß. Wie groß sind die beiden anderen Kinder?

23. **Ausblick:** Markus sagt: „Ich denke mir eine Zahl, subtrahiere dann 41 und erhalte 47. Wie heißt meine Zahl?" Beschreibe deinen Lösungsweg und erfinde selbst Zahlenrätsel.

2.2 Multiplizieren und Dividieren

■ „Hey, Anna." „13, 14, 15, ... – Hey, Monika. – Mist, jetzt habe ich mich schon wieder verzählt." „Das sieht man doch sofort: Es sind 30 Eier." „Wie hast du denn das so schnell herausbekommen?" Kann man die Anzahl der Eier bestimmen, ohne jedes einzelne zu zählen? ■

Die Addition 12 + 12 + 12 + 12 kann man auch kürzer als Multiplikation 4 · 12 (sprich „4 mal 12") schreiben. Die 4 gibt an, wie oft die 12 addiert werden soll.

Hinweis:
Bei einer Gleichung wie 4 · 12 = 48 unterscheidet man zwischen dem **Produkt** 4 · 12 und dem Ergebnis 48. Statt Ergebnis sagt man auch **Wert des Produkts**.

> **Wissen: Fachbegriffe der Multiplikation und Division**
> Man nennt einen Ausdruck wie 4 · 12 ein **Produkt** und 48 : 12 einen **Quotienten**.
>
> 4 · 12 = 48   48 : 12 = 4
> **Faktor** mal **Faktor**   **Dividend** durch **Divisor**

Multiplizieren und Dividieren im Kopf

Beispiel 1: Berechne im Kopf.
a) 4 · 16   b) 29 · 13   c) 91 : 7   d) 114 : 6

Lösung:
a) Zerlege die 16 in Zehner und Einer und   4 · 16 = 4 · 10 + 4 · 6
   multipliziere jeweils mit 4. Addiere dann.   = 40 + 24 = 64

b) Vereinfache einen Faktor.   29 · 13 = 30 · 13 − 1 · 13
   Statt 29 · 13 kannst du 30 · 13 rechnen.   = 390 − 13 = 377
   Danach musst du 1 · 13 subtrahieren.

Vereinfache in c) und d) den Dividenden.

c) Zerlege 91 in zwei Summanden (70 + 21)   91 : 7 = 70 : 7 + 21 : 7
   und dividiere jeweils durch 7.   = 10 + 3 = 13

d) Zerlege 114 in eine Differenz (120 − 6) und   114 : 6 = 120 : 6 − 6 : 6
   dividiere jeweils durch 6.   = 20 − 1 = 19

Basisaufgaben

1. Schreibe als Produkt und berechne.
   a) 7 + 7 + 7 + 7 + 7   b) 19 + 19 + 19 + 19   c) 13 + 13 + 13 + 13 + 13 + 13

Hinweis zu 3:
Hier findest du die Lösungen.

2. Multipliziere im Kopf.
   a) 4 · 43   b) 5 · 62   c) 85 · 6   d) 73 · 8
   e) 12 · 41   f) 6 · 120   g) 19 · 6   h) 38 · 7
   i) 5 · 88   j) 6 · 48   k) 198 · 3   l) 7 · 297

3. Dividiere im Kopf.
   a) 22 : 2   b) 96 : 3   c) 84 : 7   d) 126 : 9
   e) 144 : 8   f) 168 : 14   g) 95 : 5   h) 76 : 4
   i) 171 : 9   j) 147 : 3   k) 270 : 30   l) 228 : 12

2.2 Multiplizieren und Dividieren

Rechnungen umkehren

Dividieren und Multiplizieren sind entgegengesetzte Rechenarten (**Umkehroperationen**). Das Multiplizieren mit einer Zahl wird durch das Dividieren dieser Zahl rückgängig gemacht und umgekehrt.

Multiplizieren: 4 · 12 = 48   Pfeilmodell:

Dividieren: 48 : 12 = 4

Da jede Divisionsaufgabe einer Multiplikationsaufgabe entspricht, kann man das Ergebnis einer Divisionsaufgabe mit einer Multiplikation überprüfen (**Probe**).

Beispiel 2:
a) Berechne 104 : 8 und mache die Probe.
b) Ersetze das Zeichen ■ in 63 : ■ = 7 so durch eine Zahl, dass die Rechnung stimmt.

Lösung:
a) Die Division 104 : 8 = 13 entspricht der Multiplikation 13 · 8 = 104. Wenn du richtig gerechnet hast, dann ergibt 13 · 8 wieder die Ausgangszahl 104.

    Aufgabe: 104 : 8 = 13
    Probe: 13 · 8 = 104

b) Eine Umkehraufgabe zu 63 : ■ = 7 ist 7 · ■ = 63. Für das Zeichen ■ ist die Zahl 9 einzusetzen, denn 7 · 9 = 63.

    Aufgabe: 63 : ■ = 7
    Umkehraufgabe: 7 · ■ = 63
                          7 · 9 = 63

Hinweis zur Probe:
Aufgabe „geteilt durch 8"
Probe „mal 8"

Multiplizieren und Dividieren mit der Null

Möchte man eine Zahl durch null dividieren, zum Beispiel 5 : 0, dann erhält man als Umkehraufgabe 0 · ■ = 5. Dafür gibt es aber keine Lösung, denn es gilt immer 0 · ■ = 0.

Wissen: Multiplizieren und Dividieren mit der Null
1. Wenn ein Faktor gleich 0 ist, dann ist auch das Ergebnis gleich 0.   Beispiel: 3 · 0 = 0
2. Durch 0 kann man **nicht** dividieren.
3. Wird 0 durch eine andere Zahl als 0 dividiert, so ist das Ergebnis stets 0.   Beispiel: 0 : 3 = 0

Merke:
„Mal null" ergibt null, „durch null" geht nicht.

Basisaufgaben

4. Prüfe durch Multiplizieren, ob das Ergebnis richtig ist. Berichtige die falschen Ergebnisse.
    a) 51 : 3 = 17   b) 52 : 13 = 4   c) 96 : 8 = 12   d) 105 : 7 = 14
    e) 162 : 9 = 18   f) 153 : 17 = 8   g) 132 : 12 = 13   h) 550 : 25 = 22

Hinweis zu 4:
Du kannst dir die Probe auch am Pfeilmodell verdeutlichen.

5. Berechne, sofern die Aufgabe lösbar ist. Überprüfe dein Ergebnis mit der Probe.
    a) 54 : 6   b) 56 : 7   c) 0 : 10   d) 84 : 4
    e) 64 : 0   f) 147 : 7   g) 175 : 25   h) 480 : 40

6. Setze eine Zahl so ein, dass die Rechnung stimmt.
    a) 8 · ■ = 64   b) 7 · ■ = 84   c) ■ · 23 = 230   d) ■ · 1 = 2800
    e) ■ : 10 = 7   f) ■ : 6 = 12   g) 60 : ■ = 5   h) 110 : ■ = 10
    i) ■ : 7 = 17   j) 200 : ■ = 1   k) ■ : 8 = 43   l) 408 : ■ = 8

Weiterführende Aufgaben

Beispiel zu 7:
23 · 1<u>7</u> (0; 4)
Wenn man die 7 durch die 0 ersetzt, entsteht
23 · 10 = 230.

7. Tausche eine der unterstrichenen Ziffern gegen eine Ziffer aus der Klammer aus. Die Rechnung soll dabei einfacher werden. Rechne anschließend aus.
   a) <u>8</u> · 7   (1; 2; 9)
   b) 8 · <u>2</u>2   (4; 5; 7)
   c) 8 · 2<u>2</u>   (1; 5; 6)
   d) 3<u>7</u> · 41   (0; 6; 8; 9)
   e) 8 · 1<u>3</u>1   (1; 4; 7; 8)
   f) <u>4</u>6 · <u>5</u>9 (3; 5; 7; 9)
   g) 1<u>9</u>0 : 5   (1; 5; 7)
   h) 288 : <u>8</u>   (1; 3; 4; 6)
   i) 9<u>6</u>3 : 3   (0; 3; 9)

8. **Stolperstelle:** Finde und korrigiere jeweils die Fehler.
   a) 17 · 12 = 17 · 10 + 2 = 170 + 2 = 172
   b) 60 : 12 = 60 : 10 + 60 : 2 = 6 + 30 = 36
   c) 39 : ■ = 3
      Die fehlende Zahl ist 117, da 3 · 39 = 117.
   d) 5 · 4 · 7
      5 · 4 = 20 · 7 = 140

9. Notiere mit den Zahlen Rechenaufgaben und ihre Ergebnisse.
   a) Einer der beiden Faktoren ist 4.
   b) Der Wert des Produkts ist 120.
   c) Der Wert des Quotienten ist 4.
   d) Der Dividend ist 60.
   e) Der Divisor ist 16.
   f) Multipliziere drei Zahlen. Das Ergebnis ist 192.

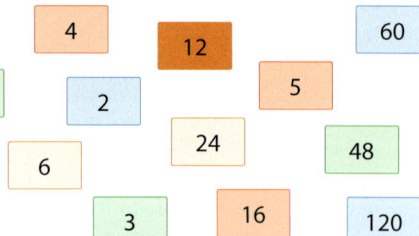

Tipp zu 10:
Achte bei Sachaufgaben darauf, das Ergebnis am Ende nochmals zu prüfen.

10. Finde zu den Situationen einen passende Rechenaufgabe und löse sie.
    a) Kais Vater kauft 5 Packungen Nudeln zu je 99 Cent.
    b) Bauer Nolte hat heute 108 frisch gelegte Eier im Hühnerstall gesammelt. Er verkauft sie auf dem Markt in 12er Kartons.
    c) Fred telefoniert 21 Minuten mit seinem Handy. Er zahlt 12 Cent pro Minute.
    d) Beim Sponsorenlauf einer Schule muss man für jede gelaufene Runde 3 € spenden. Insgesamt sind bei dem Sponsorenlauf 582 € zusammengekommen.

11. Erfinde zu jeder Aufgabe eine passende Situation.
    a) 28 : 7
    b) 9 · ■ = 45
    c) 11 · 12 · 5

12. Linda trainiert für die Stadtmeisterschaften. Heute stehen 1000 m auf dem Trainingsplan. 17 Bahnen ist sie schon geschwommen.
    a) Eine Bahn ist 25 m lang. Wie viel Meter hat sie bereits zurückgelegt?
    b) Wie viele Bahnen muss sie noch schwimmen?
    c) Wie viele Minuten braucht sie für 1000 m, wenn sie jede Bahn etwa in 49 s schwimmt?

13. **Ausblick:** Wie ändert sich das Ergebnis, wenn man bei einem Produkt
    a) einen Faktor verdoppelt,
    b) beide Faktoren verdoppelt,
    c) einen Faktor halbiert und den anderen verdoppelt.
    Wie verändert sich das Ergebnis, wenn man bei einem Quotienten
    d) den Divisor verdoppelt,
    e) den Dividenden verdoppelt,
    f) den Divisor und den Dividenden verdoppelt?
    Notiere zu jeder Aufgabe Beispiele.

2.3 Rechnen mit allen Grundrechenarten

■ Welche Rechnungen sind richtig, welche sind falsch?
Emilia meint: „Wenn ich in einer Aufgabe bei Laura und in einer bei Fynn Klammern setze, sind alle Rechnungen richtig." Hat Emilia recht? Begründe. ■

Laura: a) $4 + 6 \cdot 7 = 4 + 42 = 46$
b) $39 - 27 + 3 = 39 - 30 = 9$

Fynn: a) $4 + 6 \cdot 7 = 10 \cdot 7 = 70$
b) $39 - 27 + 3 = 12 + 3 = 15$

Durch sinnvolles Aneinanderreihen von Zahlen, Rechenzeichen und Klammern können Rechenaufgaben formuliert werden. Mit **Rechenbäumen** kann deren Struktur und die Reihenfolge beim Rechnen veranschaulicht werden.

Aufgabe $5 + 2 \cdot 3$ $(5 + 2) \cdot 3$

1. Rechenschritt:

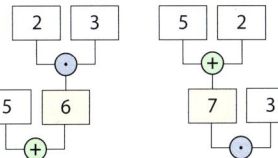

2. Rechenschritt:

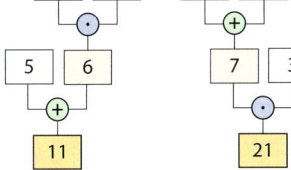

Ergebnis: 11   21

Aufgabe $2 \cdot [3 + (5 - 1)]$

1. Rechenschritt:

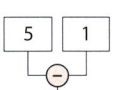

2. Rechenschritt:

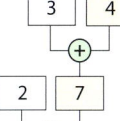

3. Rechenschritt:

Ergebnis: 14

Vorrangregeln bestimmen die Reihenfolge der Rechenschritte.

> **Wissen: Vorrangregeln**
> 1. Ausdrücke in **Klammern** werden **zuerst** berechnet. Beginne bei mehreren Klammern immer innen. Gehe dann schrittweise nach außen.
> 2. Wo keine Klammern stehen, wird zuerst multipliziert oder dividiert und dann addiert oder subtrahiert (**Punktrechnung geht vor Strichrechnung**).
> 3. In allen anderen Fällen rechnet man **von links nach rechts**.

Hinweis:
Merke dir als Eselsbrücke für die Reihenfolge von Rechnungen „**K**LA**P**S":
Klammer
Punktrechnung
Strichrechnung

> **Beispiel 1:** Berechne. Achte dabei auf die Vorrangregeln.
> a) $28 - (6 + 14)$ b) $12 + 8 \cdot 11$ c) $36 - 16 - 6$
>
> **Lösung:**
> a) Rechne zuerst $6 + 14 = 20$. Dies steht in Klammern. $28 - (6 + 14) = 28 - 20 = 8$
> b) Rechne zuerst $8 \cdot 11 = 88$. Punktrechnung geht vor. $12 + 8 \cdot 11 = 12 + 88 = 100$
> c) Beginne links. Rechne zuerst $36 - 16 = 20$. $36 - 16 - 6 = 20 - 6 = 14$

Basisaufgaben

1. Berechne zuerst, was in Klammern steht. Berechne dann das Ergebnis.
   a) $30 - (28 - 14)$
   b) $141 - (62 + 43)$
   c) $(12 + 7) - (8 + 5)$
   d) $(96 - 15) + (33 - 18)$
   e) $(16 - 3) \cdot 3$
   f) $9 \cdot (27 - 15)$
   g) $(16 - 4) \cdot (18 - 12)$
   h) $(56 - 14) : (6 + 15)$

2. Berechne.
   a) $12 \cdot 5 - 13$
   b) $10 + 150 : 10$
   c) $61 - 9 - 7$
   d) $50 : 5 \cdot 2$
   e) $3 \cdot 14 + 4 \cdot 13$
   f) $70 : 7 - 35 : 7$
   h) $100 - 8 \cdot 9 + 32$
   h) $57 - 17 + 36 : 3$

3. Berechne und vergleiche jeweils die Ergebnisse.
   a) 16 – 13 – 2
      16 – (13 – 2)
   b) 68 – 37 + 13
      68 – (37 + 13)
   c) 94 – 63 – 21
      94 – (63 – 21)
   d) 57 – 22 + 14
      57 – (22 + 14)
   e) 7 · (4 + 6)
      7 · 4 + 6
   f) 36 – 16 · 2
      (36 – 16) · 2
   g) 4 · 55 + 45
      4 · (55 + 45)
   h) 51 – 17 · 3
      (51 – 17) · 3

Hinweis zu 4:
Hier findest du die Lösungen.

4. Berechne. Achte auf die richtige Reihenfolge der Rechenschritte.
   a) 5 · 25 + 2 · 75 + 5 · 15
   b) 3 · 16 – 4 · 12 + 13 · 3
   c) 12 + 22 · 4 – 66 + 2 · 44
   d) 10 + 30 : 3 · 5
   e) 12 + (12 + 1) · 8
   f) (49 – 8 · 3) · 2
   g) 22 – 4 · (14 – 6 – 3)
   h) (96 – 10 · 9) · (1 + 5)
   i) 40 + 5 · (27 + 6) : 3

5. Übertrage den Rechenbaum in dein Heft und trage die fehlenden Zahlen ein.
   Notiere die zugehörige Aufgabe dazu.

   a)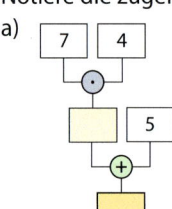
   b)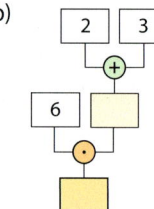
   c)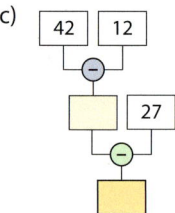
   d)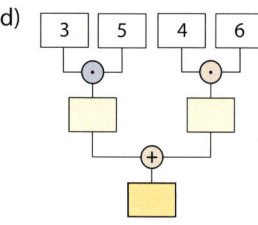

6. Stelle die Aufgaben durch einen Rechenbaum dar und löse sie.
   a) 11 · 3 + 20
      11 · (3 + 20)
   b) 65 – 25 – 24
      65 – (25 – 24)
   c) 3 · 22 – 2 · 9
      3 · (22 – 2) · 9
   d) 82 – 19 + 7 · 3
      82 – (19 + 7 · 3)

Weiterführende Aufgaben

 7. **Stolperstelle:** Überprüfe Heikes Hausaufgaben. Suche und beschreibe die Fehler. Rechne anschließend richtig.
   a) 27 – 5 · 3 = 22 · 3 = 66
   b) 12 · (2 + 7) = 24 + 7 = 31
   c) 46 – 22 – 12 = 46 – 10 = 36
   d) Timo soll 23 + 55 + 34 berechnen. Er schreibt: 23 + 55 = 78 + 34 = 112

8. Berechne und erläutere dein Vorgehen. Entscheide anschließend, welche Klammern du weglassen kannst, ohne dass sich das Ergebnis ändert.
   a) (51 + 29) · (10 – 3)
   b) (45 : 3) – (6 · 2)
   c) (50 + 350) – (210 – 90)
   d) 130 + (12 · 9 – 12)
   e) 130 – (12 · 9 – 12)
   f) (16 · 8) : 2 + (142 – 98)

9. Setze Klammern so, dass das Ergebnis eine der drei Zahlen ist, die auf den Kärtchen stehen.
   a) 2 · 8 + 10
   b) 140 – 12 : 2
   c) 3 · 4 · 2 + 4
   d) 2 + 6 · 16 – 1
   e) 70 – 10 – 3 – 1
   f) 36 – 11 · 2 + 2 · 10

   120   64   36

10. Vertausche in jedem Ausdruck zwei Zeichen so, dass eine sinnvolle Rechenaufgabe entsteht. Löse die Aufgabe dann und erläutere dein Vorgehen.
    a) 8 –) 3 + 4 (
    b) 9 · + 8 (7)
    c) 5 : (7 – 7)
    d) 9 + (8 – 6 ·) 3

2.3 Rechnen mit allen Grundrechenarten

11. Übertrage den Rechenbaum in dein Heft und trage die fehlenden Zahlen ein. Notiere die zugehörige Aufgabe dazu.

a) 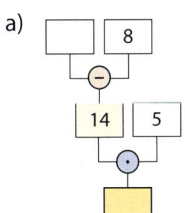   b) 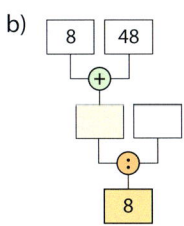   c)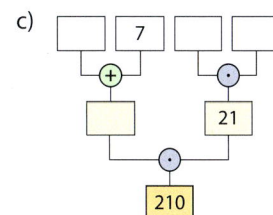

12. Schreibe als mathematische Aufgabe mit Rechenzeichen. Berechne anschließend.
   a) Multipliziere die Zahlen 6 und 9 und dividiere das Produkt durch 2.
   b) Dividiere die Summe aus 5 und 22 durch 3.
   c) Subtrahiere den Quotienten aus 78 und 13 von 20.
   d) Addiere das Produkt von 5 und 60 zur Summe von 5 und 60.
   e) Multipliziere die Differenz der Zahlen 18 und 14 mit ihrer Summe.

13. Finde zu jedem Satz einen passenden Rechenausdruck. Schreibe zu den restlichen Ausdrücken passende Texte. Berechne auch die Ergebnisse.

   20 − 7 + 5   Subtrahiere die Summe aus 7 und 5 von 20.   7 − 5 + 20   7 + 20 · 5   (7 + 20) · 5

   20 : 5 + 7   Addiere 7 und das Produkt aus 20 und 5.

   Addiere 7 zur Differenz aus 20 und 5.   20 − 5 + 7   20 − (7 + 5)

14. Berechne. Beginne mit der inneren Klammer.
   Beispiel: 6 · [12 − (5 + 3)] = 6 · [12 − 8] = 6 · 4 = 24
   a) 3 · [27 − (19 − 3)]   b) [23 − (8 + 6)] · 5   c) [6 : (2 · 3) + 7] · 9   d) 18 · [9 − 5 − (1 + 2)]

15. Frau Klaro kauft für ihre Tochter eine Hose für 49 €, ein Shirt für 19 € und eine Jacke für 9 €. Sie zahlt mit einem 100-€-Schein. Formuliere eine Aufgabe, mit der du berechnen kannst, wie viel Euro sie als Wechselgeld zurück bekommt. Gib auch die Lösung an.

16. In der Pension Schönblick gibt es auf jeder Etage sechs Zweibettzimmer und vier Einbettzimmer. Die Pension hat drei Etagen. Stelle einen passenden Rechenausdruck auf, um die Gesamtzahl der Betten zu bestimmen. Wie viele Betten sind es?

17. Die Klasse 5a besteht aus 30 Schülern. Jedes Kind bezahlt für die Klassenfahrt 40 €. Die Busfahrt kostet 150,50 €, die Übernachtung mit Verpflegung 800 €. Dazu kommen noch Eintrittsgelder von 222,50 €. Wie viel Euro hat jedes Kind zu viel bezahlt?

18. Ausblick: Löse das Zahlenrätsel.
   a) Welche Zahl muss man zur Differenz aus 113 und 79 addieren, damit man den Quotienten aus 175 und 5 erhält?
   b) Durch welche Zahl muss man die Summe aus 126 und 77 dividieren, um die Hälfte der Summe aus 49 und 9 zu erhalten?
   c) Erfinde ähnliche Zahlenrätsel und stelle sie einem Mitschüler.

Strategien zum Lösen von Problemen

- Rechts siehst du ein Zahlenrätsel.
a) Löse das Zahlenrätsel.
b) Vergleiche deinen Lösungsweg mit dem Lösungsweg deines Nachbarn. Habt ihr das Problem beide gleich gelöst?

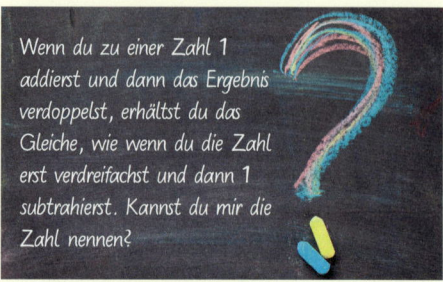

Wenn du zu einer Zahl 1 addierst und dann das Ergebnis verdoppelst, erhältst du das Gleiche, wie wenn du die Zahl erst verdreifachst und dann 1 subtrahierst. Kannst du mir die Zahl nennen?

Beispiel 1: Systematisches Probieren und Lösen mit einer Zeichnung

In einer Tüte sind dreimal so viele weiße wie rosafarbige Schokolinsen. Es sind 44 weiße Linsen mehr als rosafarbige Linsen. Ermittle, wie viele Linsen es insgesamt sind.

Lösung durch systematisches Probieren:
Lege eine Tabelle an.
Probiere systematisch verschiedene Werte aus.
Entscheide, ob die ausprobierten Werte Lösungen für die Problemaufgabe sind.
Berechne die Gesamtzahl Linsen.

Anzahl Linsen		Differenz (Anzahl weiß minus Anzahl rosa)	
rosa	weiß		
10	3 · 10 = 30	30 − 10 = 10	zu klein
20	3 · 20 = 60	60 − 20 = 40	zu klein
25	3 · 25 = 75	75 − 25 = 50	zu groß
22	3 · 22 = 66	66 − 22 = 44	passt

22 Linsen + 66 Linsen = 88 Linsen

Lösung mithilfe einer Zeichnung:
Die erste Aussage führt zu einer Einteilung in vier gleich große Gruppen. Die zweite Aussage ergibt, dass es 44 weiße Linsen mehr sind als rosafarbige Linsen. Berechne, wie viele Linsen in einer Gruppe sind. Berechne dann die Gesamtzahl.

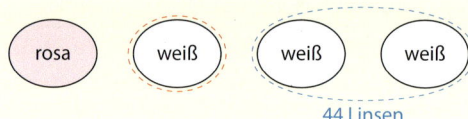

Anzahl weiß = Anzahl rosa + 44
44 Linsen : 2 = 22 Linsen
4 · 22 Linsen = 88 Linsen

Beispiel 2: Vorwärts- und Rückwärtsarbeiten

Janina sagt: „Denke dir eine Zahl, addiere 5, multipliziere das Ergebnis mit 4 und subtrahiere 7. Wenn du mir das Ergebnis sagst, kann ich dir deine gedachte Zahl nennen."
a) Aydin hat sich die Zahl 13 gedacht. Ermittle: Welches Ergebnis muss er nennen?
b) Janina kennt das Ergebnis 73. Ermittle die gedachte Zahl.

a) **Lösung mit Vorwärtsarbeiten:**
Hier ist die Ausgangssituation bekannt. Das Ergebnis ist gesucht.
Beginne mit der Ausgangssituation und rechne Schritt für Schritt Richtung Ziel.

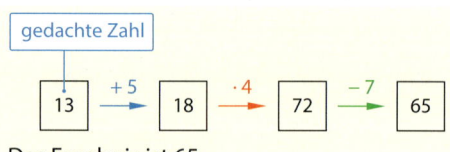

Das Ergebnis ist 65.

b) **Lösung mit Rückwärtsarbeiten:**
Hier ist das Ergebnis bekannt. Die Ausgangssituation ist gesucht. Beginne beim Ergebnis. Rechne Schritt für Schritt mithilfe der Umkehrrechnungen zurück.

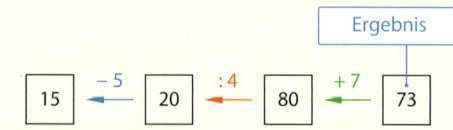

Die gedachte Zahl ist 15.

Aufgaben

1. Auf einem Parkplatz stehen Autos und Motorräder. Es sind 4-mal so viele Autos wie Motorräder. Es gibt 24 Autos mehr als Motorräder.
   Ermittle, wie viele Fahrzeuge insgesamt auf dem Parkplatz stehen.

2. Zu einer Feier kommen 52 Gäste. Es werden Tische für 6 Personen und für 8 Personen aufgestellt. Jeder Gast soll einen Platz erhalten. Es sollen keine Plätze frei bleiben.
   Prüfe, ob dies möglich ist. Begründe deine Entscheidung.

3. Auf einem kleinen Bauernhof leben Hühner und Schweine. Alle Tiere zusammen haben 30 Beine. Es sind doppelt so viele Schweine wie Hühner.
   Ermittle, wie viele Hühner und Schweine es sind.

4. Janis stellt das folgende Zahlenrätsel:
   „Denke dir eine Zahl. Verdopple die Zahl. Addiere zum Ergebnis die Zahl 10. Multipliziere diese Summe mit 3. Subtrahiere zum Schluss vom Ergebnis die Zahl 8. Wenn du mir das Ergebnis sagst, kann ich dir deine gedachte Zahl nennen."
   a) Die gedachte Zahl ist 6 (ist 0; ist 8). Welches Ergebnis erhältst du damit?
   b) Das Ergebnis ist 52 (ist 40; ist 70). Wie lautet die gedachte Zahl?

5. Arbeitet zu zweit. Stellt euch gegenseitig Zahlenrätsel und löst sie.

6. Prüfe, ob du die Figur rechts in einem Zug zeichnen kannst, ohne abzusetzen und ohne eine Strecke zweimal zu durchlaufen. Begründe.

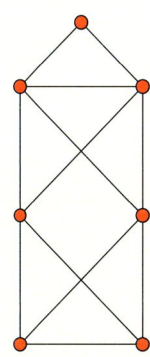

7. In der Additionsaufgabe SEND + MORE = MONEY stehen gleiche Buchstaben für gleiche Ziffern. Notiere die passende Aufgabe.

8. **Forschungsauftrag: Fermi-Aufgaben**
   Eine Fermi-Aufgabe kann man nicht genau lösen, weil dafür Informationen fehlen. Es ist aber möglich, zum Beispiel durch passende Abschätzungen näherungsweise Lösungen zu finden.
   a) Ermittle näherungsweise die Anzahl der Menschen im Bild rechts.
   b) Präsentiere deine Vorgehensweise und deine Lösung in der Klasse.
   c) Erfindet eigene Fermi-Aufgaben. Stellt sie euch gegenseitig.

Hinweis:
Fermi-Aufgaben sind nach dem italienischen Naturwissenschaftler Enrico Fermi (1901–1954) benannt. Er stellte seinen Studenten solche Aufgaben.

2.4 Rechengesetze der Addition und Multiplikation

■ Markus, Manuela und Lukas sind sehr gute Kopfrechner aus der Klasse 5c. Sie sollen in einem Schnellrechen-Wettbewerb alle Zahlen addieren, die im nebenstehenden Bild zu sehen sind.

Markus rechnet:
1 + 2 + 2 + 3 + 3 + 6 + 7 + 9 + 14 + 18 + 25

Manuela rechnet:
7 + 1 + 3 + 9 + 14 + 25 + 6 + 2 + 18 + 2 + 3

Lukas rechnet:
(7 + 3) + (1 + 9) + (14 + 6) + (2 + 18) + (2 + 3 + 25)

Was meinst du, wer wohl am schnellsten ist? Begründe deine Vermutung. ■

Erinnere dich:
Rechnungen in Klammern werden zuerst ausgeführt.

Rechengesetze der Addition

Ein 100 cm langer Stab wird in drei unterschiedlich lange Teile geteilt. Legt man sie anschließend aneinander, so ergibt sich unabhängig von der Reihenfolge die Gesamtlänge von 100 cm.

| 50 cm | 30 cm | 20 cm |

Es gilt 50 + 30 + 20 = 100, aber auch 30 + 50 + 20 = 100 oder 20 + 50 + 30 = 100.

Hinweis:
Zum Kommutativgesetz sagt man auch Vertauschungsgesetz. Zum Assoziativgesetz sagt man auch Verbindungsgesetz.

Hinweis:
Diese Rechengesetze gelten **nur** für die Addition, **nicht** für die Subtraktion.

> **Wissen: Rechengesetze der Addition**
> Beim Addieren dürfen Summanden beliebig vertauscht werden (**Kommutativgesetz**).
>
> a und b sind Platzhalter für beliebige Zahlen.
> Es gilt immer: $a + b = b + a$
> $12 + 35 = 35 + 12$
>
> Beim Addieren dürfen Klammern beliebig gesetzt oder weggelassen werden (**Assoziativgesetz**).
>
> a, b und c sind Platzhalter für beliebige Zahlen.
> Es gilt immer: $(a + b) + c = a + (b + c) = a + b + c$
> $(6 + 12) + 8 = 6 + (12 + 8) = 6 + 12 + 8$

> **Beispiel 1:**
> Berechne 39 + 28 + 11 + 16 + 12 geschickt unter Nutzung der Rechengesetze der Addition.
>
> **Lösung:**
> Vertausche Summanden so, dass sich Rechnungen vereinfachen (Kommutativgesetz).
>
> $39 + 28 + 11 + 16 + 12$
> $= 39 + 11 + 28 + 12 + 16$
>
> Fasse Summanden zusammen. Setze Klammern (Assoziativgesetz). Addiere zum Schluss.
>
> $= (39 + 11) + (28 + 12) + 16$
> $= 50 + 40 + 16$
> $= 106$

2.4 Rechengesetze der Addition und Multiplikation

Basisaufgaben

1. Setze geschickt ein oder mehrere Klammerpaare. Addiere dann.
   a) 15 + 25 + 18
   b) 73 + 21 + 29
   c) 10 + 89 + 11 + 7
   d) 32 + 6 + 2 + 25
   e) 15 + 24 + 16 + 33 + 17
   f) 41 + 29 + 27 + 32 + 28

2. Berechne geschickt.
   a) 17 + 12 + 13 + 18
   b) 38 + 49 + 22
   c) 69 + 125 + 375
   d) 55 + 29 + 5 + 11
   e) 34 + 29 + 16 + 21
   f) 187 + 36 + 11 + 54 + 2

Hinweis zu 2:
Hier findest du die Lösungen.

Rechengesetze der Multiplikation

Die Anzahl der Würfel im folgenden Würfelbau kann unterschiedlich berechnet werden.

a)

b)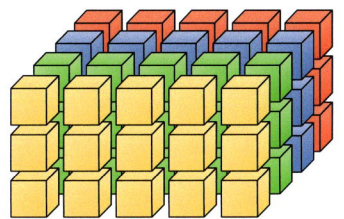

Hier sind fünf Würfel-Schichten zu sehen, die nebeneinander angeordnet sind.
In jeder Schicht sind 3 · 4 = 12 Würfel.
Deswegen sind es insgesamt
5 · (3 · 4) = 5 · 12 = 60 Würfel.

In der vorderen Schicht sind
5 · 3 = 15 Würfel zu sehen.
Es gibt vier solche Schichten, die hintereinander angeordnet sind.
Deswegen sind es insgesamt
(5 · 3) · 4 = 15 · 4 = 60 Würfel.

Wissen: Rechengesetze der Multiplikation

Beim Multiplizieren dürfen Faktoren beliebig vertauscht werden (**Kommutativgesetz**).
a und b sind Platzhalter für beliebige Zahlen.
Es gilt immer: **a · b = b · a**
                       3 · 12 = 12 · 3

Beim Multiplizieren dürfen Klammern beliebig gesetzt oder weggelassen werden (**Assoziativgesetz**).
a, b und c sind Platzhalter für beliebige Zahlen.
Es gilt immer: **(a · b) · c = a · (b · c) = a · b · c**
                       (7 · 4) · 5 = 7 · (4 · 5) = 7 · 4 · 5

Hinweis:
Diese Rechengesetze gelten **nur** für die Multiplikation, **nicht** für die Division.

Beispiel 2:
Rechne 25 · 12 · 4 · 3 geschickt unter Nutzung der Rechengesetze der Multiplikation.

Lösung:
Vertausche Faktoren so, dass sich Rechnungen   25 · 12 · 4 · 3
vereinfachen (Kommutativgesetz).   = 12 · 3 · 25 · 4

Fasse Faktoren zusammen. Setze Klammern   = (12 · 3) · (25 · 4)
(Assoziativgesetz). Multipliziere zum Schluss.   = 36 · 100 = 3600

Basisaufgaben

3. Setze geschickt Klammern und multipliziere dann.
   a) 17 · 5 · 2   b) 2 · 50 · 14   c) 11 · 12 · 5   d) 7 · 125 · 8
   e) 12 · 12 · 10   f) 25 · 11 · 4 · 5 g) 3 · 5 · 20 · 7   h) 52 · 9 · 11

4. Berechne geschickt.
   a) 2 · 16 · 50   b) 20 · 9 · 5 · 3   c) 37 · 25 · 4   d) 8 · 2 · 5 · 125

Hinweis: Die Zahlen 10, 100, 1000 … werden **Stufenzahlen** genannt.

5. **Anwendung beim Multiplizieren großer Zahlen:** Schreibe zuerst als Produkt mit einer Stufenzahl. Wende dann die Rechengesetze der Multiplikation an.
   Beispiele: 6 · 400 = 6 · (4 · 100) = (6 · 4) · 100 = 24 · 100 = 2400
   70 · 30 = (7 · 10) · (3 · 10) = (7 · 3) · (10 · 10) = 21 · 100 = 2100
   a) 3 · 400   b) 5000 · 7   c) 20 · 80   d) 60 · 30   e) 300 · 170   f) 180 · 700

Weiterführende Aufgaben

6. Berechne 6 + 6 + 6 + 6 und 4 + 4 + 4 + 4 + 4 + 4 und vergleiche die Ergebnisse. Erkläre die Übereinstimmung mithilfe der Multiplikation. Finde weitere Beispiele.

7. Addiere und multipliziere vorteilhaft. Erläutere dein Vorgehen.
   a) 15 + 28 + 25 + 12 + 4   b) 9 + 24 + 13 + 11 + 16   c) 37 + 21 + 14 + 29 + 16
   d) 8 + 96 + 21 + 31 + 44   e) 27 + 52 + 37 + 38 + 13   f) 120 + 330 + 170 + 180
   g) 25 · 7 · 4   h) 40 · 9 · 25   i) 8 · 125 · 18
   j) 200 · 89 · 5   k) 2 · 20 · 5 · 50   l) 75 · 11 · 20

● 8. Zerlege einen Faktor geschickt in ein Produkt und berechne.
   Beispiel: 175 · 4 = (7 · 25) · 4 = 7 · (25 · 4) = 7 · 100 = 700
   a) 18 · 50   b) 40 · 75   c) 24 · 25   d) 375 · 8

9. Nach einem Umbau in ihrem Haus kauft Familie Berger für 740 € eine Eichentür mit Rahmen und eine weitere Tür für 879 €. Außerdem benötigt sie eine Feuerschutztür für den Keller zum Preis von 360 €. Wie teuer sind die Türen zusammen? Rechne vorteilhaft.

10. **Stolperstelle:** Löse die folgenden Aufgaben.
    a) (24 + 8) + 12 und 24 + (8 + 12)   b) (16 · 4) · 2 und 16 · (4 · 2)
    c) (17 − 6) − 5 und 17 − (6 − 5)   d) (32 : 8) : 2 und 32 : (8 : 2)
    e) Vergleiche jeweils die Ergebnisse miteinander. Formuliere gültige (allgemeine) Regeln.
    f) Finde weitere Beispiele für die Regeln. Präsentiere deine Ergebnisse.

● 11. **Ausblick:** Eva, Till und Marie sollen möglichst schnell alle Zahlen von 1 bis 20 addieren.
    a) Für welches Vorgehen würdest du dich entscheiden?
    b) Begründe deine Wahl. Ermittle die Lösung.
    c) Berechne auf die gleiche Weise die Summe der Zahlen von 1 bis 200.

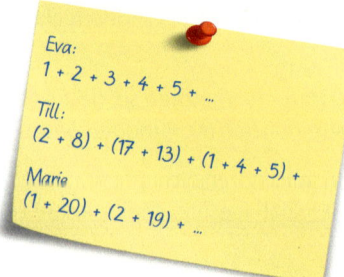
Eva: 1 + 2 + 3 + 4 + 5 + …
Till: (2 + 8) + (17 + 13) + (1 + 4 + 5) + …
Marie: (1 + 20) + (2 + 19) + …

2.5 Distributivgesetz

■ Maria und Luise sollen nachschauen, ob für ein Konzert genügend Stühle da sind. Maria zählt erst die roten und dann die blauen Stühle: 6 Stapel mit je 10 Stühlen ergeben 60 Stühle und 4 Stapel mit je 10 Stühlen ergeben 40 Stühle. Luise zählt zuerst alle Stapel und multipliziert dann. Schreibe die beiden Rechenwege ausführlich auf. Achte auf die Klammern. ■

Die Anzahl der abgebildeten Würfel kann unterschiedlich berechnet werden.

① $4 \cdot 3 + 2 \cdot 3 = 12 + 6 = 18$
(4 mal 3 rote Würfel und 2 mal 3 blaue Würfel, also insgesamt 18 Würfel)
② $(4 + 2) \cdot 3 = 6 \cdot 3 = 18$
(4 rote und 2 blaue Würfel – das Ganze mal 3, also 18 Würfel.)

> **Wissen: Distributivgesetz der Multiplikation**
> a, b und c sind Platzhalter für beliebige Zahlen. Es gilt immer:
>
> $a \cdot (b + c) = a \cdot b + a \cdot c$ $\qquad$ $a \cdot (b - c) = a \cdot b - a \cdot c$
> $4 \cdot (3 + 2) = 4 \cdot 3 + 4 \cdot 2$ $\qquad$ $6 \cdot (8 - 5) = 6 \cdot 8 - 6 \cdot 5$

Hinweis:
Zum Distributivgesetz sagt man auch Verteilungsgesetz.

Ausmultiplizieren

> **Beispiel 1:** Berechne $4 \cdot (250 - 12)$. Löse zuerst die Klammer auf.
>
> **Lösung:**
> Löse die Klammer nach dem Distributivgesetz auf. Durch die Multiplikation $4 \cdot 250 = 1000$ wird die Rechnung einfacher.
>
>
>
> $4 \cdot (250 - 12) = 4 \cdot 250 - 4 \cdot 12$
> $\qquad\qquad\qquad = 1000 - 48 = 952$

> **Wissen: Ausmultiplizieren**
> Beim Ausmultiplizieren wendet man das Distributivgesetz von links nach rechts an.
>
> $a \cdot (b + c) = a \cdot b + a \cdot c$ $\qquad$ $a \cdot (b - c) = a \cdot b - a \cdot c$

Basisaufgaben

1. Multipliziere die Klammer aus und berechne anschließend.
   a) $4 \cdot (30 + 8)$ $\qquad$ b) $9 \cdot (50 + 6)$ $\qquad$ c) $12 \cdot (100 - 1)$ $\qquad$ d) $5 \cdot (80 - 2)$
   e) $3 \cdot (900 + 21)$ $\qquad$ f) $15 \cdot (30 + 6)$ $\qquad$ g) $12 \cdot (300 - 5)$ $\qquad$ h) $16 \cdot (400 - 8)$

2. Multipliziere aus wie in folgendem Beispiel.
   Beispiel: $(60 + 8) \cdot 2 = 60 \cdot 2 + 8 \cdot 2 = 120 + 16 = 136$
   a) $(20 + 7) \cdot 9$ b) $(300 + 11) \cdot 4$ c) $(200 - 9) \cdot 5$ d) $(10 - 1) \cdot 36$

3. Du kannst auch Ausmultiplizieren, wenn in der Klammer mehr als zwei Zahlen stehen.
   Berechne anschließend.
   a) $3 \cdot (100 + 40 + 7)$ b) $8 \cdot (200 + 20 - 1)$ c) $(1000 + 30 + 5) \cdot 4$ d) $(100 - 10 - 1) \cdot 15$

4. **Anwendung Kopfrechnen:** Bilde eine Summe oder Differenz und multipliziere dann aus.
   Beispiele: $6 \cdot 32 = 6 \cdot (30 + 2) = 6 \cdot 30 + 6 \cdot 2 = 180 + 12 = 192$
   $39 \cdot 7 = (40 - 1) \cdot 7 = 40 \cdot 7 - 1 \cdot 7 = 280 - 7 = 273$
   a) $8 \cdot 23$ b) $65 \cdot 7$ c) $402 \cdot 6$ d) $4 \cdot 113$
   e) $7 \cdot 29$ f) $98 \cdot 6$ g) $6 \cdot 597$ h) $199 \cdot 25$

Ausklammern

Beispiel 2: Berechne $3 \cdot 17 + 3 \cdot 13$, indem du eine Klammer setzt.

Lösung:
Den gemeinsamen Faktor 3 kannst du ausklammern. Durch die Addition $17 + 13 = 30$ wird die Rechnung einfacher.

Ausklammern!
$3 \cdot 17 + 3 \cdot 13 = 3 \cdot (17 + 13)$
$= 3 \cdot 30 = 90$

Wissen: Ausklammern
Beim Ausklammern wendet man das Distributivgesetz umgekehrt von rechts nach links an.

$a \cdot b + a \cdot c = a \cdot (b + c)$ $a \cdot b - a \cdot c = a \cdot (b - c)$

Basisaufgaben

5. Klammere einen Faktor aus und berechne anschließend.
   a) $6 \cdot 13 + 6 \cdot 7$ b) $9 \cdot 42 - 9 \cdot 33$ c) $4 \cdot 24 + 4 \cdot 27$ d) $12 \cdot 188 + 12 \cdot 12$

Hinweis zu 6: Hier findest du die Lösungen.

6. Auch hier kannst du eine Zahl ausklammern. Berechne anschließend.
   a) $14 \cdot 5 + 16 \cdot 5$ b) $51 \cdot 17 - 49 \cdot 17$ c) $129 \cdot 9 - 29 \cdot 9$ d) $22 \cdot 15 + 79 \cdot 15$
   e) $8 \cdot 65 - 45 \cdot 8$ f) $77 \cdot 3 + 3 \cdot 23$ g) $25 \cdot 25 + 25 \cdot 25$ h) $95 \cdot 85 - 85 \cdot 95$

7. Klammere den gemeinsamen Faktor aus. Berechne auch das Ergebnis.
   a) $6 \cdot 17 + 6 \cdot 9 + 6 \cdot 24$
   b) $4 \cdot 200 + 4 \cdot 10 + 4 \cdot 3$
   c) $77 \cdot 8 - 30 \cdot 8 - 7 \cdot 8$

8. **Anwendung beim Addieren und Subtrahieren großer Zahlen:**
   Berechne, indem du eine Stufenzahl ausklammerst.
   Beispiel: $36\,000 + 12\,000 = (36 + 12) \cdot 1000 = 48 \cdot 1000 = 48\,000$
   $23\,000 - 2100 = (230 - 21) \cdot 100 = 209 \cdot 100 = 20\,900$
   a) $5400 + 1800$ b) $260 + 980$ c) $9000 + 77\,000$ d) $25\,300 + 8000$
   e) $7900 - 1600$ f) $1010 - 220$ g) $6000 - 2600$ h) $50\,000 - 1500$

2.5 Distributivgesetz

Weiterführende Aufgaben

9. Vergleiche jeweils die beiden Rechenwege. Welcher Rechenweg ist vorteilhafter? Begründe deine Wahl und berechne.
   a) 3 · (200 − 6) = 3 · 200 − 3 · 6 = …   3 · (200 − 6) = 3 · 194 = …
   b) 4 · (37 + 33) = 4 · 37 + 4 · 33 = …   4 · (37 + 33) = 4 · 70 = …
   c) 6 · 17 − 6 · 14 = 6 · (17 − 14) = …   6 · 17 − 6 · 14 = 102 − 84 = …
   d) 13 · 10 + 13 · 4 = 13 · (10 + 4) = …   13 · 10 + 13 · 4 = 130 + 52 = …

10. Ist es sinnvoll das Distributivgesetz anzuwenden? Berechne geschickt.
    a) 4 · (62 − 22)   b) 23 · (3 + 10)   c) 15 · (50 − 1)   d) (63 + 38) · 7
    e) 9 · 8 + 9 · 11   f) 28 · 5 + 12 · 5   g) 12 · 90 − 78 · 12 h) 99 · 18

11. Welche Rechenausdrücke haben das gleiche Ergebnis wie 17 · (70 + 7)? Entscheide ohne zu rechnen.

17 · 70 + 7	17 · 70 + 17 · 7	17 · 70 + 7 · 17	(70 + 7) · 17
17 · (7 + 70)	70 · 17 + 7 · 17	17 + 70 · 17 + 7	(170 + 7) · 7

12. Marcels große Schwester hat im April 23 Stunden und im Mai 27 Stunden als Babysitter gearbeitet. Der Stundenlohn betrug 11 €. Marcel möchte ausrechnen, wie viel seine Schwester insgesamt verdient hat und notiert:
    April: 23 · 11   Mai: 27 · 11
    Marcel meint: „Die Zahlen sind zu kompliziert zum Rechnen."
    Kannst du ihm helfen?

13. **Stolperstelle:** Berechne und vergleiche die Lösungen. Erkläre, wann das Distributivgesetz für die Division gilt.
    a) 100 : (5 + 5)   b) 24 : (6 + 2)   c) (15 + 21) : 3   d) (90 + 40) : 10
       100 : 5 + 100 : 5   24 : 6 + 24 : 2   15 : 3 + 21 : 3   90 : 10 + 40 : 10

14. Wende das Distributivgesetz für die Division an. Berechne anschließend das Ergebnis.
    a) (100 + 45) : 5   b) 81 : 3 + 39 : 3   c) (700 − 14) : 7   d) 126 : 14 − 98 : 14

15. Frau Schöller möchte eine 5,60 m lange Wand mit Holzbrettern verkleiden. Ein Holzbrett ist 16 cm breit. Anschließend möchte sie im Nebenraum eine 2,40 m lange Wand mit den gleichen Brettern verkleiden. Ihre Tochter berechnet, wie viele Holzbretter insgesamt benötigt werden: 560 : 16 + 240 : 16 = 35 + 15 = 50.
    Bruder Oskar sagt: „Das kannst du aber auch einfacher rechnen." Was meinst du dazu?

16. **Ausblick:** Leon rechnet 12 · 17 so: Er addiert 12 + 7 = 19 und hängt an das Ergebnis eine 0. Dann addiert er dazu das Produkt der Einer 2 · 7 = 14, also 190 + 14 = 204.
    a) Begründe mit dem Distributivgesetz, dass seine Rechnung stimmt.
    b) Berechne auf dieselbe Weise folgende Produkte. Überprüfe die Ergebnisse durch Multiplizieren.   ① 11 · 18   ② 16 · 12   ③ 13 · 13   ④ 15 · 19
    c) Begründe, warum das Verfahren bei 22 · 17 nicht funktioniert.

2.6 Überschlagsrechnung

■ Ein Lkw-Fahrer muss auf seiner nächsten Route zunächst von Frankfurt nach München fahren. Danach fährt er über Leipzig und Bremen zurück nach Frankfurt. Er weiß, dass sein Benzin für etwa 1500 km reicht. Wie kannst du schnell entscheiden, ob eine Tankfüllung für die Route ausreicht? ■

In vielen Situationen ist es nicht nötig oder möglich exakt zu rechnen. Man benötigt oft nur eine Vorstellung von der Größenordnung eines Ergebnisses. Es genügt deshalb, das Ergebnis einer Rechnung ungefähr zu ermitteln.

Wissen: Überschlagsrechnung
Beim Überschlagen rechnet man mit gerundeten Zahlen. Man rundet so, dass man die Rechnung einfach im Kopf lösen kann.

Aufgabe	12 899 + 3505	594 · 18	612 : 23
Überschlag	13 000 + 3500 = 16 500	600 · 20 = 12 000	600 : 20 = 30

Beispiel 1: Überschlage das Ergebnis.
a) 3167 − 512   b) 35 + 45 123 + 764   c) 3297 · 19

Lösung:
Runde jede Zahl so, dass die Rechnung einfach wird. Rechne dann mit den gerundeten Zahlen.
a) 3000 − 500 = 2500
b) 40 + 45 000 + 800 = 45 840
c) 3000 · 20 = 60 000

Basisaufgaben

1. Mache eine Überschlagsrechnung.
   a) 1269 + 112
   b) 1249 + 3872 + 2045
   c) 7641 − 248
   d) 4790 − 31 − 231
   e) 243 · 12
   f) 1360 · 9
   g) 855 : 9
   h) 5940 : 11
   i) 310 529 : 512

745	674
1159	7881
9580	11 388

2. Ordne den Ergebnissen in der Randspalte jeweils die passende Aufgabe zu. Entscheide durch eine Überschlagsrechnung.
   a) 531 + 628
   b) 819 − 145
   c) 7066 + 815
   d) 803 − 58
   e) 14 858 − 3150 − 2128
   f) 2291 + 1839 + 7258

3. Welche Ergebnisse sind auf jeden Fall falsch? Prüfe durch eine Überschlagsrechnung.
   a) 356 + 259 = 915
   b) 6523 − 568 = 5704
   c) 54 · 69 = 8726
   d) 286 : 13 = 22
   e) 72 · 354 = 25 488
   f) 31 · 235 = 7285
   g) 89 · 781 = 69 509
   h) 8765 : 15 = 195
   i) 3328 : 13 = 256

4. Stina und Filiz haben die Aufgabe 13 334 − 1444 überschlagen. Vergleiche beide Rechnungen. Erläutere Vorteile und Nachteile.
   Stina: 13 000 − 1000 = 12 000   Filiz: 13 000 − 1500 = 11 500

2.6 Überschlagsrechnung

Weiterführende Aufgaben

5. Jeweils zwei Rechnungen haben das gleiche Ergebnis. Entscheide durch Überschlagen.

   | 8 · 123 | 367 · 94 | 532 + 452 | 652 + 369 + 2195 |

   | 8023 + 17332 + 9143 | 1082 − 934 | 3848 : 26 | 12 · 268 |

6. **Stolperstelle:** Herr Behling sieht ein Urlaubsangebot für eine Woche Sardinien. Er überschlägt die Kosten und freut sich, dass das Angebot weniger als 1000 € kostet.
   a) Erkläre, wie Herr Behling überschlagen hat.
   b) Ist der Überschlag sinnvoll? Erläutere deine Meinung und gib ggf. einen sinnvolleren Überschlag an.

Eine Woche Sardinien
(für 2 Personen)
Flug: 539 €
Hotel: 349 €
Mietauto: 145 €

7. Ein Mitarbeiter einer Spedition berichtet: „Auf jeden unserer 127 Lkw passen 38 Transportkisten. In jede Kiste passen 144 Fußbälle." Überschlage, wie viele Fußbälle die Spedition gleichzeitig transportieren kann.

8. Im Einkaufswagen liegen Käse (3,95 €), ein Baguette (1,49 €), Äpfel (2,22 €) und Orangensaft (1,89 €). Simon, Sophie und Raphael überschlagen unterschiedlich.
   Simon: 4 + 1 + 2 + 2 = 9   Sophie: 4 + 2 + 3 + 2 = 11   Raphael: 4 + 1,50 + 2,50 + 2 = 10
   Der Einkauf kostet insgesamt 9,55 €. Welcher Überschlag ist am besten geeignet? Begründe.

9. Die Schüler der Klasse 5c machen für die Multiplikation 16 · 847 eine Überschlagsrechnung.
   Arne: 20 · 1000   Aurelia: 10 · 900   Dana: 16 · 800   Klemens: 15 · 900
   Michelle: 15 · 800 Murat: 20 · 800   Erwin: 17 · 800   Svea: 16 · 1000
   a) Wie gut findest du die einzelnen Überschläge? Begründe ohne zu rechnen.
   b) Berechne die Überschläge und vergleiche mit dem exakten Ergebnis 13552.
   c) Beurteile jetzt nochmals die Überschläge und vergleiche dann deine Einschätzung mit den Ergebnissen aus a).

10. Die Schüler der Klasse 5d machen für die Division 819 : 13 eine Überschlagsrechnung.
    Silas: 1000 : 20   Valentina: 800 : 10   Romy: 1000 : 10   Dominik: 900 : 15
    Leonard: 780 : 13   Merle: 800 : 20   Antonia: 720 : 12   Vincent: 800 : 8
    a) Wie gut findest du die einzelnen Überschläge? Begründe ohne zu rechnen.
    b) Berechne die Überschläge und vergleiche mit dem exakten Ergebnis 63.
    c) Beurteile jetzt nochmals die Überschläge und vergleiche dann deine Einschätzung mit den Ergebnissen aus a).

11. **Ausblick:** Julian macht ganz unterschiedliche Überschlagsrechnungen. Beschreibe seine Strategien. Gib an, welcher Überschlag am besten ist.

Aufgabe	219 + 233 + 244 + 224 = ?	351 · 252
Mögliche Überschläge:	① 220 + 230 + 240 + 220 ② 220 + 230 + 240 + 230 ③ 4 · 230 ④ 4 · 200 + 100	① 400 · 300 = 120 000 ② 300 · 250 = 75 000 ③ 400 · 200 = 80 000 ④ 300 · 300 = 90 000

2.7 Schriftliches Addieren und Subtrahieren

■ Ein Fußballstadion hat vier Tribünen mit Sitz- und Stehplätzen. Insgesamt passen laut Stadionzeitschrift genau 34 276 Zuschauer in das Stadion.

Wie viele Sitzplätze hat das Stadion? Wie viele Stehplätze muss das Stadion haben? ■

Schriftliches Addieren

Beispiel 1: Addiere schriftlich
a) 3167 + 512
b) 129 + 457 + 1788

Lösung:
Schreibe die Zahlen stellengerecht untereinander und addiere stellenweise. Achte bei b) auf die Überträge. Überträge werden in die nächste Spalte mitgenommen.

a)
	T	H	Z	E
		3	1	6	7
+			5	1	2
		3	6	7	9

b)
	T	H	Z	E
			1	2	9
+			4	5	7
+		1	7	8	8
			1	1	2
		2	3	7	4

Basisaufgaben

1. Übertrage in dein Heft und addiere schriftlich. Überschlage vorher.
   - a) 812 + 547
   - b) 5183 + 3016
   - c) 1598 + 281
   - d) 8057 + 9253
   - e) 16 970 + 20 872
   - f) 796 607 + 9063

Hinweis zu 2: Hier findest du die Lösungen.

2. Überschlage das Ergebnis und addiere schriftlich.
   - a) 516 + 52 + 301
   - b) 1807 + 895 + 508
   - c) 736 + 3970 + 6891
   - d) 73 + 908 + 841 + 555
   - e) 313 000 + 1200 + 699 + 74
   - f) 23 855 + 16 792 + 80 672 + 21 508
   - g) 790 + 99 + 925 + 75 + 456
   - h) 7905 + 4216 + 273 + 6006 + 803

3. Familie Meyer fuhr auf ihrer Städtereise von Hannover nach Amsterdam 374 km, von dort nach Brüssel 202 km, dann nach Paris 295 km und anschließend nach Hause 757 km. Wie viele Kilometer waren es insgesamt? Überschlage die Länge der Städtereise und berechne dann schriftlich.

4. Welche Ergebnisse sind falsch? Manchmal kannst du ohne schriftliche Addition begründen, warum ein Ergebnis falsch ist.
   - a) 674 + 3512 = 5187
   - b) 16 582 + 4413 = 20 995
   - c) 76 023 + 18 662 = 94 587
   - d) 95 + 988 + 87 = 1170
   - e) 332 + 679 + 559 = 1407
   - f) 4013 + 5701 + 9614 = 19 378
   - g) 42 521 + 6668 = 50 489
   - h) 17 + 483 + 59 + 1011 = 1570

2.7 Schriftliches Addieren und Subtrahieren

Schriftliches Subtrahieren

Beispiel 1: Rechne schriftlich.

a) 686 − 514

b) 5485 − 812 − 1234 − 492

Lösung:

a) Schreibe die Zahlen stellengerecht untereinander und subtrahiere dann:
 Einer: 2, denn 4 + 2 = 6
 Zehner: 7, denn 1 + 7 = 8
 Hunderter: 1, denn 5 + 1 = 6

T	H	Z	E
	6	8	6
−	5	1	4
	1	7	2

Von 4 bis 6 sind es 2.

b) Subtrahiere stellenweise:
 Einer: 7, denn 2 + 4 + 2 + 7 = 15
 (7 Einer, 1 Zehner im Übertrag)
 Zehner: 4, denn 1 + 9 + 3 + 1 + 4 = 18
 (4 Zehner, 1 Hunderter im Übertrag)
 Hunderter: 9, denn 1 + 4 + 2 + 8 + 9 = 24
 (9 Hunderter, 2 Tausender im Übertrag)
 Tausender: 2, denn 2 + 1 + 2 = 5

T	H	Z	E
5	4	8	5
−	8	1	2
− 1	2	3	4
−	4	9	2
2	1	1	
2	9	4	7

Von 2 + 4 + 2 bis 15 sind es 7.

Basisaufgaben

5. Übertrage ins Heft und rechne schriftlich. Überschlage vorher.
 a) 345 − 125
 b) 2489 − 1375
 c) 981 − 79
 d) 4035 − 2781
 e) 12 971 − 8017
 f) 231 089 − 121 126

6. Überschlage das Ergebnis und subtrahiere schriftlich.
 a) 478 − 242 − 16
 b) 3035 − 781 − 622
 c) 5023 − 331 − 3705
 d) 987 − 112 − 212 − 321
 e) 6783 − 472 − 1458 − 95
 f) 81 097 − 2918 − 431 − 5913

Hinweis zu 6:
In der Glühbirne findest du mögliche Ergebnisse des Überschlags:

220, 1500, 400, 1000, 4600, 71 500

7. Subtrahiere schriftlich. Kontrolliere dein Ergebnis durch eine Addition.
 Beispiel: 568 − 337 = 231   Probe: 231 + 337 = 568
 a) 438 − 278
 b) 971 − 87
 c) 879 − 699
 d) 2398 − 1689
 e) 43 572 − 21 312
 f) 67 113 − 9787
 g) 232 111 − 129 887
 h) 476 385 − 11 989

8. a) Welche Zahl muss man von 761 subtrahieren, um 389 zu erhalten?
 b) Zu welcher Zahl muss man 31 005 addieren, um 42 189 zu erhalten?
 c) Von welcher Zahl muss man 132 276 subtrahieren, um 87 564 zu erhalten?

9. Für ein Livekonzert stehen 32 500 Plätze zur Verfügung. 17 281 Karten wurden bereits verkauft. Wie viele Plätze sind noch frei? Überschlage zunächst und berechne dann genau.

10. Welche Ziffern gehören in die Lücken ■, damit die Rechnung stimmt?
 a) 212 + 16■ + 1■3 = ■89
 b) 3726 + 1■4 + 188■ = ■92
 c) 679 − 2■3 = ■95
 d) 6■38 − 27■■ = ■871
 e) 40 108 − 1■3■■ = ■3 25

Weiterführende Aufgaben

11. Stolperstelle: Finde die Fehler und führe die Rechnung dann richtig durch.

a)
	2	0	7	9
+		5	9	4
+	1	0	9	9
		1	2	1
	9	1	1	8

b)
	2	9	1
+	5	3	2
+	4	5	8
		1	
1	1	7	1

c)
	3	2	6
−	1	5	9
	2	3	3

d)
	6	2	1
−	4	5	9
	2	7	2

12. Entscheide, ob das Geld ausreicht, die Waren zu kaufen.

13. Maike und Lisa haben 750 €. Davon kaufen sie einen Computer für 499 €, einen Monitor für 139 € und einen Drucker für 85 €. Sie wollen wissen, wie viel Geld noch übrig ist.

Maike: *Ausgaben: 499 + 139 + 85 = …*
Übriges Geld: 750 − … = …

Lisa: *Übriges Geld: 750 − 499 − 139 − 85 = …*

a) Beschreibe, wie Maike und Lisa vorgehen und führe ihre Rechnungen schriftlich aus.
b) Berechne auf Maikes und auf Lisas Art. Vergleiche die Ergebnisse.
① 5688 − 442 − 1033   ② 5000 − 250 − 2060 − 315
③ 28 460 − 597 − 128 − 634 − 98   ④ 610 058 − 377 − 480 226 − 5811

Hinweis zu 13b: Hier findest du die Lösungen.

27 003
123 644
2375
4213

Hinweis zu 14: Höhenmeter werden bergauf und bergab überwunden.

14. Frieder hat mit seinem Vater eine Bergwanderung unternommen und dabei drei Gipfel bestiegen.
a) Berechne, wie viele Höhenmeter sie dabei überwunden haben.
b) Kannst du ohne Rechnung feststellen, ob mehr Höhenmeter bergauf oder mehr Höhenmeter bergab überwunden wurden? Beschreibe deine Überlegung.
c) Bis zur Tiroler Hütte haben Frieder und sein Vater 1425 Höhenmeter überwunden. Gib an, in welcher Höhe die Tiroler Hütte liegt.

Streckenprofil: 2502, 2271, 2188, Tiroler Hütte 2011, Ziel 2078, 1981, Start 1842

15. Ausblick: Markus subtrahiert ohne Übertrag. Erkläre das Verfahren von Markus.

2.8 Schriftliches Multiplizieren und Dividieren

■ Für das Sommerfest der Kastanien-Schule sollen Getränke gekauft werden. Die Schule sammelt deshalb von jedem der 432 Schüler 6 € ein.
Wie viel Geld wird insgesamt eingesammelt?
Wie viele Kisten Limonade zum Preis von je 8 € können dafür gekauft werden? ■

Schriftliches Multiplizieren

Beispiel 1: Multipliziere schriftlich
a) 165 · 8
b) 3297 · 19

Lösung:
a) Multipliziere die 8 mit jeder Stelle von 165.
   Einer: 8 · 5 = 40
   (0 Einer, 4 Zehner im Übertrag)
   Zehner: 8 · 6 + 4 = 52
   (2 Zehner, 5 Hunderter im Übertrag)
   Hunderter: 8 · 1 + 5 = 13

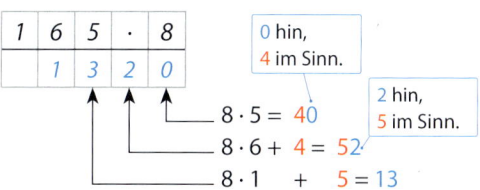

b) Multipliziere die 1 und die 9 nacheinander mit jeder Stelle von 3297.

   Addiere dann stellengerecht die Ergebnisse.

Basisaufgaben

1. Multipliziere schriftlich. Mache vorher eine Überschlagsrechnung.
   a) 122 · 4   b) 76 · 7   c) 301 · 8   d) 624 · 6   e) 8132 · 9

2. Multipliziere schriftlich. Mache vorher eine Überschlagsrechnung.
   a) 23 · 31   b) 19 · 72   c) 85 · 94   d) 421 · 17   e) 37 · 250
   f) 608 · 40   g) 530 · 220   h) 80 · 5030   i) 258 · 315   j) 624 · 9158

3. a) Führe jeweils die beiden Rechnungen aus und vergleiche.
      ① 1612 · 8 und 8 · 1612   ② 89 · 3597 und 3597 · 89
      ③ 834 · 444 und 444 · 834   ④ 1009 · 695 und 695 · 1009
   b) Formuliere Regeln, welche Faktoren du als zweiten Faktor wählen solltest, um Rechnungen zu vereinfachen.
   c) Multipliziere schriftlich. Überlege vorher, ob es sinnvoll ist, die Faktoren zu vertauschen.
      ① 7 · 3285   ② 555 · 374   ③ 216 · 3030   ④ 4911 · 41

Hinweis zu 4:
Hier findest du die Lösungen.

4. Sortiere die Aufgaben nach ihrer Schwierigkeit. Berechne dann jeweils das Produkt. Beginne mit der einfachsten Rechnung. Rechne – falls sinnvoll – schriftlich.
   a) 855 · 2   b) 74 · 59   c) 50 · 500   d) 9 · 77   e) 3333 · 3   f) 33 · 333

Schriftliches Dividieren

Beispiel 2: Dividiere schriftlich.
a) 1584 : 6
b) 3774 : 12

Lösung:

a) Dividiere die Stellen von 1584 nacheinander durch 6. Beginne mit der Tausenderstelle.

Tausender: 1 : 6 geht nicht. Zähle den Tausender zu den Hundertern, also 15 Hunderter.

Hunderter: In 15 steckt 2 · 6 = 12. Den Rest 3 schreibe darunter, die 8 Zehner ziehe herunter.

Zehner: In 38 steckt 6 · 6 = 36. Den Rest 2 schreibe darunter, die 4 Einer ziehe herunter.

Einer: In 24 steckt 4 · 6 = 24. Es bleibt kein Rest. Die Division geht auf.

	T	H	Z	E						
	1	5	8	4	:	6	=	2	6	4
−		1	2			· 6				
			3	8						
−			3	6			· 6			
				2	4					
−				2	4				· 6	
					0					

b) Hier bleibt am Ende der Rechnung eine 6 stehen, da in 54 nur 4 · 12 = 48 steckt. Diesen Rest kannst du nicht mehr durch 12 teilen.

Du schreibst als Ergebnis 314 Rest 6 auf.

	T	H	Z	E							
	3	7	7	4	:	1	2	=	3	1	4 R 6
−	3	6									
		1	7								
−		1	2								
			5	4							
−			4	8			· 12				
				6							

Tipp:
Prüfe deine Rechnung mit einer schriftlichen Multiplikation:

P	r	o	b	e
2	6	4	·	6
	1	5	8	4

Basisaufgaben

Hinweis zu 5:
In der Blume findest du die Lösungen.

5. Überschlage zuerst und dividiere dann schriftlich. Es bleibt kein Rest.
a) 682 : 2 b) 287 : 7 c) 1648 : 4 d) 1088 : 8
e) 2109 : 3 f) 6105 : 3 g) 14 778 : 9 h) 35 815 : 5
i) 374 : 11 j) 896 : 16 k) 3978 : 13 l) 10 557 : 17
m) 7925 : 25 n) 6232 : 41 o) 16 146 : 69 p) 5375 : 125

6. Dividiere schriftlich und bestimme den Rest. Mache vorher eine Überschlagsrechnung.
a) 665 : 3 b) 2371 : 5 c) 10 000 : 9 d) 5500 : 60
e) 8306 : 20 f) 9453 : 47 g) 920 : 75 h) 25 319 : 15

7. a) Am Abend hat ein Zirkus 6828 € für vier Vorstellungen eingenommen. Jede Karte kostete 12 €. Wie viele Besucher waren an diesem Tag in dem Zirkus?
b) Ein Jahr hat 365 oder 366 Tage. Wie viele ganze Wochen sind das?

8. Die größten Hunde der Welt sind Deutsche Doggen, die kleinsten sind Chihuahuas. Ein Chihuahua frisst am Tag etwa 75 g Futter. Eine Dogge frisst etwa 600 kg pro Jahr. Wie lange könnte ein Chihuahua von der jährlichen Futtermenge einer Dogge leben?

2.8 Schriftliches Multiplizieren und Dividieren

Weiterführende Aufgaben

9. a) Berechne die Produkte 24 · 43 und 8 · 850.
   b) Bestimme die Ergebnisse, ohne schriftlich zu multiplizieren.
   ① 240 · 43   ② 8 · 85   ③ 8500 · 80   ④ 430 · 240
   ⑤ 800 · 85   ⑥ 43 000 · 24   ⑦ 48 · 43   ⑧ 850 · 4

   Hinweis zu 9:
   Nimm die Ergebnisse von a) zur Hilfe.

10. **Stolperstelle:** Finde die Fehler und führe die Rechnungen richtig durch.

    a) 34 · 7
        ────
        2128

    b) 15 · 23
        ─────
          20
        + 35
        ────
         235

    c) 910 : 7 = 13
        −7
        ──
        21
        −21
        ───
         0

    d) 4520 : 5 = 94
        −45
        ───
        020
        −20
        ───
         0

11. Überschlage und berechne dann schriftlich. Achte besonders auf Nullen im Dividenden oder im Ergebnis. Kontrolliere das Ergebnis durch eine Multiplikation.
    a) 1206 : 3   b) 1635 : 15   c) 7800 : 12   d) 32 020 : 4

12. Der Schall legt in der Luft in jeder Sekunde etwa 333 Meter zurück. Welche Strecke legt er in 12 Sekunden (in 20 Sekunden, in einer Minute) zurück?

13. Bei Sportwettkämpfen müssen oft Teilnahmegebühren bezahlt werden. Beim Halbmarathon beträgt die Gebühr 25 €. Es haben 289 Personen teilgenommen. Beim Radrennen zahlen Erwachsene 16 € und Jugendliche 9 €. Es haben 278 Erwachsene und 156 Jugendliche teilgenommen.
    a) Bei welchem Wettkampf wurde mehr Geld eingenommen? Entscheide durch eine Überschlagsrechnung.
    b) Überprüfe deine Entscheidung durch eine genaue Rechnung.

14. Das Produkt der beiden unteren Steine ist der Wert des darauf liegenden Steins.
    a) Übertrage die Multiplikationsmauern in dein Heft und ergänze die fehlenden Zahlen.
    b) Wie verändert sich das Ergebnis an der Spitze der Mauer, wenn alle Zahlen in der untersten Reihe verdoppelt (verzehnfacht) werden?

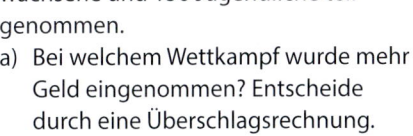

15. **Ausblick:** Schreibe statt der Kästchen Ziffern, sodass richtig gelöste Aufgaben entstehen. Wie bist du vorgegangen? Beschreibe deine Strategie.

    a) ■3 · 41
         132
        + 3■
        ────
        1■53

    b) ■3 · 2■
           4■
        + ■15
        ────
         57■

    c) ■27 · 3■
         381
        + ■35
        ─────
         4445

    d) ■■ · 25■
         198
        + ■■■
        + 297
        ─────
         2■■■7

2.9 Potenzieren

■ Berechne die Ergebnisse für die Aufgaben, die auf dem Zettel notiert sind. Findest du auch eine kürzere Schreibweise für die Aufgaben? ■

Produkte als Potenzen schreiben

Ein Beispiel für Potenzen mit der Basis 2 ist das Falten von Papier:

1 Lage Papier 2 Lagen Papier 4 Lagen Papier 8 Lagen Papier
$2^0 = 1$ $2^1 = 2$ $2^2 = 4$ $2^3 = 8$

Hinweis:
Statt Basis sagt man auch Grundzahl.
Statt Exponent sagt man auch Hochzahl.

Wissen: Potenzen

Ein Produkt wie $2 \cdot 2 \cdot 2 \cdot 2$, bei dem alle Faktoren gleich sind, kann man kürzer als **Potenz** 2^4 schreiben. Die **Basis** gibt den Faktor an. Der **Exponent** gibt die Anzahl der Faktoren an.

$2 \cdot 2 \cdot 2 \cdot 2 \quad = \quad 2^4 \quad = 16$

Faktor 2 vier Mal $\quad = \quad$ 2 hoch 4
$\qquad\qquad\qquad\qquad\quad$ Basis $\quad$ Exponent

a ist ein Platzhalter für eine beliebige Zahl. Es gilt immer: $\quad a^0 = 1$ und $\quad a^1 = a$
$\qquad\qquad\qquad\qquad\qquad\qquad\qquad\qquad\qquad\qquad\qquad 3^0 = 1 \qquad 5^1 = 5$

Beispiel 1:
a) Schreibe $4 \cdot 4 \cdot 4$ als Potenz.
b) Schreibe 2^5 als Produkt und berechne dann den Wert der Potenz.

Lösung:
a) Die Zahl 4 (Basis) tritt als Faktor drei Mal $\qquad 4 \cdot 4 \cdot 4 = 4^3$
   (Exponent) auf.

b) Die Basis 2 gibt den Faktor an. Der $\qquad 2^5 = 2 \cdot 2 \cdot 2 \cdot 2 \cdot 2$
   Exponent 5 gibt die Anzahl der Faktoren $\qquad\quad = 4 \cdot 2 \cdot 2 \cdot 2$
   an. Multipliziere beim Ausrechnen schritt- $\qquad\quad = 8 \cdot 2 \cdot 2$
   weise von links nach rechts. $\qquad\qquad\qquad\quad = 16 \cdot 2 = 32$

Basisaufgaben

1. Schreibe als Potenz.
   a) $9 \cdot 9 \cdot 9$ $\qquad$ b) $10 \cdot 10 \cdot 10 \cdot 10$ $\qquad$ c) $6 \cdot 6 \cdot 6 \cdot 6 \cdot 6 \cdot 6$ $\qquad$ d) $165 \cdot 165 \cdot 165$

2. Schreibe als Produkt und berechne anschließend das Ergebnis.
   a) 4^3 $\quad$ b) 8^2 $\quad$ c) 5^3 $\quad$ d) 10^2 $\quad$ e) 7^3 $\quad$ f) 3^3 $\quad$ g) 10^5 $\quad$ h) 6^4

2.9 Potenzieren

Vorrangregeln beim Rechnen mit Potenzen

Wissen: Vorrangregeln
Wo keine Klammern stehen, werden Potenzen zuerst berechnet
(**Potenzrechnung geht vor Punktrechnung und Strichrechnung**).

Erinnere dich: Punktrechnung geht vor Strichrechnung.

Beispiel 2: Berechne $5 \cdot 2^3 + 14$

Lösung:
Berechne zuerst die Potenz: $2^3 = 2 \cdot 2 \cdot 2 = 8$ $5 \cdot 2^3 + 14 = 5 \cdot 8 + 14 = 40 + 14 = 54$

Hinweis zu 3: Hier findest du die Lösungen.

Basisaufgaben

3. Berechne.
   a) $5^2 - 15$
   b) $8 + 2^4$
   c) $10 \cdot 9^2$
   d) $4^3 \cdot 4$
   e) $2 \cdot 3^3 + 48$
   f) $150 - 72 : 6^2$
   g) $2 + 7^3 : 7$
   h) $10^4 \cdot 2^3$

Lösungen auf der Birne: 24, 10, 148, 80 000, 51, 256, 810, 102

Weiterführende Aufgaben

4. a) Die Basis ist 6, der Exponent ist 3. Berechne den Wert der Potenz.
   b) Die Basis ist 5, der Wert der Potenz ist 625. Bestimme den Exponenten.
   c) Der Exponent ist 3, der Wert der Potenz ist 8000. Bestimme die Basis.

5. **Stolperstelle:** Anton hat entdeckt, dass $2^4 = 4^2$ ist. Er behauptet, dass man Basis und Exponent vertauschen kann, ohne dass sich das Ergebnis ändert. Was sagst du dazu?

6. **Zehnerpotenzen:** Schreibe mithilfe von Zehnerpotenzen.
   Beispiel: $50\,000 = 5 \cdot 10\,000 = 5 \cdot 10^4$
   a) 500
   b) 700 000
   c) 3000
   d) 7200
   e) 12 000
   f) 840 000

7. Schreibe ohne Zehnerpotenz.
   a) $8 \cdot 10^2$
   b) $4 \cdot 10^3$
   c) $7 \cdot 10^5$
   d) $9 \cdot 10^7$
   e) $16 \cdot 10^2$
   f) $37 \cdot 10^4$

8. **Quadratzahlen:** Durch das Potenzieren mit dem Exponenten 2 erhält man Quadratzahlen. Erläutere, warum diese Zahlen so heißen.

      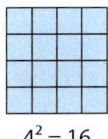
   $1^2 = 1$ $2^2 = 4$ $3^2 = 9$ $4^2 = 16$

9. Berechne die Quadratzahlen von 1 bis 20. Schreibe sie auf und lerne sie auswendig.

10. **Ausblick:** Schreibe – wenn möglich – die Zahlen auf den Kärtchen als Potenzen mit dem Exponenten 2, 3 oder 4. Beispiel: $36 = 6^2$

    36   128   64   100   81   216   265
    169   27   1000   200   125   900   60

Streifzug

2. Rechnen mit natürlichen Zahlen

Ermitteln von Anzahlen mit Baumdiagrammen

■ Ein Musikanbieter bietet Abos mit 3, 6 und 12 Monaten Laufzeit an. In jedem Abo gibt es die Optionen „Standard" und „Premium". Zwischen wie vielen Möglichkeiten kann man insgesamt wählen? ■

Bei einem Take-away-Imbiss kann man sich sein eigenes Spar-Menü zusammenstellen: Zur Auswahl stehen ein Classic Burger oder Chicken Nuggets oder Curry-Wurst.
Dazu kann man Pommes oder Potato Wedges und ein 0,5-ℓ-Getränk oder einen Smoothie wählen.

In dieser Situation werden schrittweise verschiedene Auswahlen getroffen. Sie lassen sich so anschaulich darstellen:

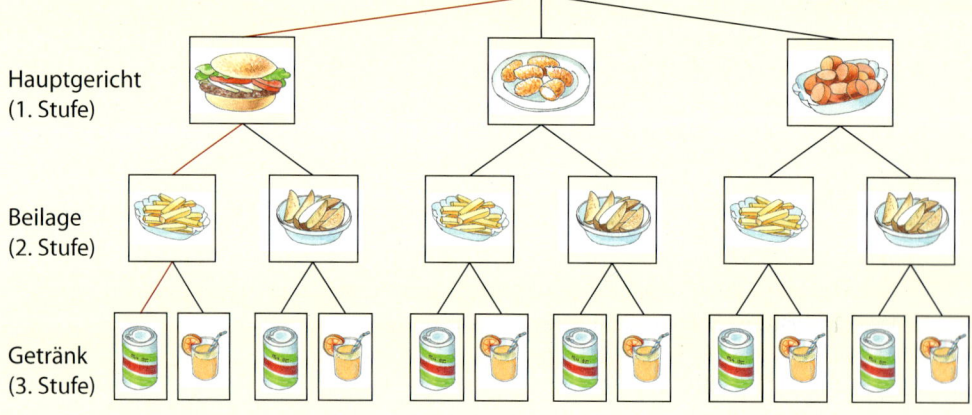

Hauptgericht (1. Stufe)

Beilage (2. Stufe)

Getränk (3. Stufe)

Eine solche Darstellung nennt man **Baumdiagramm**.

> **Wissen: Baumdiagramm – Zählprinzip**
> Situationen mit verschiedenen Auswahlmöglichkeiten kann man in einem Baumdiagramm übersichtlich darstellen.
> Die **Gesamtzahl der Möglichkeiten** entspricht der Anzahl der Baumenden auf der letzten Stufe der Auswahl.
> Sie ist gleich dem Produkt aus der Anzahl der Möglichkeiten auf jeder Stufe.

> **Beispiel 1:** Mick, Ali und Sean wollen Elfmeterschießen üben. Wie viele Möglichkeiten gibt es, einen Schützen und einen Torwart zu bestimmen? Zeichne ein Baumdiagramm.
>
> **Lösung:**
> Es gibt 3 Möglichkeiten, einen Schützen zu bestimmen. Anschließend gibt es nur noch 2 Möglichkeiten für den Torwart, da der Schütze nicht gleichzeitig Torwart sein kann.
>
> Multipliziere die Anzahl der Möglichkeiten in beiden Stufen, um die Anzahl aller Möglichkeiten zu erhalten.
>
>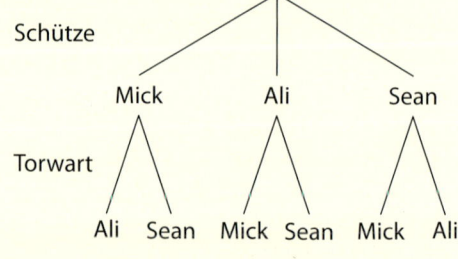
>
> Es gibt 3 · 2 = 6 Möglichkeiten.

Hinweis:
Bei einem Baumdiagramm muss man immer darauf achten, ob die Wahl auf einer Stufe die weiteren Wahlmöglichkeiten einschränkt.

Streifzug

Aufgaben

1. Wie viele Möglichkeiten gibt es, aus vier T-Shirts und zwei Hosen auszuwählen?
   a) Stelle alle Möglichkeiten in einem Baumdiagramm dar.
   b) Bestimme die Anzahl der Kombinationsmöglichkeiten auch rechnerisch.
   c) Wie verändert sich die Anzahl der Möglichkeiten, wenn ein Hose dazu kommt?

2. Beim Werfen einer Münze kann diese „Kopf" oder „Zahl" zeigen.
   Eine Münze wird dreimal nacheinander geworfen.
   a) Zeichne ein dreistufiges Baumdiagramm mit allen möglichen Ergebnissen.
   b) Wie viele Möglichkeiten gibt es insgesamt?

3. Ole, Mia, Tom, Ben und Lea machen ein Wettrennen. Stelle alle Möglichkeiten für die ersten beiden Plätze in einem Baumdiagramm dar. Wie viele Möglichkeiten gibt es?

4. Aus einer Kiste mit zwei roten und zwei blauen Kugeln werden drei Kugeln gezogen.
   a) Ordne den Baumdiagrammen die richtige Bedingung zu und begründe.
   b) Finde möglichst verschiedene Auswahlprobleme aus dem Alltag zu den Baumdiagrammen. Tausche dich danach mit deinem Nachbarn aus.

   Die Kugel wird nach dem Ziehen zurückgelegt.

   Die Kugel wird nach dem Ziehen zur Seite gelegt.

   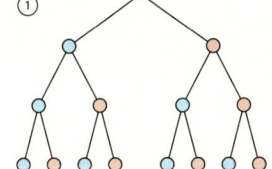
   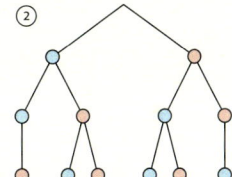

5. Anna hat für ihr Fahrrad ein vierstelliges Zahlenschloss mit den Ziffern von 0 bis 9.
   a) Wie viele verschiedene Zahlenkombinationen kann sie im Schloss einstellen?
   b) Ein Fahrraddieb benötigt etwa zwei Sekunden, um eine Kombination zu prüfen. Wie lange dauert es, bis er alle Zahlenkombinationen ausprobiert hat?

6. **Forschungsauftrag:** Die Straßen der Innenstadt von Mannheim sind annähernd in einem Quadratraster angeordnet.
   a) Beschreibe das System, nachdem die Quadrate bezeichnet sind.
   b) Ermittle: Wie viele Quadrate lassen sich höchstens mit den Großbuchstaben des deutschen Alphabets, den Ziffern 1 bis 9 und den Zusätzen „a" und „b" bezeichnen?
   c) Ermittle: Wie viele Möglichkeiten gibt es, um ohne Umwege vom Punkt A zum Punkt B zu gehen?

2.10 Vermischte Aufgaben

1. Bilde aus den Zeichen +, –, ·, (und) sowie den Zahlen von 1 bis 9 Rechenaufgaben, die als Ergebnis eine Zahl von 21 bis 60 haben. Verwende bei jeder Aufgabe jedes Zeichen und jede Zahl höchstens einmal.
Beispiele: 3 · 7 = 21; (4 + 7) · 2 = 22
Versuche für möglichst viele Zahlen von 21 bis 60 einen passenden Rechenausdruck zu finden. Vergleiche mit deinem Nachbarn.

2. Benutze die Ziffern 1, 2, 3, 4, 5 und 6 jeweils genau einmal für folgende Multiplikationsaufgabe: ■■■ · ■■■. Suche ein möglichst großes Ergebnis.
Erkläre, wie du vorgehst. Vergleiche mit deinem Nachbarn.

3. Die Länge des Äquators beträgt ungefähr 40 000 km.
   a) Wie viele Tage würde ein Radfahrer für eine solche Strecke benötigen, wenn er täglich 10 Stunden fahren und in jeder Stunde 16 km zurücklegen würde?
   b) Wie viele Kilometer müsste ein Radfahrer in einer Stunde fahren, wenn er täglich 8 Stunden mit dem Rad unterwegs wäre und die gesamte Strecke in 250 Tagen zurücklegen würde?
   c) Wie viele Tage würde ein Fußgänger für diese Strecke benötigen, wenn er täglich 40 km zurücklegt?

4. Lisa will auf ein Smartphone sparen. Sie schlägt den Eltern vor: „Ihr gebt mit heute 2 Cent und dann jeden Tag so viel, dass sich das Gesparte in der Spardose verdoppelt, und zwar 14 Tage lang." Kann sich Lisa von dem Geld in der Spardose ein Smartphone für 150 € leisten, wenn die Eltern einverstanden sind?

5. Bei einem Staffellauf teilen sich die Läufer eine Strecke zu gleichen Teilen, ihre Zeiten werden addiert. Das Team mit der besten Zeit gewinnt. Bei einem Schulwettbewerb ist eine Gesamtstrecke von 28 km zurückzulegen.
   a) Die Staffel der Klasse 5 b besteht aus 14 Schülern.
   Berechne die Strecke, die jedes Teammitglied laufen muss.
   b) Die Streckenlänge für Achtklässler beträgt jeweils 4 km. Ermittle die Anzahl der Mitglieder dieses Teams.

Erinnere dich:
In einer Zahlenkette sind alle Zahlen mit dem Kleinerzeichen < (oder dem Größerzeichen >) sortiert.

6. a) Ordne die Ergebnisse jeweils nach Größe. Beginne mit dem kleinsten.
   ① 27 · 59, 17 · 9, 10^7
   ② 18 · 10 · 5, 23 · 2 · 5 · 4, 25 · 36 · 3
   ③ 12 · 10^3, 5^5 · 9, 12^5 · 8, 73 · 58
   ④ 723 · 13, 3^4 · 2^3, 24 · 71 · 3, 2^8 · 7
   b) Erfinde selbst eine solche Aufgabe. Löse die Aufgabe und tausche dann mit deinem Nachbarn. Erhaltet ihr die gleichen Ergebnisse?

2.10 Vermischte Aufgaben

7. Welche Zahl muss man für ■ einsetzen, damit die Rechnung stimmt?
   a) 824 : ■ = 8
   b) ■ · 9 = 702
   c) 847 : ■ = 77
   d) 12 · ■ = 972
   e) 288 : ■ = 24
   f) ■ : 37 = 22
   g) ■ : 92 = 8
   h) 101 · ■ = 1313

8. Stimmt die Behauptung für natürliche Zahlen immer, manchmal oder nie? Begründe.
   a) Bei einer Multiplikation ist der größere der beiden Faktoren größer als der Wert des Produkts.
   b) Bei einer Division ist der Wert des Quotienten kleiner als der Divisor.
   c) Ist ein Faktor eines Produkts 0, so ist auch der Wert des Produkts 0.
   d) Man darf eine Zahl durch 0 teilen.
   e) Eine Division kann man durch eine Multiplikation rückgängig machen.

9. Übertrage die Aufgaben in dein Heft und fülle die Leerstellen richtig aus.

   a)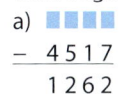
      − 4 5 1 7
        1 2 6 2

   b)   8 6 8 9
     +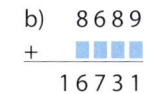
     1 6 7 3 1

   c) 1■16 : 31 = 3■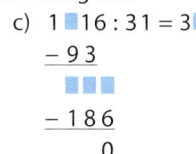
     − 9 3
      ■ ■ ■
     − 1 8 6
         0

10. In einer Schokoladenfabrik kann ein Verpackungsautomat Pralinen in großen Kartons abpacken. Ein Karton enthält 24 Geschenkpackungen mit jeweils vier kleinen Pralinenschachteln. In jeder der kleinen Pralinenschachteln sind 12 etwa gleich schwere Pralinen zu insgesamt 125 g.
    a) Wie viele Pralinen enthalten 100 dieser großen Kartons?
    b) Wie viele kleine Pralinenschachteln kann der Verpackungsautomat mit 2566 Pralinen vollständig füllen?
    c) Gib das Gewicht von 1152 dieser Pralinen an.

11. Der Zoo in Köln wurde am 22. Juli 1860 eröffnet. Dort leben heute über 9200 Tiere, und jährlich hat der Zoo etwa 1 490 000 Besucher. Vom 1. März bis zum 31. Oktober ist der Zoo täglich von 9.00 Uhr bis 18.00 Uhr geöffnet. Der Stolz des Zoos ist die große Elefantenanlage „Elefantenpark Köln" mit einer Herde, die aus zwei Bullen, 7 Kühen und 5 Jungtieren besteht. Elefanten sind Pflanzenfresser. Ein Elefant nimmt täglich etwa 200 kg Nahrung zu sich und trinkt zwischen 70 ℓ und 150 ℓ Wasser am Tag.

    ❀ In welchem Jahr feiert der Kölner Zoo sein 175-jähriges Bestehen?
    ❀ Wie viele Stunden hat der Kölner Zoo vom 1.3. bis zum 31.10. eines jeden Jahres geöffnet (ohne Sonderöffnungszeiten)?
    ❀ Wie hoch wären die jährlichen Besuchereinnahmen, wenn man davon ausgeht, dass pro Besuch durchschnittlich 9 € Eintritt eingenommen werden?
    ❀ Für die Fütterung der Elefanten wurden für den Monat April 525 Heuballen zu je 80 kg eingeplant. Wie viel Kilogramm Heu standen etwa für jeden Elefanten täglich zur Verfügung?
    ❀ Bilde aus den obigen Angaben zum Zoo selbst eine Aufgabe und löse sie.

Prüfe dein neues Fundament

2. Rechnen mit natürlichen Zahlen

Lösungen ↗ S. 228

1. Berechne im Kopf.
   a) 94 + 9
   b) 138 + 41
   c) 113 − 49
   d) 408 − 26
   e) 8 · 18
   f) 29 · 15
   g) 183 : 3
   h) 91 : 7

2. Wie heißt die fehlende Zahl?
   a) ■ + 26 = 77
   b) 68 + ■ = 123
   c) ■ − 17 = 67
   d) 480 − ■ = 120
   e) ■ · 10 = 120
   f) 4 · ■ = 84
   g) ■ : 9 = 12
   h) 51 : ■ = 3

3. Berechne, wenn möglich.
   a) 13 − 0
   b) 4 : 0
   c) 16 · 0
   d) 0 : 10

4. Berechne.
   a) (13 + 19) · 2
   b) 24 − 6 · 3
   c) 2 · (100 − 14 − 4)
   d) 12 + 4 : 4
   e) (2 · 6 + 4) : (1 + 3)
   f) 531 + 9 : (12 − 9)

5. Übertrage in dein Heft und setze Klammern so, dass richtig gelöste Aufgaben entstehen.
   a) 3 + 6 · 5 = 45
   b) 5 − 18 : 6 + 3 = 3
   c) 19 − 3 : 3 + 5 = 2

6. Schreibe als Rechenaufgabe mit Rechenzeichen. Zeichne einen zugehörigen Rechenbaum.
   a) Addiere die Zahl 14 zum Produkt von 12 und 6.
   b) Dividiere die Differenz von 67 und 11 durch die Summe von 3 und 5.

7. Berechne vorteilhaft.
   a) 14 + 27 + 16
   b) 15 + 740 + 260 + 430
   c) 87 + 44 + 99 + 13 + 66
   d) 48 · 5 · 2
   e) 4 · 79 · 25
   f) 7 · 25 · 8 · 5

8. Berechne vorteilhaft.
   a) 7 · 19 + 3 · 19
   b) 12 · 28 − 12 · 18
   c) 15 · (20 + 3)
   d) (73 − 53) · 13
   e) 199 · 5
   f) (67 : 67 − 1) : 67

9. Berechne.
   a) 7 000 + 6 000
   b) 5 700 + 18 000
   c) 15 000 − 800
   d) 39 100 − 7 100
   e) 200 · 700
   f) 60 · 500
   g) 900 : 20
   h) 24 000 : 600

10. Rechne schriftlich. Führe zuerst einen Überschlag durch.
    a) 3 456 + 11 347
    b) 7 863 − 3 673
    c) 32 · 5 609
    d) 9 708 : 6

11. Nur eine der angegebenen Lösungen ist richtig. Finde die richtige Lösung mithilfe eines Überschlags.
    a) 20 910 : 17   (123, 12 030, 1 230)
    b) 2 065 · 138   (28 487, 2 804 970, 284 970)

12. Ines hat einige Aufgaben gelöst. Schreibe auf, was sie falsch gemacht hat.

    a) 234 609
      + 376 011
        510 620

    b)   45 609
      + 94 091
        139 700

    c) 10 962
       − 7 753
         23 209

    d) 746 · 42
         2 984
       + 1 492
         4 476

13. Dividiere und bestimme den Rest.
    a) 53 : 7
    b) 2 813 : 4
    c) 12 377 : 10
    d) 1 027 : 11

Prüfe dein neues Fundament

14. Berechne.
    a) 9^2
    b) 6^3
    c) $5 \cdot 10^2$
    d) $12 \cdot 10^3$
    e) $3^3 - 1$
    f) $2 + 2^5$
    g) $9^3 : 9$
    h) $2^3 \cdot 3^2$

15. Die drei fünften Klassen des Schiller-Gymnasiums wollen die Sondervorstellung „Der Teufel mit den drei goldenen Haaren" im Puppentheater besuchen. Eine Karte kostet 9 €.
    In die Klasse 5 a gehen 23, in die Klasse 5 b 25 und in die Klasse 5 c 24 Schüler. Mit den Kindern gehen auch Frau Specht und die anderen beiden Klassenlehrerinnen mit ins Puppentheater. Frau Specht kauft die Karten im Vorverkauf. Wie viel muss sie insgesamt bezahlen?

16. Bei einem Zwölfjährigen schlägt das Herz etwa 90-mal in einer Minute. Wie viele Herzschläge macht das Herz eines Zwölfjährigen an einem Tag?

17. Eine einzelne Fahrt mit der Straßenbahn kostet 1,40 €. Eine Schülermonatskarte kostet 35 €. Ab wie viel Fahrten lohnt sich der Kauf einer Monatskarte?

18. Die 18-Uhr-Vorstellung im Kino „Capitol" war nahezu ausverkauft. Es wurden insgesamt 1592 € eingenommen. Eine Karte für einen der 60 verkauften Logenplätze kostete 14 €. Für alle übrigen Plätze mussten jeweils 8 € bezahlt werden. Wie viele Besucher waren in der Vorstellung?

Wiederholungsaufgaben

1. Zeichne Strecken der Länge 2,5 cm; 6 cm und 8,2 cm in dein Heft.

2. Wie schwer sind die Gegenstände ungefähr?
    a) eine Postkarte
    b) ein Auto
    c) eine Tüte Gummibärchen

3. Ein Spielfilm im Kino dauert eine Stunde und vierzig Minuten. Er beginnt um 19:30 Uhr. Wann endet der Spielfilm?

4. Zwei Schulklassen planen einen gemeinsamen Ausflug. Insgesamt 68 Personen wollen mit Kleinbussen fahren. In einen Bus passen acht Fahrgäste. Minh überlegt: „68 : 8 … – Wir brauchen mehr als acht und weniger als neun Busse." Was meinst du dazu?

5. Übertrage die Angaben in dein Heft. Unterstreiche anschließend die Zeitangaben.
   3 m; 9 s; 2 h; 8 g; 5 cm; 20 min; 3 s; 99 g; 12 €; 5 h

Zusammenfassung

2. Rechnen mit natürlichen Zahlen

Addition natürlicher Zahlen

$$a + b = c$$
1. Summand plus 2. Summand
Summe

```
  1367
+  681
   1 1
  2048
```

Überschlag:
$1400 + 700 = 2100$

Subtraktion natürlicher Zahlen

$$a - b = c$$
Minuend minus Subtrahend
Differenz

Die Subtraktion ist die Umkehroperation zur Addition.

```
  2345
-  536
    1 1
  1809
```

Überschlag:
$2000 - 500 = 1500$

Kontrolle:
```
  1809
+  536
  2345
```

Multiplikation natürlicher Zahlen

$$a \cdot b = c$$
1. Faktor mal 2. Faktor
Produkt

```
  867 · 43
  3468
+ 2601
     1
 37281
```

Überschlag:
$900 \cdot 40 = 36\,000$

Es gilt stets $a \cdot 1 = 1 \cdot a = a$ und $a \cdot 0 = 0 \cdot a = 0$.

$3 \cdot 1 = 1 \cdot 3 = 3$; $7 \cdot 0 = 0 \cdot 7 = 0$

Division natürlicher Zahlen

$$a : b = c$$
Dividend durch Divisor
Quotient

Die Division ist die Umkehroperation zur Multiplikation.

Beachte: Die Division durch 0 ist nicht ausführbar.

Es gilt stets $0 : a = 0$ $(a \neq 0)$ und $a : a = 1$ $(a \neq 0)$.

```
13632 : 4 = 3408
-12
  16
 -16
  032
  -32
    0
```

Überschlag:
$12\,000 : 4 = 3000$

Kontrolle:
$3408 \cdot 4 = 13\,632$

$0 : 7 = 0$; $9 : 9 = 1$

Potenzieren

Ein Produkt mit gleichen Faktoren kann man kürzer als Potenz schreiben.

$a \cdot a \cdot a \cdot a = a^4$ (sprich: a hoch 4)

Basis, Exponent

Es gilt stets $a^0 = 1$ für $a \neq 0$ und $a^1 = a$.

$3 \cdot 3 \cdot 3 \cdot 3 \cdot 3 = 3^5$ Basis: 3   Exponent: 5

$2^4 = 2 \cdot 2 \cdot 2 \cdot 2 = 16$

$3^0 = 1$; $4^1 = 4$

Rechengesetze

Kommutativgesetz
der Addition: $a + b = b + a$
der Multiplikation: $a \cdot b = b \cdot a$

$3 + 4 = 4 + 3 = 7$
$2 \cdot 4 = 4 \cdot 2 = 8$

Assoziativgesetz
der Addition: $(a + b) + c = a + (b + c)$
der Multiplikation: $(a \cdot b) \cdot c = a \cdot (b \cdot c)$

$(4 + 7) + 3 = 4 + (7 + 3) = 14$
$(3 \cdot 5) \cdot 2 = 3 \cdot (5 \cdot 2) = 30$

Distributivgesetz: $a \cdot (b + c) = a \cdot b + a \cdot c$
$a \cdot (b - c) = a \cdot b - a \cdot c$

$4 \cdot (3 + 2) = 4 \cdot 3 + 4 \cdot 2 = 20$
$6 \cdot (8 - 5) = 6 \cdot 8 - 6 \cdot 5 = 18$

Beachte beim Rechnen:
Potenzrechnung geht vor **Punkt**rechnung (·; :) und **Punkt**rechnung geht **vor Strich**rechnung (+; −).
Treten Klammern auf, ist der Rechenausdruck in der Klammer zuerst zu berechnen.
In allen anderen Fällen rechnet man von links nach rechts.

$13 + 3^2 + 2 \cdot 7 = 13 + 9 + 2 \cdot 7$
$\qquad\qquad\qquad = 13 + 9 + 14 = 36$
$28 : (14 - 10) = 28 : 4 = 7$

$29 - 3 - 6 = 26 - 6 = 20$
$24 : 4 : 2 = 6 : 2 = 3$

3. Grundbegriffe der Geometrie

Das Gerüst dieses Drachens besteht aus zwei Stäben, die senkrecht zueinander stehen. In einem Drachenviereck findest du Ähnliches wieder.

Nach diesem Kapitel kannst du …
- besondere Vierecke mit geometrischen Begriffen beschreiben und zeichnen,
- Figuren im Koordinatensystem darstellen,
- besondere Körper beschreiben, basteln und im Schrägbild zeichnen.

Dein Fundament

3. Grundbegriffe der Geometrie

Lösungen
S. 229

Gerade Linien erkennen, messen und zeichnen

1. Wie lang ist eine gerade Linie von
   a) 0 bis A,   b) 0 bis C,   c) A bis D,   d) B bis C?

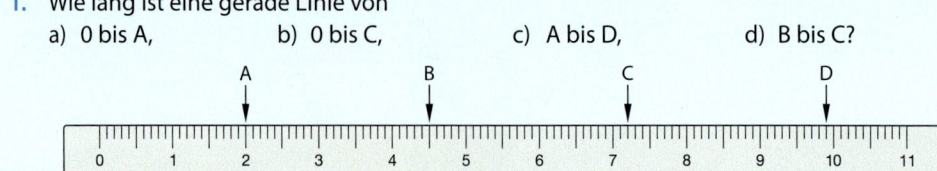

2. Gib die Länge der Strecke an.

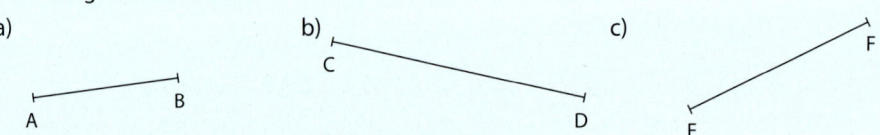

3. Zeichne eine gerade Linie mit den Endpunkten A und B und einer Länge von
   a) 3 cm,   b) 25 mm,   c) 5,7 cm.

4. Zeichne zwei gerade Linien mit einer Länge von 3 cm,
   a) die sich in einem Punkt schneiden,   b) die keinen Punkt gemeinsam haben.

5. Welche der beiden geraden Linien ist augenscheinlich die längere? Miss nach.

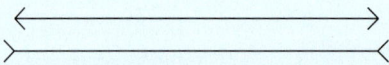

6. Übertrage die Punkte in dein Heft und zeichne alle möglichen geraden Verbindungslinien ein.

Figuren erkennen

7. Welche der Figuren sind Dreiecke (Vierecke, Quadrate, Rechtecke)?

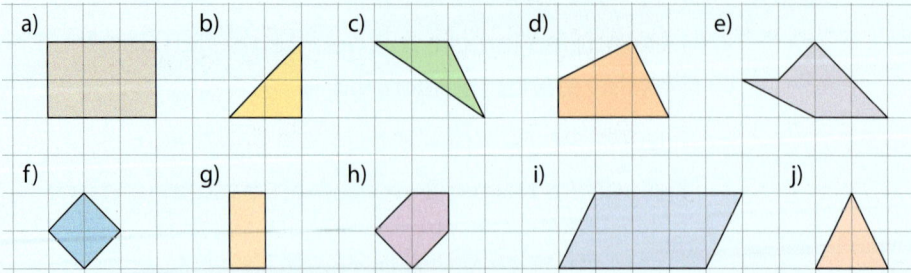

8. Skizziere ein Dreieck und ein Viereck in dein Heft.

9. Wie viele Dreiecke und Vierecke enthält die Figur?
   a)  b)  c)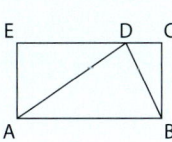

Spiegelungen erkennen

10. Entscheide, ob die Buchstaben eine Spiegelachse besitzen. Begründe.

    A B C D E F

11. Denke dir selbst eine Figur mit einer Spiegelachse aus und zeichne sie in dein Heft.

12. Um dich herum gibt es viele Dinge mit Spiegelachsen. Nenne Beispiele und beschreibe die Lage der Spiegelachse(n).

Zahlen auf einem Zahlenstrahl ablesen und markieren

13. Gib an, welche Zahlen durch die Buchstaben gekennzeichnet sind.

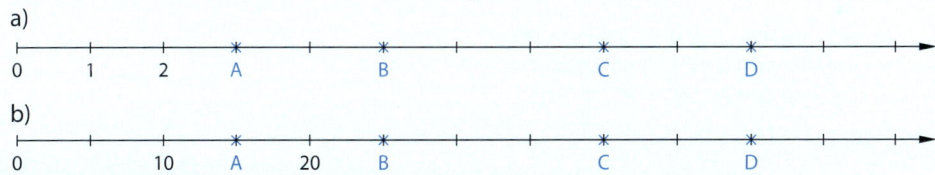

14. a) Zeichne einen Zahlenstrahl wie in 13 a). Der Abstand von 0 bis 1 beträgt 2 Kästchen. Markiere die Zahlen 3, 4, 8, 10, 12.
    b) Zeichne einen Zahlenstrahl wie in 13 b). Der Abstand von 0 bis 5 beträgt 2 Kästchen. Markiere die Zahlen 10, 15, 25, 40, 50.

15. Markiere auf einem Zahlenstrahl die Zahlen.
    a) 1, 3, 5, 7, 11   b) 0, 10, 20, 40, 70   c) 100, 150, 300, 800

16. Gib an, welche Zahlen durch die Buchstaben gekennzeichnet sind.

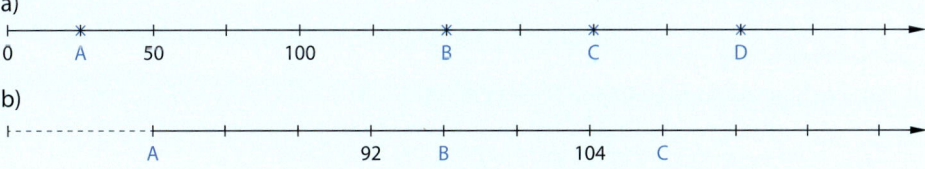

3.1 Senkrecht und parallel zueinander

■ Laura hat ein quadratisches Blatt Papier mehrmals gefaltet und anschließend wieder aufgefaltet.
Beschreibe, wie sie dabei vorgegangen ist und wie die Faltlinien jeweils zueinander liegen. ■

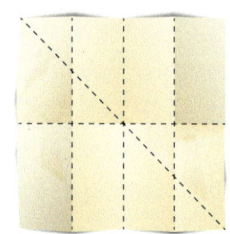

Gerade, Strecke und Strahl

Wenn ein Blatt Papier gefaltet wird, erhält man eine gerade Faltlinie.

Hinweise:
Die Länge einer Strecke kannst du mit dem Geodreieck messen.
Geraden werden oft mit Kleinbuchstaben bezeichnet.
Statt „Strahl" sagt man auch „Halbgerade".

> **Wissen: Strecke, Strahl und Gerade**
> Wenn eine gerade Linie einen Anfangspunkt A und einen Endpunkt B hat, wird sie als **Strecke** $\overline{AB}$ bezeichnet.
> Dies ist die kürzeste Verbindung zwischen A und B.
>
> Wird die Strecke über einen der beiden Punkte hinaus verlängert, erhält man einen **Strahl**. Er besitzt einen Anfangspunkt, aber keinen Endpunkt.
>
> Wird die Strecke über beide Punkte hinaus verlängert, erhält man eine **Gerade**. Sie ist auf keiner Seite begrenzt.

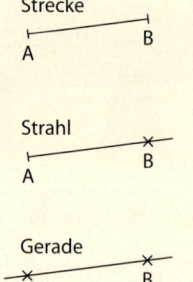

Basisaufgaben

1. Übertrage das Bild mit den Punkten in dein Heft.
   a) Zeichne die Strecke $\overline{CD}$.
   b) Zeichne die Gerade g durch A und B.
   c) Zeichne den Strahl h von C durch A.
   d) Zeichne den Strahl i von A durch E.

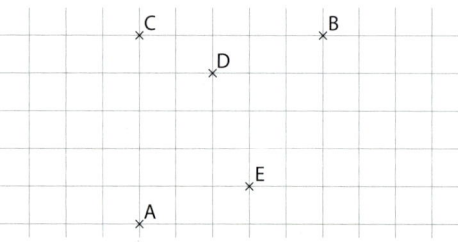

2. a) Schätze zuerst die Länge der Strecken. Miss dann mit dem Geodreieck.

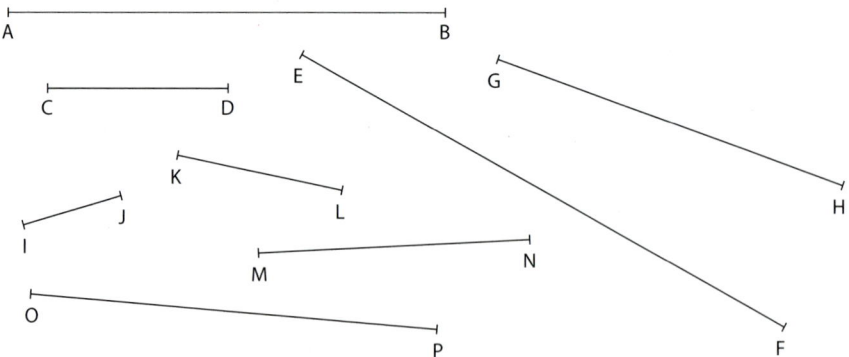

Erinnere dich:
10 mm = 1 cm

   b) Zeichne Strecken der Länge 2 cm; 5 cm; 35 mm; 11,7 cm; 1,5 cm; 63 mm; 0,7 cm.

3.1 Senkrecht und parallel zueinander

Senkrecht und parallel

Zwei Geraden können ganz besonders zueinander liegen. Sie können sich zum Beispiel schneiden. Wenn sie wie abgebildet zueinander liegen, bilden sie einen **rechten Winkel**.

Geraden können aber auch so verlaufen, dass sie sich nie schneiden. Sie sind dann an jeder Stelle gleich weit voneinander entfernt. Diese Entfernung nennt man **Abstand**.

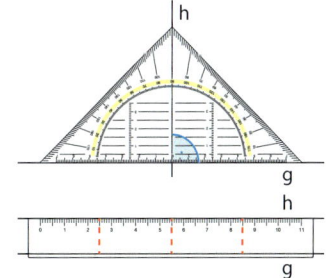

> **Wissen: Senkrecht und parallel**
> Die beiden Geraden f und g sind **senkrecht** zueinander, wenn sie einen Schnittpunkt haben und rechte Winkel bilden. Man schreibt f ⊥ g und markiert dies durch ∟.
>
> Die Geraden h und k sind **parallel** zueinander, wenn sie überall den gleichen **Abstand** voneinander haben. Sie haben keinen gemeinsamen Schnittpunkt.
> Man schreibt h ∥ k.

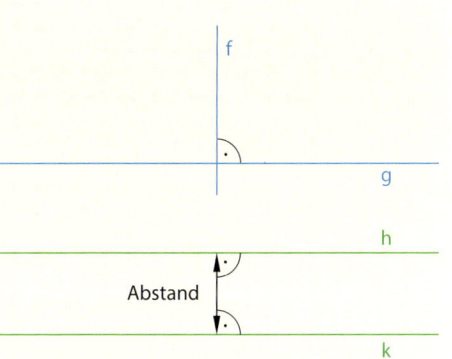

Hinweis:
Der Abstand von zwei zueinander parallelen Geraden ist die kürzeste Verbindung zwischen diesen beiden Geraden.

Beispiel 1: Zeichne mit deinem Geodreieck …
a) zwei Geraden, die senkrecht zueinander stehen.
b) zwei zueinander parallele Geraden, die einen Abstand von 3 cm haben.
c) zwei zueinander parallele Geraden, die einen Abstand von 6 cm haben.

Lösung:

a) Mit der mittleren Hilfslinie des Geodreiecks kann man zu einer Geraden g eine weitere Gerade f zeichnen. Die Geraden stehen im rechten Winkel aufeinander. Sie sind senkrecht zueinander.

b) Bei kleinen Abständen kannst du die parallelen Linien auf dem Geodreieck verwenden. Lege das Geodreieck wie im Bild an und zeichne die parallele Gerade.

c) Bei großen Abständen zeichnest du zuerst eine senkrechte Gerade h als Hilfslinie. Markiere auf der Hilfslinie den Punkt P, der von g den Abstand 6 cm hat. Zeichne dann eine senkrechte Gerade zu h durch diesen Punkt P.

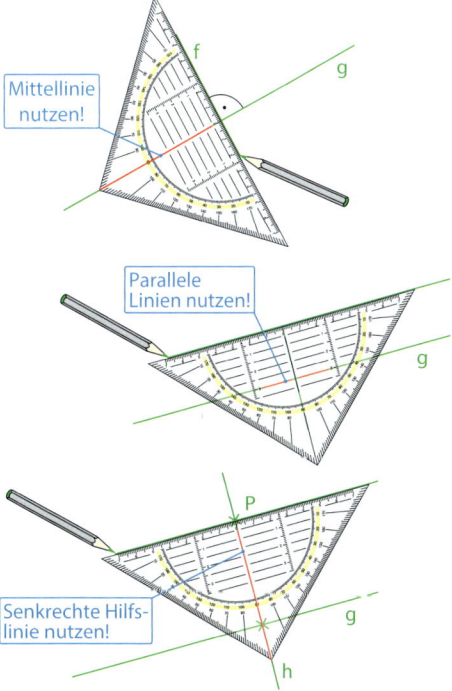

Basisaufgaben

3. Zeichne in dein Heft eine Gerade g.
   a) Zeichne mit dem Geodreieck eine Gerade h, die senkrecht auf der Geraden g steht.
   b) Zeichne eine zweite Gerade k, die senkrecht auf g steht.
   c) Beschreibe, wie h und k zueinander liegen.

4. Zeichne mit dem Geodreieck zwei zueinander parallele Geraden, die einen Abstand von
   a) 2 cm haben, b) 3,5 cm haben, c) 5,5 cm haben, d) 7 cm haben.

5. a) Bestimme alle Paare von Geraden, die zueinander senkrecht sind.
   b) Bestimme alle Paare von Geraden, die parallel zueinander sind, und miss ihre Abstände.

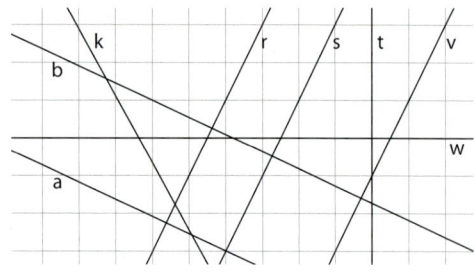

Weiterführende Aufgaben

6. Übertrage das Bild in dein Heft.
   a) Zeichne die Senkrechte h zur Geraden g durch den Punkt A.
   b) Zeichne die Senkrechte k zur Geraden g durch den Punkt B.
   c) Zeichne die Parallele f zur Geraden g durch den Punkt C.
   d) Was kannst du über die gegenseitige Lage von h und k sagen?

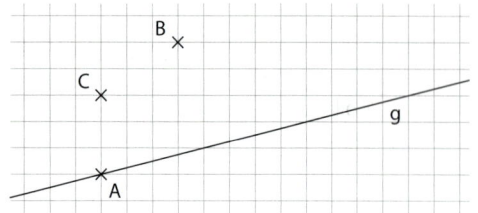

7. Von vier Geraden a, b, c und d ist bekannt:
   a ist parallel zu b, a ist senkrecht zu c, b ist senkrecht zu d.
   a) Skizziere die vier Geraden möglichst genau, ohne ein Lineal zu verwenden.
   b) Alle zueinander parallelen Geraden haben einen Abstand von 2 cm. Zeichne die vier Geraden mit dem Geodreieck.

8. **Stolperstelle:** Theo meint: „g liegt parallel zu h, da sich die Geraden nicht schneiden."
   Was meinst du zu der Aussage von Theo?

9. **Lagebeziehungen von Strecken:** Auch in deiner Umwelt findest du die Eigenschaften parallel und senkrecht.
   a) Nenne Beispiele für Strecken, die zueinander senkrecht sind.
   b) Nenne Beispiele, für Strecken, die zueinander parallel sind.
   c) Erläutere, warum Strecken zwar zueinander senkrecht sein können, sich aber nicht schneiden müssen. Gib hierfür Beispiele an.
   d) Ergänze den Satz:
      „Zwei Strecken, die sich nicht schneiden, sind senkrecht zueinander, wenn …".

3.1 Senkrecht und parallel zueinander

10. Erkunde das Muster.
    a) Notiere die Strecken, die parallel zueinander verlaufen. Notiere die Strecken, die senkrecht zueinander verlaufen.
    b) Zeichne ein solches Muster. Beginne mit der Strecke $\overline{AB}$, die 5 mm (ein Kästchen) lang sein soll. Zeichne alle Strecken, die parallel zu a sind, orange. Zeichne alle Strecken, die senkrecht zu a sind, grün. Setze die Figur fort bis zur Strecke $\overline{MN}$.

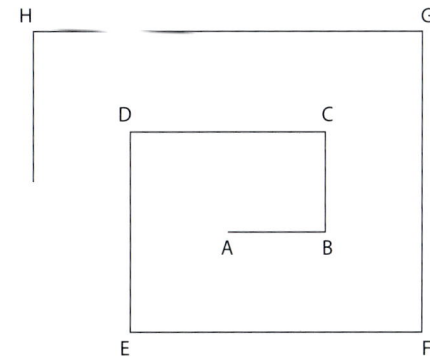

● 11. **Strecken im Raum:** Stelle dir einen Würfel vor. Durch seine Kanten sind zwölf Strecken im Raum festgelegt. Was kannst du über die gegenseitige Lage dieser Strecken sagen?

12. a) Martin hat den Abstand des Punktes zur Geraden gemessen. Erläutere, was er falsch gemacht hat und bestimme danach den Abstand richtig.
    b) Zeichne in dein Heft eine Gerade und drei Punkte, die einen Abstand von 2 cm zur Geraden haben.
    c) Kannst du alle Punkte zeichnen, die von g den Abstand von 2 cm haben? Erläutere.
    d) Stell dir ein gespanntes Drahtseil vor, das eine Strecke im Raum veranschaulicht. Beschreibe, wo alle Punkte liegen, die von dem Seil den Abstand von 2 cm haben.

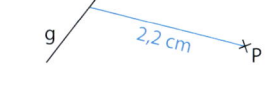

13. Die Abbildung zeigt ein Pendel.
    a) Bastle selbst ein Pendel aus einer langen Schnur und einem Gegenstand, z. B. einem Knopf oder einem Ohrring.
    b) Halte das Schnurende des Pendels an eine Tischkante Beschreibe, was du dabei feststellst.
    c) Erläutere, wie du mit einem Pendel überprüfen kannst, ob die Tischkante parallel zum Boden ist.

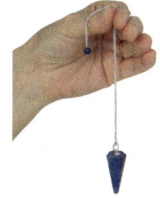

14. a) Entscheide, ohne zu messen, welche der Linien in den Abbildungen zueinander parallel sind.
    b) Überprüfe deine Vermutung mit einem Geodreieck und beschreibe, worin die optische Täuschung besteht.

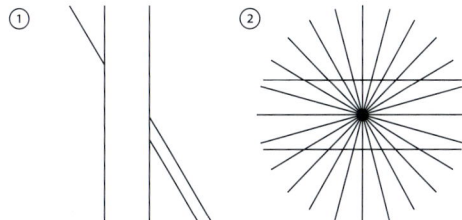

● 15. **Ausblick:** Lukas meint: „Auf dem Bild erkennt man deutlich, dass die Bahngleise nicht parallel sind!".
    a) Hat Lukas Recht? Begründe deine Antwort.
    b) Gib weitere Beispiele für dieses Phänomen an.

Streifzug

3. Grundbegriffe der Geometrie

Parallelverschiebung

■ Das Gymnasium in Gehlert möchte ein neues Logo an seiner Eingangstür anbringen. Das Logo soll zwei identische Parallelogramme mit dem Buchstaben G enthalten. Finde eine Möglichkeit, das zweite G genau an der richtigen Stelle und in der richtigen Form noch einmal zu zeichnen. ■

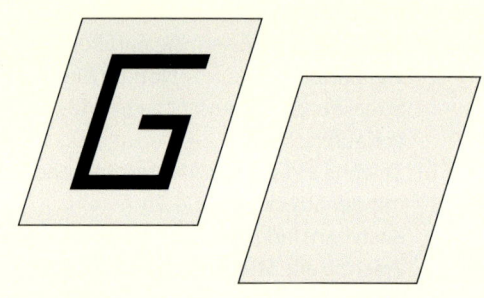

Wissen: Die Parallelverschiebung

Bei einer Parallelverschiebung werden alle Punkte einer Figur in die **gleiche Richtung** um Strecken **mit gleicher Länge** parallel verschoben.
Die Pfeilspitzen und die Lage der zueinander parallelen Verschiebungspfeile geben die **Verschiebungsrichtung,** die Länge der Pfeile die **Verschiebungslänge** an.

Es genügt, einen einzigen Verschiebungspfeil für eine Parallelverschiebung einzuzeichnen, um eine Parallelverschiebung eindeutig zu kennzeichnen.

Hinweis zu 1:
Abgebildete Punkte bezeichnet man zusätzlich mit einem Strich (zum Beispiel C').

Beispiel 1: Parallelverschiebung mit dem Geodreieck

Gegeben ist das Dreieck ABC und der Bildpunkt C'. Zeichne den Verschiebungspfeil ein und gib seine Länge an. Verschiebe das Dreieck ABC anschließend entlang des Verschiebungspfeils.

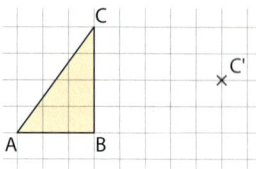

Lösung:

① Zeichne die Strecke $\overline{CC'}$, indem du die Punkte C und C' verbindest. Markiere den Verschiebungspfeil mit einem farbigen Stift. Miss die Länge der Strecke $\overline{CC'}$ und notiere sie.

② Zeichne weitere Verschiebungspfeile von den Eckpunkten A und B ausgehend parallel zu $\overline{CC'}$ mithilfe der Linien auf dem Geodreieck ein. Bezeichne die neuen Punkte an den Pfeilspitzen mit A' und B'.

③ Verbinde die Bildpunkte A'B'C', sodass das verschobene Dreieck entsteht.

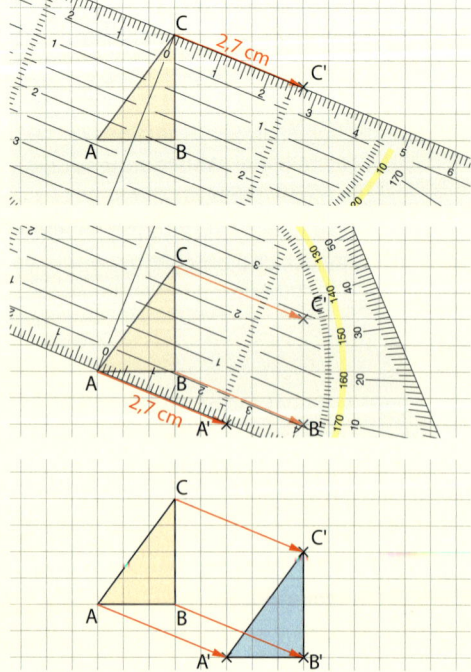

Aufgaben

1. Übertrage die Zeichnung in dein Heft. Verschiebe das Quadrat nur mit Geodreieck und Lineal so, dass der Punkt D' zum linken oberen Eckpunkt des neuen Quadrats wird. Markiere einen Verschiebungspfeil und gib seine Länge an.

2. Verschiebe die Figur in deinem Heft mit Geodreieck und Lineal auf den Punkt P. Der unterste Punkt der neuen Figur soll dabei auf P liegen.

3. Wenn man Figuren direkt nebeneinander setzt, spricht man von „Bandornamenten". Diese kann man durch Parallelverschiebungen erhalten.
   a) Gib bei dem abgebildeten Bandornament die Grundfigur und die Länge der Verschiebung an.

   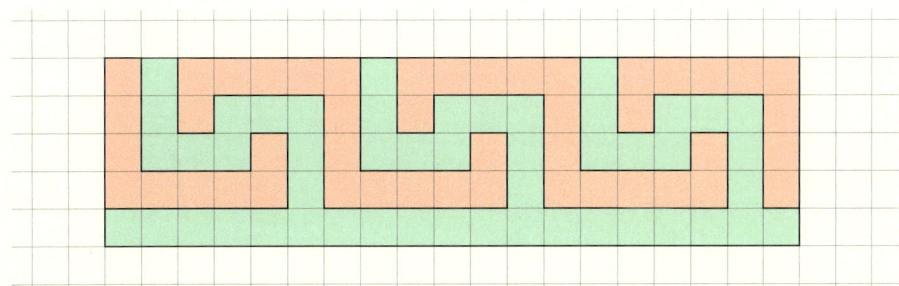

   b) Denke dir Grundfiguren aus und erzeuge selbst Bandornamente durch Parallelverschiebungen.

4. **Forschungsauftrag:**
   Erkunde deine Umgebung. Finde möglichst viele Bandornamente.
   Stelle mit „Kartoffeldruck" eigene Bandornamente her.
   Du kannst damit z. B. Geschenkpapier verschönern.

3.2 Koordinaten

■ Die roten Kreuze auf der Karte markieren Orte, an denen Schätze versteckt sind. Max möchte die Position der Schätze einem Freund mitteilen. Wie kann er das tun? ■

In einem **Koordinatensystem** kann man die Lage eines Punktes durch zwei Zahlen genau beschreiben.

Erinnere dich:
Ein Zahlenstrahl beginnt meist bei 0. Die Pfeilspitze zeigt in Richtung der größer werdenden Zahlen. Die Einteilung auf einem Zahlenstrahl muss immer gleichmäßig sein.

Hinweis:
A(3|4) bedeutet: A hat die Koordinaten 3 und 4. Man sagt auch kurz „A drei Strich vier".

Wissen: Koordinatensystem

Ein Koordinatensystem besteht aus zwei Strahlen mit gleichmäßigen Einteilungen, die senkrecht aufeinander stehen. Die Strahlen werden **x-Achse** und **y-Achse** genannt. Sie schneiden sich im **Ursprung O**. Geht man vom Ursprung 3 Schritte in x-Richtung nach rechts und 4 Schritte in y-Richtung nach oben, ist man am eingezeichneten Punkt A. Daher hat der Punkt

A(3|4)

die x-Koordinate 3 und die y-Koordinate 4.

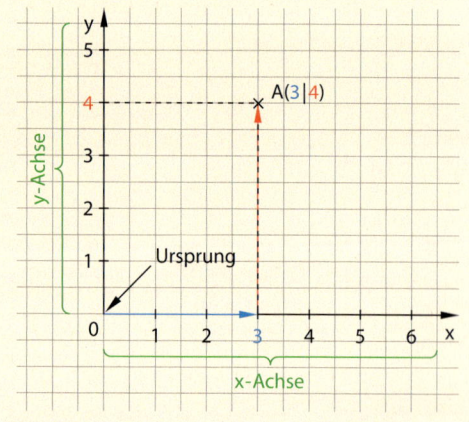

Koordinaten ablesen

Beispiel 1: Lies die Koordinaten der Punkte A und B ab.

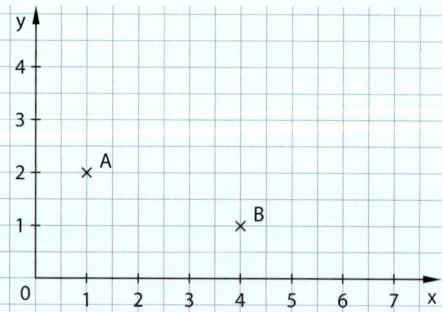

Lösung:
Gehst du vom Ursprung aus 1 Schritt in x-Richtung nach rechts und von dort 2 Schritte in y-Richtung nach oben, bist du bei A. Also hat A die Koordinaten A(1|2). Als Hilfe zum leichteren Ablesen kannst du mit dem Geodreieck von jedem Punkt aus zu den Koordinatenachsen parallele Strecken einzeichnen.

Ebenso erhältst du die Koordinaten von B.

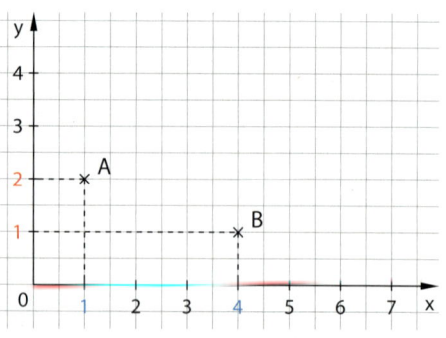

Ergebnis: A(1|2), B(4|1)

3.2 Koordinaten

Basisaufgaben

1. Lies die Koordinaten der Punkte ab.

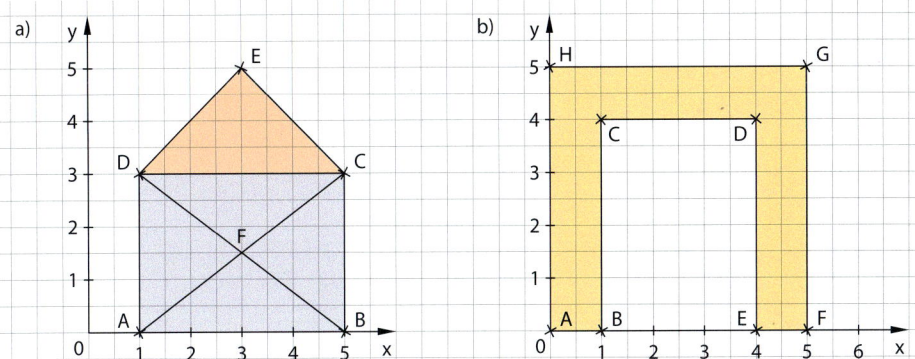

Koordinaten eintragen

Beispiel 2: Trage die Punkte A(2|1), B(4|0), C(5|2) und D(3|3) in ein Koordinatensystem ein. Verbinde sie in alphabetischer Reihenfolge.

Lösung:
Die Koordinaten A(2|1) bedeuten, dass du vom Ursprung aus 2 Schritte in x-Richtung nach rechts und 1 Schritt in y-Richtung nach oben gehen musst. Dann trägst du den Punkt A ein.

Für den Punkt B(4|0) gehst du 4 Schritte nach rechts und keinen Schritt nach oben. Der Punkt B liegt auf der x-Achse.

Ebenso verfährst du bei C und D. Verbindest du die Punkte der Reihe nach, erhältst du ein Quadrat.

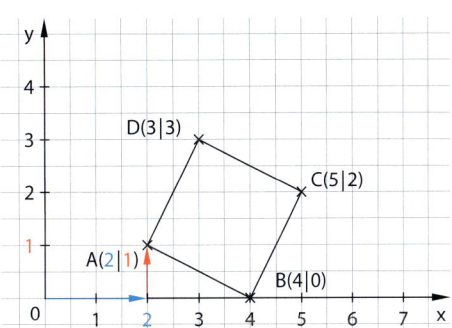

Basisaufgaben

2. Zeichne ein Koordinatensystem mit 8 cm langen Achsen. Trage die folgenden Punkte ein. Verbinde sie in alphabetischer Reihenfolge und den letzten Punkt mit A.
A(2|0), B(4|0), C(6|3), D(6|0), E(3|3), F(1|3), G(0|2)

3. Trage die folgenden Punkte in ein Koordinatensystem ein und verbinde sie in alphabetischer Reihenfolge und den letzten Punkt mit A.
A(1|3), B(3|1), C(9|1), D(13|3), E(7|3), F(7|4), G(11|4), H(6|10), I(6|3), J(5|3), K(5|9), L(2|4), M(4|4), N(4|3)

4. a) Zeichne das Viereck ABCD in ein Koordinatensystem: A(2|0), B(4|1), C(4|4), D(0|2).
   b) Zeichne die Vierecke EFGH und IJKL in dasselbe Koordinatensystem:
   E(1|5), F(5|5), G(7|7), H(3|7) und I(6|1), J(7|4), K(6|5), L(5|4).

Hinweis zu 5:
Die x-Koordinaten der Punkte findest du in der Blüte, die y-Koordinaten in den Blättern.

5. Gib die Koordinaten der Punkte an. Übertrage das Koordinatensystem mit der Figur in dein Heft.

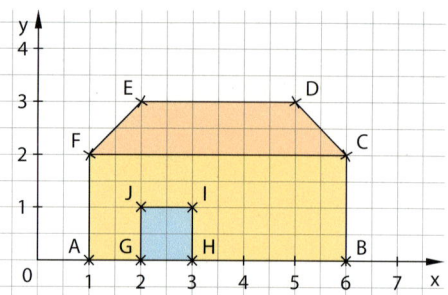

6. a) Welche Koordinaten von Punkten sind nötig, damit eine andere Person die Figur genau wie in der Abbildung zeichnen kann? Achte auf die Reihenfolge der Punkte.
   b) Lass die Figur von deinem Nachbarn zeichnen. Er darf nur deine Angaben verwenden.
   c) Denke dir selbst eine Figur aus und gehe dann vor wie bei a) und b).

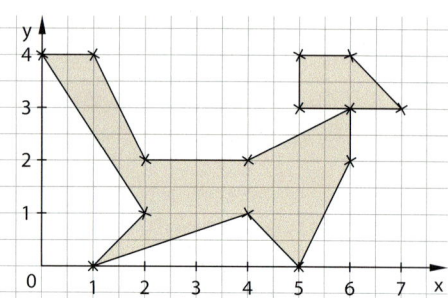

Weiterführende Aufgaben

7. a) Zeichne eine Figur nach den folgenden Punktangaben in ein geeignetes Koordinatensystem, indem du die Punkte in alphabetischer Reihenfolge verbindest:

   A(0|0), B(18|0), C(18|13), D(19|14), E(19|16), F(18|16), G(18|18), H(17|21), I(16|18), J(16|16), K(15|16), L(15|14), M(16|13), N(16|6), O(8|10), P(0|6), Q = A.

   Du erhältst ein Bild eines Gebäudes mit einem Turm. 1 Längeneinheit im Koordinatensystem beträgt 1 m. Bestimme nun die Höhe des Turms und die Höhe des niedrigeren Gebäudeteils.
   b) Die Eingangstür befindet sich genau in der Mitte des niedrigeren Gebäudeteils. Sie ist 2 m breit und 3 m hoch. Zeichne die Tür ein und gib die Koordinaten der Eckpunkte der Tür an.
   c) Zeichne auch zwei 2 m hohe Fenster. Sie sind genauso breit wie die Tür und befinden sich 1 m und 4 m über der Tür. Gib die Koordinaten der Eckpunkte an.

8. Gitternetze werden auch in anderen Zusammenhängen verwendet.
   a) Was bedeutet zum Beispiel C2 in der Stadtkarte von Düsseldorf oder beim Spiel „Schiffe versenken"? Was bedeutet E2–E4 beim Schach?

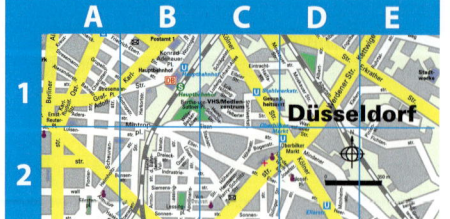 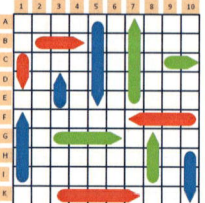 

   b) Vergleiche die Gitternetze aus a) mit unserem Koordinatensystem. Welche Unterschiede gibt es? Nenne Vor- und Nachteile für die Verwendung von Buchstaben.

3.2 Koordinaten

9. **Stolperstelle:** Hier sind einige Fehler passiert.
   a) Alicia sollte die folgenden Punkte in ein Koordinatensystem einzeichnen und sie in alphabetischer Reihenfolge verbinden: A(0|0), B(1|5), C(2|2), D(3|5), E(4|0). Was ist hier falsch? Zeichne selbst korrekt.

   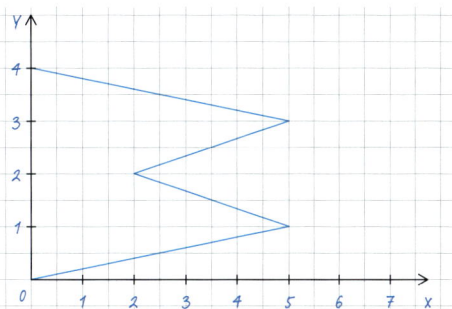

   b) Peter sollte die Punkte A(8|4), B(10|3), C(9|13) und D(7|14) in ein Koordinatensystem einzeichnen. Er beginnt zu zeichnen und stellt fest, dass er die Aufgabe nicht lösen kann. Gib Peter einen Tipp, was er beachten sollte, um ein geeignetes Koordinatensystem zu zeichnen.

   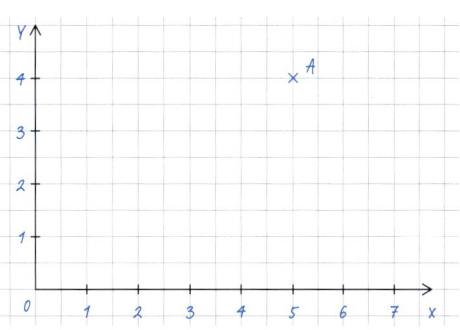

   c) Konrad soll die Punkte A(2|0) und B(2|1) eintragen. Doch schon beim Zeichnen des Koordinatensystems läuft etwas nicht richtig. Beschreibe welchen Fehler er gemacht hat und wie sich das auf die Zeichnung auswirkt. Zeichne selbst A und B in ein Koordinatensystem.

   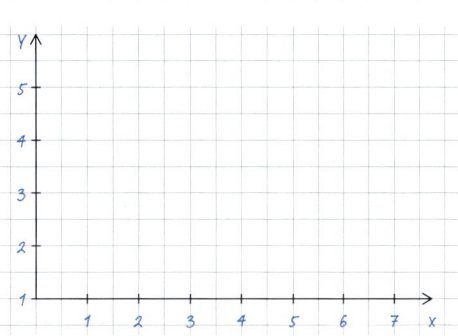

10. Zeichne das Viereck mit den Eckpunkten A(1|2), B(2|1), C(4|2) und D(2|3) in ein Koordinatensystem (Längeneinheit 1 cm). Zeichne beide Achsen 10 cm lang.
    a) Erhöhe alle x-Koordinaten der Punkte A, B, C und D um 4 und zeichne das neue Viereck.
    b) Erhöhe alle y-Koordinaten der Punkte A, B, C und D um 3 und zeichne das neue Viereck.
    c) Erhöhe die x- und die y-Koordinate von A, B, C und D um 5 und zeichne das neue Viereck.
    d) Wie verändert sich jeweils die Lage des Vierecks im Koordinatensystem?

11. **Ausblick:** Beantworte und begründe. Du kannst zum Überlegen Zeichnungen anfertigen.
    a) Wo liegen alle Punkte im Koordinatensystem, die die y-Koordinate 4 haben?
    b) Wo liegen alle Punkte im Koordinatensystem, die die x-Koordinate 2 haben?
    c) Wo liegen alle Punkte im Koordinatensystem, die die y-Koordinate 0 haben?
    d) Wo liegen alle Punkte im Koordinatensystem, bei denen die x- und die y-Koordinate gleich groß sind?
    e) Wo liegen alle Punkte im Koordinatensystem, bei denen die Summe von x- und y-Koordinate 10 ergibt?
    f) Wie ändert sich die Lage eines Punktes im Koordinatensystem, wenn die x- und die y-Koordinate vertauscht werden?

3.3 Vierecke

■ Untersuche mit dem Geodreieck, welche Vierecke gleich lange Seiten, zueinander parallele Seiten oder rechte Winkel haben. ■

Vielecke sind Figuren, die von Strecken begrenzt werden.
Man unterscheidet sie nach der Anzahl der **Ecken:** Dreiecke, Vierecke, Fünfecke …
Statt Strecken sagt man bei Vielecken auch **Seiten**.
Ein **Viereck** hat vier Ecken und vier Seiten.

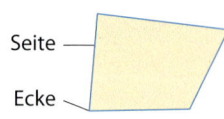

Hinweis:
Seiten mit dem gleichen Buchstaben sind gleich lang.

Wissen: Besondere Vierecke
Vierecke kann man aufgrund ihrer Gemeinsamkeiten (gleich lange Seiten, zueinander parallele Seiten oder rechte Winkel) ordnen.

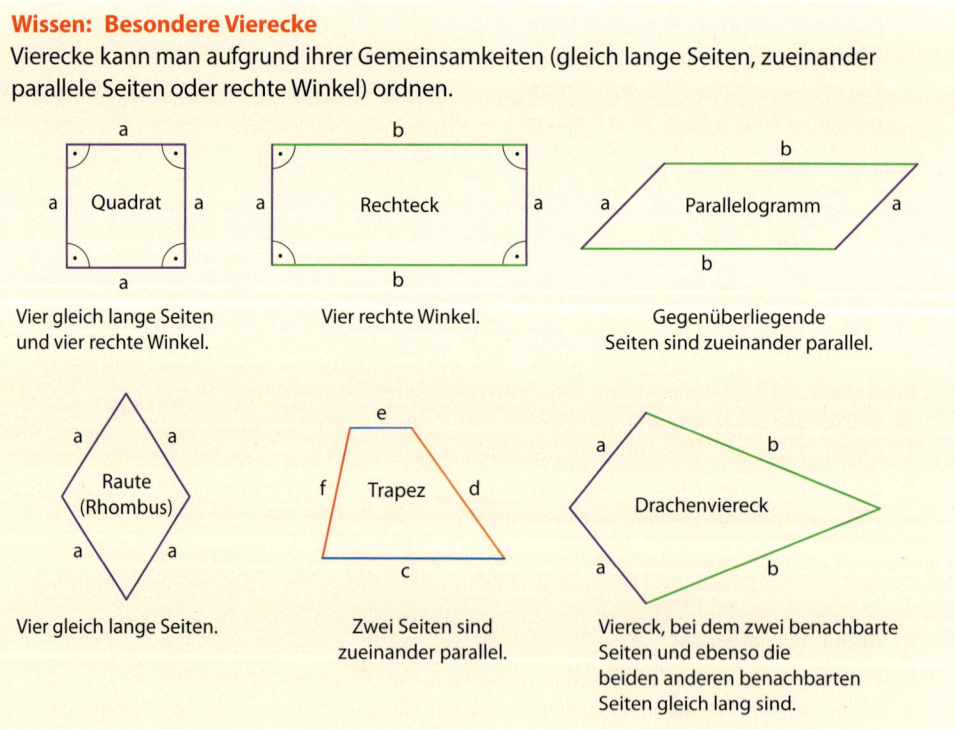

Aus den Eigenschaften erkennt man, dass **jedes Rechteck auch ein Parallelogramm** ist, da auch im Rechteck gegenüberliegende Seiten zueinander parallel sind. Umgekehrt ist aber nicht jedes Parallelogramm ein Rechteck, da ein Parallelogramm keine rechten Winkel haben muss. Es gibt einige weitere Beziehungen zwischen den besonderen Vierecken.

3.3 Vierecke

Vierecke zeichnen

Beispiel 1: Übertrage die gegebenen Strecken in dein Heft und vervollständige sie zu einem Parallelogramm.

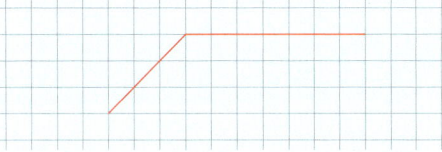

Lösung:

Die obere Seite ist 3,5 cm lang. Die untere Seite muss daher auch 3,5 cm lang und parallel zur oberen Seite sein.

Verbinde die zwei Eckpunkte und überprüfe mit dem Geodreieck, dass die neue Seite parallel zur gegenüberliegenden Seite ist.

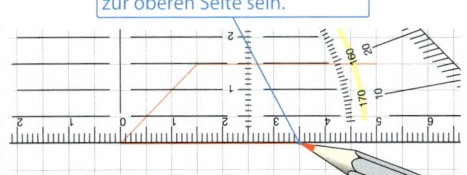 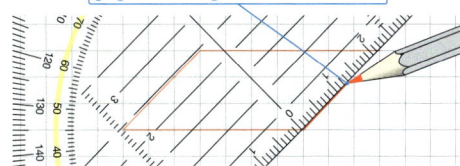

Zum selben Ergebnis kommst du hier durch das Abzählen von Kästchen. Überlege, wo der vierte Punkt sein muss, und zeichne dann die fehlenden Seiten.

Basisaufgaben

1. Übertrage die Strecken in dein Heft. Vervollständige zu einem Parallelogramm.

   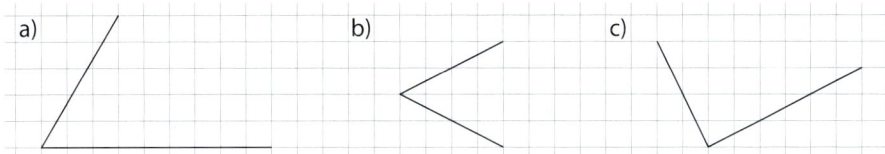

2. Übertrage die Strecken in dein Heft und ergänze sie zu
   a) einem Rechteck,   b) einem Drachenviereck,   c) einem Trapez.

    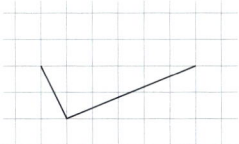 

3. Zeichne die Figur auf Karopapier und auf weißem Papier. Was ist dabei zu beachten?
   a) Zeichne ein Quadrat.
   b) Zeichne ein Rechteck, das kein Quadrat ist.
   c) Zeichne ein Parallelogramm, das kein Rechteck ist.
   d) Zeichne eine Raute, die kein Quadrat ist.

4. Hier siehst du Stäbe, aus denen man Vierecke bauen kann. Welche Arten von Vierecken kann man aus den vier Stäben jeweils bauen? Fertige Zeichnungen an.

   a) 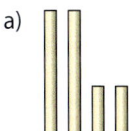   b) 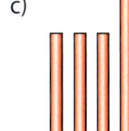   c)

Weiterführende Aufgaben

5. Welche Vielecke und Vierecke erkennst du?

6. Fachwerkhäuser bestehen aus einem hölzernen Gerüst. Die Zwischenräume sind mit Stein und Lehm gefüllt. Das Holzgerüst nennt man Fachwerk.
   a) Rechts ist ein Fachwerkhaus zu sehen. Welche Vierecke erkennst du im Fachwerk?
   b) Erfinde selbst ein kleines Fachwerkhaus mit verschiedenen Vierecken und zeichne es in dein Heft.

7. Zeichne die Vierecke mithilfe des Geodreiecks. Entscheide und begründe, ob es jeweils nur genau eine Möglichkeit gibt.
   a) Ein Rechteck mit den Seitenlängen 3 cm und 5 cm.
   b) Ein Parallelogramm, das kein Rechteck ist und dessen Seiten 3 cm und 5 cm lang sind.
   c) Ein Trapez, das kein Parallelogramm ist und bei dem genau zwei Seiten 4 cm lang sind.
   d) Zeichne eine Raute mit einer Seitenlänge von 4 cm.

8. **Stolperstelle:**
   a) Max hat ein Parallelogramm und ein Quadrat gezeichnet. Erkläre, was er falsch gemacht hat, und zeichne richtig.
   b) Marie sagt: „Jedes Quadrat ist ein Rechteck." Arne meint: „Das stimmt nicht, weil nicht alle Seiten gleich lang sind." Was meinst du? Begründe deine Antwort.

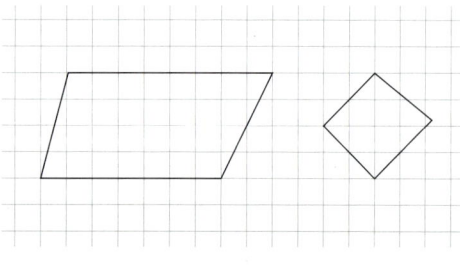

Hinweis zu 9:
Lies nochmals den Wissenskasten und den Text darunter. So kannst du vorgehen: In der Figur d) sind gegenüberliegende Seiten zueinander parallel, also trifft die Eigenschaft von einem Parallelogramm zu. Weil die Seiten auch gleich lang sind, …

9. Übertrage die Tabelle in dein Heft. Kreuze an, wenn das Viereck die Eigenschaften der Figur hat. Beachte, dass in einer Spalte auch mehrere Kreuze stehen können.

a) 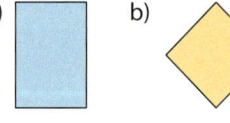 b) 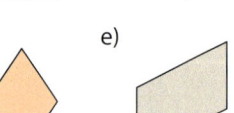 c)

d) e) f)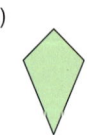

	a)	b)	…
Quadrat			
Rechteck			
Parallelogramm			
Raute			
Trapez			
Drachenviereck			

3.3 Vierecke

● 10. Ist die Behauptung richtig oder falsch? Begründe deine Antwort.
   a) Jedes Rechteck ist ein Parallelogramm.
   b) Jedes Parallelogramm ist ein Rechteck.
   c) Jedes Rechteck ist ein Drachenviereck.
   d) Jedes Quadrat ist ein Trapez.
   e) Jede Raute ist ein Rechteck.
   f) Jedes Rechteck ist eine Raute.
   g) Jedes Parallelogramm ist ein Trapez.
   h) Jede Raute ist ein Drachenviereck.

11. **Diagonalen in besonderen Vierecken**
   a) Zeichne alle besonderen Vierecke (Quadrat, Rechteck, Parallelogramm, Raute, Trapez und Drachenviereck). Zeichne jeweils die beiden Diagonalen ein.
   b) Untersuche, auf welche der Vierecke die Aussagen zutreffen:

   | Die Diagonalen stehen senkrecht aufeinander. | Die Diagonalen sind gleich lang. | Die Diagonalen halbieren sich. Der Schnittpunkt der beiden Diagonalen ist also die Mitte der Diagonalen. |

   Hinweis zu 11 und 12:
   Die Verbindungsstrecke von zwei gegenüberliegenden Ecken heißt **Diagonale**.

   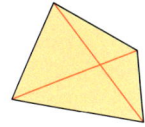

   c) Präsentiere die Ergebnisse deiner Klasse.

● 12. Zeichne Vierecke mit folgenden Eigenschaften.
   a) Alle Diagonalen liegen vollständig innerhalb des Vierecks.
   b) Eine Diagonale liegt außerhalb des Vierecks.
   c) Können auch beide Diagonalen eines Vierecks außerhalb liegen? Begründe.

13. **Vielecke zerlegen:** Tim behauptet: „Ich kann jedes Vieleck in Dreiecke zerlegen."
   a) Zeichne Vierecke mit und ohne besondere Eigenschaften. Zerlege die Vierecke jeweils in zwei Dreiecke.
   b) Zeichne ein beliebiges Fünfeck und ein Sechseck und zerlege beide Figuren in Dreiecke.
   c) Zeichne ein Vieleck mit einer beliebigen Eckenanzahl. Lasse es von deinem Nachbarn in Dreiecke zerlegen.
   d) Untersuche, in wie viele Dreiecke man ein Vieleck mit einer bestimmten Eckenanzahl zerlegen kann.

14. Zeichne auf ein Blatt Papier ein Sechseck und schneide es aus. Prüfe jeweils, ob man die beiden unten genannten Figuren durch einen Schnitt aus dem Sechseck herstellen kann. Wenn die Figuren nicht hergestellt werden können, begründe, warum das nicht geht.
   a) zwei Vierecke
   b) ein Dreieck und ein Viereck
   c) zwei Fünfecke

15. a) Zeichne verschiedene Vierecke (Quadrat, Rechteck, Trapez, Drachenviereck, …) in dein Heft. Markiere die Mittelpunkte der Seiten und verbinde sie zu einem neuen Viereck.
   b) Vergleiche die so entstandenen neuen Vierecke miteinander. Was haben alle diese Vierecke gemeinsam?

   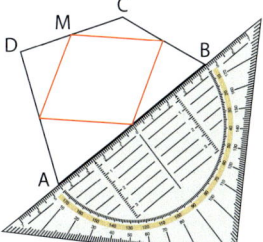

   Hinweis zu 15:
   Der Mittelpunkt einer Seite ist von den beiden Eckpunkten gleich weit entfernt.

● 16. **Ausblick:** Ein Dreieck hat keine Diagonalen, ein Viereck hat zwei, ein Fünfeck hat fünf.
   a) Übertrage die Tabelle in dein Heft und fülle sie aus.
   b) Wie viele Diagonalen hat ein 10-Eck? Wie viele hat ein 20-Eck? Beschreibe, wie du bei der Berechnung der Anzahl der Diagonalen vorgegangen bist.

Anzahl Ecken	Anzahl Diagonalen
3	0
4	2
5	5
6	
7	

3.4 Achsensymmetrie

■ Maria hat einen Notizzettel einmal in der Mitte gefaltet und mit der Schere bearbeitet. Nach dem Auseinanderklappen erhält sie den Buchstaben O.
Prüfe, ob sich die Buchstaben A, C, J, L, T, U und Y auch auf diese Weise erstellen lassen. ■

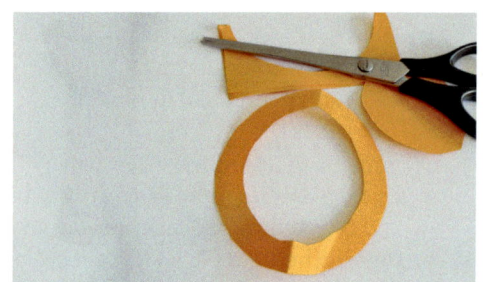

Achsensymmetrie erkennen

Hinweis:
Wenn zwei Flächen in Form und Größe übereinstimmen, bezeichnet man diese Flächen als zueinander deckungsgleich.

Wissen: Achsensymmetrie
Eine Figur, die man entlang einer Geraden so falten kann, dass die beiden Teile deckungsgleich sind, nennt man **achsensymmetrisch**.

Die Gerade heißt **Symmetrieachse**.

Beispiel 1:
Untersuche, ob ein Quadrat achsensymmetrisch ist.

Lösung:
Stell dir vor, dass du das Quadrat so faltest, dass je zwei Teile genau aufeinanderpassen. Es gibt genau vier Möglichkeiten:

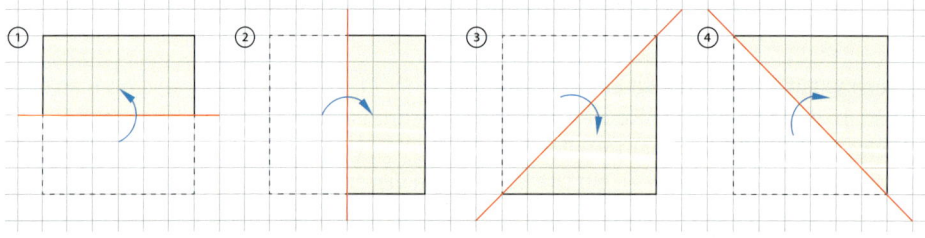

Ein Quadrat hat daher vier Symmetrieachsen.

Basisaufgaben

1. Zeichne ein Rechteck mit den Seitenlängen 3 cm und 4 cm. Ergänze anschließend alle Symmetrieachsen.

2. Übertrage die Figuren in dein Heft und zeichne alle Symmetrieachsen ein.

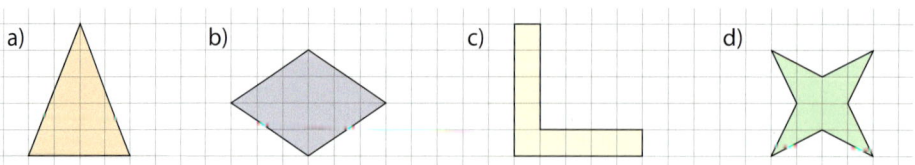

3.4 Achsensymmetrie

Achsenspiegelung

Beim Spiegeln einer Figur an einer Geraden ergibt sich zu jedem **Punkt** auf der einen Seite der Geraden ein **Bildpunkt** auf der anderen Seite.
Diesen Vorgang nennt man **Achsenspiegelung**. Dabei entsteht eine achsensymmetrische Figur.

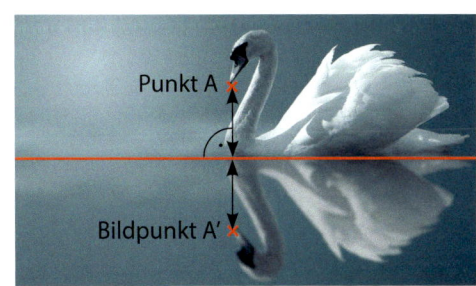

Wissen: Punkt und Bildpunkt bei der Achsenspiegelung
Punkt und Bildpunkt haben denselben Abstand von der Geraden (**Spiegelachse**).
Punkt und Bildpunkt liegen auf einer Geraden, die senkrecht zur Spiegelachse steht.

Beispiel 2:
Spiegele die Figur an der roten Geraden.

a)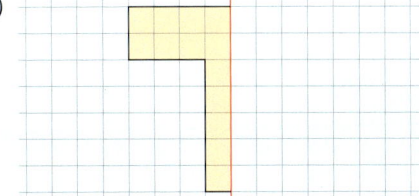

b)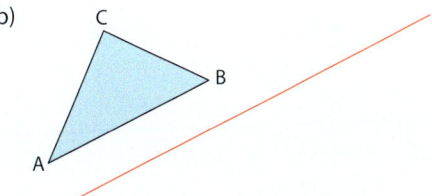

Lösung:

a) Hier kannst du die Lage der Bildpunkte an den Kästchen abzählen. Zähle, wie viele Kästchen ein Eckpunkt von der roten Geraden entfernt liegt. Zeichne seinen Bildpunkt in der gleichen Entfernung auf der anderen Seite der Geraden ein.

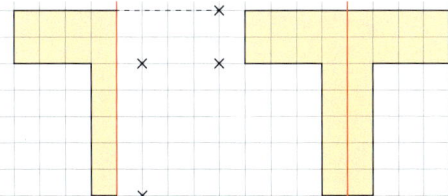

Hinweis:
Bei dieser Figur ist die rote Gerade sowohl Spiegelachse als auch Symmetrieachse.

Wenn alle Eckpunkte der Figur gespiegelt sind, zeichnest du die zugehörigen Strecken.

b) Lege die Mittellinie des Geodreiecks auf die rote Gerade.

Miss den Abstand von Punkt B zur roten Geraden und markiere den Bildpunkt B' im selben Abstand zur Geraden.

Verfahre mit A und C genauso.

Verbinde die Bildpunkte A', B' und C' genau wie A, B und C in der Ausgangsfigur.

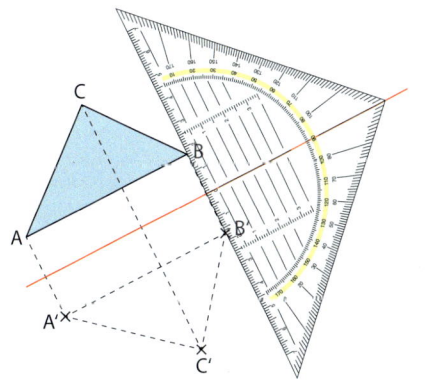

Basisaufgaben

3. Übertrage die Figur in dein Heft und spiegele sie an der roten Geraden.

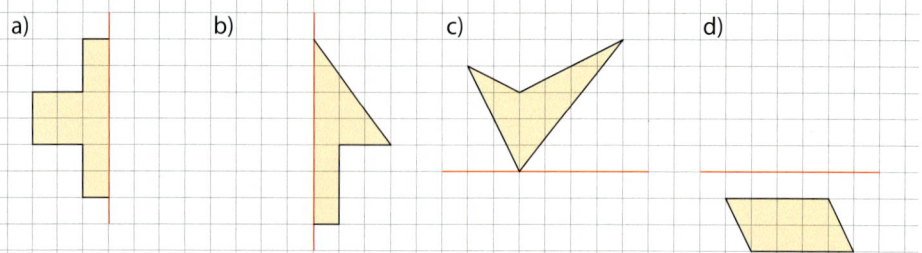

4. a) Übertrage die Figur auf Kästchenpapier und spiegele sie an der roten Geraden.

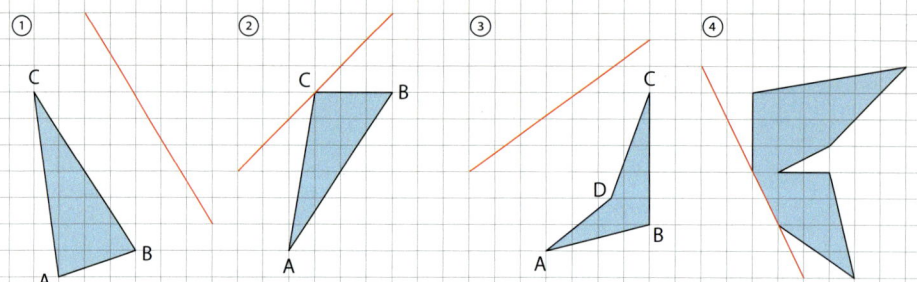

b) Erfinde selbst Figuren und spiegele sie. Zeichne auch auf weißem Papier statt auf Kästchenpapier.

Weiterführende Aufgaben

5. a) Zeichne Figuren, die eine oder mehrere Symmetrieachsen haben. Lasse die Symmetrieachsen von deinem Nachbarn eintragen. Kontrolliert anschließend gemeinsam.
   b) Zeichne verschiedene Vierecke (Quadrat, Rechteck, Parallelogramm, Raute, Trapez, Drachenviereck). Untersuche die Anzahl der Symmetrieachsen der Vierecke. Vergleicht die Ergebnisse untereinander.

6. a) Übertrage die Figuren in dein Heft. Spiegele sie wie in Beispiel 2 an der roten Geraden. Kann man auf den Einsatz des Geodreiecks verzichten? Begründe.

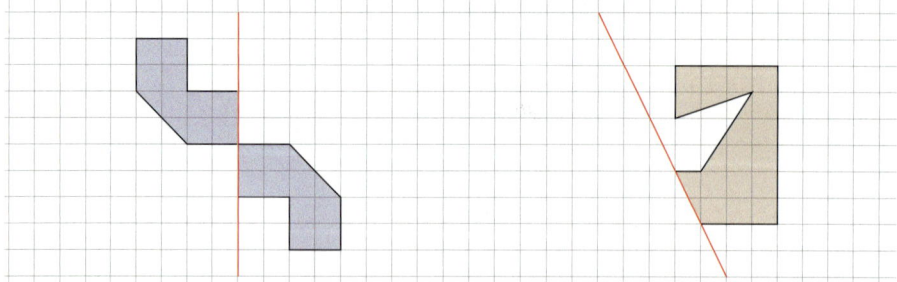

b) Wie viele Symmetrieachsen haben die Figuren aus a) nach der Spiegelung? Du kannst dich an Beispiel 1 orientieren.

3.4 Achsensymmetrie

7. **Stolperstelle:**
   a) Marta sagt: „Ein Kreis hat überhaupt keine Symmetrieachsen". Stimmt das?
   b) Marek hat bei verschiedenen Parallelogrammen Symmetrieachsen eingezeichnet. Was meinst du dazu?

   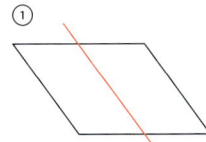
   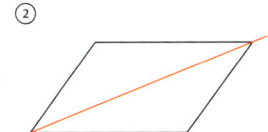
   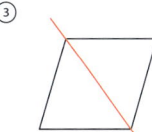

8. Welche der folgenden Flaggen sind achsensymmetrisch? Bestimme die Anzahl der Symmetrieachsen. Finde heraus, zu welchen Ländern diese Flaggen gehören.

   a)
   b)
   c)
   d)
   e)
   f)

   Hinweis zu 6:
   Hier findest du die Anzahlen der Symmetrieachsen.

9. Übertrage die Figur in dein Heft. Spiegele sie zunächst an der roten Geraden, danach an der blauen Geraden. Beschreibe, wie die entstandenen Bildfiguren zueinander liegen.

   Erfinde selbst Figuren und spiegele sie an mehreren Geraden.

   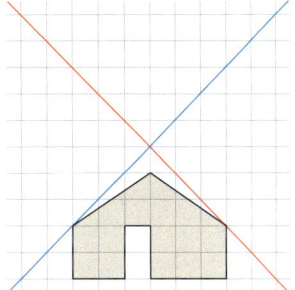

10. In der Natur ist nicht alles perfekt – aber fast.
    a) Untersuche, inwiefern die Tiere und Pflanzen in den folgenden Abbildungen achsensymmetrisch sind. Beschreibe die Abweichungen.

    b) Finde selbst weitere Beispiele aus der Natur.

11. **Ausblick:** Es gibt Figuren mit einer Symmetrieachse (wie den Buchstaben U), mit zwei Symmetrieachsen (wie das Rechteck) oder mit vier Symmetrieachsen (wie das Quadrat). Aber gibt es auch Figuren mit 3, 5 oder genau 6 Symmetrieachsen?
    a) Skizziere eine Figur mit 3 Symmetrieachsen.
    b) Skizziere eine Figur mit 5 Symmetrieachsen.
    c) Skizziere eine Figur mit 6 Symmetrieachsen.
    d) Kannst du eine Figur mit 12 Symmetrieachsen zeichnen? Beschreibe, wie du dabei vorgehen würdest.

Streifzug

3. Grundbegriffe der Geometrie

Geometrie mit dem Computer

■ Mit einem dynamischen Geometrieprogramm kann man am Computer zeichnen und konstruieren. Dabei können verschiedene Funktionen genutzt werden. Erkundet selbst so ein Programm. ■

Hinweis:
Die Bezeichnung „Dynamische Geometrie-Software" wird oft mit „DGS" abgekürzt.

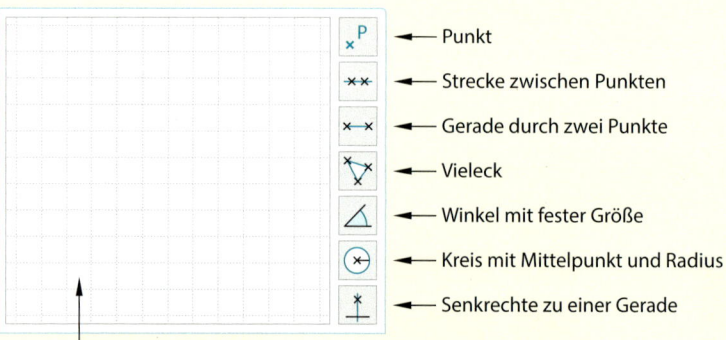

Zeichenfenster: Hier kannst du deine Konstruktionen zeichnen und auch ein Koordinatensystem einblenden lassen.

Wenn du mit dem Mauszeiger über einen Button fährst, erscheint dazu eine Beschreibung. Beachte, dass bei manchen Programmen ähnliche Funktionen unter einem Button zusammengefasst werden. Zum Beispiel findest du die Funktion „Strecke zwischen zwei Punkten" unter dem Hauptbutton „Gerade". Klicke hierfür die untere rechte Ecke des Hauptbuttons an, sodass dir alle weiteren Möglichkeiten angezeigt werden.

Konstruktion eines Vierecks

Beispiel 1: Zeichne ein Rechteck mit den Eckpunkten A (4|0), B (6|2) und C (2|6) und gib die Koordinaten des Eckpunktes D an.

Lösung:

① Blende das Koordinatensystem ein, z. B. über einen Rechtsklick. Wähle nun den Button [.P] aus und zeichne die Punkte in das Koordinatensystem ein.

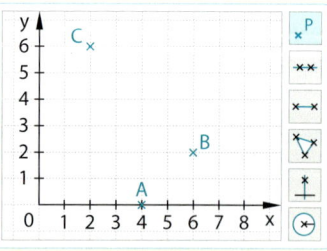

② Verbinde die Punkte A und B sowie B und C mithilfe einer Strecke. Wähle dafür den Button [×—×] aus. Klicke dann die Punkte A und B an. Die Strecke wird eingezeichnet. Wiederhole dies für die Strecke zwischen B und C.

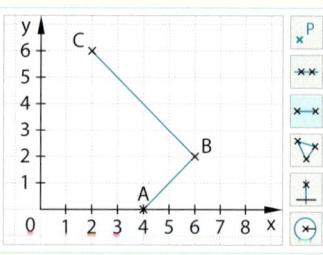

Streifzug

③ Die beiden fehlenden Seiten stehen senkrecht zu den Seiten $\overline{AB}$ und $\overline{BC}$. Zeichne daher diese Senkrechten ein. Wähle dafür den Button aus. Klicke danach die Strecke $\overline{AB}$ und den Punkt A an, damit die Senkrechte durch den Punkt A eingezeichnet wird. Wiederhole dies für die Senkrechte zur Strecke $\overline{BC}$ durch den Punkt C.

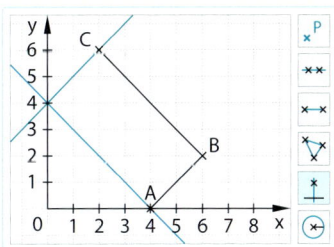

④ Der Schnittpunkt der beiden Senkrechten ist der gesuchte Punkt D. Markiere diesen Punkt, indem du den Button auswählst und dann den Schnittpunkt anklickst. Lies die Koordinaten den Punktes ab:
D (0 | 4).

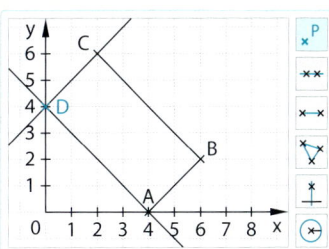

Wenn du möchtest, kannst du das Rechteck noch markieren. Wähle dafür den Button aus und klicke danach die Punkte A, B, C, D und zum Schluss noch einmal den Punkt A an.

Aufgaben

1. a) Zeichne zwei Punkte A und B sowie eine Gerade g durch die beiden Punkte.
   b) Zeichne einen Punkt C, der nicht auf der Geraden g liegt.
   c) Zeichne eine Gerade h, die senkrecht zu g ist und durch den Punkt C geht.
   d) Zeichne eine Gerade i, die parallel zu g ist und durch den Punkt C geht.
   e) Verschiebe den Punkt C mithilfe des Buttons und beschreibe, was passiert.

2. Zeichne das Viereck mit den folgenden Eigenschaften und gib die Koordinaten der fehlenden Punkte an.
   a) Rechteck: A (2|1), B (6|1) und C (6|6)
   b) Quadrat: A (2|1) und B (6|1)
   c) Parallelogramm: A (4|4), B (9|4) und C (11|7)

   Hinweis:
   Mit ×|× kannst du ein Objekt an einer Geraden spiegeln (Achsenspiegelung).

3. Zeichne die Punkte A (4 | 4); B (3 | 5); C (2 | 5); D (1 | 4); E (1 | 3) und F (4 | 1) ein und verbinde sie miteinander. Spiegele alle Punkte an der Geraden, die durch die Punkte A und F geht. Nutze dafür das Werkzeug ×|× .

4. **Forschungsauftrag:**
   a) Zeichne jeweils mit den drei Punkten ein Dreieck: A (1|4); B (3|1); C (5|4) und D (3|5); E (1|2); F (5|2).
   b) Untersuche die entstandene Figur auf Symmetrieachsen. Überprüfe deine Vermutungen, indem du die Symmetrieachsen einzeichnest und die Punkte daran spiegelst.
   c) Untersuche, welche Eigenschaften die Dreiecke haben müssen, damit die entstandene Figur möglichst viele Symmetrieachsen besitzt.

3.5 Grundkörper

■ Diese Bausteine haben unterschiedliche Formen. Welche davon kennst du? Nenne ihre Namen. ■

In der Mathematik nennt man räumliche Figuren Körper. Mit den wichtigsten Grundkörpern kann man viele Gegenstände aus dem Alltag beschreiben. Alle **Körper** werden durch **Flächen** begrenzt. Wo sich zwei Flächen treffen, hat der Körper eine Kante. Wo **Kanten** aufeinandertreffen, hat der Körper eine **Ecke**.

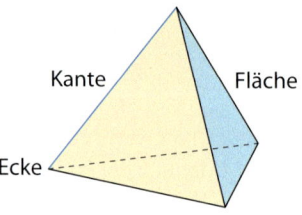

Wissen: Grundkörper
Körper kann man nach Anzahl und der Form ihrer Begrenzungsflächen ordnen.

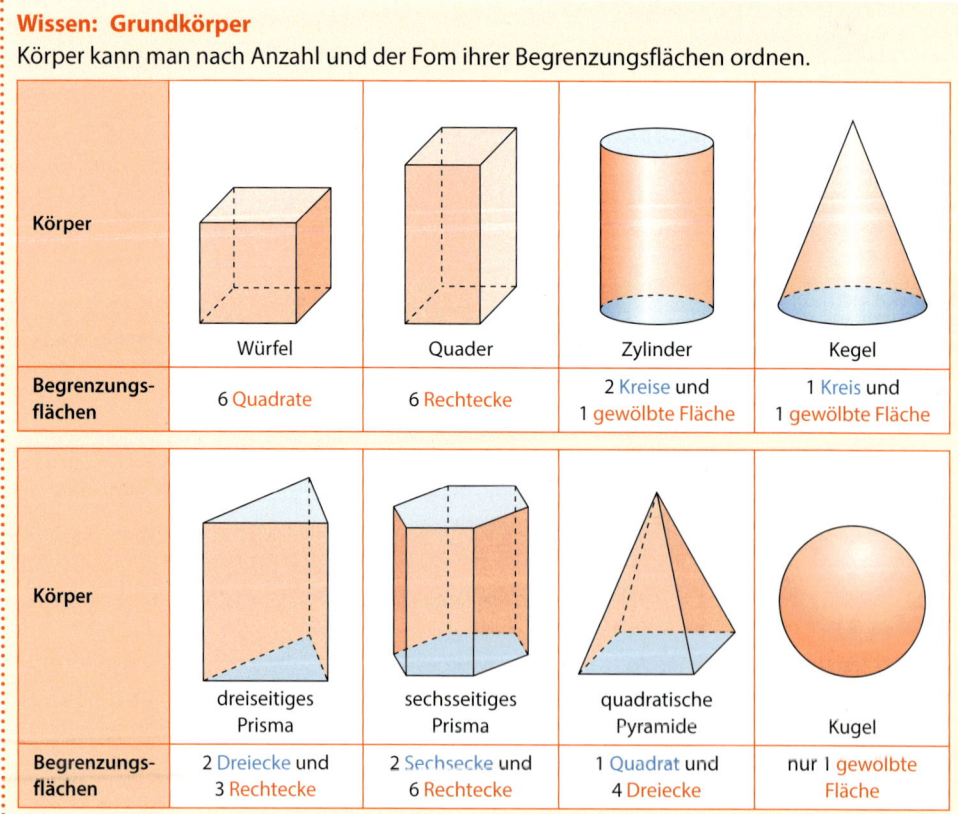

Körper	Würfel	Quader	Zylinder	Kegel
Begrenzungsflächen	6 Quadrate	6 Rechtecke	2 Kreise und 1 gewölbte Fläche	1 Kreis und 1 gewölbte Fläche

Körper	dreiseitiges Prisma	sechsseitiges Prisma	quadratische Pyramide	Kugel
Begrenzungsflächen	2 Dreiecke und 3 Rechtecke	2 Sechsecke und 6 Rechtecke	1 Quadrat und 4 Dreiecke	nur 1 gewölbte Fläche

3.5 Grundkörper

Beispiel 1:
a) Finde in der Burg drei geometrische Grundkörper.
b) Gib jeweils an, welche Flächen den Körper begrenzen.
c) Gib auch die Anzahl der Ecken und Kanten an.

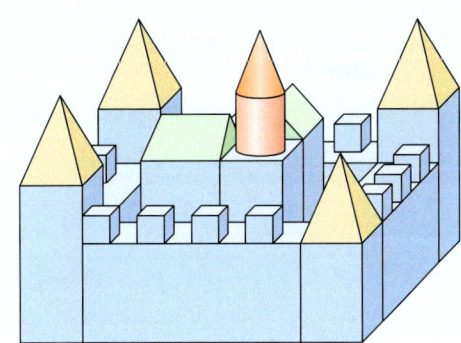

Lösung:
a) Grundkörper:

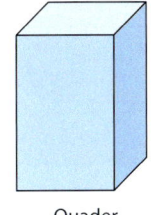 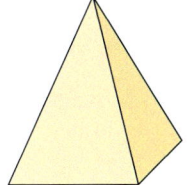 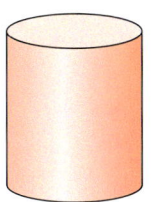

Quader — quadratische Pyramide — Zylinder

b) Begrenzungsflächen:

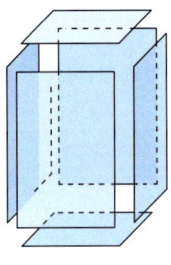 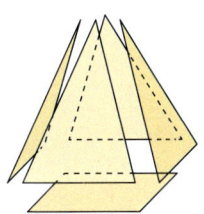 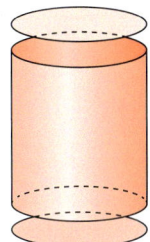

6 Rechtecke — 4 Dreiecke, 1 Quadrat — 2 Kreise, 1 gewölbte Fläche

c) Anzahl Ecken und Kanten:

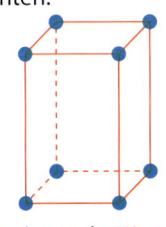 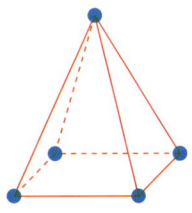 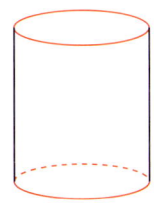

8 Ecken und 12 Kanten — 5 Ecken und 8 Kanten — keine Ecken, aber 2 Kanten

Hinweis zu 1: Hier findest du die Lösungen der Anzahlen.

Basisaufgaben

1. Welchen geometrischen Grundkörper stellt der abgebildete Körper dar? Gib die Form und die Anzahl der Begrenzungsflächen an. Zähle auch die Anzahl der Ecken und Kanten.

   a) 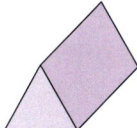   b) 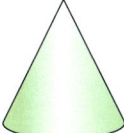   c)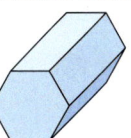

Tipp zu 2:
Diskutiert eure Ergebnisse, um möglichst viele gute Beispiele zu finden.

2. Übernimm die Tabelle in dein Heft und trage dir bekannte Körper ein, die ungefähr die Form eines Würfels, eines Quaders, eines Prismas, einer Pyramide, eines Kegels oder einer Kugel haben.

Würfel	Quader	Prisma	Pyramide	Kegel	Kugel
	Ziegelstein	Hausdach			Glasmurmel

3. Gib die Grundkörper an, aus denen die abgebildeten Körper zusammengesetzt sind. Welche Gegenstände aus dem Alltag sehen den Abbildungen ähnlich?

a)  b) 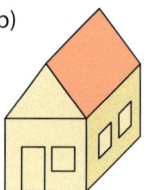 c)  d)

e) 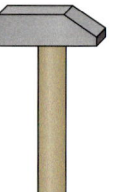 f)  g)  h)

4. Die Abbildung zeigt die Cheopspyramide bei Gizeh in Ägypten. Sie hat eine Höhe von rund 140 m. Eine Kante am Boden ist etwa 230 m lang.
   a) Wie viele Ecken, Flächen und Kanten hat die Cheopspyramide?
   b) Beschreibe die Flächen, die die Cheopspyramide begrenzen.

5. a) Finde in dem Bild sechs verschiedene geometrische Grundkörper.
   b) Gib an, welche Flächen den Grundkörper begrenzen. Gib auch die Anzahl der Ecken und Kanten an.
   c) Nenne Körper, die nur Rechtecke als Begrenzungsflächen haben.
   d) Ein Körper hat eine kreisförmige Begrenzungsfläche. Welche Körper können daraus entstehen und wie müssten die anderen Begrenzungsflächen jeweils gewählt werden?

3.5 Grundkörper

Weiterführende Aufgaben

6. Gib in jeder Zeile an, auf welche Körper die Aussage zutrifft.

		Würfel	Quader	Prisma	Pyramide
a)	Der Körper wird aus 6 rechteckigen Flächen gebildet.				
b)	Der Körper hat 5 Begrenzungsflächen.				
c)	Gegenüberliegende Begrenzungsflächen sind gleich groß.				
d)	Der Körper hat 9 Kanten.				
e)	Unter den Begrenzungsflächen gibt es mehr als 2 Dreiecke.				
f)	Alle Kanten sind gleich lang.				

7. Welcher Körper hat
   a) 6 Flächen, 12 Kanten und 8 Ecken,
   b) 4 Flächen, 6 Kanten und 4 Ecken,
   c) nur eine Kante,
   d) nur eine Fläche?
   e) Erstelle weitere Beschreibungen und befrage deine Mitschüler.

8. **Stolperstelle:** Nimm zu den Behauptungen Stellung.
   a) Jana sagt: „Wenn ein Körper rollen kann, dann hat er keine Ecken."
   b) Paul sagt: „Jeder Würfel ist auch ein Quader."
   c) Timo sagt: „Jeder Quader ist auch ein Würfel."
   d) Lea sagt: „Jeder Kegel ist auch eine Kugel."

9. Zeichne die Schnittflächen, die entstehen können, wenn man den Körper in zwei gleich große Teile zerschneidet.
   a) 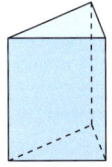 b) 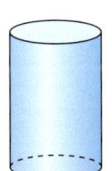 c) 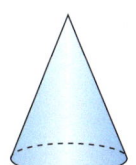 d)

10. **Kantenmodell:** Kantenmodelle lassen sich aus Holzstäbchen und Knetkügelchen basteln.
    a) Wie viele Stäbchen und Knetkügelchen benötigst du, um das Kantenmodell eines Würfels zu basteln? Worauf musst du dabei achten?
    b) Es soll das Kantenmodell eines Quaders gebaut werden. Was ist dabei genauso wie beim Würfel? Was ist anders?
    c) Erstelle eigene Kantenmodelle. Erfinde auch eigene Körperformen.

    Hinweis zu 10:
    So sieht ein Kantenmodell einer Pyramide aus:
    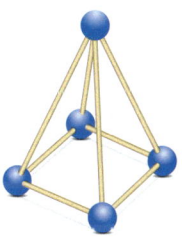

11. **Ausblick:** Betrachte den Stapel aus Quadern genau.
    a) Was fällt dir auf?
    b) Kannst du angeben, wie viele Ecken, Flächen und Kanten der Stapel hat?
    c) Übertrage die Skizze des Stapels in dein Heft.

    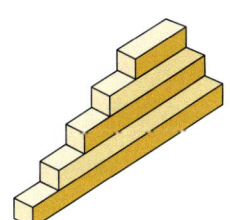

3.6 Körpernetze

■ Viele Körper kann man an den Kanten so aufschneiden, dass man sie durch Aufklappen auf dem Tisch ausbreiten kann. Welche der Figuren ①, ② und ③ ist so entstanden? ■

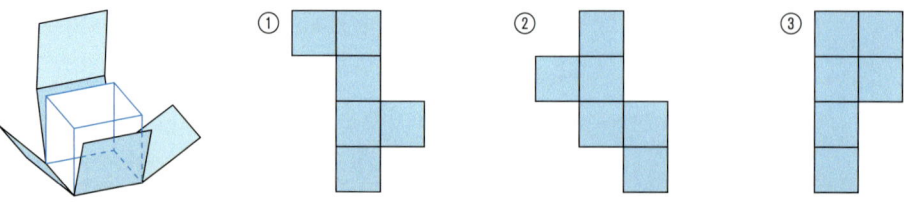

Wissen: Netze von Würfeln und Quader
Die meisten Körper kann man an den Kanten so aufschneiden und aufklappen, dass eine ebene Figur entsteht. Diese Figur nennt man das **Netz** des Körpers.

Das **Netz eines Quaders**:   Das **Netz eines Würfels**:

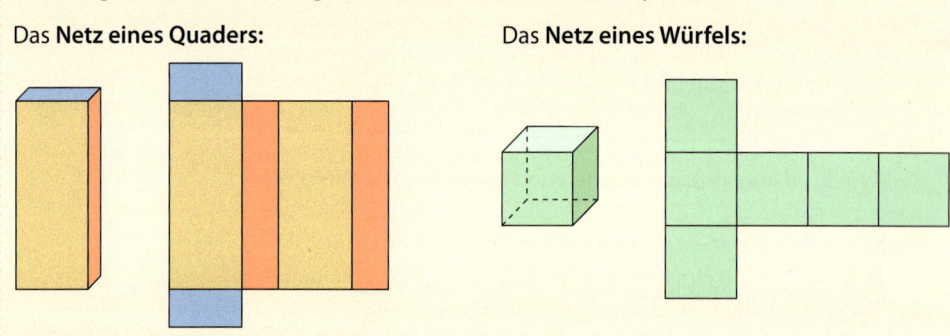

Quadernetze zeichnen

Hinweis:
Zu einem Quader gibt es unterschiedliche Netze.

Beispiel 1:
Zeichne ein Netz eines Quaders mit den Kantenlängen a = 3 cm, b = 2 cm und c = 1 cm. Färbe die gegenüberliegenden Begrenzungsflächen gleich.

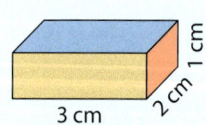

Lösung:

① Zeichne zunächst die Fläche, auf der der Körper steht (Grundfläche).

② Ergänze nun alle angrenzenden Begrenzungsflächen (gelbe und rote Flächen).
Achte darauf, dass gegenüberliegende Begrenzungsflächen gleich groß werden.

③ Füge nun noch den „Deckel" des Quaders hinzu. Der Deckel hat die gleiche Größe wie die Grundfläche (blaue Fläche).

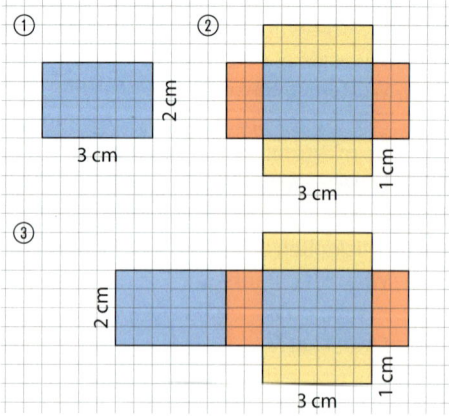

3.6 Körpernetze

Basisaufgaben

1. Zeichne ein Netz eines Quaders mit den Kantenlängen a = 4 cm, b – 3 cm und c – 1 cm.

2. Zeichne zwei unterschiedliche Netze des Quaders. Vergleiche mit deinen Mitschülern.
   a) a = 4 cm, b = 2 cm, c = 3 cm
   b) a = 3 cm, b = 2 cm, c = 2 cm

3. Übertrage die Figuren in dein Heft und ergänze sie zu Quadernetzen.

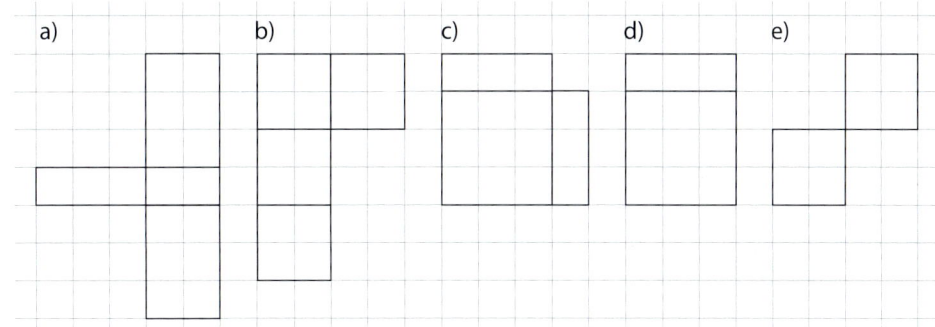

Tipp zu 3:
Vergleiche die Ergebnisse mit deinem Nachbarn. Gibt es jeweils nur eine richtige Lösung?

4. Baue aus Pappe einen Würfel mit einer Kantenlänge von 5 cm. Erstelle zunächst ein entsprechendes Körpernetz. Ergänze die Klebefalze.

Tipp zu 4:
Schräge die Klebefalze an.

Quadernetze erkennen

Beispiel 2: Welche der drei Abbildungen zeigt ein Quadernetz? Begründe.

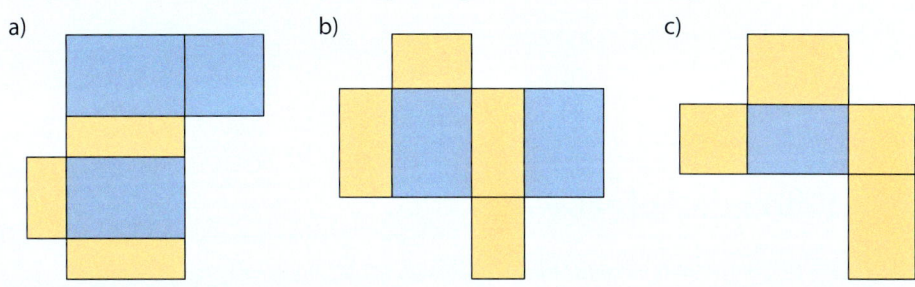

Lösung:

a)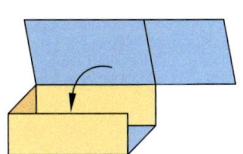
b)
c)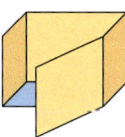

Ein Rechteck ist zu groß. Das Netz lässt sich nicht zu einem Quader zusammenfalten.

Dieses Netz ist ein Quadernetz. Es lässt sich zu einem Quader zusammenfalten.

Dieses Netz lässt sich nur zu einer Kiste ohne Deckel zusammenfalten. Es fehlt eine Fläche.

Basisaufgaben

5. Welches Netz gehört zu welchem Quader? Ordne zu.

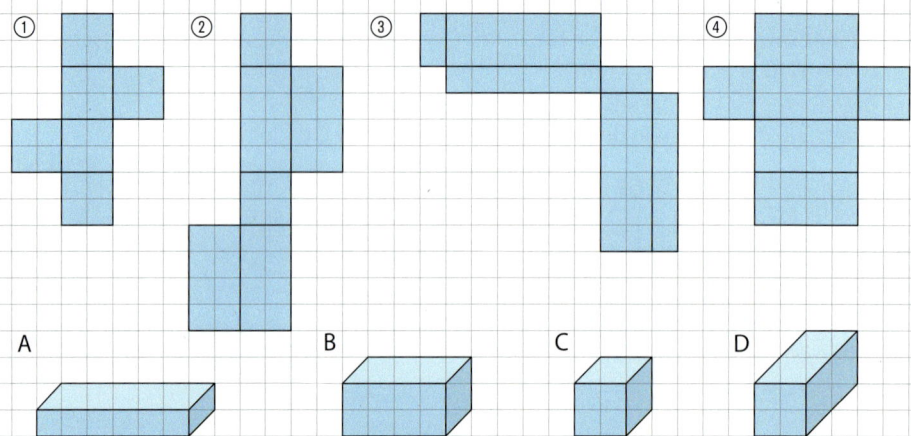

6. a) Prüfe, welche der Abbildungen Quadernetze sind.
   b) Übertrage die Quadernetze in dein Heft. Markiere die Strecken mit der gleichen Farbe, die beim Falten zusammenstoßen.

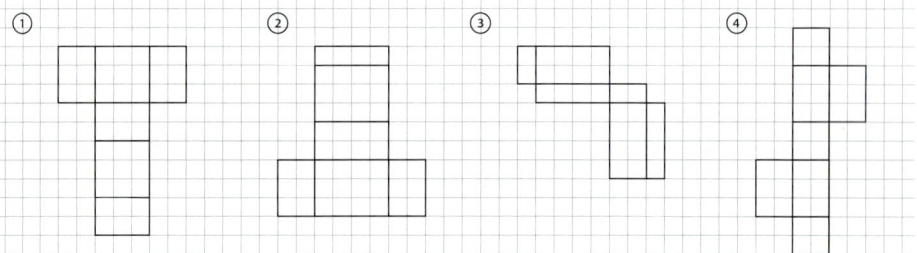

Weiterführende Aufgaben

7. Übertrage das Würfelnetz in dein Heft. Markiere alle Eckpunkte der Quadratflächen, die beim Falten des Netzes zu einem Würfel zusammenstoßen würden, mit gleicher Farbe.

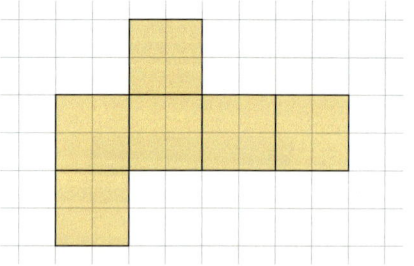

8. a) Zeichne ein Netz eines Würfels mit der Kantenlänge 2 cm. Markiere mit Farben alle Strecken, die beim Falten zusammenstoßen. Färbe auch gegenüberliegende Flächen mit gleichen Farben.
   b) Zeichne zwei weitere Netze dieses Würfels und färbe wie in a).

3.6 Körpernetze

9. **Stolperstelle:** Schüler der Klasse 5b erhielten den Auftrag, ein Würfelnetz zu zeichnen. Kontrolliere, ob die Netze zu einem Würfel gehören. Begründe, warum die Ergebnisse richtig oder falsch sind.

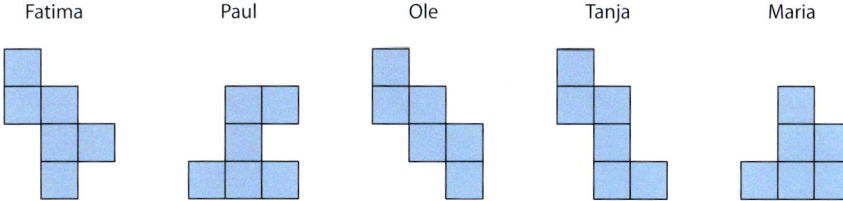

Fatima   Paul   Ole   Tanja   Maria

10. Kann man ein Netz eines Quaders mit den Kantenlängen 5 cm, 4 cm und 3 cm auf einen rechteckigen Papierbogen mit den Seitenlängen 16 cm und 14 cm zeichnen? Begründe.

11. a) Entscheide, zu welchen Körpern die Körpernetze gehören.

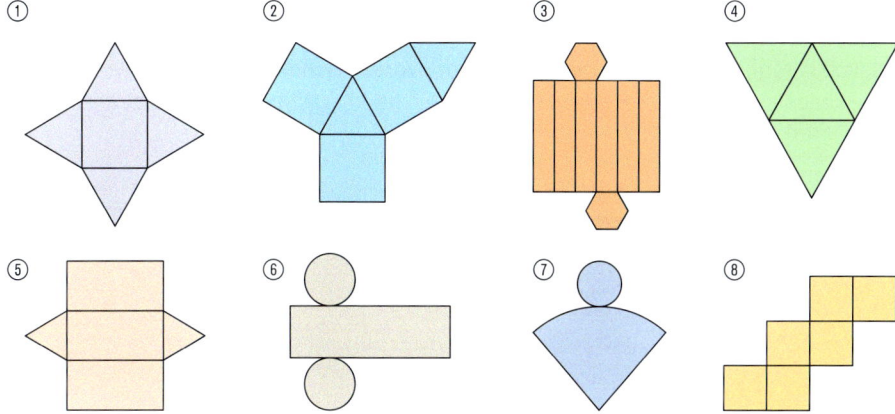

b) Zeichne auf Pappe oder Papier ein Netz eines Quaders mit einer quadratischen Grundfläche und einer aufgesetzten Pyramide. Vergiss die Klebefalze nicht. Schneide das Netz aus und bastle den Körper. In welchen Fällen ist das nicht möglich?

12. **Ausblick:** Ein Würfel wird längs der jeweils vorgegebenen Ebene durchgeschnitten. Zeichne wie im Beispiel die Schnittkanten in ein Würfelnetz ein.

Beispiel:

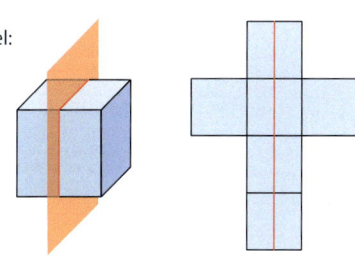

a) 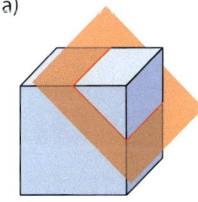   b) 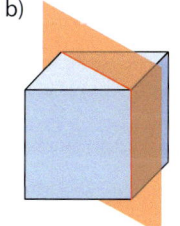   c)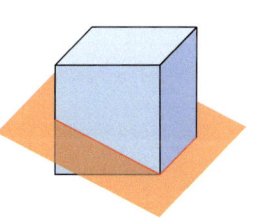

3.7 Schrägbild eines Quaders

■ Mia möchte einen Würfel darstellen und hat dafür einige Zeichnungen erstellt. Welche Zeichnung (A, B, C, D) könnte am ehesten einen Würfel darstellen? Begründe deine Entscheidung. ■

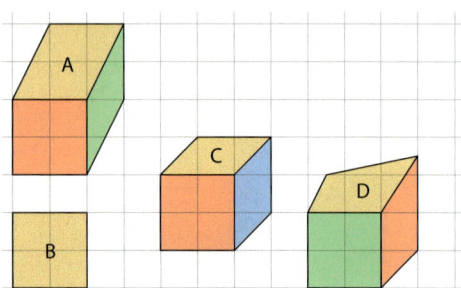

Ein Schrägbild ist eine Möglichkeit, räumliche Figuren auf Papier darzustellen. Durch die schräg nach hinten verlaufenden Kanten entsteht ein räumlicher Eindruck. Allerdings sind Regeln zu beachten, um ein Bild zu erhalten, welches die Form und die Größe des Körpers angemessen wiedergibt.

Hinweis:

Kästchendiagonale

Wissen: Schrägbild zeichnen
Beim Schrägbild werden Breite und Höhe der Vorderfläche wirklichkeitsgetreu gezeichnet. Die Linien in die Tiefe werden entlang der Kästchendiagonale und verkürzt gezeichnet.
1 cm entspricht einer Kästchendiagonalen.

Beispiel 1: Zeichne das Schrägbild eines Quaders mit den Kantenlängen 4 cm, 3 cm, 2 cm.

Lösung:

① Wähle eine Vorderseite, zum Beispiel 4 cm breit und 2 cm hoch, und zeichne sie in Originalgröße.

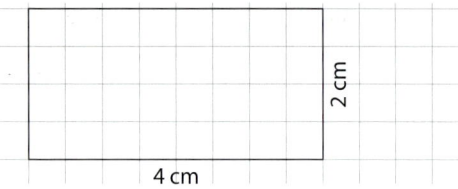

② Zeichne die Kanten, die nach hinten verlaufen, entlang der Kästchendiagonalen. Die Tiefe 3 cm entspricht 3 Kästchendiagonalen. Nicht sichtbare Kanten werden dabei gestrichelt gezeichnet.

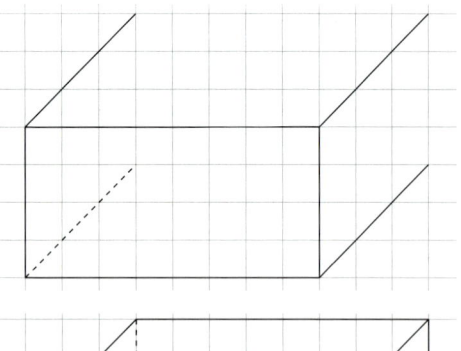

③ Verbinde die übrigen Eckpunkte. Zeichne auch hier nicht sichtbare Kanten gestrichelt

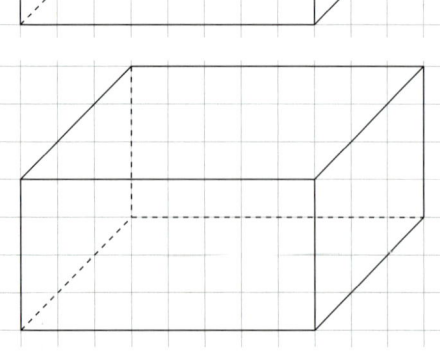

3.7 Schrägbild eines Quaders

Basisaufgaben

1. Zeichne das Schrägbild ab.

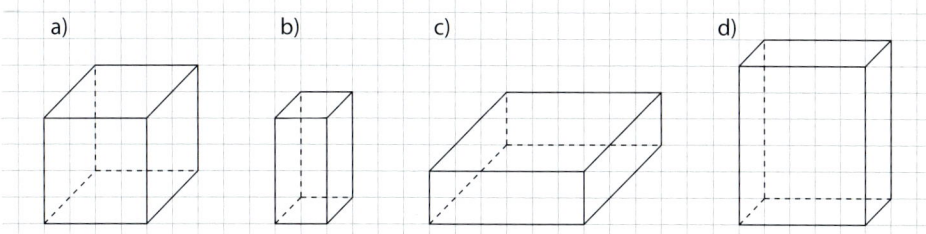

2. Zeichne das Schrägbild
   a) eines Würfels mit der Kantenlänge 3 cm,
   b) eines Quaders mit den Kantenlängen 5 cm, 4 cm und 3 cm,
   c) eines Quaders mit quadratischer Vorderseite.

3. Zeichne zwei weitere Schrägbilder des Quaders aus Beispiel 1, indem du jeweils eine andere Quaderfläche als Vorderseite benutzt.

4. Im Schrägbild sieht einiges anders aus als in Wirklichkeit. Vergleiche die Abbildung mit den tatsächlichen Eigenschaften des Quaders.
   a) Gib die wirklichen Maße des Quaders an.
   b) Untersuche und vergleiche die Form der Begrenzungsflächen im Abbild und am Quader.
   c) Wie liegen die Kanten in der Abbildung zueinander und wie in Wirklichkeit?
   d) Was ist im Vergleich des Quaders mit seiner Abbildung gleich geblieben?

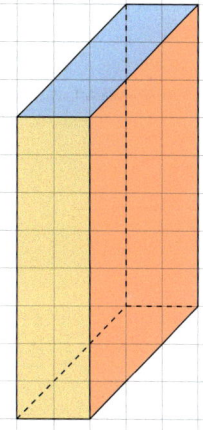

5. Hier siehst du einen Teil eines Schrägbildes von einem Quader. Welche Maße hat der Quader? Übertrage das Bild in dein Heft und vervollständige es so, dass es einen Quader darstellt.

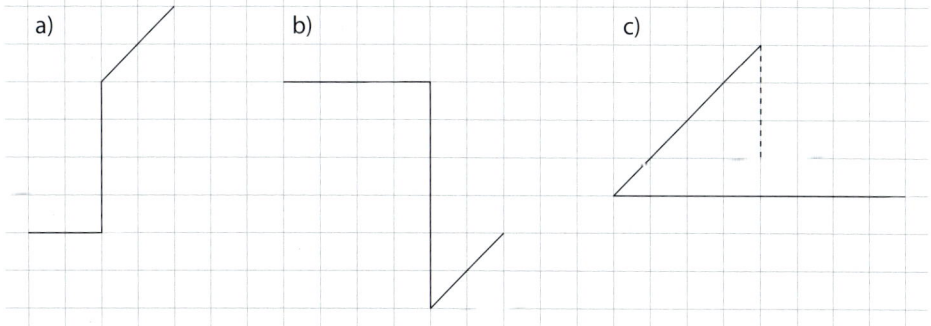

Weiterführende Aufgaben

6. **Stolperstelle:** Sören hat zwei Würfel gezeichnet. Erkläre, welche Fehler er gemacht hat.

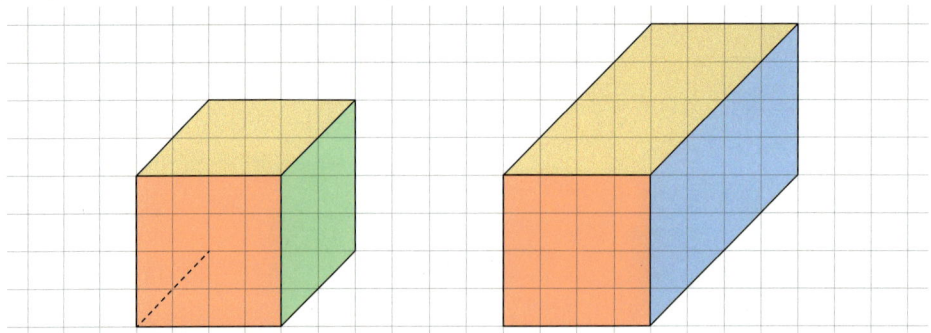

7. Zeichne die Abbildung in dein Heft und ergänze sie zu einem vollständigen Quadernetz. Zeichne danach diesen Quader im Schrägbild.

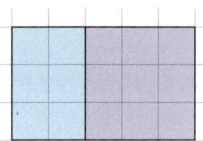

8. Zeichne das „T" als Schrägbild in dein Heft.
   Die rosa Fläche soll im Schrägbild die Vorderseite sein.
   Alle Angaben sind in cm.

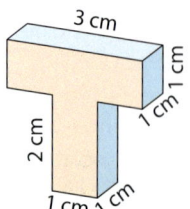

9. Hier sind Netze eines Quaders abgebildet, der die Abmessungen 4 cm, 3 cm und 1 cm hat. Die Netze sind gefärbt.

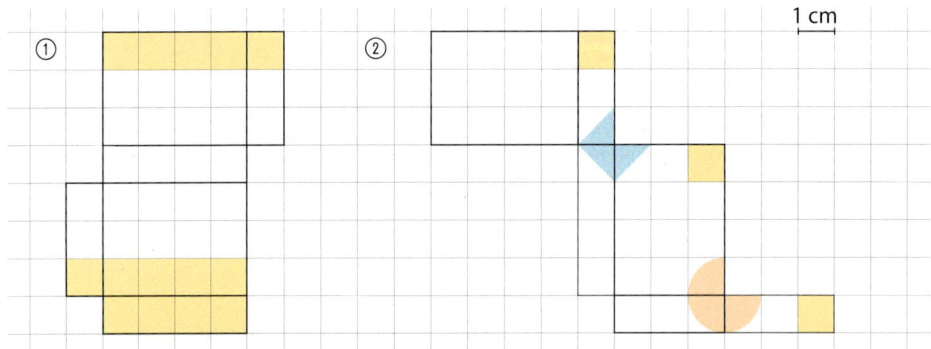

   a) Zeichne zu jedem Netz ein Schrägbild des Quaders, sodass die kürzeste Kante schräg nach hinten verläuft. Übertrage auch jeweils die Färbung des Quaders in sein Schrägbild.
   b) Zeichne ähnliche Netze und lass deinen Nachbarn das Schrägbild dazu zeichnen.

3.7 Schrägbild eines Quaders

10. Grundriss, Aufriss, Seitenriss: Im Schrägbild sieht man einen Körper „schräg" von der Seite. Im Grundriss, Aufriss und Seitenriss sieht man einen Körper genau „mittig".

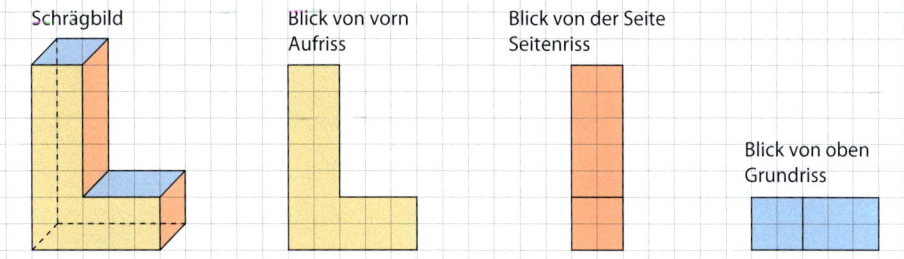

Zeichne den Grundriss, den Aufriss und den Seitenriss des Körpers wie im Beispiel.

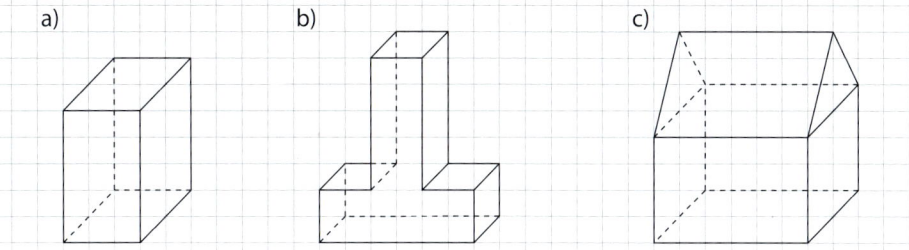

11. Vier kleine Würfel der Kantenlänge 1 cm wurden zusammengeklebt.
  a) Zeichne ein Schrägbild der Figur aus einer Bickrichtung, aus der die rötlichen Begrenzungsflächen nicht zu sehen sind.
  b) Es gibt noch fünf weitere Möglichkeiten, vier gleiche Würfel so zusammenzukleben, dass dabei kein Quader entsteht. Zeichne noch mindestens zwei dieser Figuren als Schrägbild.

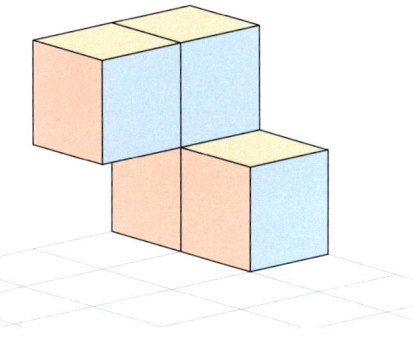

12. Ausblick:
  a) Stelle die Streichholzschachteln aus zwei verschiedenen Blickrichtungen im Schrägbild dar. Miss dazu vorher Länge, Breite und Höhe einer Streichholzschachtel.
  b) Eine dritte Streichholzschachtel wird nun von oben so auf die Schachtel gelegt, dass ein sogenanntes „Doppel-T" entsteht. Zeichne auch diese Figur im Schrägbild.

3.8 Vermischte Aufgaben

Hinweis zu 1:
Der Begriff „horizontal" bedeutet „parallel zum Horizont", wenn man zum Beispiel aufs Meer hinaus schaut. „Lotrecht" bedeutet „parallel zum Lot", also senkrecht zum Horizont.

1. Beim Bau eines Hauses werden die Böden und Zwischendecken parallel zueinander (üblicherweise waagerecht bzw. horizontal) ausgerichtet.
   Als Hilfsmittel dazu dienen Wasserwaagen. Die Wände sind dann senkrecht zu den Böden und den Zwischendecken (üblicherweise lotrecht bzw. vertikal).
   Prüfe am abgebildeten Haus.
   a) Welche Linien sind lotrecht, welche waagerecht?
   b) Welche Paare von Linien sind zwar senkrecht zueinander, sind aber weder waagerecht noch lotrecht?
   c) Entscheide, wie die Böden und Zwischendecken, wie die Wände der Zimmer im Haus ausgerichtet sein werden. Begründe, warum dies so ist.

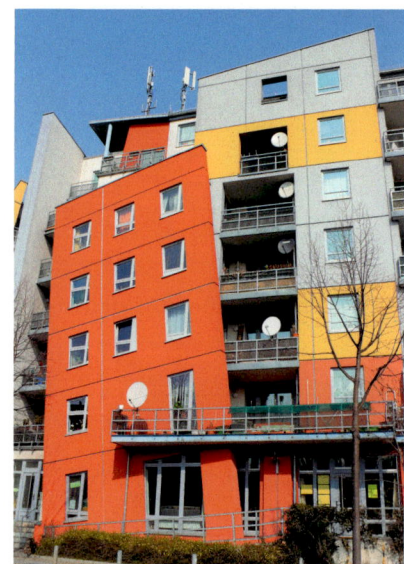

2. In der Abbildung sind zwei Quadrate jeweils in verschiedene Einzelfiguren unterteilt.

 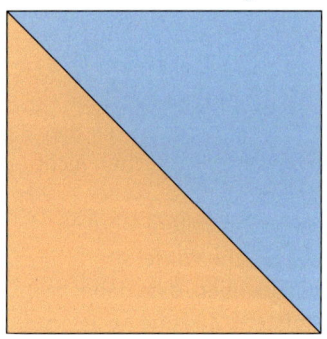

   a) Zeichne zwei Quadrate mit jeweils 8 cm Seitenlänge. Übertrage die Einteilungen aus der Abbildung möglichst genau in dein Heft.
   b) Benenne die einzelnen Figuren, aus denen die beiden Quadrate zusammengesetzt sind.
   c) Zeichne ein Quadrat mit 8 cm Seitenlänge und denke dir eine eigene Unterteilung aus, in der du möglichst viele verschiedene geometrische Formen unterbringst.

3. a) Entscheide, ohne zu messen, welche der Linien zueinander parallel, welche zueinander senkrecht sind.
   b) Prüfe nun mit dem Geodreieck, welche Linien tatsächlich zueinander parallel oder zueinander senkrecht sind. Achte besonders auf die Lage der kurzen Linien.
   c) Zeichne zwei zueinander parallele Geraden, die beim Betrachten aber nicht als parallel zueinander erscheinen. Es soll also eine optische Täuschung vorliegen.
   d) Suche in Büchern oder im Internet weitere optische Täuschungen und stelle diese deinen Mitschülern vor.

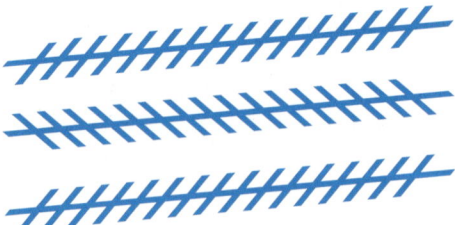

3.8 Vermischte Aufgaben

4. Wer bin ich?
   - 🟦 Ich habe vier Ecken. Ich habe vier rechte Winkel. Meine gegenüberliegenden Seiten sind zueinander parallel. Je zwei gegenüberliegende Seiten sind gleich lang.
   - 🟧 Ich habe vier Ecken. Meine gegenüberliegenden Seiten sind zueinander parallel. Je zwei gegenüberliegende Seiten sind gleich lang. Ich habe keinen rechten Winkel.
   - 🟩 Ich habe vier Ecken. Ich habe keinen rechten Winkel. Zwei gegenüberliegende Seiten sind zueinander parallel, aber nicht gleich lang.
   - 🟩 Ich habe vier Ecken. Meine Seiten sind alle gleich lang. Je zwei gegenüberliegende Seiten sind zueinander parallel. Ich habe keinen rechten Winkel.
   - 🟪 Ich habe vier Ecken. Ich habe vier rechte Winkel. Je zwei gegenüberliegende Seiten sind zueinander parallel. Meine Seiten sind alle gleich lang.
   - 🟪 Meine Eckpunkte sind A(1|1), B(4|0), C(3|4) und D(0|5).

5. Ein Würfel hat 11 verschiedene Netze. Unter den 11 Netzen gibt es vier Kippnetze, die entstehen, wenn man den Würfel auf einer Ebene ohne abzusetzen so abrollt, dass jede Seitenfläche genau einmal auf der Ebene liegt. Welche der Netze sind Kippnetze?

6. Ein Quader (a = 4 cm, b = 1 cm und c = 1 cm) wird bis zur Hälfte in Tinte getaucht. Zeichne ein Netz des Quaders und schraffiere die in Tinte getauchten Flächen des Netzes.

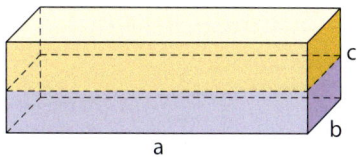

7. Zeichne ein Koordinatensystem mit der Achseneinteilung 1 cm = 1 Einheit. Zeichne um den Punkt M(6|6) einen Kreis mit dem Radius r = 2 cm ein.
   a) Gib die Koordinaten von drei Punkten an, die vom Punkt M
      ① weniger, ② genau, ③ mehr als 2 cm entfernt sind.
   b) Zeichne einen zweiten Kreis mit dem Radius r = 2 cm, sodass dieser Kreis den ersten Kreis genau in einem Punkt berührt.
   c) Beschreibe, wo die Mittelpunkte aller Kreise mit dem Radius r = 2 cm liegen, die den ersten Kreis in genau einem Punkt berühren.

8. Die Zeichnung zeigt den Plan einer Schatzinsel. Eine Kästchenlänge entspricht einem Schritt. Wo ist der Schatz versteckt? Übertrage den Plan mithilfe des Koordinatensystems in dein Heft.
   a) „Der Schatz ist 6 Schritte von der Palme und 9 Schritte vom Busch entfernt versteckt." Bestimme die Koordinaten des Verstecks.
   b) „Der Schatz liegt höchstens 8 Schritte von der Palme und höchstens 6 Schritte vom Busch entfernt. Er liegt aber mehr als 7 Schritte vom Anleger entfernt." Zeichne das Suchgebiet ein.

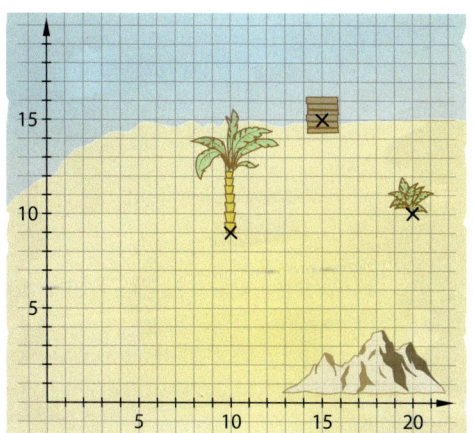

   c) Denk dir eigene Verstecke aus und beschreibe ihre Lage wie in Aufgabe a) oder b).

Prüfe dein neues Fundament
3. Grundbegriffe der Geometrie

Lösungen
↗ S. 230

1. Beurteile nach Augenmaß, …
   a) welche Geraden senkrecht zueinander verlaufen.
   b) welche Geraden zueinander parallel verlaufen.

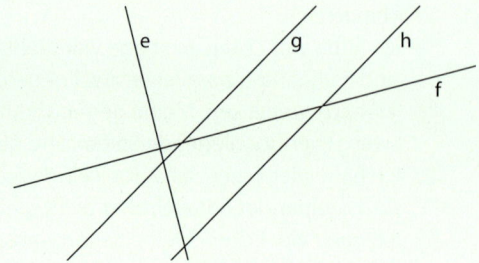

2. Zeichne zwei zueinander parallele Geraden e und f mit dem Abstand 1,5 cm und eine Gerade g, die zur Geraden f senkrecht verläuft.

3. Zeichne ein Koordinatensystem mit der Einheit 1 cm.
   a) Trage die Punkte A(1|1), B(4|1), C(3|2), D(3|4) in das Koordinatensystem ein.
   b) Zeichne einen Strahl s mit dem Anfangspunkt A, der durch den Punkt C verläuft.
   c) Zeichne die Strecke $\overline{AB}$ und gib die Länge der Strecke $\overline{AB}$ an.
   d) Die Gerade g, die durch die Punkte C und D verläuft, schneidet die Strecke $\overline{AB}$ im Punkt E. Gib die Koordinaten des Punktes E an.

4. Übertrage die Zeichnungen in dein Heft und ergänze sie jeweils zur angegebenen Figur. Zeichne in die Figuren alle Diagonalen ein.

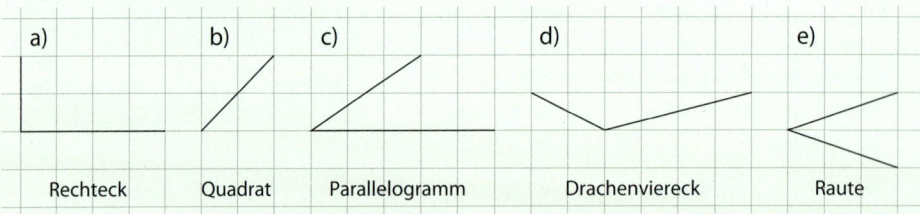

| a) Rechteck | b) Quadrat | c) Parallelogramm | d) Drachenviereck | e) Raute |

5. Zeichne ein Rechteck ABCD mit folgenden Seitenlängen.
   a) a = 3 cm; b = 4 cm
   b) a = 2,5 cm; b = 3 cm
   c) a = b = 3 cm

6. Übertrage das Koordinatensystem mit den angegebenen Punkten A und B in dein Heft. Gib die Koordinaten zweier weiterer Punkte C und D an, sodass sich beim Verbinden der Punkte
   a) ein Rechteck, aber kein Quadrat ergibt,
   b) ein Trapez, aber kein Parallelogramm ergibt,
   c) ein Drachenviereck ergibt.

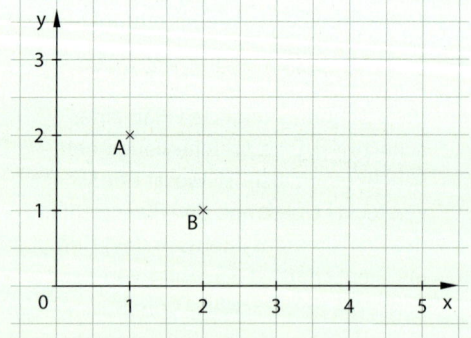

7. Für welche Viereckart (Trapez, Parallelogramm, Rechteck, Quadrat, Drachenviereck, Raute) trifft Folgendes zu?
   a) Alle benachbarten Seiten des Vierecks stehen senkrecht aufeinander.
   b) Alle Seiten des Vierecks sind gleich lang.
   c) Alle Seiten des Vierecks stehen senkrecht aufeinander und sind gleich lang.
   d) Nur ein Paar gegenüberliegender Seiten des Vierecks verläuft parallel zueinander.
   e) Alle gegenüberliegenden Seiten des Vierecks verlaufen parallel zueinander.

Prüfe dein neues Fundament

8. Übertrage alle achsensymmetrischen Vierecke in dein Heft und zeichne alle Symmetrieachsen ein.

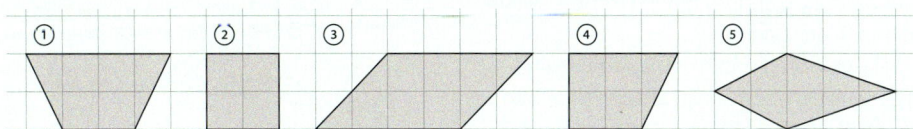

9. Übertrage die Figur in dein Heft und ergänze sie zu einer achsensymmetrischen Figur.

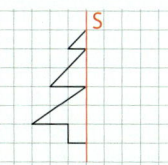

10. a) Zähle die Ecken und Kanten der einzelnen Körper. Welche Grundkörper sind abgebildet?

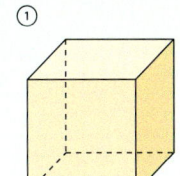 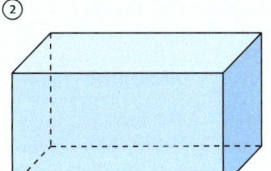 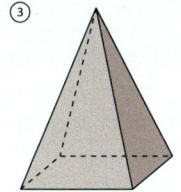 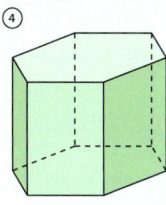

b) Bestimme die Art und die Anzahl der Flächen der einzelnen Körper.

11. Aus welchen Figuren kann man einen Würfel zusammenfalten?
Übertrage diese Netze in dein Heft und markiere die Strecken gleichfarbig, die beim Falten zusammenstoßen.

a) 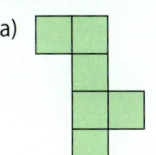   b) 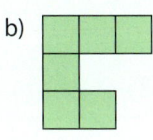   c) 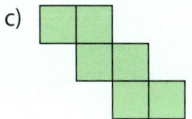   d)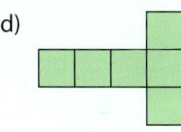

12. Zeichne ein Schrägbild
    a) eines Würfels mit der Kantenlänge 4 cm,
    b) eines Quaders mit den Kantenlängen a = 6 cm, b = 5 cm und c = 4 cm.

13. Zeichne ein Schrägbild der abgebildeten Figur in dein Heft. Wähle dabei die blaue Fläche als Grundfläche. Die roten Kanten sind jeweils 2 cm lang.

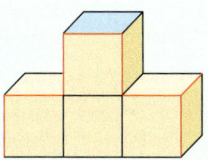

Wiederholungsaufgaben

1. Übertrage in dein Heft und ergänze das fehlende Zeichen (<, > oder =).
   a) 31 ■ 13   b) 6 + 5 ■ 11   c) 735 ■ 99

2. Ordne die Zahlen der Größe nach, beginne mit der kleinsten.
   a) 32; 35; 30; 29; 5   b) 19; 502; 18; 205; 250

3. Berechne.
   a) Wie viel Millimeter sind ein Meter?   b) Wie viel Gramm sind 3 kg?

Zusammenfassung

3. Grundbegriffe der Geometrie

Strecken und Geraden

Zwei Geraden f und h verlaufen **senkrecht zueinander**, wenn sie einen rechten Winkel bilden. Man schreibt: f ⊥ h

Zwei Geraden g und h verlaufen **parallel zueinander**, wenn sie an allen Stellen den gleichen Abstand haben, sich die Geraden also nicht schneiden. Man schreibt: g ∥ h

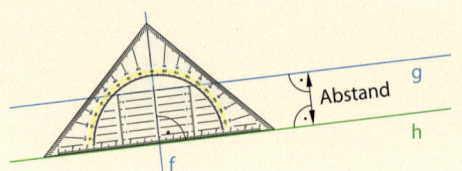

Koordinatensystem

Die Lage eines Punktes P in einem Koordinatensystem kannst du mit zwei Zahlen (Koordinaten) genau beschreiben.

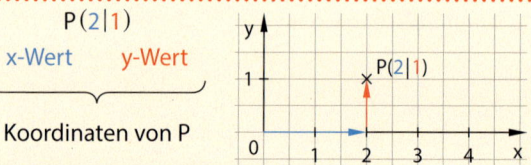

Vierecksarten

Vierecke kann man aufgrund ihrer Gemeinsamkeiten ordnen.

Quadrat	Rechteck	Parallelogramm	Raute (Rhombus)	Trapez	Drachenviereck
Vier gleich lange Seiten und vier rechte Winkel.	Vier rechte Winkel.	Gegenüberliegende Seiten sind zueinander parallel.	Vier gleich lange Seiten.	Zwei Seiten sind zueinander parallel.	Zwei Paare benachbarter Seiten mit gleicher Länge.

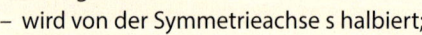
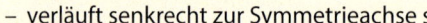
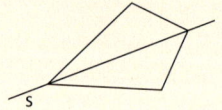

Achsensymmetrie

Die Verbindungslinie zueinander symmetrisch liegender Punkte
– wird von der Symmetrieachse s halbiert;
– verläuft senkrecht zur Symmetrieachse s

Körper

Geometrische Körper werden durch **Flächen** begrenzt. Wo sich zwei Flächen treffen, hat der Körper eine **Kante**. Wo Kanten aufeinandertreffen, hat der Körper eine **Ecke**.

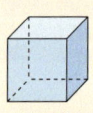 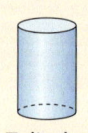  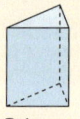 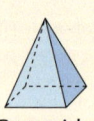 

Würfel — Quader — Zylinder — Kegel — Prisma — Pyramide — Kugel

Netze von Körpern

Die meisten Körper kann man an den Kanten so aufschneiden und aufklappen, dass eine ebene Figur entsteht. Diese Figur nennt man ein **Netz** des Körpers.

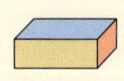
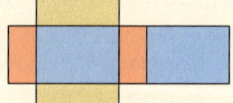

Schrägbilder von Quadern

Beachte:
– Kanten, die von vorn nach hinten verlaufen, schräg und verkürzt (für 1 cm jeweils eine Kästchendiagonale) zeichnen.
– Verdeckte Kanten gestrichelt zeichnen.

Quader:
a = 2 cm,
b (Tiefe) = 1 cm,
c = 1 cm

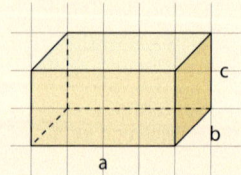

4. Flächeninhalt und Umfang

Wie groß ist ein Blumenfeld?
Zur Angabe der Größe eines Feldes kann man Längen messen. Aber auch Form und Inhalt spielen eine Rolle.

Nach diesem Kapitel kannst du …
- Flächeninhalte und Umfänge von Figuren vergleichen und berechnen,
- mit Flächeneinheiten umgehen.

Dein Fundament

4. Flächeninhalt und Umfang

Lösungen ↗ S. 231

Flächen auslegen

1. Wie viele Felder hat ein Schachbrett?

2. Eine rechteckige Terrasse wird mit Platten ausgelegt. Wie viele Platten werden insgesamt benötigt?

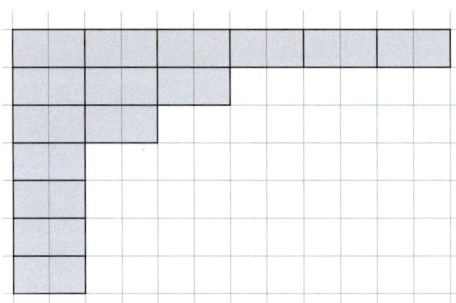

3. Ein Quadrat und ein Rechteck sollen mit kleinen Quadraten vollständig ausgelegt werden.
   a) Wie viele kleine Quadrate passen in die Figur?
   b) Wie viele kleine Quadrate fehlen noch?

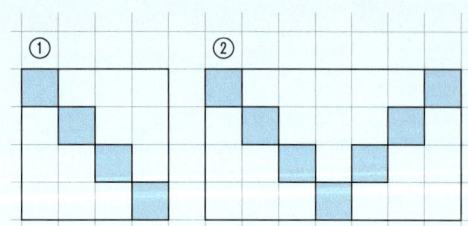

Längenangaben umrechnen

4. Rechne in die angegebene Längeneinheit um.
   a) 40 mm (cm)   b) 3 m (cm)   c) 1,5 km (m)   d) 8 m (dm)

5. Ergänze die richtige Längeneinheit.
   a) 6 cm = 60 ▮   b) 5 km = 5000 ▮   c) 4,5 m = 450 ▮   d) 2000 mm = 2 ▮

6. Überprüfe und korrigiere, falls erforderlich.
   a) 6 m = 600 cm   b) 5 cm = 50 dm   c) 20 dm = 200 cm   d) 2,5 km = 250 m

7. Welche Angaben beschreiben die gleiche Länge?

   | 60 cm | 60 dm | 0,6 km | 600 cm | 600 m |
   | 600 mm | 6 m | 6 dm | 6000 dm |

Mit Zahlen und Längenangaben rechnen

8. Berechne, indem du die Summanden geschickt vertauschst und zusammenfasst.
   a) 15 + 41 + 25 + 19   b) 63 + 14 + 36 + 27   c) 13 + 12 + 37 + 5   d) 63 + 103 + 47 + 27

9. Berechne im Kopf.
   a) 12 · 6   b) 38 · 4   c) 4 · 5 · 3   d) 7 · 7 · 8

10. Berechne.
    a) 13 cm + 17 cm   b) 12 m + 3 m   c) 17 m − 9 m   d) 1 m − 50 cm

11. Berechne.
    a) 8 cm · 4   b) 64 cm : 8   c) 2 · 13 m   d) 72 m : 9

12. Überschlage zuerst und berechne dann schriftlich.
    a) 134 · 12   b) 346 · 18   c) 140 · 120   d) 11 · 3453

13. Ergänze in der Rechnung die richtigen Zahlen.
    a) 2100 = 700 · ■ = 70 · ■ = 7 · ■   b) 12 000 = 2 · ■ = 30 · ■ = 400 · ■ = 6000 · ■
    c) 2400 = 200 · ■ = 400 · ■ = 800 · ■   d) 72 000 = 8 · ■ = 80 · ■ = 800 · ■ = 8000 · ■

Rechteck und Quadrat erkennen und zeichnen

14. Zeichne
    a) ein Rechteck mit den Seitenlängen a = 4 cm und b = 2 cm,
    b) ein Quadrat mit einer Seitenlänge von 3 cm.

15. Miss die Seitenlängen der Figur.
    a)    b)

16. Die Länge einer Seite eines Quadrats beträgt 3,7 cm. Wie lang ist eine benachbarte Seite?

17. Länge a und Breite b eines Rechtecks sind zusammen 12 cm lang. Wie lang ist die Seite a,
    a) wenn die Länge der Seite b genau 3 cm beträgt,
    b) wenn die Seite b doppelt so lang ist wie die Seite a?

18. Zeichne die folgenden Eckpunkte jeweils in ein Koordinatensystem und verbinde sie in alphabetischer Reihenfolge. Um was für ein Viereck handelt es sich?
    a) A(1|2), B(3|2), C(3|4), D(1|4)   b) E(2|5), F(7|5), G(7|7), H(2|7)
    c) P(3|1), Q(6|1), R(8|3), S(5|3)   d) U(5|0), V(7|0), W(7|2), X(6|2)

19. Zeichne die Punkte A(2|2), B(4|0) und C(5|1) in ein Koordinatensystem.
    Trage einen weiteren Punkt D so in das Koordinatensystem ein, dass die Punkte A, B, C, D in dieser Reihenfolge Eckpunkte eines Rechtecks sind. Gib die Koordinaten des Punktes D an.

4.1 Flächen vergleichen

■ Familie Müller möchte ein möglichst großes Gartengrundstück mit Zaun kaufen. Vergleiche die Gärten und berate die Familie. Probiere verschiedene Möglichkeiten beim Vergleichen aus. Du kannst die Gärten dazu auch auf Papier übertragen und ausschneiden. ■

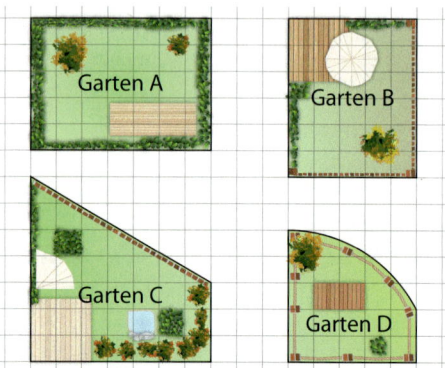

Hinweis:
- Das Messen von **Strecken** mit dem Lineal ist bekannt.
- Der **Umfang** ist Thema von Kap. 4.4.
- Der **Flächeninhalt** ist Thema von Kap. 4.1, 4.2 und 4.3.

Grundbegriffe:
Wenn man Flächen vergleicht, kann man verschiedene Größen vergleichen:
- die **Länge** und **Breite** der Flächen, wenn man mit dem Geodreieck misst,
- den **Umfang** der Fläche, wenn man eine Schnur um die Fläche legt oder um die Fläche herumläuft,
- den **Flächeninhalt**, wenn man die Fläche mit Plättchen auslegt oder ein Quadratgitter auf die Fläche zeichnet und Quadrate zählt.

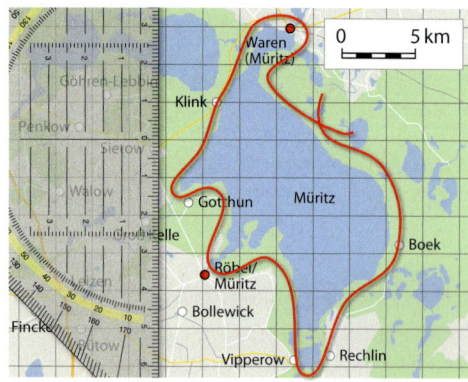

Wenn man von der Größe einer Fläche spricht, meint man fast immer den Flächeninhalt.

> **Wissen: Flächeninhalt**
> Der **Flächeninhalt** gibt an, wie groß die Fläche von einem Blatt Papier oder von einer Stadt ist oder allgemein, welche Ausdehnung eine Figur oder ein Gebiet in der Ebene hat.

Flächen vergleichen mit gleich großen Kästchen

Beispiel 1: Bestimme den Flächeninhalt der beiden Figuren möglichst genau. Vergleiche die Flächeninhalte.

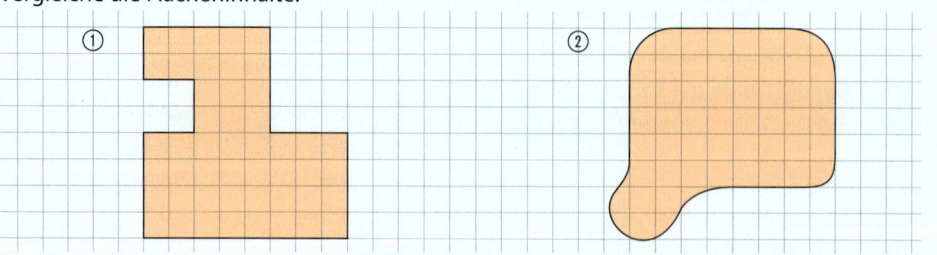

Lösung:
Zähle die Kästchen der Figuren und vergleiche dann. Zwei halbe Kästchen kannst du als ein Kästchen zählen.
Figur ① hat einen Flächeninhalt von genau 48 Kästchen. Figur ② hat einen Flächeninhalt von ungefähr 52 Kästchen. Figur ② hat also den größeren Flächeninhalt.

4.1 Flächen vergleichen

Basisaufgaben

1. Bestimme den Flächeninhalt der beiden Figuren möglichst genau. Vergleiche die Flächeninhalte.

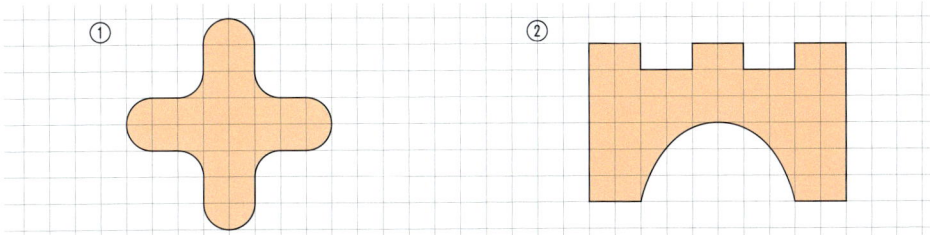

2. Ordne die Figuren nach ihrem Flächeninhalt. Beginne mit der kleinsten Figur.

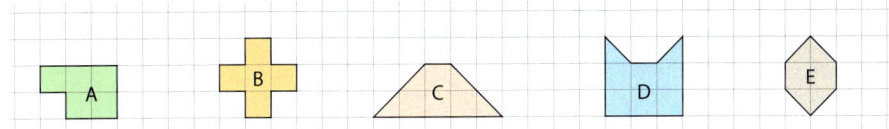

Flächen vergleichen in cm²

Für den Alltag ist es unpraktisch, die Größe von Flächen in der Einheit „Kästchen" zu vergleichen. Kästchen können ja unterschiedlich groß sein. Deshalb hat man Flächeneinheiten eingeführt. Man hat festgelegt, dass ein Quadrat der Länge 1 cm und der Breite 1 cm einen Flächeninhalt von 1 cm² (1 **Quadratzentimeter**) hat.

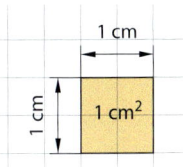

Beispiel 2: Bestimme den Flächeninhalt der Figur in cm².

a) 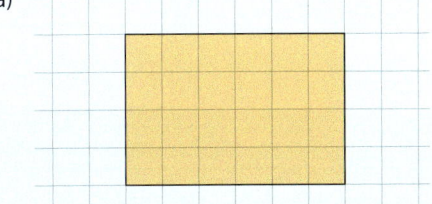   b)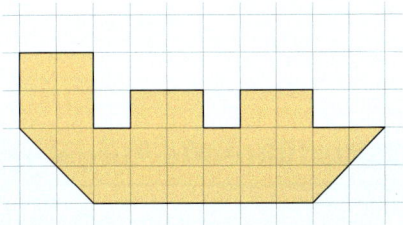

Lösung:

a) Lege die Figur mit Quadraten der Größe 1 cm² aus. Insgesamt passen 6 Quadrate der Größe 1 cm² in die Figur.

b) Es passen 4 Quadrate der Größe 1 cm² in die Figur. Die übrigen Teilstücke lassen sich zu 2 Quadraten der Größe 1 cm² zusammensetzen.

Hinweis: 4 Kästchen sind genau 1 cm².

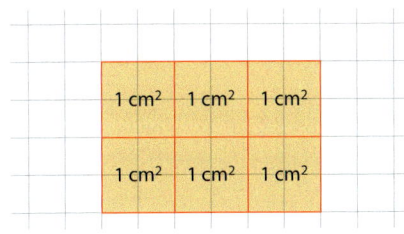   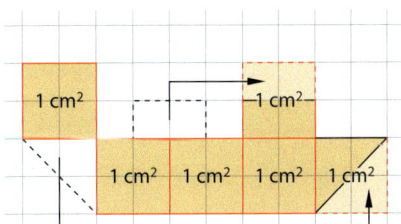

Der Flächeninhalt beträgt 6 cm².   Der Flächeninhalt beträgt 6 cm².

Basisaufgaben

3. Zeichne die Figuren in dein Heft und bestimme den Flächeninhalt in cm².

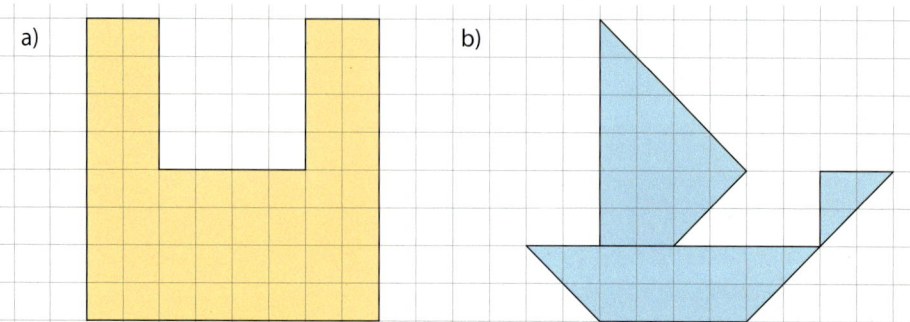

4. a) Zeichne in dein Heft drei verschiedene Rechtecke. Jedes Rechteck soll einen Flächeninhalt von 12 Kästchen haben.
   b) Zeichne in dein Heft drei Flächen, die jeweils 5 cm² groß sind.

5. Zeichne in dein Heft eine Figur, deren Flächeninhalt fünfmal (zehnmal, zwanzigmal) so groß ist wie das Quadrat rechts. Welchen Flächeninhalt hat die Figur jeweils?

6. Gib den Flächeninhalt der folgenden Figuren in cm² an.

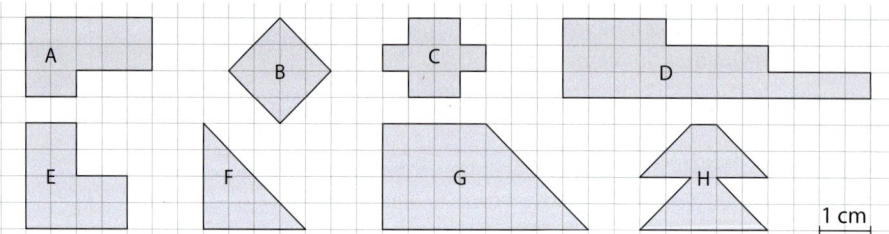

Weiterführende Aufgaben

7. Welche der abgebildeten ostfriesischen Inseln ist größer: Norderney oder Juist?

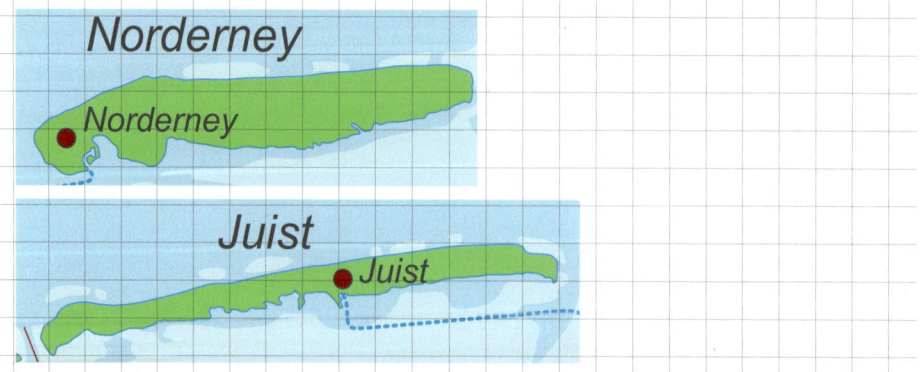

4.1 Flächen vergleichen

8. **Stolperstelle:** Marck hat die Flächen nach ihrem Flächeninhalt sortiert. „Das mit der Größe hast du wohl falsch verstanden", sagt seine Lehrerin. Erkennst du Mareks Fehler? Erkläre, wie er vorgehen muss, um die Aufgabe korrekt zu lösen, und gib die richtige Lösung an.

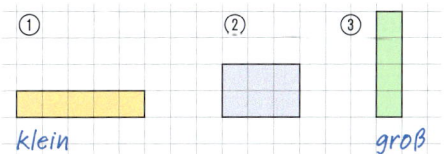

9. Zeichne die Figur in dein Heft. Finde mehrere Möglichkeiten, wie man die Fläche in zwei gleich große Teilflächen zerlegen kann. Zeichne die Zerlegung jeweils in dein Heft und male die gleich großen Teile bunt aus.

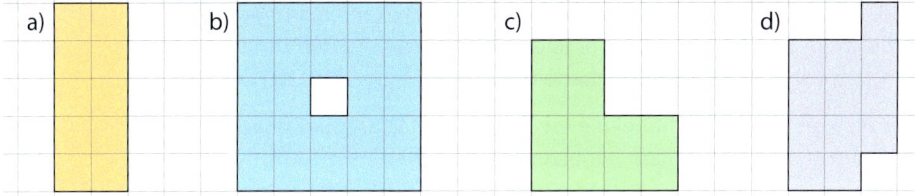

10. **Flächeninhalt vergleichen durch Zerlegen:**
    a) Zeichne die Figuren auf Kästchenpapier und bestimme dann den Flächeninhalt in cm^2.

    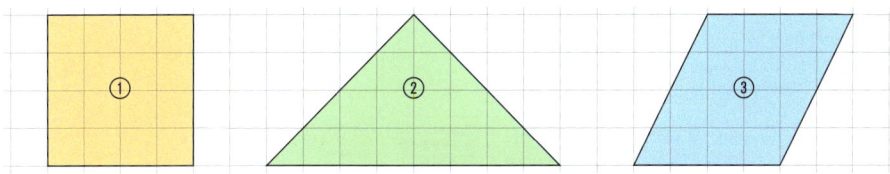

    b) Schneide die Figuren ② und ③ aus. Zerlege die beiden Figuren durch einen geraden Schnitt so in zwei Teile, dass du daraus das Quadrat ① zusammensetzen kannst.

11. Zeichne die Figuren in dein Heft. Zerlege jede Fläche so, dass nach dem Zusammensetzen ein Rechteck entsteht. Welche der Figuren hat den größten Flächeninhalt?

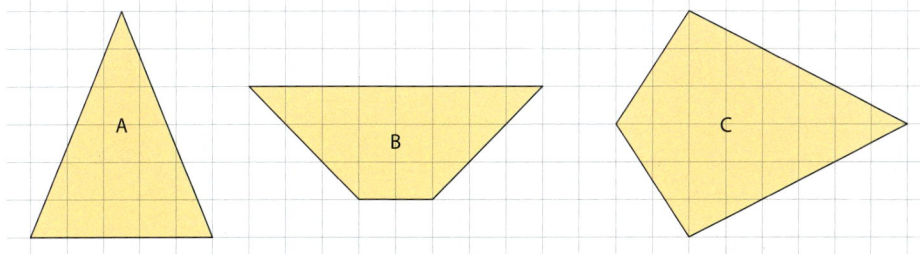

12. **Ausblick:** Das Rechteck links lässt sich so in zwei Teile zerschneiden, dass es zu einem Quadrat (rechts) zusammengesetzt werden kann. Finde weitere Rechtecke, die du so zerlegen kannst. Geht das bei allen Rechtecken?

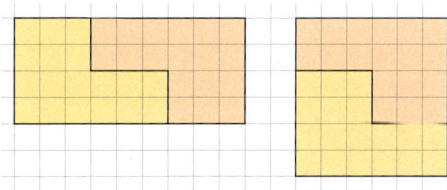

4.2 Flächeneinheiten

■ Wie viele Quadrate mit dem Flächeninhalt 1 cm² passen in ein Quadrat mit der Kantenlänge 1 dm? Schätze zuerst und berechne dann. ■

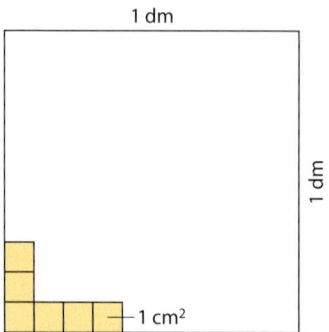

Soll der Flächeninhalt einer Fläche bestimmt werden, kann man sie mit Einheitsquadraten der Kantenlänge 1 mm, 1 cm, 1 dm, 1 m und 1 km auslegen. Zu den Längeneinheiten mm, cm, dm, m und km gehören dann die **Flächeneinheiten** mm², cm², dm², m² und km².

Zusätzlich gibt es die Flächeneinheiten Ar und Hektar, die zur Angabe der Flächen von größeren Grundstücken und Äckern benutzt werden. Es gilt: 1 a = 100 m² und 1 ha = 10 000 m².

Wissen: Flächeneinheiten

Flächeneinheit	1 km²	1 ha	1 a	1 m²	1 dm²	1 cm²	1 mm²
Seitenlänge des Quadrats	1 km	100 m	10 m	1 m	1 dm	1 cm	1 mm
Bezeichnung	Quadrat-kilometer	Hektar	Ar	Quadrat-meter	Quadrat-dezimeter	Quadrat-zentimeter	Quadrat-millimeter
Beispiel	Dorf	Fußball-feld	Klassen-raum	Tischplatte	CD-Hülle	vier Kästchen	Filzstift-punkt

Basisaufgaben

1. Ordne den Gegenständen jeweils einen passenden Flächeninhalt zu.
   1 ha, 25 mm², 357 000 km², 5 mm², 2 m²

2. Welche Einheit (mm², cm², dm², m², a, ha, km²) passt zu diesen Flächen: Wohnzimmer, Europa, Tisch, DIN-A4-Seite, Handballplatz?

4.2 Flächeneinheiten

Flächeneinheiten umrechnen

Stell dir vor, dass ein großes Einheitsquadrat in viele kleine Einheitsquadrate zerlegt wird oder aus vielen kleinen Quadraten zusammengesetzt wird.

Ein Quadrat mit der Seitenlänge 1 dm hat einen Flächeninhalt von 1 dm². Unterteilt man dieses Quadrat in kleine Quadrate mit 1 cm Seitenlänge, so erhält man in einer Reihe 10 Quadrate zu 1 cm², also 10 cm².
Insgesamt gibt es 10 Reihen. Alle 10 Reihen zusammen ergeben dann 100 cm².

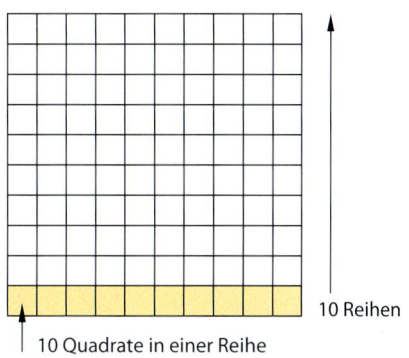

Daher gilt
1 dm² = 10 · 10 · 1 cm² = 100 cm².

Wissen: Flächeneinheiten umrechnen

Umrechnungszahl 100 zwischen km², ha, a, m², dm², cm², mm²

Quadratkilometer	1 km² = 100 ha
Hektar	1 ha = 100 a
Ar	1 a = 100 m²
Quadratmeter	1 m² = 100 dm²
Quadratdezimeter	1 dm² = 100 cm²
Quadratzentimeter	1 cm² = 100 mm²
Quadratmillimeter	1 mm²

Hinweis: Umrechnungszahl 100

Beispiel 1:
a) Rechne 45 cm² in die nächstkleinere Einheit um.
b) Rechne 28 600 cm² in die nächstgrößere Einheit um.

Lösung:
a) 1 cm² hat 100 mm².   45 cm² = 45 · 100 mm²
45 cm² sind also 45 mal 100 mm².   = 4500 mm²

b) 1 dm² hat 100 cm².   28 600 cm² = 286 · 100 cm²
286 mal 100 cm² sind also 286 dm².   = 286 dm²

Basisaufgaben

3. Rechne in die nächstkleinere Einheit um.
    a) 11 cm²   b) 20 m²   c) 10 m²   d) 37 dm²   e) 5 km²
    f) 32 m²   g) 17 cm²   h) 30 km²   i) 6 ha   j) 7 a

4. Rechne in die nächstgrößere Einheit um.
   a) 800 mm² b) 1900 dm² c) 300 cm² d) 1600 dm² e) 5000 cm²
   f) 400 ha g) 700 m² h) 5000 ha i) 10 000 mm² j) 45 000 m²

5. Übertrage in dein Heft und ergänze die richtige Maßzahl oder Maßeinheit.
   a) 600 cm² = ■ dm² b) 7 m² = ■ dm² c) 900 ha = 9 ■ d) 32 cm² = 3200 ■
   e) 99 000 m² = ■ a f) 80 ha = ■ a g) 7000 mm² = 70 ■ h) 560 m² = 56 000 ■

6. Wandle schrittweise in die angegebene Maßeinheit um.
   Beispiel: 9 m² = 900 dm² = 90 000 cm²
   a) 3 m² (in cm²) b) 80 dm² (in mm²) c) 23 ha (in m²)
   d) 90 000 m² (in ha) e) 4 500 000 a (in km²) f) 1 000 000 mm² (in m²)

7. Gib den Flächeninhalt der Figuren in mm² und in cm² an.

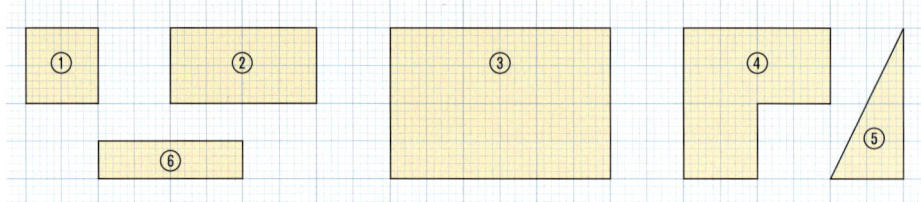

8. Ordne der Größe nach: 5 a, 50 m², 50 000 dm², 500 000 000 cm².

9. Welche Angaben beschreiben die gleiche Fläche?

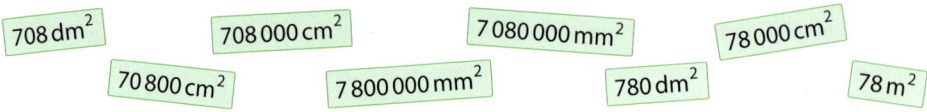

Achtung: Es können Kärtchen übrig bleiben.

10. Rechne in die angegebene Maßeinheit um.
    a) 5 cm² (in mm²) b) 700 dm² (in m²) c) 60 km² (in ha) d) 99 000 cm² (in dm²)
    e) 6 m² (in cm²) f) 120 000 m² (in ha) g) 50 dm² (in mm²) h) 8 km² (in m²)
    i) Ordne die Angaben in a) bis h) der Größe nach.

Weiterführende Aufgaben

Hinweis zu 12:
Hier findest du die Maßzahlen der Lösungen.

11. **Stolperstelle:** John ist sich bei den folgenden Aufgaben nicht sicher. Verbessere und erkläre John, worauf er achten muss.
    a) Rechne 300 cm² in die nächstgrößere Einheit um. Lösung: 300 cm² = 3 m²
    b) Rechne 1200 dm² in cm² um. Lösung: 1200 dm² = 12 cm²
    c) Rechne 1 km² in m² um. Lösung: Da 1 km = 1000 m sind, gilt 1 km² = 1000 m².

12. Wandle die Summanden in die gleiche Einheit um und berechne.
    Beispiel: 200 m² + 2 a = 200 m² + 200 m² = 400 m²
    a) 10 m² + 2 a = ■ m² b) 40 cm² + 8 mm² = ■ mm² c) 26 cm² + 65 mm² + 3 cm²
    d) 20 cm² + 4 m² e) 8 m² + 6 cm² + 10 dm² f) 5 km² + 45 a + 170 m²

4.2 Flächeneinheiten

13. Der Wert der Summe zweier benachbarter Steine steht im darüberliegenden Stein. Übertrage ins Heft und vervollständige die Mauern.

a)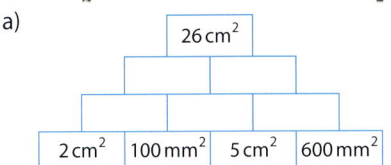

b)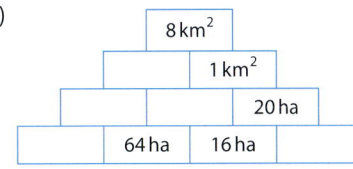

14. Jetzt musst du aufpassen: Hier sind Längen- und Flächeneinheiten vermischt. Ordne zuerst und rechne dann in die angegebene Einheit um.
a) 539 km² (in ha) b) 400 cm (in m) c) 28 000 m (in km) d) 30 000 cm² (in m²)
e) 6700 ha (in km²) f) 3 dm (in mm) g) 960 a (in m²) h) 85 000 mm (in dm)

Hinweis zu 14: Bei Längeneinheiten ist die Umrechnungszahl 10 (außer 1 km = 1000 m), bei Flächeneinheiten 100.

15. Prüfe, ob Freds Behauptungen stimmen können.
a) Mein Butterbrot ist 1 500 000 mm² groß.
b) Frankfurt hat eine Fläche von 248 000 000 m².
c) Mein Zimmer ist 14 500 000 mm² groß.
d) Mein Bett ist 20 000 cm² groß.
e) Erfinde selbst Aufgaben mit ungewöhnlichen Größenangaben. Du kannst auch eine ganze Geschichte schreiben.

● **16.** Auf einem 30 Ar großen Grundstück sollen zehn Reihenhäuser mit Garten gebaut werden, die alle die gleiche Grundfläche haben. Wie viel Quadratmeter stehen für jedes Haus mit Garten zur Verfügung?

● **17.** Eine Solaranlage besteht aus 20 000 einzelnen Solarmodulen zur Erzeugung von Strom. Jedes Solarmodul ist etwa 2 m² groß. Wie viel Hektar groß ist die gesamte Anlage?

● **18.** Ein Tierpark wird um 2 ha vergrößert. Wege und Grünanlagen sollen die Hälfte einnehmen, auf der restlichen Fläche sollen neue Gehege für Löwen, Elefanten und Kängurus entstehen. 5 Kängurus brauchen mindestens 3 a Fläche, jedes weitere Känguru 30 m² zusätzlich. Ein Löwe braucht 150 m², ein Elefant 5 a. Welche neuen Gehege könnte man anlegen? Wie viele Tiere könnten darin leben?

● **19. Ausblick:** Vervollständige die Mauer im Heft.

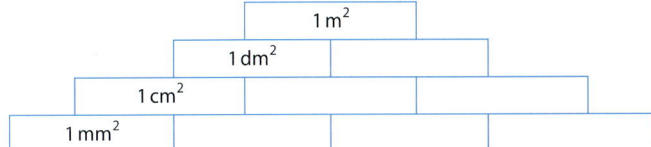

4.3 Flächeninhalt eines Rechtecks

■ Das abgebildete Mosaik besteht aus farbigen quadratischen Steinen mit jeweils 1 cm² Flächeninhalt. Die einzelnen Farben bilden Rechtecke oder Quadrate.
Gib die Seitenlängen und den Flächeninhalt der einzelnen Farbflächen an. ■

Der Flächeninhalt eines Rechtecks, welches 3 cm breit und 4 cm lang ist, soll berechnet werden. Dazu kann man das Rechteck mit Quadraten der Seitenlänge 1 cm ausfüllen und diese zählen. Ein Quadrat mit Seitenlänge 1 cm hat einen Flächeninhalt von 1 cm². Um einfach zählen zu können, fasst man die Quadrate am besten zu Streifen zusammen.

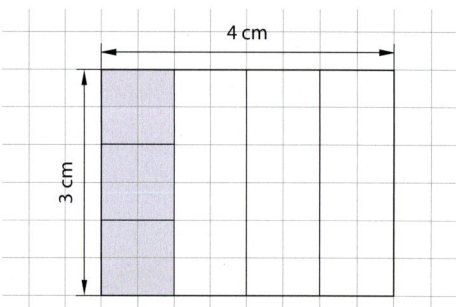

Hinweis:

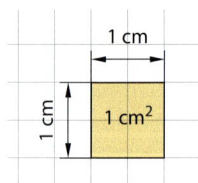

Man erhält 4 Streifen mit 3 Quadraten, also 12 Quadrate insgesamt.
Das Rechteck hat einen Flächeninhalt von
$4 \cdot (3 \cdot 1\,cm^2) = 4 \cdot 3\,cm^2$
$= 12\,cm^2$

Man erhält 3 Streifen mit 4 Quadraten, also ebenfalls insgesamt 12 Quadrate.
Das Rechteck hat einen Flächeninhalt von
$3 \cdot (4 \cdot 1\,cm^2) = 3 \cdot 4\,cm^2$
$= 12\,cm^2$

Wissen: Flächeninhalt eines Rechtecks
Der Flächeninhalt eines Rechtecks ist das Produkt aus der Länge a und der Breite b des Rechtecks.
Flächeninhalt = Länge mal Breite
$\quad A \quad = \quad a \quad \cdot \quad b$

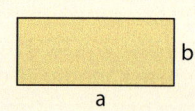

Hinweis:
Für den Flächeninhalt eines Quadrats mit Seitenlänge a gilt:
$A = a \cdot a$;
vergleiche Aufgabe 5.

Flächeninhalt berechnen

Beispiel 1:
Berechne den Flächeninhalt eines Rechtecks mit den Seitenlängen a = 5 cm und b = 2 cm.

Lösung:
Den Flächeninhalt eines Rechtecks berechnest du, indem du die Länge mit der Breite multiplizierst.
Das Ergebnis ist ein Flächeninhalt, deshalb brauchst du die Einheit cm².

$A = 5\,cm \cdot 2\,cm$
$\quad = (5 \cdot 2)\,cm^2 = 10\,cm^2$

Das Rechteck hat einen Flächeninhalt von 10 cm².

4.3 Flächeninhalt eines Rechtecks

Basisaufgaben

1. Berechne den Flächeninhalt des Rechtecks.
   a) a = 5 cm, b = 7 cm
   b) a = 13 m, b = 29 m
   c) a = 3 km, b = 6 km
   d) a = 20 m, b = 30 m
   e) a = 15 m, b = 15 m
   f) a = 50 km, b = 80 km

   Hinweis zu 1:
   Hier findest du die Maßzahlen der Lösungen.

2. Miss die benötigten Seitenlängen und berechne die Flächeninhalte der Rechtecke.

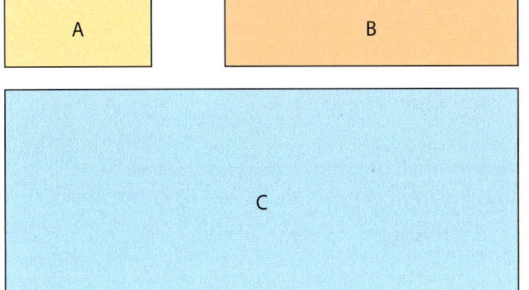
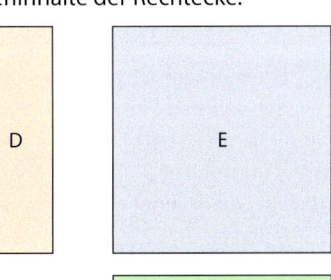
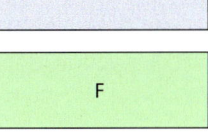

3. Berechne den Flächeninhalt der Rechtecke mit den angegebenen Seitenlängen. Wandle die Seitenlängen vorher in eine gemeinsame Einheit um.
   a) a = 5 cm, b = 8 mm
   b) a = 120 cm, b = 2 m
   c) a = 6 km, b = 500 m
   d) a = 30 cm, b = 5 dm
   e) a = 7 m, b = 11 dm
   f) a = 1 m, b = 1 cm

4. a) Ein Zimmer ist 6 m breit und 12 m lang. Berechne die Grundfläche des Zimmers.
   b) Ein Schwimmbecken ist 110 m lang und 30 m breit. Berechne die Grundfläche des Beckens.

5. **Flächeninhalt eines Quadrats:** Zeichne ein Quadrat mit der Seitenlänge 3 cm. Berechne den Flächeninhalt. Erkläre, wie du dabei vorgehen kannst.

6. Berechne den Flächeninhalt eines Quadrats mit der Seitenlänge a.
   a) a = 4 cm
   b) a = 7 cm
   c) a = 10 km
   d) a = 20 dm
   e) a = 16 m

Seitenlänge berechnen

Beispiel 2:
Ein Rechteck hat den Flächeninhalt A = 24 cm². Eine Seite hat die Länge a = 4 cm. Berechne die Breite b.

Lösung:
Für den Flächeninhalt rechnest du Länge mal Breite.
$$A = 4\,cm \cdot b = 24\,cm^2$$
Die Seitenlänge b kannst du mit der Umkehroperation berechnen.
$$24\,cm^2 : 4\,cm = 6\,cm$$
Die Seitenlänge b beträgt 6 cm.

Basisaufgaben

7. Berechne die fehlende Seitenlänge des Rechtecks.
   a) A = 36 cm², a = 4 cm
   b) A = 44 mm², a = 11 mm
   c) A = 35 m², a = 5 m

8. Berechne die fehlende Seitenlänge des abgebildeten Rechtecks.

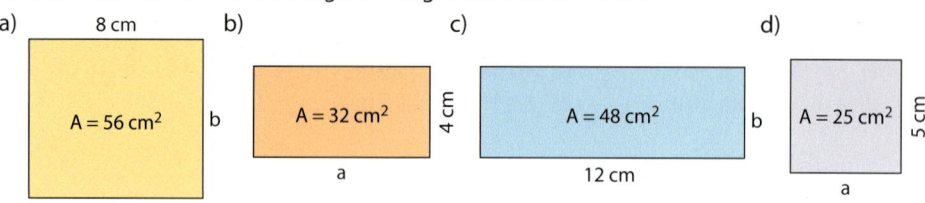

9. Ein Rechteck ist 10 cm breit. Es hat den angegebenen Flächeninhalt. Berechne die Länge der anderen Seite.
   a) $A = 220\,cm^2$ b) $A = 1300\,cm^2$ c) $A = 5\,dm^2$ d) $A = 6\,m^2$ e) $A = 1\,a$

10. Ein Quadrat hat den angegebenen Flächeninhalt. Berechne die Länge einer Seite.
    Beispiel: $A = 25\,cm^2$ Die gesuchte Länge ist 5 cm, denn $5\,cm \cdot 5\,cm = 25\,cm^2$.
    a) $A = 36\,m^2$ b) $A = 81\,km^2$ c) $A = 400\,mm^2$ d) $A = 225\,dm^2$ e) $A = 144\,cm^2$

Erinnere dich:
Hier brauchst du die Quadratzahlen. Du hast sie beim Potenzieren auf Seite 72 kennengelernt.

Weiterführende Aufgaben

11. a) Gib die Seitenlängen von vier Rechtecken an, die alle einen Flächeninhalt von $36\,cm^2$ haben.
    b) Gib die Seitenlängen von möglichst vielen verschiedenen Rechtecken an, die alle einen Flächeninhalt von $48\,cm^2$ haben.

12. In der Tabelle sind die Länge, Breite und der Flächeninhalt von Rechtecken eingetragen. Ergänze die Tabelle im Heft so, dass kein Rechteck doppelt vorkommt.

	a)	b)	c)	d)	e)	f)	g)
Länge a	12 m	6 km	80 cm				
Breite b	6 m		2 m	5 cm			
Flächeninhalt A		$48\,km^2$		$4\,dm^2$	$64\,km^2$	$64\,km^2$	$64\,km^2$

13. Orientiere dich bei deinen Rechnungen an den Beispielen 1 und 2.
    a) Berechne den Flächeninhalt eines Rechtecks mit der Länge 12 cm und der Breite 6 cm.
    b) Berechne den Flächeninhalt eines Quadrats mit der Seitenlänge 12 cm.
    c) Ein Rechteck hat den Flächeninhalt $72\,cm^2$. Eine Seite ist 8 cm lang. Berechne die Länge der anderen Seite.
    d) Wie oft passt ein Quadrat mit der Seitenlänge 1 cm in ein Rechteck mit a = 15 cm und b = 1 m? Begründe deine Antwort.

14. **Stolperstelle:** Jana ist sich bei ihren Aufgaben nicht sicher. Verbessere die Fehler und erkläre Jana, worauf sie achten muss.
    a) Berechne den Flächeninhalt eines Rechtecks mit a = 5 cm und b = 8 cm.
       Janas Lösung: $A = 5\,cm \cdot 8\,cm = 40\,cm$
    b) Berechne den Flächeninhalt eines Rechtecks mit a = 150 cm und b = 3 m.
       Janas Lösung: $A = 150\,cm \cdot 3\,m = 450\,m^2$
    c) Ein Rechteck ist 6 cm lang und hat einen Flächeninhalt von $18\,cm^2$.
       Jana berechnet die Länge der zweiten Seite: $18 : 6 = 3\,cm$

4.3 Flächeninhalt eines Rechtecks

15. Ein Fußballfeld kann folgende Maße haben: Länge zwischen 90 m und 120 m, Breite zwischen 45 m und 90 m.
Bestimme den Flächeninhalt des größtmöglichen und des kleinstmöglichen Fußballfeldes.

16. Frau Maier will einen Garten mit einem Flächeninhalt von 100 m² anlegen. Gib verschiedene Möglichkeiten an, welche Länge und Breite sie wählen kann. Welche Möglichkeit würdest du empfehlen?

17. Miss die Länge und Breite einer Seite deines Buchs „Fundamente der Mathematik".
a) Berechne den Flächeninhalt einer Seite.
b) Welchen Flächeninhalt haben alle Blätter des Buchs zusammen?

18. a) Ein Rechteck mit der Länge 6 cm und der Breite 12 cm hat denselben Flächeninhalt wie ein anderes Rechteck mit der Länge 8 cm. Berechne die Breite dieses Rechtecks.
b) Ein Quadrat mit der Seitenlänge 12 cm hat denselben Flächeninhalt wie ein Rechteck mit der Länge 9 cm. Berechne die Breite des Rechtecks.
c) Ein Rechteck hat die Seitenlängen 9 m und 4 m. Berechne die Seitenlänge eines Quadrats, das denselben Flächeninhalt wie das Rechteck hat.

● **19.** Ein Rechteck hat die Länge 6 cm und die Breite 4 cm. Bestimme den Flächeninhalt, wenn man
a) die Länge um 2 cm verkürzt und die Breite um 2 cm verlängert,
b) die Länge und die Breite verdoppelt,
c) die Länge und die Breite halbiert,
d) die Länge verdoppelt und die Breite halbiert.

● **20. Ausblick:** Untersuche, ob die folgenden Aussagen für alle Rechtecke richtig oder falsch sind. Begründe deine Antwort mithilfe von eigenen Beispielen und Zeichnungen.
a) Verdoppelt man die Länge eines Rechtecks und ändert die Breite nicht, so verdoppelt sich der Flächeninhalt des Rechtecks.
b) Verdoppelt man die Länge und die Breite eines Rechtecks, so vervierfacht sich der Flächeninhalt des Rechtecks.
c) Halbiert man die Länge und die Breite eines Rechtecks, so halbiert sich der Flächeninhalt des Rechtecks.

4.4 Flächeninhalt von zusammengesetzten Figuren

- Falte ein rechteckiges Blatt Papier auf die Hälfte. Schneide dann ein kleines Rechteck aus dem gefalteten Blatt heraus. Beschreibe die Figur, die dabei entsteht.
Wie könntest du den Flächeninhalt dieser Figur berechnen?

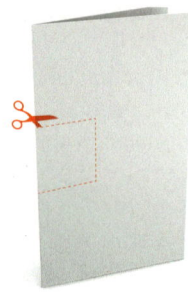

Im Alltag sind Figuren häufig aus mehreren Rechtecken zusammengesetzt. Dies ist bei der zusammengesetzten Figur im Beispiel 1 der Fall. Ihr Flächeninhalt lässt sich daher berechnen.

Beispiel 1:
Berechne die Grundfläche des Schwimmbeckens.

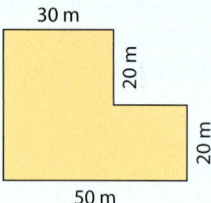

Lösung:
1. Möglichkeit: Zerlegen
Zerlege die Fläche in zwei Rechtecke.

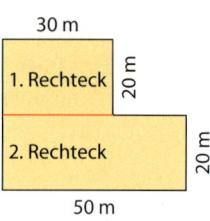

Berechne den Flächeninhalt der einzelnen Teilflächen.

Flächeninhalt des 1. Rechtecks:
$A = 30\,m \cdot 20\,m = 600\,m^2$
Flächeninhalt des 2. Rechtecks:
$A = 50\,m \cdot 20\,m = 1000\,m^2$

Für die Gesamtfläche musst du die Flächeninhalte der Teilflächen noch addieren.

Gesamtfläche:
$A = 600\,m^2 + 1000\,m^2 = 1600\,m^2$

2. Möglichkeit: Ergänzen
Ergänze die Fläche durch das rote Quadrat zu einem Rechteck.

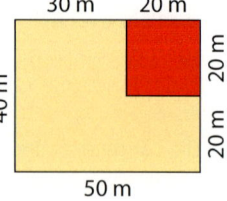

Berechne den Flächeninhalt des roten Quadrats und des gesamten Rechtecks.

Flächeninhalt des gesamten Rechtecks:
$A = 50\,m \cdot 40\,m = 2000\,m^2$
Flächeninhalt des roten Quadrats:
$A = 20\,m \cdot 20\,m = 400\,m^2$

Für die Gesamtfläche musst du den Flächeninhalt des roten Quadrats noch subtrahieren.

Gesamtfläche:
$A = 2000\,m^2 - 400\,m^2 = 1600\,m^2$

4.4 Flächeninhalt von zusammengesetzten Figuren

Basisaufgaben

1. Berechne den Flächeninhalt. Zerlege die Flächen dazu in geeignete Rechtecke. Zwei Kästchenlängen entsprechen 1 cm.

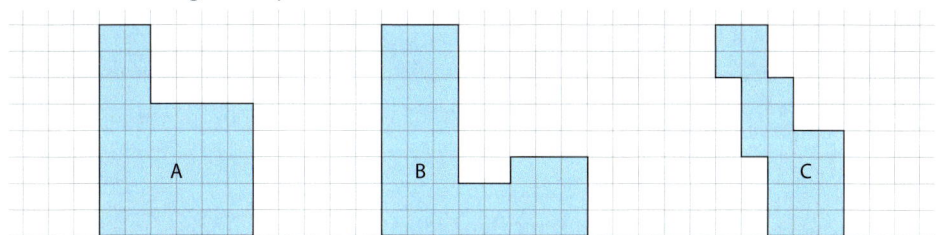

2. Bestimme den Flächeninhalt der Figur, indem du zu einem Rechteck ergänzt (Maße in cm.).

   a)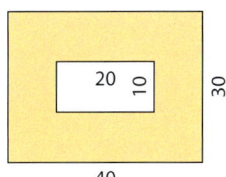
   b)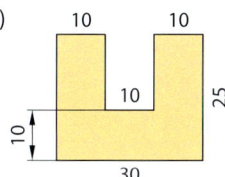
   c)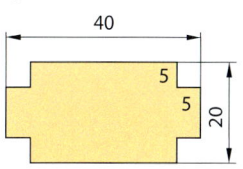

   Hinweis zu 2:
   Die Summe der Flächeninhalte ist 2300 cm².

Weiterführende Aufgaben

3. Bestimme den Flächeninhalt der Figuren möglichst geschickt (Alle Maße in m.).

   a)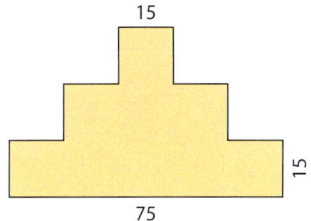
   b)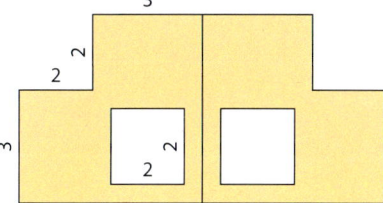

4. **Stolperstelle:** Prüfe, welche Fehler in der Rechnung gemacht wurden.
   1. Rechteck: A = 6 cm · 5 cm = 30 cm²
   2. Rechteck: A = 15 cm · 4 cm = 60 cm²
   Insgesamt: A = 30 cm² + 60 cm² = 90 cm²

   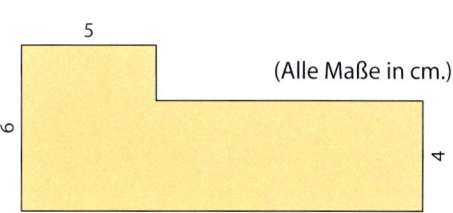
   (Alle Maße in cm.)

5. **Ausblick:**
   a) Carolins Familie wohnt in einer Drei-Zimmer-Wohnung. Berechne den Flächeninhalt der einzelnen Zimmer und der gesamten Wohnung.
   b) Berechne die Flächeninhalte einzelner Zimmer in deinem Zuhause. Wie groß ist der Flächeninhalt eurer gesamten Wohnfläche?

   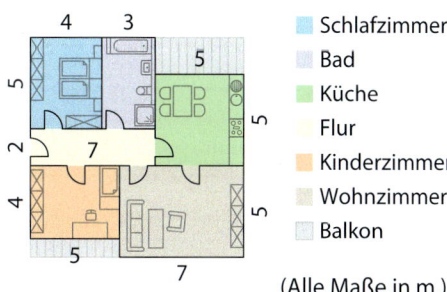

   - Schlafzimmer
   - Bad
   - Küche
   - Flur
   - Kinderzimmer
   - Wohnzimmer
   - Balkon

   (Alle Maße in m.)

4.5 Umfang

■ Herr Reichel und Frau Fröhlich haben Weideland für ihre Pferde erworben. Beide wollen die Weideflächen mit Elektrodraht einzäunen. Wie viele Meter Draht benötigt Herr Reichel für seinen Zaun? Wie viele Meter Draht benötigt Frau Fröhlich? ■

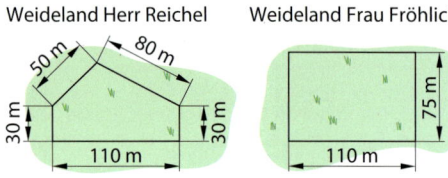

Wenn man einmal den Rand der Figur abläuft, so ist der zurückgelegte Weg genau der **Umfang u** der Figur. Den Umfang berechnet man, indem man alle Seitenlängen der Figur addiert.

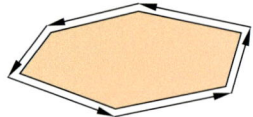

Bei einigen Figuren, wie zum Beispiel einem Rechteck, lässt sich der Umfang einfacher berechnen.

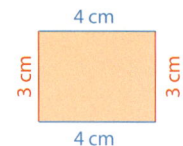

Man kann alle vier Seiten addieren.
u = 3 cm + 4 cm + 3 cm + 4 cm = 14 cm

Man kann aber auch 2-mal die Länge und 2-mal die Breite addieren.

u = 2 · 3 cm + 2 · 4 cm = 14 cm

Oder man addiert erst die Länge und die Breite und verdoppelt dann das Ergebnis.

u = (3 cm + 4 cm) · 2 = 14 cm

Hinweis:
Beim Quadrat als speziellem Rechteck geht es noch einfacher. Vergleiche dazu Aufgabe 3.

> **Wissen: Umfang eines Rechtecks**
> Für den Umfang u eines Rechtecks mit den Seitenlängen a und b gilt:
> **Umfang = 2-mal Länge + 2-mal Breite**
> u = 2 · a + 2 · b oder u = (a + b) · 2

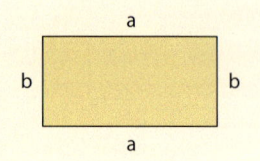

Umfang berechnen

> **Beispiel 1:**
> Berechne den Umfang eines Rechtecks mit den Seitenlängen a = 5 cm und b = 3 cm.
>
> **Lösung:**
> Den Umfang eines Rechteck kannst du mit der Formel „2-mal Länge + 2-mal Breite" berechnen.
>
> u = 2 · 5 cm + 2 · 3 cm
>   = 10 cm + 6 cm
>   = 16 cm

Basisaufgaben

1. Berechne den Umfang eines Rechtecks mit den Seitenlängen a und b.
   a) a = 5 cm, b = 7 cm
   b) a = 13 m, b = 29 m
   c) a = 3 km, b = 6 km
   d) a = 1 mm, b = 6 mm
   e) a = 2,5 cm, b = 2 cm
   f) a = 1,25 m, b = 4 m

2. Zeichne drei verschiedene Rechtecke, die einen Umfang von 12 cm haben. Gib jeweils die Seitenlängen dieser Rechtecke an. Vergleiche anschließend mit deinem Nachbarn.

4.5 Umfang

3. Umfang eines Quadrats
a) Zeichne ein Quadrat mit der Seitenlänge 3 cm und ein Quadrat mit der Seitenlänge 5 cm. Berechne jeweils den Umfang.
b) Beschreibe: Wie kannst du den Umfang eines Quadrats mit der Seitenlänge a möglichst einfach berechnen?
c) Berechne den Umfang eines Quadrats mit der Seitenlänge a = 4 cm (a = 9 m; a = 1,5 cm).

4. Berechne den Umfang der Figur.

a) 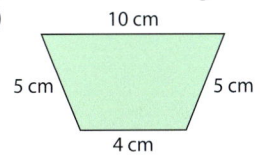   b) 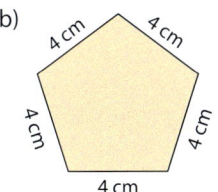   c)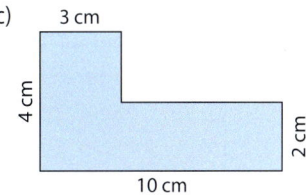

Seitenlängen berechnen

Beispiel 2: Ein Rechteck hat den Umfang u = 16 cm. Die Seite a ist 5 cm lang. Bestimme die Länge der Seite b.

Lösung:
Die Seite a kommt zweimal vor.	2 · 5 cm = 10 cm
Für die anderen zwei Seiten verbleiben	16 cm − 10 cm = 6 cm
6 cm. Also musst du durch 2 teilen.	6 cm : 2 = 3 cm
So schreibst du alles in einer Rechnung:	b = (16 cm − 2 · 5 cm) : 2 = 3 cm

Basisaufgaben

5. Berechne die Seite b des Rechtecks.
a) u = 10 cm, a = 3 cm
b) u = 36 m, a = 12 m
c) u = 84 mm, a = 25 mm
d) u = 110 km, a = 32 km

6. Ein Rechteck ist 8 m lang und hat einen Umfang von 34 m. Welche Lösungen für die Breite b des Rechtecks sind korrekt? Begründe.
Anna: b = 18 m   Paul: b = 90 dm   Sven: b = 26 m   Celina: b = 9 cm   Maja: b = 9 m

Hinweis zu 5: Hier findest du die Maßzahlen der Lösungen.

Weiterführende Aufgaben

7. Übertrage die Tabelle in dein Heft und vervollständige sie.

	a)	b)	c)	d)	e)	f)	g)
a	7 cm	6 m		7 m		25 cm	10 cm
b	9 cm		5 cm		8 cm		
u		20 m	20 cm	20 m	20 cm	1 m	1 m

Hinweis zu 7: u ist der Umfang eines Rechtecks mit den Seitenlängen a und b.

8. Ein Rechteck ist 8 m lang und hat einen Umfang von 48 m. Welche Lösungen für die Breite b des Rechtecks sind korrekt? Begründe.
Anna: b = 6 m   Paul: b = 160 dm   Sven: b = 32 m   Maria: b = 40 m   Maja: b = 16 m

9. **Stolperstelle:** Erkläre, was die Schüler falsch gemacht haben. Gib die richtige Lösung an.
   a) Sarah hat den Umfang eines Rechtecks mit a = 4 cm und b = 5 cm berechnet:
   u = 4 cm + 5 cm · 2 = 18 cm
   b) Emil berechnet den Umfang eines Quadrats mit der Seitenlänge 6 cm:
   u = 6 cm + 6 cm + 6 cm = 18 cm
   c) Maike berechnet die Seitenlänge b eines Rechtecks mit a = 8 cm und Umfang 20 cm:
   b = 20 cm – 8 cm = 12 cm

10. Beantworte die Fragen. Entnimm die erforderlichen Maße der Zeichnung.
    a) Welche der Figuren hat den größten Umfang? Begründe.
    b) Welche der Figuren haben den gleichen Umfang? Begründe.

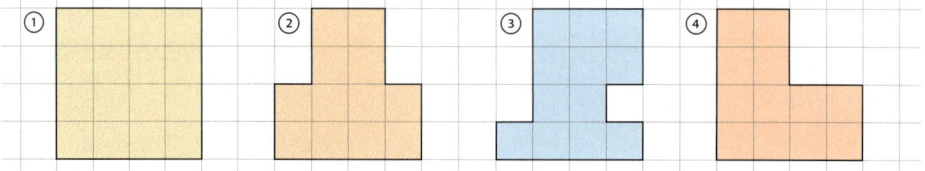

11. Ein Quadrat hat eine Seitenlänge von 5 cm. Ein Rechteck hat eine Breite von 2 cm und den gleichen Umfang wie das Quadrat. Gib die Länge dieses Rechtecks an.

12. Berechne den Umfang und den Flächeninhalt
    a) eines Rechtecks mit den Seitenlängen 16 cm und 9 cm,
    b) eines Quadrats mit der Seitenlänge 12 cm.

13. a) Ein Rechteck hat den Umfang 32 cm. Eine Seite ist 7 cm lang. Berechne den Flächeninhalt des Rechtecks.
    b) Ein Rechteck hat den Flächeninhalt 110 cm². Eine Seite ist 10 cm lang. Berechne den Umfang des Rechtecks.
    c) Ein Quadrat hat den Umfang 44 cm. Berechne den Flächeninhalt des Quadrats.

14. Familie Sommer will einen rechteckigen Auslauf für ihre Zwergkaninchen anlegen. Der Auslauf soll 3 m lang und 2 m breit sein. Wie viel Meter Zaun benötigt man, wenn eine der längeren Seiten des Auslaufs an eine Schuppenwand grenzt?

15. Herr Mähler hat 400 m Zaun, um auf einer freien Rasenfläche ein Rechteck mit größtmöglichem Flächeninhalt einzuzäunen. Er hat dazu eine Länge von 120 m und eine Breite von 80 m gewählt. Kannst du Herrn Mähler helfen, ein Rechteck mit größerem Flächeninhalt zu finden?

16. Ist die Behauptung immer wahr? Begründe deine Entscheidung.
    a) Wenn man die Seitenlängen a und b eines Rechtecks verdoppelt, so verdoppelt sich auch der Umfang u des Rechtecks.
    b) Wenn man den Umfang u eines Rechtecks verdoppelt, dann verdoppeln sich auch dessen Seitenlängen a und b.

17. **Ausblick:** Das Bild zeigt den Grundriss eines Parks im Maßstab 1 : 10 000. Entlang des äußeren Randes soll eine Hecke gepflanzt werden. Wie viel Meter Hecke müssen gepflanzt werden?

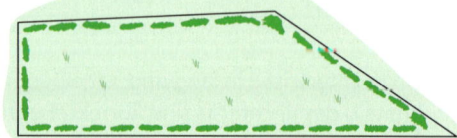

Streifzug

Modellieren

- Das Satellitenbild zeigt den Bodensee. 1 cm in der Abbildung entspricht 10 km in der Wirklichkeit. Bestimme, wie groß ungefähr die Wasserfläche des Bodensees ist.

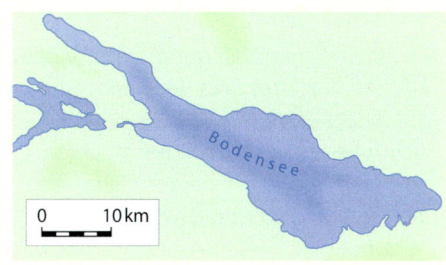

Problem: Den Flächeninhalt von Figuren mit krummliniger Begrenzung kann man nicht direkt bestimmen, weil dafür keine Formel bekannt ist. In der Regel hat man auch keine Kästchen, die man zählen kann.

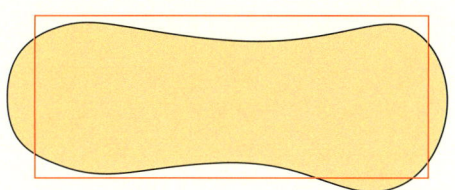

Idee: Man kann ein Rechteck über die Fläche legen, das ungefähr denselben Flächeninhalt wie die ursprüngliche Fläche hat. Das Rechteck ist ein **Modell** für die Fläche. Der Flächeninhalt des Rechtecks ist ein **Näherungswert** für den Flächeninhalt der ursprünglichen Fläche.

Beispiel 1: Näherungswert für einen Flächeninhalt bestimmen
Bestimme einen Näherungswert für den Flächeninhalt des Stadtparks.
(Maßstab: 1 cm entspricht 60 m)

Lösung Modell 1:
Zeichne möglichst genau ein Rechteck um den Stadtpark. Miss die Länge und die Breite des Rechtecks und gib sie im Maßstab an:
Länge auf der Karte 6 cm,
in Wirklichkeit 360 m.
Breite auf der Karte 4,5 cm,
in Wirklichkeit 270 m.
Berechne den Flächeninhalt:
$A = 360 \text{ m} \cdot 270 \text{ m} = 97\,200 \text{ m}^2 \approx 10 \text{ ha}$
Der Näherungswert ist zu groß, da das Rechteck größer als die Fläche des Parks ist.

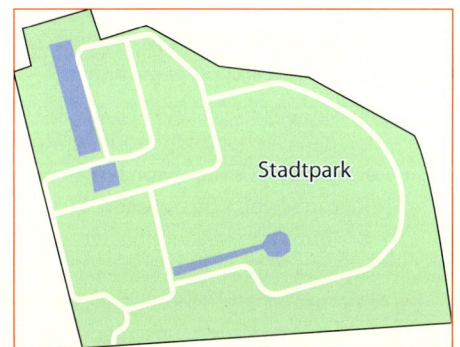

Lösung Modell 2:
Zeichne das Rechteck so, dass die überstehenden Teile ungefähr so groß sind wie die fehlenden Teile.
Miss wieder und rechne dann:
$A = 300 \text{ m} \cdot 210 \text{ m} = 63\,000 \text{ m}^2 \approx 6 \text{ ha}$
Dieser Näherungswert ist besser als bei Modell 1.

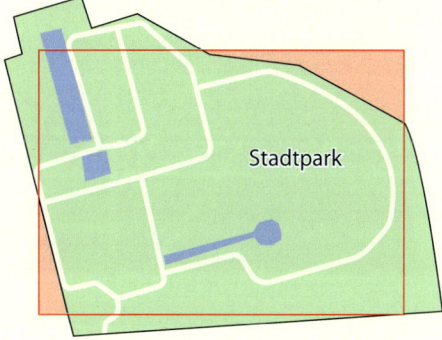

Du kannst auch andere Rechtecke als Modelle nehmen oder die Fläche sogar in mehrere Rechtecke aufteilen, um den Näherungswert zu verbessern.

Aufgaben

1. Bestimme einen Näherungswert für den Flächeninhalt des Sees (Maßstab: 1 cm entspricht 2 km). Verwende eine Klarsichtfolie, um ein Modell-Rechteck zu zeichnen. Vergleiche deinen Näherungswert mit den Näherungswerten deiner Mitschüler.

2. a) Zeichne deine Hand ins Heft. Bestimme einen Näherungswert für den Flächeninhalt deiner Hand.
   b) Arbeitet zu zweit. Bestimmt Näherungswerte für den Flächeninhalt deines Fußes, deines Gesichts oder sogar für den Oberflächeninhalt deines ganzen Körpers.

3. a) Wie viele Schüler können auf einem Quadratmeter stehen? Probiert es aus.
   b) Bestimmt die Grundfläche deines Klassenzimmers und die Anzahl der Personen, die in ein Klassenzimmer passen.
   c) Finde heraus, wie viele Schüler auf dem Boden des Klassenzimmers liegen könnten.

4. Sucht in eurem Atlas verschiedene Seen, Länder …
   Bestimmt Näherungswerte für die Flächeninhalte.

5. a) Zeichne den Umriss einer 2-€-Münze ins Heft. Bestimme einen Näherungswert für den Flächeninhalt der Münze. Bestimme auch den Flächeninhalt anderer Münzen.
   b) Auch für den Umfang von krummlinigen Figuren kann man Näherungswerte bestimmen. Ermittle den Umfang einer 2-€-Münze und beschreibe, wie du vorgegangen bist.

 6. **Forschungsauftrag:** Findet auf eurem Schulgelände, im Schulhaus oder in der Umgebung verschiedene Flächen, die nicht rechteckig sind. Bestimmt einen Näherungswert für diese Flächeninhalte durch Messen und Rechnen. Vergleicht eure Ergebnisse und diskutiert ihre Genauigkeit.

4.6 Vermischte Aufgaben

1. Übertrage die Vierecke in dein Heft. Unterteile das linke Viereck so, dass du die einzelnen Teile der Figur in das Rechteck legen könntest. Zeichne die einzelnen Teile in das Rechteck.

   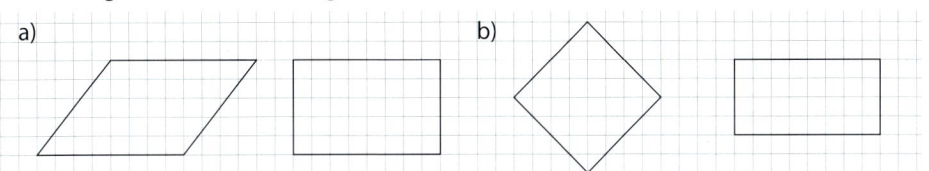

   a)   b)

   Tipp zu 1:
   Wenn du mit mehreren Farben arbeitest, kannst du besonders gut erkennen, wohin die einzelnen Teile passen.

2. a) Zeichne die angegebenen Punkte in ein Koordinatensystem und verbinde diese jeweils in der angegebenen Reihenfolge zu einer Figur. Bestimme den Flächeninhalt und den Umfang der Figur, wenn die Einheit im Koordinatensystem 1 km beträgt.
   ① A(0|0), B(4|0), C(4|4), D(0|4)   ② E(2|3), F(8|3), G(8|6), H(2|6)
   ③ I(2|7), J(2|5), K(7|5), L(7|3), M(9|3), N(9|7)
   b) Sortiere die Figuren zuerst nach ihrem Flächeninhalt, dann nach ihrem Umfang. Bleibt die Reihenfolge gleich?

3. Aus vier 1-cm²-Quadraten lassen sich Figuren legen, bei denen jedes Quadrat mindestens eine Seite mit einem anderen gemeinsam hat.
   a) Zeichne alle Möglichkeiten und ordne die Figuren dem Umfang nach.
   b) Schneide nun die Figuren aus a), die kein Rechteck sind, je fünfmal aus.
   c) Lege mit diesen Figuren möglichst kleine Quadrate und Rechtecke. Gib den Flächeninhalt und Umfang der Quadrate und Rechtecke an.
   d) Lege mit diesen Figuren die folgenden zwei Flächen. Bestimme ihren Umfang und Flächeninhalt.

   Tipp zu 3:
   Arbeitet zu zweit oder in Gruppen, damit ihr keine Figur vergesst.

   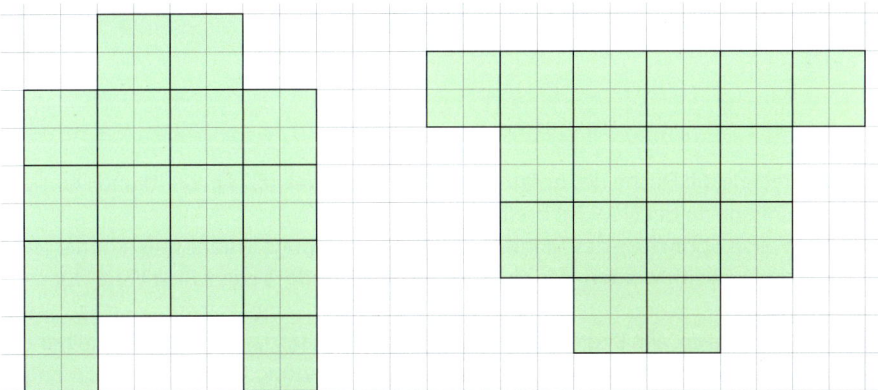

4. Herr Maler will eine Wand im Wohnzimmer (siehe Skizze) neu streichen. Eine Dose Farbe reicht für 5 m². Wie viele Dosen muss Herr Maler einkaufen?

   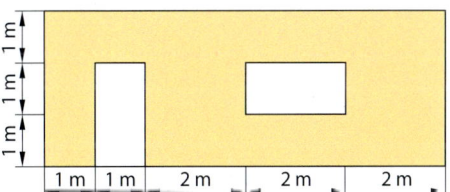

5. Familie Blum beabsichtigt, ihr quadratisches Grundstück mit einer Seitenlänge von 36 m mit Maschendraht einzuzäunen. Das Eingangstor soll 3 m breit sein. Maschendraht gibt es in Rollen zu 15 m (21 € je Rolle) und 25 m (33 € je Rolle). Wie viele Rollen Maschendraht von welcher Länge sollte Familie Blum einkaufen? Begründe.

6. Familie Hurzel aus Limburg hat ein rechteckiges Grundstück gekauft, das 486 m² groß ist. Es liegt direkt an einer Straße und erstreckt sich von dort 27 m nach hinten.
   a) Wie lang ist die Grundstücksseite, die an der Straße liegt?
   b) Welchen Umfang hat das Grundstück?
   c) In Limburg kostet 1 m² Grundstück 280 €. Wie viel musste Familie Hurzel für das Grundstück bezahlen?
   d) Herr Hurzel möchte an der Grundstücksgrenze einen Zaun errichten und dabei alle 3 m einen Zaunpfosten setzen.
   Wie viele Zaunpfosten muss er mindestens kaufen, wenn auch in jeder Ecke des Grundstücks ein Pfosten stehen muss?

7. Ein Rasentennisplatz wie in Wimbledon hat die im Bild angegebenen Maße.

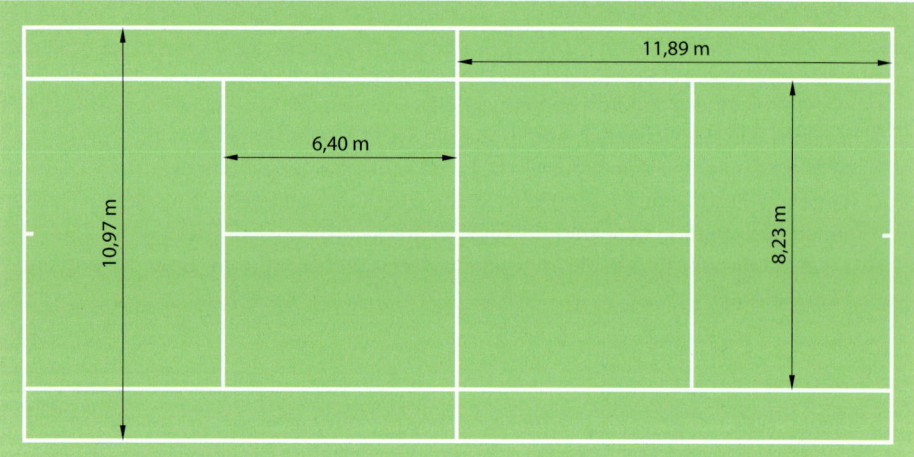

Erinnere dich:
Das Haus vom Nikolaus kannst du mit einer einzigen Linie zeichnen, wenn du an einer der unteren Ecken beginnst.

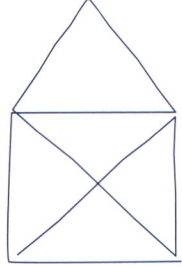

- Berechne die Fläche des gesamten Platzes für Einzel- (8,23 m breit) und Doppel-Tennisspielfelder (10,97 m breit).
- Mit einer Spraydose des Tennisplatzmarkierungssprays „Strahlweiß" können ca. 180 m Linien geweißt werden. Wie viele Dosen benötigt der Verein „Blau-Weiß" für seine 7 Plätze?
- Ist es möglich, alle Begrenzungslinien so abzulaufen, dass man jede Linie nur genau einmal entlang läuft? Kannst du auch eine Begründung für deine Antwort angeben?
- Wie viele Grashalme stehen auf einem Rasentennisplatz ungefähr?

8. Eine Reinigungsfirma wird während der Sommerferien alle Fenster der Schule putzen. Das Reinigen von 10 m² Fensterfläche kostet 18 €.
   a) Bestimme die Gesamtfläche der Fenster deines Klassenraumes.
   b) Was kostet es, die Fenster deines Klassenraumes reinigen zu lassen?
   c) Zählt die Fenster eurer Schule. Schätzt ab, welche Fläche gereinigt werden muss und wie teuer dies wird.
   d) Ein guter Fensterputzer schafft pro Stunde 15 bis 20 m². Wie viele Fensterputzer muss die Reinigungsfirma in deine Schule mitbringen, damit alle Fenster an einem Arbeitstag (8 h) gereinigt werden können?

4.6 Vermischte Aufgaben

9. Sind folgende Behauptungen richtig oder falsch? Gib jeweils eine Begründung an.
   a) Wenn man den Umfang eines Rechtecks kennt, kennt man auch dessen Flächeninhalt.
   b) Der Umfang einer Fläche wird immer in m angegeben.
   c) Der Umfang einer Fläche kann in m angegeben werden.
   d) Wenn du ein Rechteck in zwei Teile zerschneidest, so ist die Summe der Umfänge dieser beiden Teile immer größer als der Umfang des Rechtecks.
   e) Der Flächeninhalt eines Rechtecks ändert sich nicht, wenn man die Länge verdoppelt und die Breite halbiert.
   f) Der Umfang eines Rechtecks ändert sich nicht, wenn man die Länge verdoppelt und die Breite halbiert.

10. Der US-Bundesstaat Wyoming erstreckt sich auf einer Breite von 450 km und einer Länge von 580 km. Der Grenzverlauf entspricht ungefähr einem Rechteck.
    a) Berechne den Flächeninhalt von Wyoming.
    b) Ermittle mithilfe der Grafik näherungsweise den Flächeninhalt der USA. (Hawaii und Alaska sind nicht maßstabsgerecht dargestellt und haben einen Flächeninhalt von rund 28 000 km² und 1 700 000 km²).
    c) Im Jahr 2011 hatten die USA 312 Millionen Einwohner, dies entspricht einer Bevölkerungsdichte von 32 Einwohnern pro Quadratkilometer. Vergleiche damit dein unter b) ermitteltes Ergebnis.
    d) Welche Bevölkerungsdichte hat dein Bundesland Rheinland-Pfalz? Welche Fläche in Quadratmetern steht dir theoretisch allein zur Verfügung?

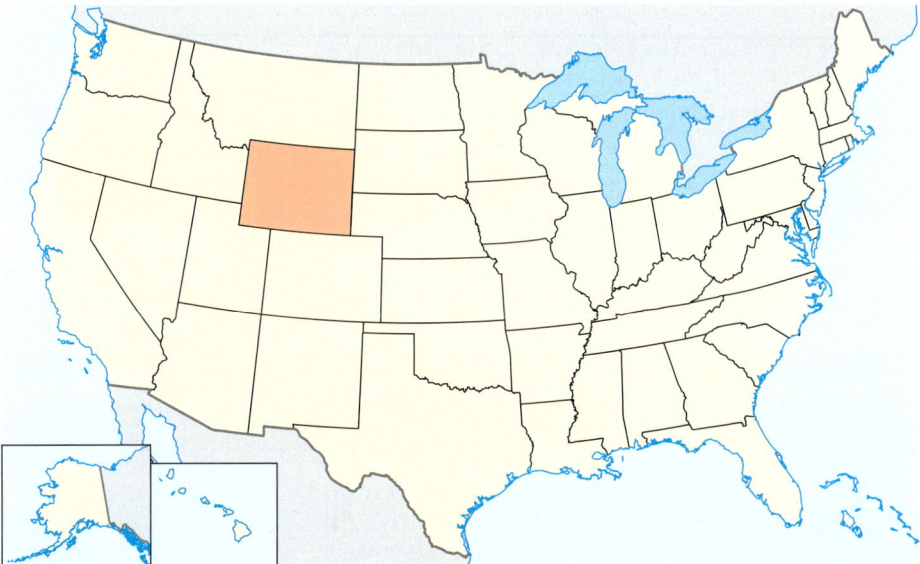

11. Bäuerin Kluge hat 120 Hühner, für die sie einen rechteckigen Auslauf bauen möchte. Der Auslauf soll 550 cm lang und 450 cm breit sein.
    a) Bei der Bodenhaltung sind nach der Richtlinie der Europäischen Union maximal 70 Hühner auf 10 m² erlaubt. Hält sich Bäuerin Kluge an diese Richtlinie?
    b) Wie viel Meter Maschendraht muss Frau Kluge für die Einzäunung des Auslaufs kaufen?
    c) Wie verändert sich der Flächeninhalt des Auslaufs, wenn Frau Kluge mit dem gekauften Maschendraht eine quadratische Auslauffläche einzäunt?
    d) Wie viel Meter Maschendraht benötigt Frau Kluge, wenn die kürzere Seite der Auslauffläche an eine Stallwand grenzt?

Prüfe dein neues Fundament

4. Flächeninhalt und Umfang

Lösungen ↗ S. 232

1. Beantworte die Fragen. Begründe jeweils deine Entscheidung.

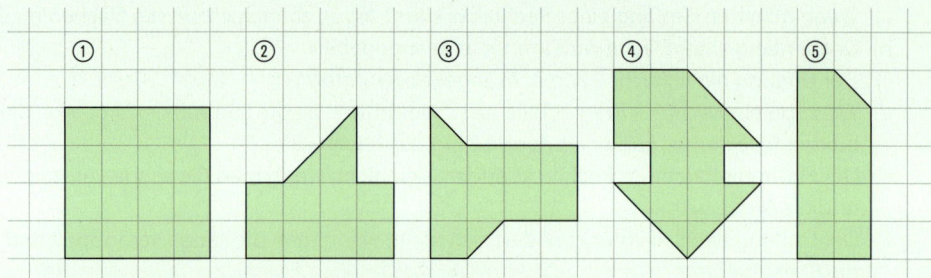

   a) Welche der Figuren hat den größten Flächeninhalt?
   b) Welche der Figuren hat den kleinsten Flächeninhalt?
   c) Welche Figuren haben den gleichen Flächeninhalt?

2. Beantworte die Fragen. Begründe jeweils deine Entscheidung.

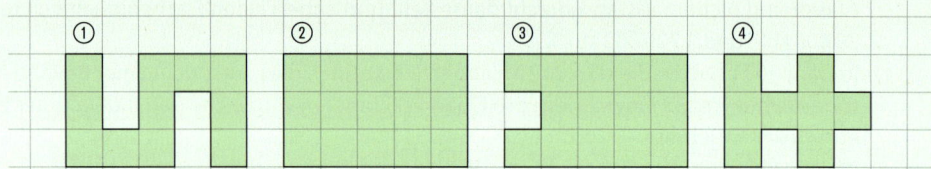

   a) Welche der Figuren hat den größten Umfang?
   b) Welche der Figuren hat den kleinsten Umfang?
   c) Welche Figuren haben den gleichen Umfang?

3. Rechne in die in Klammern stehende Einheit um.
   a) $2\,m^2\,(cm^2)$ b) $300\,cm^2\,(dm^2)$ c) $1\,ha\,(m^2)$ d) $200\,m^2\,(a)$

4. Ordne der Größe nach: $20\,dm^2$, $50\,000\,mm^2$, $1\,m^2$, $4000\,cm^2$, $300\,dm^2$.

5. Berechne den Flächeninhalt und den Umfang des Rechtecks mit den Seitenlängen a und b.
   a) $a = 4\,cm, b = 12\,cm$ b) $a = b = 9\,mm$ c) $a = 2\,m, b = 150\,cm$

6. Übertrage die Tabelle in dein Heft und berechne jeweils die fehlenden Größen für ein Rechteck.

	a)	b)	c)	d)
Breite	3 m		2 cm	
Länge	5 m	4 cm		5 dm
Flächeninhalt A		16 cm²		1000 cm²
Umfang u			120 mm	

7. Zeichne zwei verschiedene Rechtecke mit einem Flächeninhalt von $6\,cm^2$. Gib den Umfang jedes dieser Rechtecke an.

8. Prüfe, ob die Größe der Fläche stimmen kann.
   a) Rheinland-Pfalz $20\,000\,000\,m^2$ b) Tischplatte $700\,000\,mm^2$
   c) Ein-Zimmer-Wohnung $40\,000\,cm^2$ d) Fußballfeld $63\,a$

Prüfe dein neues Fundament

9. Wie verändert sich
   a) der Umfang eines Rechtecks, wenn alle Seitenlängen des Rechtecks um 3 cm verlängert werden? Begründe.
   b) der Flächeninhalt eines Quadrats, wenn alle Seitenlängen verdoppelt werden? Begründe.

10. a) Berechne den Flächeninhalt des Gebäudegrundrisses. Die Maße sind in Metern angegeben.

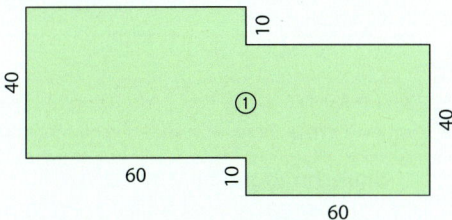 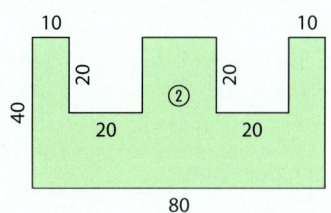

   b) Welcher Grundriss hat den größeren Umfang?

11. Familie Knettel möchte im Flur Teppichboden auslegen.
    a) Wie viel Quadratmeter Teppich werden benötigt?
    b) Wie viele Meter Fußleisten müssen besorgt werden, wenn jede Tür 80 cm breit ist?
    c) Es wird Teppichboden in 4 m und 5 m Breite angeboten. Welche Stücke würdest du kaufen? Begründe.

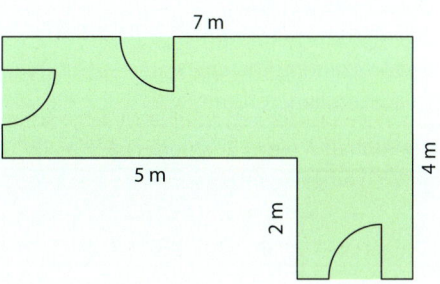

Wiederholungsaufgaben

1. Berechne im Kopf.
   a) 590 − 240   b) 395 − 85   c) 999 : 9   d) 20 + 55 · 4

2. a) Zeichne ein Quadrat.
   b) Zeichne ein Trapez, das keine Raute ist.

3. Wie lang ist eine gerade Linie zwischen A und B?

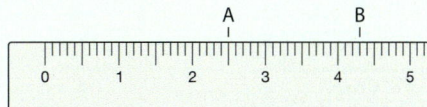

4. Korrigiere die Rechnung.
   ```
     208
   + 692
     800
   ```

5. Schreibe als Zahl: zweihundertfünfzigtausendsechs.

Zusammenfassung

4. Flächeninhalt und Umfang

Flächeninhalt und Umfang von Figuren	Der **Flächeninhalt A** gibt an, wie groß eine Fläche ist. Den Flächeninhalt kannst du messen, indem du die Fläche mit gleich großen Teilflächen (zum Beispiel Quadraten mit der Seitenlänge 1 cm) vollständig auslegst.	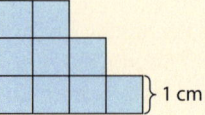 Die blaue Fläche hat den Flächeninhalt $A = 9\,cm^2$.
	Der **Umfang u** einer ebenen Figur ist die Gesamtlänge seiner äußeren Umrandung. Der **Umfang u eines Vielecks** ergibt sich als Summe der Längen aller Seiten des Vielecks.	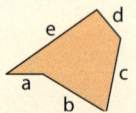 $a = d = 1\,cm$ $b = c = 2\,cm$ $e = 3\,cm$ $u = a + b + c + d + e$ $ = 1\,cm + 2\,cm + 2\,cm + 1\,cm + 3\,cm = 9\,cm$

Flächeneinheiten	Einheiten der Fläche: – Quadratkilometer (km^2) – Hektar (ha) – Ar (a) – Quadratmeter (m^2) – Quadratdezimeter (dm^2) – Quadratzentimeter (cm^2) – Quadratmillimeter (mm^2)	Umrechnungszahl: 100 $1\,km^2 = 100\,ha \qquad 1\,km^2 = 1\,000\,000\,m^2$ $1\,ha = 100\,a$ $1\,a = 100\,m^2$ $1\,m^2 = 100\,dm^2$ $1\,dm^2 = 100\,cm^2$ $1\,cm^2 = 100\,mm^2$

Flächeninhalt und Umfang von Rechtecken	Flächeninhalt A eines Rechtecks: $A = a \cdot b$ Umfang u eines Rechtecks: $u = 2 \cdot a + 2 \cdot b$ 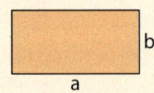	Rechteck mit $a = 5\,cm$, $b = 4\,cm$: $A = a \cdot b \qquad\qquad u = 2 \cdot a + 2 \cdot b$ $ = 5\,cm \cdot 4\,cm \qquad = 2 \cdot 5\,cm + 2 \cdot 4\,cm$ $ = 20\,cm^2 \qquad\qquad = 10\,cm + 8\,cm$ $\qquad\qquad\qquad = 18\,cm$
	Flächeninhalt A eines Quadrats: $A = a \cdot a = a^2$ Umfang u eines Quadrats: $u = 4 \cdot a$ 	Quadrat mit $a = 6\,cm$: $A = a \cdot a \qquad\qquad u = 4 \cdot a$ $ = 6\,cm \cdot 6\,cm \qquad = 4 \cdot 6\,cm$ $ = 36\,cm^2 \qquad\qquad = 24\,cm$

Flächenberechnung bei zusammengesetzten Flächen	Gegeben ist eine zusammengesetzte Figur: 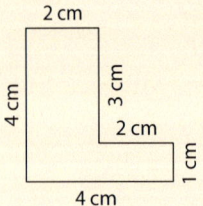 Gesucht ist der Flächeninhalt A.	**Zerlegungsmethode:** 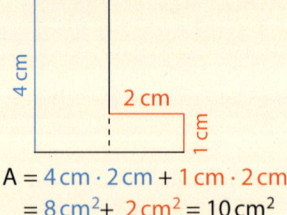 $A = 4\,cm \cdot 2\,cm + 1\,cm \cdot 2\,cm$ $ = 8\,cm^2 + 2\,cm^2 = 10\,cm^2$ **Ergänzungsmethode:** 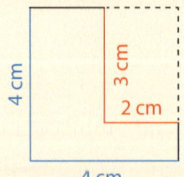 $A = 4\,cm \cdot 4\,cm - 3\,cm \cdot 2\,cm$ $ = 16\,cm^2 - 6\,cm^2 = 10\,cm^2$

5. Volumen und Oberflächeninhalt

Dieser Würfel besteht aus vielen kleinen Quadern. Geometrische Körper kann man zerlegen oder zu größeren Körpern zusammensetzen. Auf diese Weise kann man ihre Größe ermitteln und berechnen.

Nach diesem Kapitel kannst du …
- Volumina und Oberflächeninhalte von Würfel und Quader vergleichen und berechnen,
- mit Volumeneinheiten umgehen.

Dein Fundament

Lösungen S. 233

Würfelbauten

1. Alle abgebildeten Würfelbauten sind aus gleich großen Würfeln zusammengesetzt. Wie viele kleine Würfel wurden jeweils benötigt?

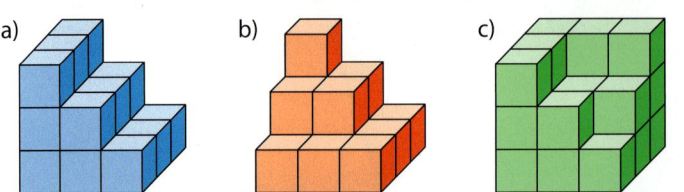

a) b) c) d)

Hinweis zu 1 und 2: Die Rückseiten der Würfelbauten sind jeweils vollständig mit kleinen Würfeln gefüllt.

2. Wie viele kleine Würfel fehlen jeweils noch, damit ein großer Würfel entsteht? Der große Würfel soll insgesamt möglichst wenig kleine Würfel enthalten.

a) b)

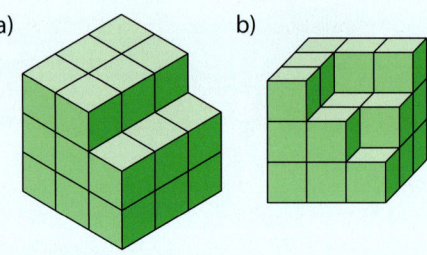

Flächeninhalte von Rechtecken und Quadraten

3. Berechne den Flächeninhalt der Figur. Entnimm die Maße der Zeichnung.

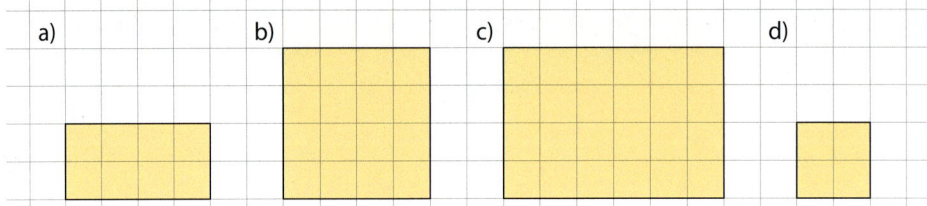

a) b) c) d)

4. Berechne den Flächeninhalt
   a) eines Rechtecks mit Seitenlängen von 2 cm und 3 cm,
   b) eines Quadrats mit einer Seitenlänge von 4 cm.

5. a) Übertrage die Tabelle in dein Heft und vervollständige sie.

Rechteck	①	②	③	④	⑤
Länge	15 cm	10 cm		21 cm	5 dm
Breite	3 cm	1 dm	10 m	6 cm	
Flächeninhalt			100 m²		25 dm²

b) Welche dieser Rechtecke sind Quadrate?

6. Gib die Länge und die Breite zweier verschiedener Rechtecke an, deren Flächeninhalt 12 cm² beträgt.

7. Gib die Seitenlängen eines Quadrats an, dessen Flächeninhalt 4 m² beträgt.

Dein Fundament

Größenangaben umrechnen

8. Wandle in die angegebene Längeneinheit um.
   a) 3 cm (mm)   b) 50 dm (cm)   c) 1 m (cm)   d) 5 km (m)
   e) 30 mm (cm) f) 35 000 m (km) g) 200 cm (m) h) 500 dm (m)

9. Rechne in cm² um.
   a) 300 mm²   b) 2 m²   c) 5 dm²   d) 500 mm²

10. Wandle in die angegebene Flächeneinheit um.
    a) 67 cm² (mm²)   b) 9 dm² (cm²)   c) 1 m² (cm²)   d) 11 m² (cm²)
    e) 500 mm² (cm²) f) 37 000 dm² (m²) g) 500 cm² (dm²) h) 1 km² (m²)

11. Suche aus den Angaben m², mm, dm, a, dm², min, ha, h, km², €, cm
    a) alle Längeneinheiten,   b) alle Flächeneinheiten heraus.

12. Übertrage in dein Heft und ersetze ■ durch die richtige Einheit.
    a) 13 cm = 130 ■   b) 2 ■ = 20 dm   c) 1200 cm = 12 ■   d) 17 dm = 1700 ■
    e) 1 m² = 100 ■   f) 2 cm² = 200 ■ g) 2200 cm² = 22 ■   h) 20 000 mm² = 2 ■

Vermischtes

13. Gib an, wie viele
    a) Flächen,   b) Kanten,   c) Ecken ein Quader hat.

14. Gib an, welche der Figuren keine Würfelnetze sind. Begründe deine Entscheidung.

    a) 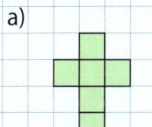   b) 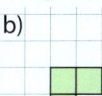   c) 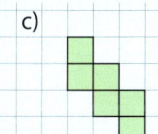   d) 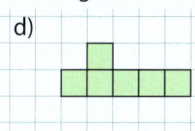   e)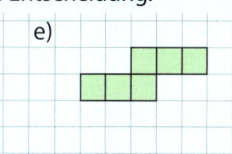

15. Welche Figuren sind Quadernetze? Korrigiere die Zeichnung, falls nötig.

    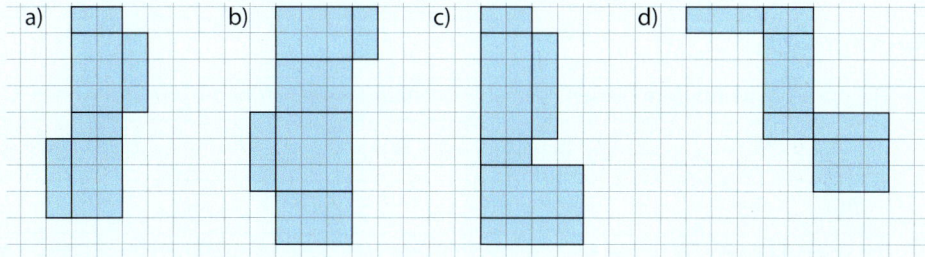

16. Gegeben ist ein Quader mit den Kantenlängen a = 3 cm, b = 4 cm und c = 2 cm.
    a) Zeichne ein Netz dieses Quaders.
    b) Zeichne ein Schrägbild dieses Quaders.

17. Berechne.
    a) 9 · 9   b) 2 · 2 · 2   c) 2 · 3 · 7   d) 2 · (2 · 3 + 2 · 4 + 3 · 4)   e) 2 · (3 · 5 + 3 · 4 + 4 · 5)

5.1 Volumen vergleichen

■ Pappkartons gibt es in verschiedenen Größen.
Vergleiche Form, Inhalt und Materialverbrauch der verschiedenen Pappkartons. ■

Hinweis:
- **Länge, Breite und Höhe** eines Quaders kennst du aus Kap. 3.6 und 3.7.
- **Netze** kennst du aus Kap. 3.6. Der **Oberflächeninhalt** ist Thema von Kap. 5.4.
- Das **Volumen** ist Thema von Kap. 5.1, 5.2 und 5.3.

Grundbegriffe:
Wenn man Quader vergleicht, kann man ähnlich wie bei Flächen verschiedene Größen vergleichen:
- die **Länge, Breite und Höhe** der Quader,
- die **Oberfläche** der Quader, wenn man die Größe der Netze bestimmen will, aus denen man die Quader basteln kann,
- das **Volumen** der Quader, wenn man sie mit Wasser oder Sand oder anderen Inhalten füllt.

Wenn man von der Größe eines Quaders spricht, meint man meist das Volumen (auch Rauminhalt genannt). Das **Volumen** gibt an, welches Fassungsvermögen ein Körper hat oder welchen Raum ein Körper ausfüllt.

Volumen vergleichen

Beispiel 1: Begründe, dass die beiden Körper das gleiche Volumen haben.

Lösung:
Du zerlegst dazu beide Körper in zwei kleinere Körper (Prismen).

Beide Körper bestehen aus den gleichen zwei gleich großen Prismen. Also haben sie das gleiche Volumen.

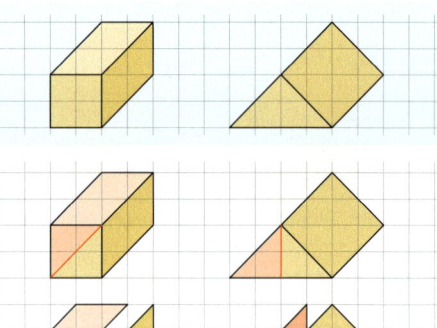

Basisaufgaben

1. Die Körper sind aus dem blauen Prisma zusammengesetzt. Ordne sie der Größe nach.

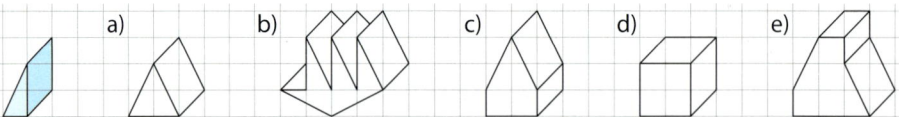

2. Welche der Körper haben das gleiche Volumen? Begründe durch Zerlegen in Prismen.

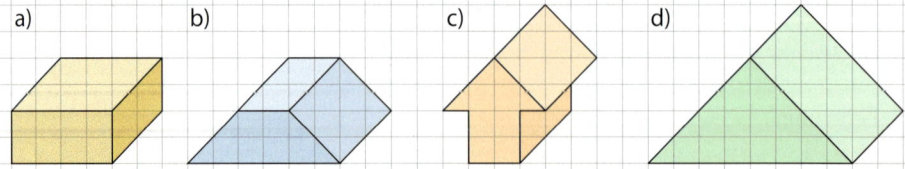

5.1 Volumen vergleichen

Volumen in cm³ angeben

Um das Volumen von Körpern einfach vergleichen zu können, hat man Volumeneinheiten eingeführt. Man hat festgelegt, dass ein Würfel mit der Kantenlänge 1 cm ein Volumen von 1 cm³ (1 **Kubikzentimeter**) hat.

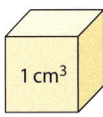

Beispiel 2: Ein Würfel ist 1 cm³ groß. Bestimme das Volumen des Körpers in cm³.

a) 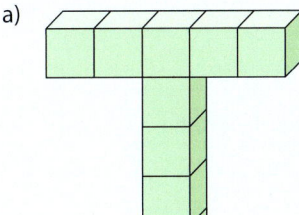   b)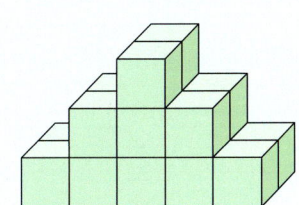

Lösung:
a) Der Körper besteht aus 9 gleich großen Würfeln. Jeder Würfel hat ein Volumen von 1 cm³. Der ganze Körper hat daher ein Volumen von 9 cm³.

b) Der Körper besteht aus 18 gleich großen Würfeln, 9 in der vorderen Ebene und nochmals so viele dahinter. Jeder Würfel hat ein Volumen von 1 cm³. Der ganze Körper hat daher ein Volumen von 18 cm³.

Basisaufgaben

3. Die folgenden Körper sind alle aus gleich großen Würfeln zusammengesetzt. Ordne die Körper nach ihrem Volumen. Beginne mit dem kleinsten Volumen.

   a)    b) 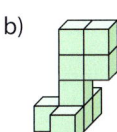   c) 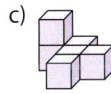   d)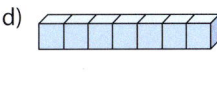

4. Ein Würfel ist 1 cm³ groß. Bestimme das Volumen des Körpers in cm³.

   a) 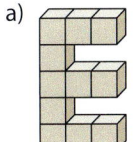   b) 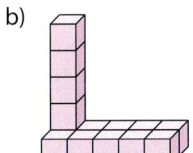   c)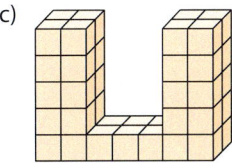

5. Bestimme das Volumen des Körpers, wenn ein Würfel 1 cm³ groß ist.

   a) 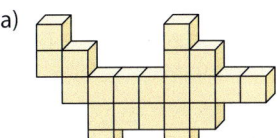   b) 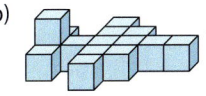   c)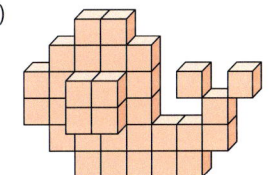

Hinweis zu 5:
Hier findest du die Lösungen.

39 cm³   21 cm³   15 cm³

6. Zeichne das Schrägbild ins Heft. Zerlege den Körper in 1-cm³-Würfel und bestimme das Volumen.

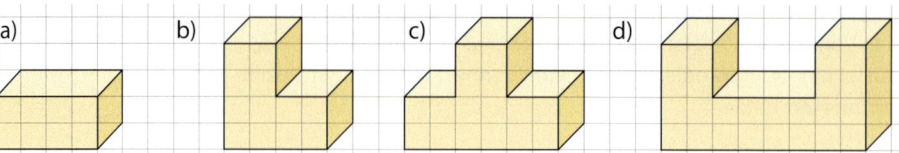

Weiterführende Aufgaben

7. Bestimme das Volumen des Körpers in cm³. Zerlege den Körper, falls nötig.

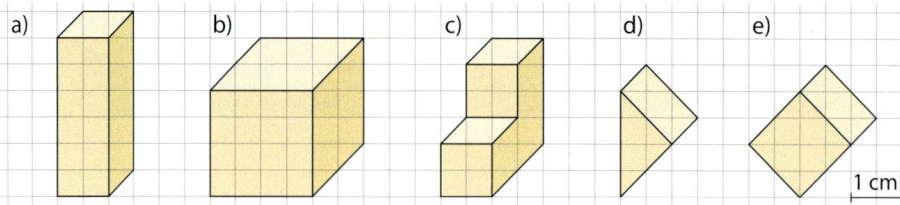

1 cm

8. **Stolperstelle:** Aus wie vielen Würfeln besteht der Quader? Kai: „Er besteht aus 12 Würfeln." Nora: „Ich sehe nur 10." Wer liegt richtig?

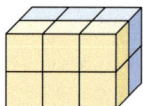

9. Wie viele Würfel passen noch in den großen Würfel?

   a) 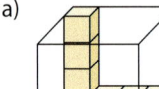   b) 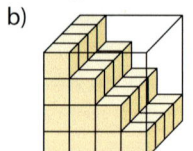   c)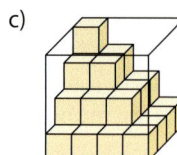

Tipp zu 10:
Überlege vorab, wie du die Lösung im Heft dokumentieren kannst.

10. **Ausblick:** Im Spiel Tetris muss man Bausteine möglichst dicht und lückenlos packen. Ist eine Reihe Steine gefüllt, verschwindet sie. Das Spiel gibt es auch in 3D – die Spielsteine siehst du hier. Marga und Elias überlegen, ob man mit den Bausteinen Würfel bauen kann.

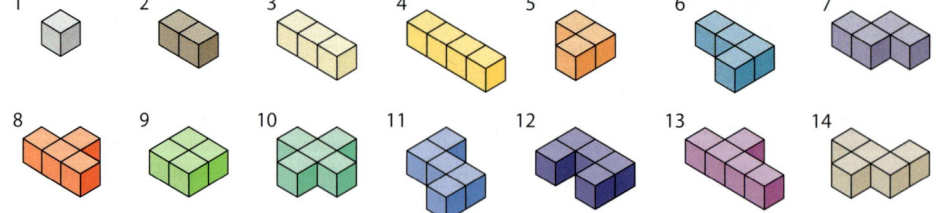

   a) Marga sagt: „Man kann die Steine 3, 5, 6, 10, 11, 12 zu einem kompakten Würfel zusammenbauen." Begründe, warum Margas Lösung falsch sein muss.
   b) Aus den Steinen 1, 5 und 9 kann man einen Würfel mit dem Volumen 8 bauen. Überlege, wie die beiden nächstgrößeren Würfel aussehen. Welches Volumen haben sie?
   c) Tatsächlich kann man einen Würfel mit der Kantenlänge 3 so aus den Steinen bauen, dass man keinen Stein doppelt verwenden muss. Beschreibe eine mögliche Lösung.
   d) Elias sagt: „Wenn man viele Steine vom Typ 6 hat, kann man daraus einen Würfel bauen." Welches Volumen muss dieser Würfel mindestens haben?

5.2 Volumeneinheiten

■ Ein Würfel der Kantenlänge 1 dm soll in kleine gleich große Würfel zerlegt werden. Wie viele Würfel mit der Kantenlänge 1 cm erhält man? Schätze zuerst und berechne dann. ■

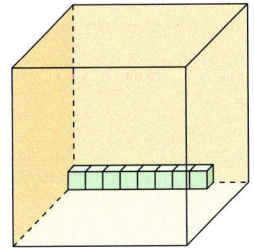

Das Volumen eines Körpers kann bestimmt werden, indem man den Körper mit Einheitswürfeln der Kantenlänge 1 m, 1 dm, 1 cm oder 1 mm ausfüllt. Zu jeder Längeneinheit gehört eine **Volumeneinheit**: m^3, dm^3, cm^3 und mm^3.
Zusätzlich gibt es die Volumeneinheiten Milliliter und Liter. Es gilt: $1\,dm^3 = 1\,\ell$ und $1\,cm^3 = 1\,m\ell$

Wissen: Volumeneinheiten

Volumeneinheit	$1\,m^3$	$1\,dm^3$ oder $1\,\ell$	$1\,cm^3$ oder $1\,m\ell$	$1\,mm^3$
Kantenlänge des Würfels	1 m	1 dm	1 cm	1 mm
Bezeichnung	Kubikmeter	Kubikdezimeter oder Liter	Kubikzentimeter oder Milliliter	Kubikmillimeter
Beispiel	Müllcontainer	Milchkarton	kleiner Spielwürfel	Salzkorn

Basisaufgaben

1. Ordne jeweils ein passendes Volumen zu.
   Mineralwasserflasche   Kinderzimmer
   Schokoladentafel   Schultasche
   Wassereimer   Wohnung

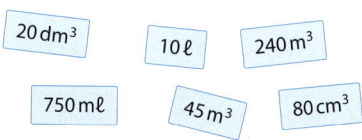

Volumeneinheiten umrechnen

Stell dir vor, dass ein großer Einheitswürfel in viele kleine Einheitswürfel zerlegt wird.

Auf den Boden eines 1-dm^3-Würfels passen
10 · 10 Würfel vom Volumen $1\,cm^3$.
Das ist ein Volumen von $100\,cm^3$.

Es passen 10 dieser Schichten übereinander.
Damit gilt insgesamt:
$1\,dm^3 = 10 \cdot 10 \cdot 10 \cdot 1\,cm^3 = 1000\,cm^3$

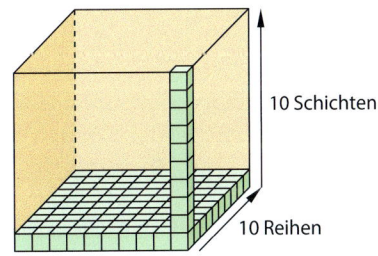

5. Volumen und Oberflächeninhalt

Hinweis:
Es gilt 1 ℓ = 1000 mℓ,
da 1 ℓ = 1 dm³
und 1 mℓ = 1 cm³.

Wissen: Volumeneinheiten umrechnen

Umrechnungszahl: 1000 zwischen m³, dm³, cm³, mm³

Kubikmeter	1 m³ = 1000 dm³
Kubikdezimeter	1 dm³ = 1000 cm³
Kubikzentimeter	1 cm³ = 1000 mm³
Kubikmillimeter	1 mm³

Beispiel 1: Rechne in die in Klammern angegebene Volumeneinheit um.
a) 10 cm³ (mm³) b) 2000 dm³ (m³) c) 3 ℓ (cm³)

Lösung:
a) 1 cm³ hat 1000 mm³.
   10 cm³ sind also 10 mal 1000 mm³.
   10 cm³ = 10 · 1000 mm³
          = 10 000 mm³

b) 1 m³ hat 1000 dm³.
   2 mal 1000 dm³ sind also 2 m³.
   2000 dm³ = 2 · 1000 dm³
            = 2 m³

c) 1 ℓ ist dasselbe wie 1 dm³.
   1 dm³ hat 1000 cm³.
   3 dm³ sind also 3 mal 1000 cm³.
   3 ℓ = 3 dm³
       = 3 · 1000 cm³
       = 3000 cm³

Basisaufgaben

2. Rechne in die in Klammern stehende Volumeneinheit um.
a) 3 m³ (dm³) b) 12 dm³ (cm³) c) 4000 cm³ (dm³) d) 11 ℓ (cm³)

3. Wandle in die nächstkleinere Einheit um.
a) 4 m³ b) 11 dm³ c) 70 cm³ d) 800 m³ e) 650 ℓ

4. Wandle in die nächstgrößere Einheit um.
a) 8000 mm³ b) 19 000 dm³ c) 5000 cm³ d) 90 000 cm³ e) 4000 mℓ

5. Übertrage in dein Heft und ergänze die richtigen Maßzahlen oder Maßeinheiten.
Bei welchen Aufgaben gibt es mehrere Möglichkeiten?
a) 6000 cm³ = 6 ▪ b) 9 ℓ = 9000 ▪ c) 32 cm³ = ▪ mℓ
d) 990 000 mm³ = ▪ cm² e) 70 m³ = ▪ dm³ f) 8 ℓ = 8 ▪
g) 7 dm³ = ▪ mℓ h) 5000 ℓ = ▪ m³ i) ▪ ℓ = 15 000 cm³

6. Rechne schrittweise in die gegebene Einheit um.
Beispiel: 7 m³ = 7000 dm³ = 7 000 000 cm³
a) 23 dm³ (in mm³) b) 9 000 000 cm³ (in m³)
c) 40 m³ (in cm³) d) 80 mℓ (in mm³)

7. Rechne in die angegebene Volumeneinheit um.
Kannst du auf verschiedene Weisen vorgehen?

a) in cm³: b) in mm³: c) in m³: d) in mℓ:
   4 dm³   345 cm³   389 000 dm³   209 ℓ
   32 000 mm³ 94 dm³   21 000 000 cm³ 69 000 mm³

5.2 Volumeneinheiten

Weiterführende Aufgaben

8. Ordne der Größe nach: $8\,m^3$; $80\,000\,dm^3$; $8000\,m\ell$; $8\,000\,000\,cm^3$; $800\,\ell$.

9. Schreibe 1 Liter auf möglichst viele Arten durch Umrechnen in verschiedene Maßeinheiten. Wer findet die meisten Möglichkeiten?

10. **Stolperstelle:** Einige von Jörgs Umrechnungen sind nicht richtig. Finde alle Fehler und beschreibe sie. Berichtige anschließend die Umrechnungen.
    a) $25\,dm^3 = 25 \cdot 100\,cm^3 = 2500\,cm^3$
    b) $74\,000\,cm^3 = 74\,000 : 1000\,mm^3 = 74\,mm^3$
    c) $31\,m^3 = 31 \cdot 1000\,cm^3 = 31\,000\,cm^3$
    d) $6\,m^3 = 6\,l = 6 \cdot 1000\,ml = 6000\,ml$

11. Rechne in die nächstkleinere Einheit um.
    a) $42\,m = 42 \cdot 10\,dm = \underline{}\,dm$
    b) $23\,m^2 = 23 \cdot \underline{} = \underline{}\,dm^2$
    c) $11\,m^3 = \underline{} = \underline{}\,dm^3$

12. Jetzt musst du aufpassen: Hier sind Längen-, Flächen- und Volumeneinheiten vermischt. Ordne zuerst und rechne dann in die angegebene Einheit um.
    a) $5\,m$ (in dm)
    b) $5\,m^2$ (in dm^2)
    c) $5\,m^3$ (in dm^3)
    d) $11\,m^2$ (in dm^2)
    e) $60\,m^3$ (in dm^3)
    f) $2\,\ell$ (in $m\ell$)
    g) $9\,km^2$ (in ha)
    h) $7\,\ell$ (in cm^3)
    i) $18\,cm$ (in mm)
    j) $5\,ha$ (in a)
    k) $3\,dm^3$ (in mm^3)
    l) $450\,cm$ (in m)

13. Berechne das Gesamtvolumen. Beachte dabei die Einheiten.
    a) $30\,m^3 + 3\,m^3$
    b) $40\,cm^3 + 10\,cm^3$
    c) $39\,dm^3 + 200\,dm^3$
    d) $90\,cm^3 + 80\,mm^3$
    e) $24\,dm^3 + 1\,m^3$
    f) $620\,000\,mm^3 - 2\,cm^3$
    g) $2\,m^3 + 300\,cm^3$
    h) $11\,dm^3 - 4300\,mm^3$
    i) $5\,930\,000\,cm^3 - 4\,m^3$

14. Welche Volumeneinheiten müssen die Maßzahlen haben, damit die Rechnung stimmt? Achtung, es gibt nicht nur eine richtige Lösung.
    a) $382\,\underline{} + 98\,\underline{} = 382\,098\,\underline{}$
    b) $71\,\underline{} - 71\,\underline{} = 70\,999\,929\,\underline{}$

15. Prüfe, ob Lisas Behauptungen stimmen können.
    a) Ein Mensch trinkt ungefähr $200\,000\,m\ell$ am Tag.
    b) Ein Elefant trinkt ungefähr $140\,000\,cm^3$ Wasser am Tag.
    c) Der Kofferraum eines Autos hat etwa $350\,000\,000\,mm^3$ Inhalt.
    d) In eine Badewanne passen ungefähr $20\,m^3$ Wasser.

● 16. Ein Kind atmet bei einem Atemzug etwa $300\,m\ell$ Luft ein.
    a) Berechne, wie viele m^3 Luft du an einem Tag einatmest.
    b) Ein Luftballon fasst etwa $2500\,cm^3$ Luft. Wie viele Ballons könntest du ungefähr mit deiner Atemluft von einem Tag (1 Woche) theoretisch, wie viel tatsächlich aufblasen?

● 17. **Ausblick:** Svenja hat alles versucht, doch der Wasserhahn im Badezimmer hört nicht auf zu tropfen. Sie liegt nun in ihrem Bett und kann wegen des Geräusches aus dem Badezimmer nicht einschlafen. Daher zählt sie die Wassertropfen. Es sind in einer Minute 100 Tropfen.
    a) Svenja möchte wissen, welches Volumen ein Wassertropfen hat. Darum stellt sie einen Eimer unter den Hahn (um 22:00 Uhr). Am nächsten Morgen (8:00 Uhr) sind etwa $9\,\ell$ Wasser im Eimer. Welches Volumen hat ein Wassertropfen aus Svenjas Hahn?
    b) Wie viel cm^3 Wasser würde der Wasserhahn an einem Tag verlieren? Wie viel Liter wären es etwa in einer Woche?

Hinweis zu 13:
Die Maßzahlen der Lösungen findest du im Ballon. Je nach Einheit, in die umgerechnet wird, können auch andere Maßzahlen auftreten.

5.3 Volumen eines Quaders

■ Die Abbildung zeigt einen Quader, der aus kleinen Spielzeugwürfeln gebaut wurde. Aus wie vielen Spielzeugwürfeln besteht der Quader? Welche anderen Quader mit gleich vielen Würfeln könnte man damit bauen? ■

Will man das Volumen eines Quaders bestimmen, so kann man ihn mit gleich großen Würfeln (zum Beispiel mit der Kantenlänge 1 mm oder 1 cm) füllen:

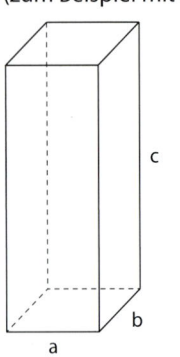 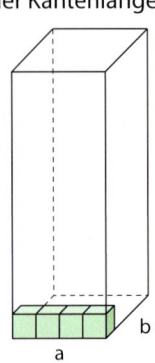 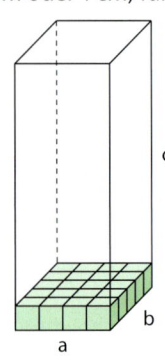 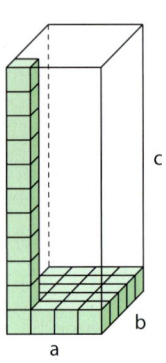 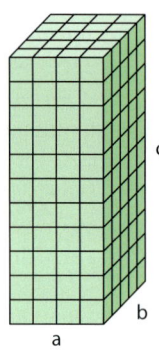

Das Volumen des Quaders erhält man, indem man die eingefüllten Würfel systematisch zählt: Man multipliziert die Anzahl der Würfel, die an die Kante a passen, mit der Anzahl der Würfel, die an die Kante b passen, und mit der Anzahl der Würfel, die an die Kante c passen.

Hinweis:
Die Mehrzahl des Wortes Volumen heißt Volumina.

Wissen: Volumen eines Quaders
Das Volumen eines Quaders ist das Produkt aus Länge, Breite und Höhe.

Volumen = Länge mal Breite mal Höhe
$$V = a \cdot b \cdot c$$

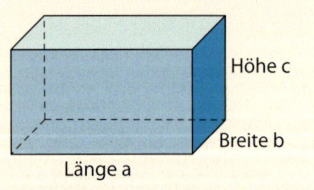

Volumen berechnen

Beispiel 1: Wie groß ist das Volumen eines Quaders mit den Kantenlängen 12 cm, 10 cm und 7 cm?

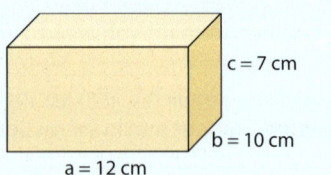

Lösung:
Das Volumen eines Quaders berechnest du, indem du die drei Kantenlängen des Quaders miteinander multiplizierst.
Das Ergebnis ist ein Volumen, deshalb brauchst du die Einheit cm^3.

$V = 12\,cm \cdot 10\,cm \cdot 7\,cm$
$ = (12 \cdot 10 \cdot 7)\,cm^3 = 840\,cm^3$

Der Quader hat ein Volumen von $840\,cm^3$.

5.3 Volumen eines Quaders

Basisaufgaben

1. Berechne das Volumen des Quaders mit den Kantenlängen a, b und c.
   a) a = 5 cm, b = 1 cm, c = 6 cm
   b) a = 10 cm, b = 6 cm, c = 5 cm
   c) a = 8 cm, b = 7 cm, c = 3 cm
   d) a = 15 cm, b = 12 cm, c = 11 cm
   e) a = 2 m, b = 6 m, c = 20 m
   f) a = 11 mm, b = 7 mm, c = 9 mm

2. Berechne das Volumen des Quaders.
   a)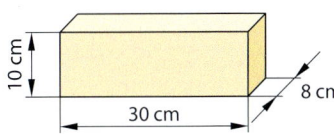
   b) (siehe Abbildung)

3. Berechne das Volumen des Quaders. Achte auf die Einheiten.
   a) a = 5 cm, b = 2 cm, c = 3 cm
   b) a = 10 cm, b = 20 cm, c = 9 cm
   c) a = 12 dm, b = 4 dm, c = 8 dm
   d) a = 5 cm, b = 30 cm, c = 400 mm
   e) a = 4 cm, b = 3 mm, c = 1 dm
   f) a = 1 m, b = 2,5 cm, c = 1 dm

   Hinweis zu 3:
   Hier findest du die Maßzahlen der Lösungen. Je nach Einheit, in die umgerechnet wird, können auch andere Maßzahlen auftreten.

4. **Volumen eines Würfels berechnen**
   a) Berechne das Volumen des Würfels mit der Kantenlänge a = 6 cm
   (a = 50 mm; a = 10 m).
   b) Wie kann man das Würfel-Volumen berechnen, wenn die Kantenlänge a gegeben ist?
   Stelle eine Formel auf.

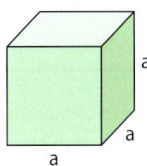

384 30
1800 12
6000 2500

Kantenlänge berechnen

Beispiel 2: Von einem Quader sind die Kantenlängen a = 20 cm und b = 7 cm bekannt. Das Volumen des Quaders beträgt 1400 cm³. Wie groß ist die Kantenlänge c?

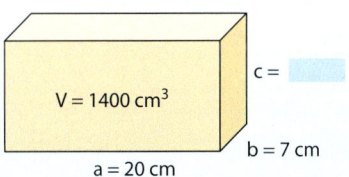

Lösung:
Gesucht ist die Länge c, die mit den anderen beiden Kantenlängen multipliziert das Volumen 1400 cm³ ergibt.
Du kannst diese Länge mit der Umkehroperation berechnen.

$V = 20\,cm \cdot 7\,cm \cdot c = 1400\,cm^3$

Also: $(140 \cdot \blacksquare)\,cm^3 = 1400\,cm^3$

Da 1400 : 140 = 10, hat die fehlende Kante c die Länge 10 cm.

Basisaufgaben

5. Bestimme die Kantenlänge c des Quaders.
   a) a = 2 cm, b = 5 cm, V = 30 cm³
   b) a = 10 cm, b = 17 cm, V = 340 cm³
   c) a = 4 cm, b = 3 cm, V = 72 cm³
   d) a = 5 cm, b = 1 cm, V = 65 cm³
   e) a = 6 m, b = 5 m, V = 30 m³
   f) a = 7 mm, b = 6 mm, V = 168 mm³

6. Ergänze die fehlende Größe des Quaders im Heft.

	Länge	Breite	Höhe	Volumen
a)	120 cm	40 cm	5 dm	
b)		5 cm	7 cm	105 cm³
c)	32 cm		120 mm	3840 cm³
d)	2 dm	500 mm		14 000 cm³

Weiterführende Aufgaben

7. **Stolperstelle:** Mark und Christoph haben das Volumen eines Quaders mit den Kantenlängen 2 dm, 15 cm und 40 mm berechnet. Prüfe die Lösungen und erkläre mögliche Fehler.
Marks Lösung: $V = 2\,dm \cdot 15\,cm \cdot 40\,mm = 1200\,mm^3$
Christophs Lösung: $V = 20 \cdot 15 \cdot 4\,cm = 1200\,cm^3$

8. Ein Quader hat ein Volumen von 60 cm³.
   a) Gib drei Möglichkeiten für die drei Kantenlängen eines solchen Quaders an. Erläutere deine Vorgehensweise.
   b) Wie viele Möglichkeiten gibt es, so einen Quader aus 1-cm³-Würfeln zu bauen?

9. Ein quaderförmiger Kreidekarton hat die Innenmaße a = 20 cm, b = 10 cm und c = 8 cm. Die Kreidestücke, die darin verpackt werden sollen, sind quaderförmig und haben ein Volumen von je 8 cm³. Bestimme die Anzahl der Kreidestücke, die höchstens in den Karton passen.

10. Welche Kantenlänge hat ein Würfel mit dem angegebenen Volumen?
    a) 27 cm³   b) 125 dm³   c) 1000 m³

11. Die neue Mensa einer Schule soll 30 m lang, 15 m breit und 6 m hoch werden. Der Architekt rechnet mit Kosten von 500 € pro Kubikmeter umbauten Raum. Wie teuer wird die Mensa?

12. Eine Zuckerwürfelpackung ist 16 cm lang, 8 cm breit und 10 cm hoch. Die Packung wird bis zu einer Höhe von 9 cm mit Zucker befüllt.
    a) Wie viel Luft enthält die Packung?
    b) Welche Maße hat ein Stückchen Würfelzucker (in ganzen Millimetern), wenn die Grundfläche quadratisch ist und 450 Stücke in der Packung sind?

13. Das größte Becken im Aquarium Sea Life in Speyer fasst 320 000 ℓ Wasser. Die Wassertiefe beträgt maximal 5 m. Welche Maße kann das Becken haben, wenn es quaderförmig ist?

14. **Ausblick:** Wie verändert sich das Volumen eines Quaders, wenn man alle Kantenlängen verdoppelt (verdreifacht, vervierfacht, …)?

5.4 Oberflächeninhalt eines Quaders

■ Marie möchte ihrer Freundin Schokolade zum Geburtstag schenken. Die Schokoladenschachtel beklebt sie mit einer dünnen Goldfolie. Wie viel Goldfolie benötigt sie mindestens? ■

Mit der **Oberfläche eines Körpers** bezeichnet man alle Flächen, die den Körper begrenzen. Ein Quader wird durch sechs Rechtecke begrenzt, von denen je zwei gleich sind:

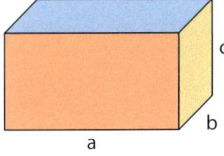
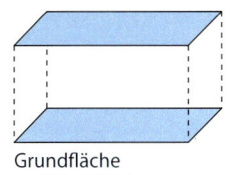

Grundfläche und Deckfläche

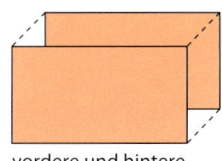

vordere und hintere Seitenfläche

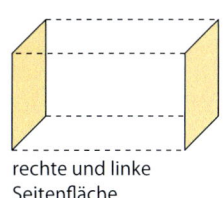

rechte und linke Seitenfläche

Wissen: Oberflächeninhalt eines Quaders

Der Oberflächeninhalt O eines Quaders ist die Summe der Flächeninhalte aller sechs Rechteckflächen.

O = 2 · Grundfläche + 2 · Vorderfläche + 2 · Seitenfläche

O = 2 · Länge · Breite + 2 · Länge · Höhe + 2 · Breite · Höhe

O = 2 · a · b + 2 · a · c + 2 · b · c

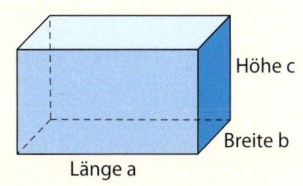

Beispiel 1: Bestimme den Oberflächeninhalt eines Quaders mit der Länge 3 cm, der Breite 2 cm und der Höhe 1 cm.

Lösung:

O = 2 · Grundfläche + 2 · Vorderfläche + 2 · Seitenfläche

Die Grundfläche ist 3 cm lang und 1 cm breit, sie hat den Flächeninhalt 3 cm².

Die Vorderfläche hat den Flächeninhalt 3 cm · 2 cm = 6 cm².

Die rechte Seitenfläche hat den Flächeninhalt 1 cm · 2 cm = 2 cm².

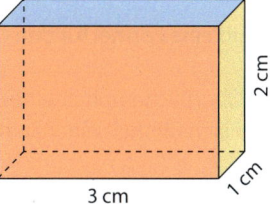

Der Oberflächeninhalt beträgt somit
O = 2 · 3 cm² + 2 · 6 cm² + 2 · 2 cm²
  = 6 cm² + 12 cm² + 4 cm²
  = 22 cm².

5. Volumen und Oberflächeninhalt

Basisaufgaben

Hinweis zu 1:
Hier findest du die Maßzahlen der Lösungen.

1. Berechne den Oberflächeninhalt des Quaders mit den angegebenen Kantenlängen.

   a)   b)   c)   d)

   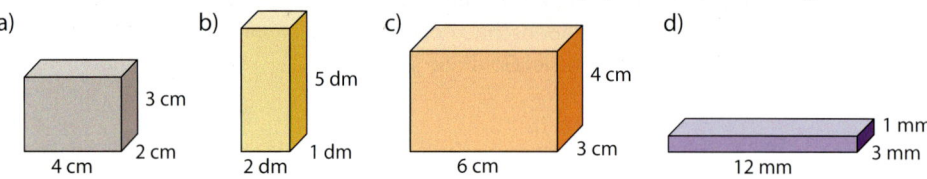

2. Berechne den Oberflächeninhalt des Quaders. Achte auf die Einheiten.

   a)   b)   c)   d)

   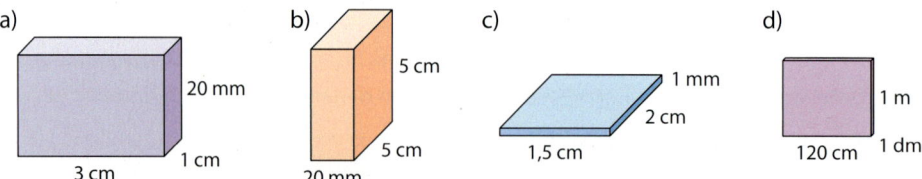

3. Berechne den Oberflächeninhalt aus den Maßen in der Tabelle.

Quader	a)	b)	c)	d)	e)
Länge	7 cm	5 cm	25 mm	25 dm	4 dm
Breite	4 cm	9 cm	10 mm	2 m	6 cm
Höhe	3 cm	8 cm	5 mm	32 dm	20 mm

4. Berechne den Oberflächeninhalt. Entnimm die benötigten Maße aus dem Quadernetz.

   a)   b)

   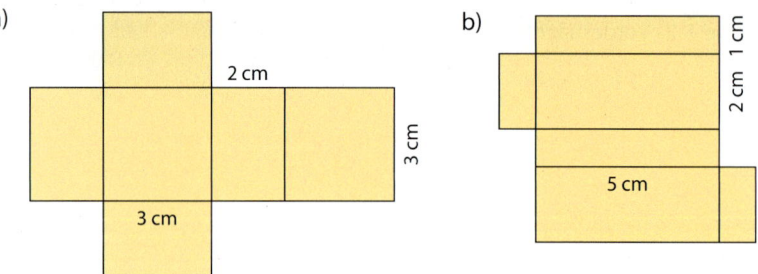

Hinweis:
Ein Würfel hat gleich lange Kantenlängen.

5. **Oberflächeninhalt eines Würfels**
   a) Die Kantenlänge eines Würfels beträgt 2 cm (3 cm; 15 cm; 0,5 dm). Berechne, wie groß sein Oberflächeninhalt ist.
   b) Gib eine Formel für den Oberflächeninhalt O eines Würfels mit der Kantenlänge a an.

6. Der Oberflächeninhalt eines Würfels beträgt 6 dm^2 (54 cm^2; 150 mm^2, 24 dm^2). Berechne den Flächeninhalt einer Seitenfläche und die Länge einer Würfelkante.

7. Zeichne zum Schrägbild des Quaders ein mögliches Netz und bestimme anschließend den Oberflächeninhalt.

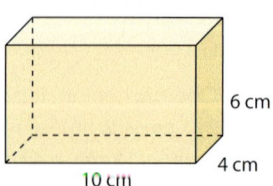

5.4 Oberflächeninhalt eines Quaders

Weiterführende Aufgaben

8. Ben und Frida berechnen den Oberflächeninhalt einer Schachtel mit der Länge 5 cm, Breite 3 cm und Höhe 2 cm auf zwei unterschiedlichen Wegen. Erkläre in eigenen Worten, wie die beiden vorgehen. Überprüfe ihre Ergebnisse und vergleiche ihre Lösungswege.

Bens Berechnung des Oberflächeninhalts:

2 · (5 cm · 3 cm + 5 cm · 2 cm + 3 cm · 2 cm)
= 2 · (15 cm² + 10 cm² + 6 cm²)
= 2 · 31 cm² = 62 cm²

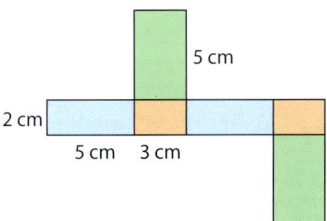

Fridas Berechnung des Oberflächeninhalts:

2 · 5 cm · 3 cm + 2 cm · (2 · 5 cm + 2 · 3 cm)
= 2 · 15 cm² + 2 cm · 16 cm
= 30 cm² + 32 cm² = 62 cm²

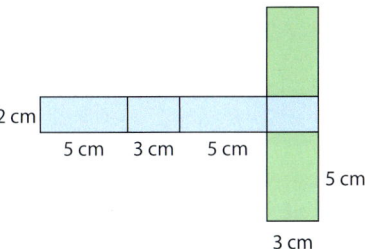

9. **Stolperstelle:** In der Klassenarbeit haben sich Kai und Lisa bei der Berechnung des Oberflächeninhalts eines Quaders (Länge 3 cm, Breite 40 mm, Höhe 1 cm) vertan. Beschreibe die Fehler und korrigiere die Rechnung.
   a) Kais Rechnung:
   2 · 3 · 40 + 2 · 3 · 1 + 2 · 40 · 1
   = 240 + 6 + 80
   = 326 cm²

   b) Lisas Rechnung:
   3 cm · 4 cm + 3 · 1 cm + 4 cm · 1 cm
   = 12 cm² + 3 cm² + 4 cm²
   = 19 cm²

10. Eine Kiste ohne Deckel mit den Maßen a = 20 cm, b = 10 cm und der Höhe c = 5 cm soll von außen beklebt werden. Berechne, wie viel Material dafür mindestens benötigt wird.

11. Für einen Schreibwarenhändler werden 100 quaderförmige Etuis aus Metall hergestellt (Länge 21 cm, Breite 6 cm, Höhe 3 cm). Wie viel Quadratmeter Metallblech werden für diese Etuis mindestens benötigt?

● 12. **Ausblick:** Die Kantenlänge eines Würfels beträgt 2 cm.
   a) Wie groß ist sein Oberflächeninhalt?
   b) Wie groß wird der Oberflächeninhalt, wenn die Länge der Würfelkanten verdoppelt wird? Gib zunächst eine Abschätzung an und führe anschließend eine Rechnung durch.
   c) Vervierfache die Länge der Würfelkanten und bestimme dann den Oberflächeninhalt des neuen Würfels.
   d) Vergleiche deine Ergebnisse aus a), b) und c). Was fällt dir auf?

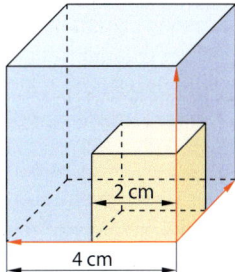

5.5 Zusammengesetzte Körper

■ Der rote Bauklotz hat ein Volumen von 20 cm³, der blaue 40 cm³ und der grüne 80 cm³. Bestimme das Volumen des aus den Bauklötzen zusammengesetzten Körpers. ■

Wie beim Flächeninhalt von zusammengesetzten Figuren kann man auch das Volumen von Körpern, die aus Quadern zusammengesetzt sind, berechnen.

Beispiel 1: In einem Park sollen Betonstühle aufgestellt werden, die Form und Maße wie in der Abbildung haben sollen.
Wie viel Beton wird für einen Stuhl benötigt?

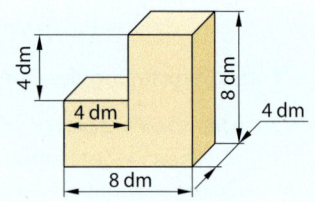

Lösung:
1. Möglichkeit: Zerlegen
Du zerlegst den Stuhl in zwei kleinere Quader.

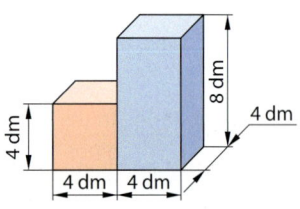

Der linke Quader ist ein Würfel mit der Kantenlänge 4 dm.

Volumen des Würfels:
4 dm · 4 dm · 4 dm = 64 dm³

Der rechte Quader hat die Kantenlängen 4 dm, 4 dm und 8 dm.

Volumen des Quaders:
4 dm · 4 dm · 8 dm = 128 dm³

Das Gesamtvolumen erhält man, indem man beide Volumina addiert.

Gesamtvolumen:
V = 64 dm³ + 128 dm³ = 192 dm³

2. Möglichkeit: Ergänzen
Du ergänzt den Körper durch den roten Würfel zu einem größeren Quader.

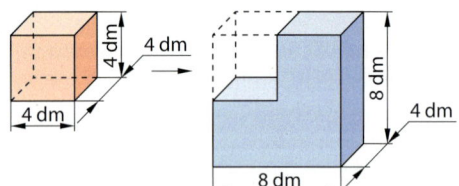

Dieser Quader hat die Kantenlängen 8 dm, 4 dm und 8 dm.
Der rote Würfel hat die Kantenlänge 4 dm.

Volumen des Quaders:
8 dm · 4 dm · 8 dm = 256 dm³
Volumen des Würfels:
4 dm · 4 dm · 4 dm = 64 dm³

Das Gesamtvolumen erhält man, indem man das Volumen des roten Würfels subtrahiert.

Gesamtvolumen:
V = 256 dm³ − 64 dm³ = 192 dm³

Für einen Stuhl benötigt man 192 dm³ Beton.
Das sind ungefähr 200 dm³ oder 200 ℓ Beton.

5.5 Zusammengesetzte Körper

Basisaufgaben

1. Berechne das Volumen des Körpers (Maße in m). Zerlege den Körper dazu in mehrere Quader.
   a)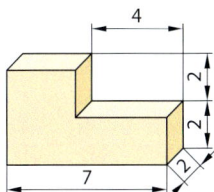
   b)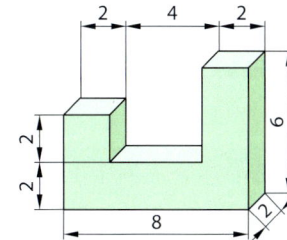

2. Berechne das Volumen des Körpers (Maße in cm), indem du zu einem Quader ergänzt.
   a)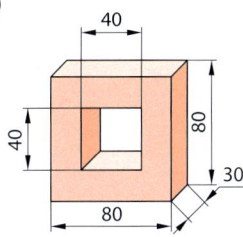
   b)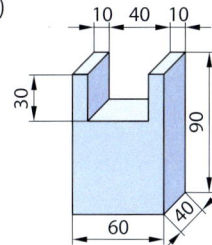

3. Zusätzlich zu den Stühlen aus Beispiel 1 sollen in dem Park Bänke aufgestellt werden, deren Maße der nebenstehenden Abbildung zu entnehmen sind. Wie viel Beton wird für eine Bank benötigt?
   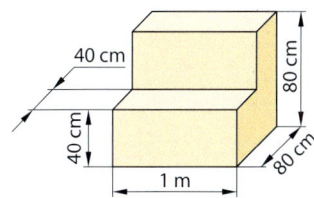

4. Berechne das Volumen. Begründe, ob dazu Zerlegen in kleinere Körper oder Ergänzen zu einem größeren Körper besser geeignet ist (Angaben in cm).
   a)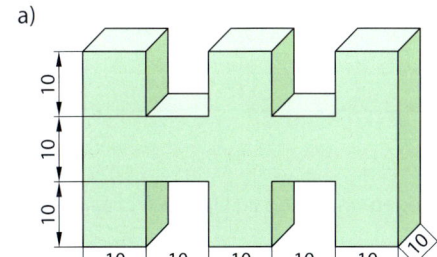
   b)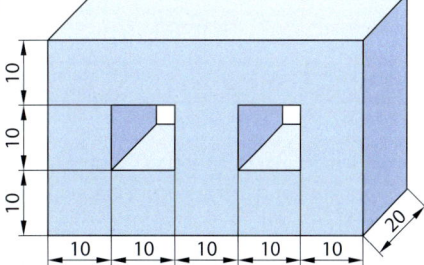

Weiterführende Aufgaben

5. **Stolperstelle:** Pascal hat das Volumen des abgebildeten Körpers bestimmt (Angaben in cm). Korrigiere seine Rechnung.
   Quader 1: $V = 30\,cm \cdot 10\,cm \cdot 20\,cm = 600\,cm^3$
   Quader 2 hat dasselbe Volumen.
   Gesamtvolumen: $V = 2 \cdot 600\,cm = 1200\,cm^3$
   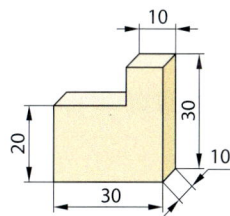

Erinnere dich:
Der Oberflächeninhalt ist die Summe aller Flächeninhalte der Begrenzungsflächen.

6. Oberflächeninhalt von zusammengesetzten Körpern:
Bestimme den Oberflächeninhalt des abgebildeten Körpers.
Du kannst dabei so vorgehen:
Überlege dir, welche Flächen den Körper nach oben und unten und zu den Seiten begrenzen.
Überlege auch, welche Flächen gleich groß sind.

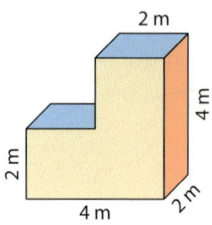

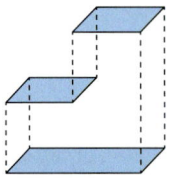
Die Flächeninhalte von Grund- und Deckfläche sind gleich groß.

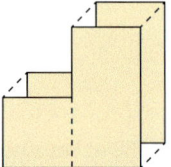
Vordere und hintere Fläche sind gleich groß.

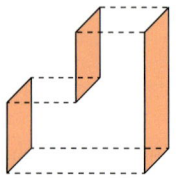
Die Flächeninhalte der Seitenflächen sind gleich groß.

7. Berechne den Oberflächeninhalt des Körpers.

a)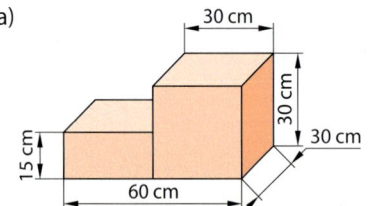

b)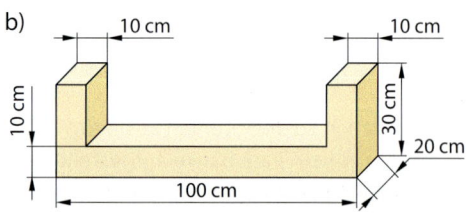

8. Alena hat sich einen Soma-Würfel gekauft. Seine Bausteine sind aus einzelnen kleinen Würfeln mit einer Kantenlänge von 2 cm zusammengesetzt. Alena möchte die einzelnen Bausteine mit verschiedenfarbiger Folie bekleben. Wie viel cm² Folie benötigt sie für die einzelnen Bausteine mindestens?

① rot   ② blau   ③ gelb   ④ grün   ⑤ orange   ⑥ grau   ⑦ rosa

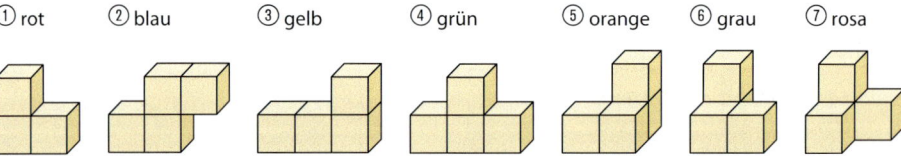

9. Ausblick: Bestimme das Volumen der Körper.
Tipp: Du kannst die Körper dazu in Prismen zerlegen und dann zu Quadern zusammensetzen oder auch zu Quadern ergänzen.

a)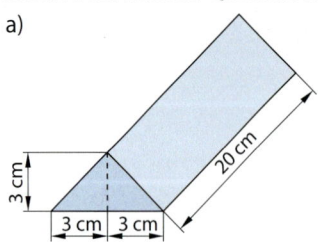

b)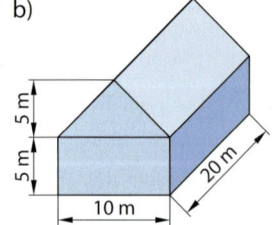

c)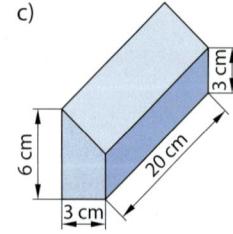

d) Entwirf selbst Körper aus Quadern, Würfeln und Prismen und berechne das Volumen.

5.6 Vermischte Aufgaben

1. Gib alle Quader mit gleichem Volumen an. Schätze zuerst und überprüfe dann durch Rechnung. Ein kleiner Einheitswürfel hat ein Volumen von 1 cm³.

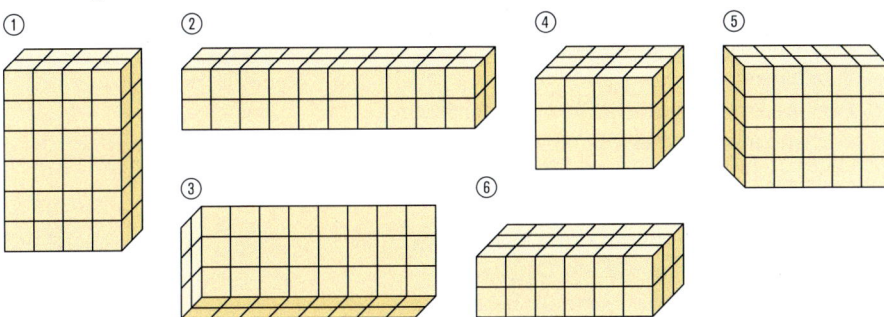

2. Berechne das Volumen und den Oberflächeninhalt der Quader und vergleiche.
   a) ① a = 5 cm, b = 4 cm, c = 4 cm   ② a = 10 cm, b = 4 cm, c = 2 cm
      ③ a = 20 cm, b = 5 cm, c = 1 cm   ④ a = 18 cm, b = 2 cm, c = 1 cm
   b) Gib die Maße eines Quaders mit einem Volumen von 8000 cm³ an. Der Oberflächeninhalt soll möglichst klein sein. Vergleiche mit deinem Nachbarn.

3. Wandle in eine gemeinsame Einheit um und berechne.
   a) 1 cm³ + 500 mm³   b) 4 ℓ − 2400 mℓ   c) 8 m³ + 75 000 cm³   d) 9 m³ : 300 ℓ
   e) 320 cm² + 4 dm²   f) 1 m² − 60 cm²   g) 11 mm · 7 cm   h) 48 cm² : 60 mm²

4. Steckwürfel kann man aneinanderstecken, es entstehen sogenannte Würfelschlangen. Ein einzelner Würfel hat die Kantenlänge 1 cm.
   a) Bestimme das Volumen und den Oberflächeninhalt der abgebildeten Würfelschlange.
   b) Aus acht Steckwürfeln kann man einen größeren Würfel bauen. Bestimme das Volumen und den Oberflächeninhalt dieses Würfels.
   c) Vergleiche die Ergebnisse aus b) mit dem gesamten Volumen und dem gesamten Oberflächeninhalt von acht einzelnen Würfeln.

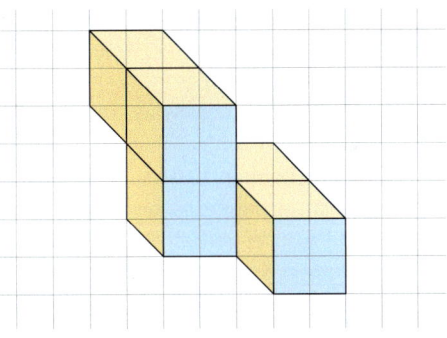

5. In ein Aquarium passen 500 Liter Wasser. Das Aquarium ist 2 m breit und 0,5 m tief. Wie hoch ist das Aquarium?

6. Eine nach oben offene Schachtel mit der Länge 16 cm, der Breite 8 cm und der Höhe 4 cm entsteht dadurch, dass aus einem rechteckigen Stück Karton an den vier Ecken jeweils ein Quadrat von 4 cm Kantenlänge ausgeschnitten wird und die Seitenflächen nach oben gebogen werden.
   a) Zeichne ein Netz der Schachtel.
   b) Bestimme die Länge und die Breite des Kartons.

7. Eva verpackt ein Geschenk in eine würfelförmige Schachtel. Sie möchte alle Seiten mit buntem Papier bekleben.
   a) Wie viel Quadratzentimeter Papier benötigt sie?
   b) Ein Papierbogen ist 25 cm breit und 30 cm lang. Reicht ein Bogen zum Verpacken des Geschenks?
   c) Für eine Schleife braucht Eva ungefähr 50 cm. Wie lang muss das Geschenkband insgesamt mindestens sein?

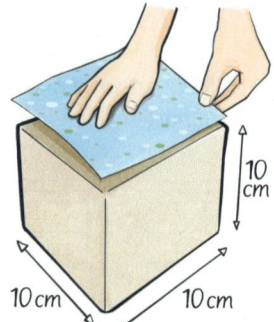

8. An ein Bürogebäude soll ein Fluchtweg für das erste Stockwerk gebaut werden. Dafür wird in einer Höhe von 3 m eine Treppe aus Betonguss-elementen errichtet.
   a) Wie viel Kubikmeter Beton benötigt man für eine Treppenstufe?
   b) Wie viel Beton benötigt man für die Treppe?
   c) 1 dm³ Beton wiegt ca. 2400 g. Wie viel Kilogramm wiegt die ganze Treppe?
   d) Für eine andere Treppe werden 800 dm³ Beton benötigt. Wie hoch ist diese Treppe?

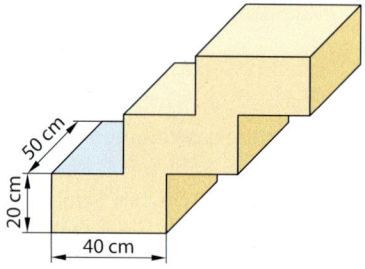

9. Rechts siehst du das Becken eines Schwimmbads von oben. Der Nichtschwimmerbereich ist 1 m tief, der Schwimmerbereich 3 m.
   a) Wie viele Liter Wasser passen in das Schwimmbecken insgesamt?
   b) Einmal im Jahr wird das komplette Wasser abgelassen, um das Becken zu reinigen. In einer Minute können 10 000 Liter abgelassen werden. Wie lange dauert es, bis das Becken leer ist?
   c) Jeder Körper verdrängt im Wasser sein eigenes Volumen. Sobald jemand in das vollgefüllte Becken steigt, läuft ein wenig Wasser über. Schätze, wie viel Liter Wasser 100 Kinder deiner Größe verdrängen. Begründe deine Schätzung.

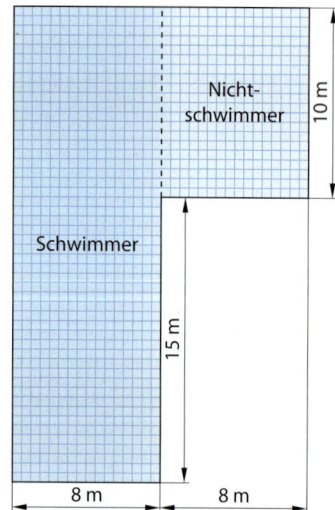

10. Niklas darf sein Zimmer renovieren. Es hat eine Höhe von 3 m und eine rechteckige Grundfläche mit den Seitenlängen 4 m und 5 m.
    a) Niklas verlegt mit seinen Eltern Laminatfußboden. Eine Packung mit 3 m² kostet 11,20 €. Wie viele Pakete benötigt er mindestens? Wie viel kostet das Material?
    b) Die Wände – außer der Decke – werden zuerst tapeziert. Eine Rolle Tapete reicht für ca. 8 m². Wie viele Rollen Tapete werden benötigt?
    c) Die Eltern möchten für Niklas' Zimmer einen Luftbefeuchter kaufen. Es gibt zwei verschiedene Modelle. Das erste Modell ist für Räume bis 30 m³ und das zweite Modell für Räume bis 80 m³ ausgelegt. Welches Gerät ist für Niklas' Zimmer geeignet?

5.6 Vermischte Aufgaben

11. Dennis und Tom spielen in der Schulband mit und möchten einen Lautsprecher verschönern, indem sie ihn mit einer roten Folie bekleben. Die Vorderseite soll für eine Stoffbespannung frei bleiben. Dennis hat ausgerechnet, dass 4250 cm² Folie benötigt werden. Tom entgegnet, dass sie 2500 cm² Folie brauchen.

    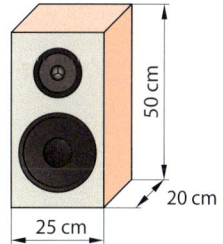

    a) Wie erklärst du die unterschiedlichen Ergebnisse? Stelle mögliche Lösungswege auf, nach denen Dennis und Tom gerechnet haben könnten.
    b) Welches Ergebnis hältst du für sinnvoll? Begründe deine Antwort.

12. Anja und Birte wollen in der Näh-AG einen Sitzwürfel mit einer 40 cm × 40 cm großen Sitzfläche herstellen. Die Kanten möchten sie mit einem Glitzerband verschönern.

    🌀 Zeichne das Netz des Würfels und bestimme den Oberflächeninhalt und das Volumen. Berechne auch die Gesamtlänge aller Kanten.

    🌀 Die beiden Mädchen haben für die Füllung eines Würfels eine 100 l - Packung Styroporkugeln gekauft. Ermittle, wie groß der Würfel maximal werden kann.

    🌀 Anja schlägt vor, zusätzlich das Glitzerband auf die Seitenflächen diagonal als Kreuz aufzunähen. Ermittle mithilfe einer Zeichnung, wie viel Band die beiden dafür benötigen.

    🌀 Birte möchte noch einen größeren Würfel bauen. Untersuche, wie sich die Menge für den Stoff, das Glitzerband und die Füllung vervielfacht, wenn die Kantenlängen verdoppelt werden.

13. Bis zum Jahr 2011 war für ein Legehuhn bei Käfighaltung eine Fläche von 21 cm × 23,8 cm vorgeschrieben. In einem Produktionsbetrieb waren die Käfige durchschnittlich 50 cm hoch.
    a) Wie viel Volumen stand in dem Betrieb bei dieser Käfighöhe pro Legehenne zur Verfügung, wenn die Flächenmindestmaße eingehalten wurden?
    b) Die Käfige des Betriebs standen in einer großen Halle. Sie waren 20 m lang und 60 cm tief. Darin wurden jeweils 20 000 Legehennen gehalten. War dies 2011 erlaubt?
    c) Ab dem Jahr 2012 wurde gesetzlich eine Mindestfläche pro Legehenne von 750 cm² festgelegt. Wie viele Hennen dürfen in einem Käfig mit den Maßen 20 m × 60 cm × 50 cm gehalten werden? Wie viel Kubikzentimeter Raum stehen dabei pro Legehenne zur Verfügung?

    Hinweis zu 13: 21 cm × 23,8 cm liest man 21 cm mal 23,8 cm. Man verwendet diese Schreibweise häufig bei Rechtecken und Quadern.

14. Der berühmte Künstler Christo wurde durch verschiedene Verhüllungsaktionen an Gebäuden (wie dem Berliner Reichstag im Jahr 1995) populär. Abiturienten wollen ihre Schule verhüllen. Die Schule ist circa 15 m hoch. Wie viel Quadratmeter Stoff werden für die Verhüllungsaktion mindestens gebraucht?

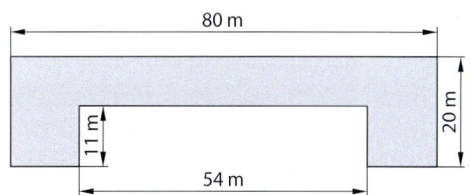

Prüfe dein neues Fundament
5. Volumen und Oberflächeninhalt

Lösungen ↗ S. 234

1. Vergleiche das Volumen der Körper. Begründe deine Entscheidung.

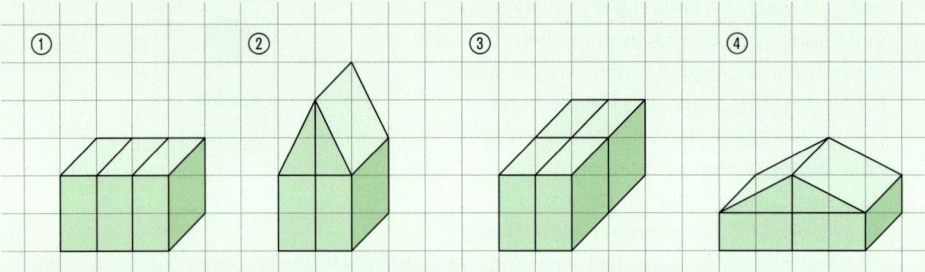

   a) Welcher Körper hat das größte Volumen?
   b) Welcher Körper hat das kleinste Volumen?

2. Rechne in die in Klammern stehende Volumeneinheit um.
   a) $20\,cm^3$ (mm^3) b) $6\,\ell$ (cm^3) c) $15\,000\,dm^3$ (m^3) d) $3000\,m\ell$ (mm^3)
   e) $30\,dm^3$ (mm^3) f) $6\,m^3$ (cm^3) g) $15\,000\,dm^3$ (mm^3) h) $3\,000\,000\,mm^3$ (ℓ)

3. Stelle dir eine Riesen-Cola-Dose mit einem Inhalt von $1000\,\ell$ vor. Wie viele 200-$m\ell$-Gläser könnte man mit ihr füllen?

4. Berechne das Volumen des Körpers.
   a)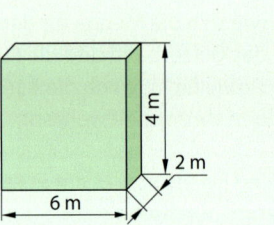
   b)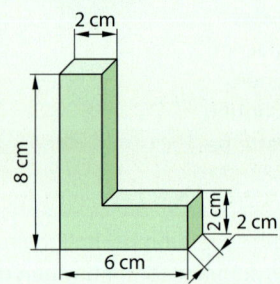
   c)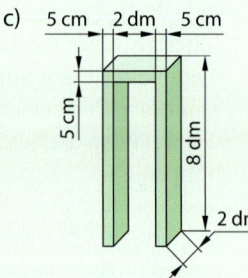

5. Berechne das Volumen und den Oberflächeninhalt des Quaders.
   a) $a = 8\,cm$, $b = 4\,cm$, $c = 1\,cm$
   b) $a = 5\,cm$, $b = 20\,mm$, $c = 6\,cm$
   c) $a = 3\,cm$, $b = 3\,cm$, $c = 15\,cm$
   d) $a = b = c = 9\,cm$

6. Ein Quader ist $4\,cm$ lang, $3\,cm$ breit und hat ein Volumen von $132\,cm^3$. Berechne seine Höhe.

7. Bei einem Schulversuch sammelten Schüler auf dem Schulhof auf einer Fläche von $1\,m$ Länge und $1\,m$ Breite Regenwasser. Am ersten Tag haben sich $3\,mm$ Niederschlag gesammelt. Wie viel ℓ Regen sind auf einen m^2 gefallen?

8. Ein quaderförmiger Umzugskarton hat die Kantenlängen $a = 70\,cm$, $b = 30\,cm$ und $c = 60\,cm$.
   Josua behauptet: „In den Karton passen mehr als 100 Schulbücher."
   Stimmt das? Begründe.

Prüfe dein neues Fundament

9. Die beiden Körper bestehen aus Würfeln mit der Kantenlänge 2 cm.
   a) Bestimme das Volumen und den Oberflächeninhalt des Körpers ①.
   b) Überlege, ohne zu rechnen: Hat Körper ① ein größeres Volumen und einen größeren Oberflächeninhalt als Körper ②? Begründe deine Antwort.

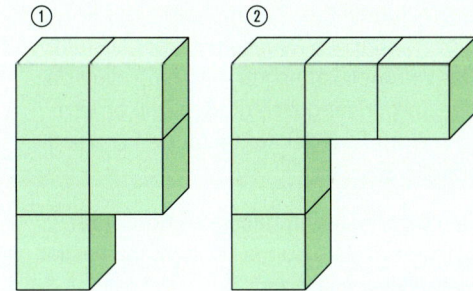

10. Betrachte den zusammengesetzten Körper.
    a) Berechne das Volumen.
    b) Berechne den Oberflächeninhalt.

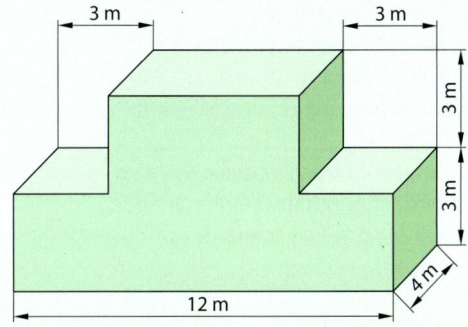

11. Ist die Aussage richtig oder falsch? Begründe.
    a) Das Volumen eines Körpers gibt an, welchen Raum er ausfüllt.
    b) Die Oberfläche eines Würfels ist viermal so groß wie eine seiner Seitenflächen.
    c) Möchte man den Oberflächeninhalt eines Quaders bestimmen, so kann man den Flächeninhalt seines Körpernetzes bestimmen.
    d) Ist ein Quader höher als ein anderer Quader, so ist auch sein Volumen größer.
    e) Haben zwei Quader das gleiche Volumen, so ist auch ihr Oberflächeninhalt gleich.

Wiederholungsaufgaben

1. Berechne schriftlich.
   a) 5188 + 17 069
   b) 3120 − 738
   c) 653 · 27
   d) 1368 : 6

2. Ergänze so, dass die Rechnung stimmt.

   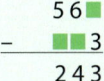

3. Schreibe ohne Komma in der nächstkleineren Einheit.
   a) 7,5 m
   b) 1,4 kg
   c) 9,25 km
   d) 22,5 cm

4. Ein Quadrat hat eine Seitenlänge von 6 cm.
   a) Berechne den Flächeninhalt des Quadrats.
   b) Bestimme die Breite eines Rechtecks, welches 4 cm lang ist und den gleichen Flächeninhalt hat wie das Quadrat.

Zusammenfassung

5. Volumen und Oberflächeninhalt

Volumen und Oberflächeninhalt von Körpern

Das **Volumen** (der Rauminhalt) eines Körpers gibt an, welchen Raum ein Körper ausfüllt. Das Volumen kannst du messen, indem du den Körper mit gleich großen Teilkörpern (z. B. Würfel mit der Kantenlänge 1 cm) vollständig ausfüllst.

Den **Oberflächeninhalt** eines Körpers erhältst du, indem du die Flächeninhalte aller Seitenflächen addierst.

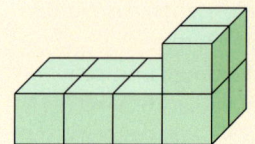

Ein grüner Würfel hat eine Kantenlänge von 1 cm, also ein Volumen von 1 cm^3.

Der Körper hat ein Volumen von 10 kleinen Würfeln (also von 10 cm^3) und einen Oberflächeninhalt von 34 cm^2.

Volumeneinheiten

Volumeneinheiten
- Kubikmeter (m^3)
- Kubikdezimeter (dm^3)
- Kubikzentimeter (cm^3)
- Kubikmillimeter (mm^3)

Hohlmaße: Liter (ℓ) und Milliliter (mℓ)

Umrechnungszahl: 1000

$1\,m^3 = 1000\,dm^3$
$1\,dm^3 = 1000\,cm^3$
$1\,cm^3 = 1000\,mm^3$
$1\,\ell = 1000\,m\ell = 1\,dm^3$

Volumen und Oberflächeninhalt von Quadern

Volumen V eines Quaders: $V = a \cdot b \cdot c$
Oberflächeninhalt O eines Quaders:
$O = 2 \cdot a \cdot b + 2 \cdot a \cdot c + 2 \cdot b \cdot c$

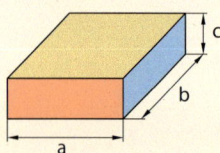

Quader mit a = 3 m, b = 2 m und c = 4 m:

$V = 3\,m \cdot 2\,m \cdot 4\,m = 24\,m^3$
$O = 2 \cdot a \cdot b + 2 \cdot a \cdot c + 2 \cdot b \cdot c$
$O = 2 \cdot 3\,m \cdot 2\,m + 2 \cdot 3\,m \cdot 4\,m + 2 \cdot 2\,m \cdot 4\,m$
$= 12\,m^2 + 24\,m^2 + 16\,m^2 = 52\,m^2$

Volumen V eines Würfels: $V = a \cdot a \cdot a = a^3$
Oberflächeninhalt O eines Würfels:
$O = 6 \cdot a^2$

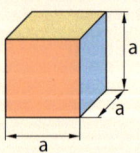

Würfel mit a = 2 cm:
$V = 2\,cm \cdot 2\,cm \cdot 2\,cm = 8\,cm^3$
$O = 6 \cdot 2\,cm \cdot 2\,cm = 24\,cm^2$

Volumenberechnung bei zusammengesetzten Körpern

Gegeben ist ein zusammengesetzter Körper (alle Maße in m):

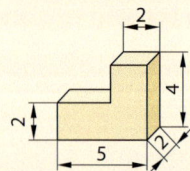

Gesucht ist das Volumen V. Es kann durch Zerlegen des Körpers in Quader oder durch Ergänzen des Körpers zu einen Quader ermittelt werden.

Zerlegungsmethode:

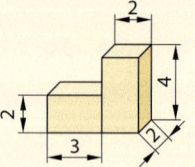

Zerlege den Körper in kleine Quader und addiere deren Volumina.

$V = 3\,m \cdot 2\,m \cdot 2\,m + 2\,m \cdot 2\,m \cdot 4\,m$
$= 12\,m^3 + 16\,m^3 = 28\,m^3$

Ergänzungsmethode:

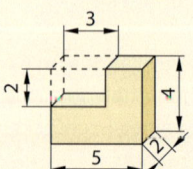

Ergänze den Körper zu einem großen Quader. Subtrahiere das Volumen des ergänzten Quaders vom großen Quader.

$V = 5\,m \cdot 2\,m \cdot 4\,m - 3\,m \cdot 2\,m \cdot 2\,m$
$= 40\,m^3 - 12\,m^3 = 28\,m^3$

6. Brüche

In einem Mosaik ergibt sich das ganze Bild aus vielen kleinen Einzelteilen.
Teile eines Ganzen können als Bruch angeben werden.

Nach diesem Kapitel kannst du …
– Teiler und Vielfache von natürlichen Zahlen bestimmen,
– Teilbarkeitsregeln anwenden,
– Anteile mit Brüchen angeben,
– Brüche erweitern und kürzen,
– Anteile ordnen und vergleichen.

Dein Fundament

6. Brüche

Lösungen
→ S. 234

Grundrechenoperationen ausführen

1. Berechne im Kopf.
   a) 9 · 8   b) 7 · 9   c) 6 · 7   d) 8 · 8   e) 6 · 8
   f) 9 · 4   g) 3 · 13   h) 4 · 12   i) 5 · 16   j) 9 · 9

2. Bilde das Dreifache (das Fünffache; das Zehnfache) der Zahl.
   a) 7   b) 8   c) 9   d) 10   e) 12

3. Berechne im Kopf.
   a) 27 : 9   b) 24 : 6   c) 20 : 4   d) 36 : 4   e) 45 : 9
   f) 18 : 3   g) 56 : 8   h) 49 : 7   i) 81 : 9   j) 80 : 10

4. Berechne.
   a) 32 : 4   b) 70 · 6   c) 43 − 15   d) 650 : 10
   e) 68 · 100   f) 52 : 13   g) 810 : 90   h) 114 − 76

5. Berechne geschickt.
   a) 25 · 17 · 4   b) 5 · 37 · 2   c) 19 · 5 · 20   d) 2 · 39 · 5   e) 7 · 19 · 0
   f) 2 · 59 · 50   g) 25 · 47 · 0   h) 50 · 32 · 20   i) 4 · 25 · 10   j) 15 · 5 · 4

6. Überprüfe. Berichtige alle fehlerhaften Ergebnisse.
   a) 72 : 9 = 8   b) 56 : 8 = 9   c) 0 · 7 = 1   d) 808 + 8 = 888
   e) 7000 − 70 = 6330   f) 100 : 1 = 10   g) 637 : 7 = 91   h) 82 · 8 = 656

7. Dividiere.
   a) 100 : 20   b) 225 : 25   c) 60 : 15   d) 48 : 12
   e) 420 : 7   f) 390 : 30   g) 320 : 10   h) 285 : 5

8. Welcher Rest ergibt sich, wenn man die Zahl durch 2 (durch 3; durch 5; durch 10) dividiert?
   a) 11   b) 18   c) 23   d) 30   e) 32
   f) 60   g) 15   h) 228   i) 420   j) 425

9. Welchen Rest erhält man bei der Divisionsaufgabe?
   a) 39 : 8   b) 17 : 3   c) 54 : 6   d) 53 : 7
   e) 39 : 17   f) 123 : 10   g) 490 : 7   h) 455 : 9

10. Gib jeweils alle natürlichen Zahlen an, durch die folgende Zahlen ohne Rest teilbar sind.
    a) 12   b) 18   c) 7   d) 30   e) 24   f) 8   g) 32   h) 75

Natürliche Zahlen am Zahlenstrahl darstellen

11. Gib an, welche Zahlen auf dem Zahlenstrahl markiert sind.
    a)    b)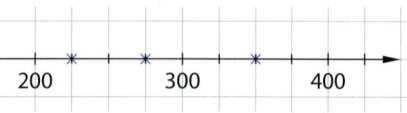

12. Zeichne einen Zahlenstrahl in dein Heft und markiere folgende Zahlen.
    a) 3; 5; 11; 7; 8   b) 15; 35; 25; 40; 50   c) 150; 250; 175; 200; 225

Dein Fundament

Gerecht teilen

13. Tobias und Lea bekommen von ihrer Oma 9 Euro. Die 9 Euro sollen sie so teilen, dass jeder von ihnen den gleichen Geldbetrag erhält. Welchen Geldbetrag bekommt Lea?

14. Beantworte die Frage.
    a) Wie viele Stücke hat die Schokoladentafel?
    b) Frank und Michael wollen sich die Schokoladentafel gerecht teilen. Wie viele Stücke bekommt Michael?
    c) Wie viele Stücke bekommt jeder, wenn sich drei Kinder die Schokolade gerecht teilen?
    d) Katja hat zwei Stücke der Schokoladentafel gegessen. Wie viele Stücke Schokolade darf sie noch essen, wenn sie sich mit ihren Freundinnen Tanja, Maria und Paula die Tafel gerecht teilen soll?
    e) Wie viele Kinder haben sich die Schokoladentafel gerecht geteilt, wenn jedes von ihnen genau zwei Stück bekommt?

Vielfache und Teile von Größen

15. Gib das Doppelte, Dreifache, Vierfache und Fünffache an von
    a) 3 kg,   b) 30 min,   c) 20 ct,   d) 25 cm,   e) 7 Tagen.

16. Berechne.
    a) das Doppelte von 500 m   b) das Fünffache von 20 cm   c) die Hälfte von 1 km
    d) die Hälfte von 90 min   e) das Vierfache von 15 min   f) die Hälfte von 2,50 €

17. Ermittle.
    a) Wie viele halbe Liter sind ein Liter?
    b) Wie viele Minuten sind eine viertel Stunde?
    c) Wie viele Minuten sind eineinhalb Stunden?
    d) Wie viele halbe Meter sind eineinhalb Meter?

Kurz und knapp

18. Runde auf Zehner (Hunderter, Tausender).
    a) 4567   b) 6745   c) 7899   d) 10 234   e) 90 984

19. Ordne der Größe nach. Beginne mit der kleinsten Zahl.
    a) 2346; 786; 9908; 2356   b) 3 799 789; 3 799 779; 999 345; 99 999

20. Ein Pkw benötigt für 100 km im Durchschnitt 7 ℓ Benzin. Gib an, wie viel Liter Benzin er für 1000 km benötigt.

21. Von Mainz nach Kiel sind es etwa 650 km. Wie lange würde ein Radfahrer für eine solche Strecke benötigen, wenn er unentwegt fahren und in einer Stunde 25 km zurücklegen könnte?

6.1 Teiler und Vielfache

■ Leon hat von seiner Geburtstagsfeier noch 36 Kekse übrig. Diese möchte er gerecht an seine Freunde verteilen. An wie viele Freunde kann er die Kekse verteilen? Und wie viele Kekse bekommt dann jeder? Gibt es mehrere Möglichkeiten? Finde alle! ■

Die Division durch eine natürliche Zahl kann entweder aufgehen oder es bleibt dabei ein Rest.

30 : 2 = 15 (ohne Rest)	Man sagt: „30 **ist teilbar** durch 2."
30 : 3 = 10 (ohne Rest)	„30 **ist teilbar** durch 3."
30 : 4 = 7 Rest 2	„30 **ist nicht teilbar** durch 4."

Dividieren und Multiplizieren sind entgegengesetzte Rechenarten. Deshalb gilt:
Dividieren: 30 : 5 = 6 Man sagt: „**5 ist ein Teiler von 30.**"
Multiplizieren: 30 = 6 · 5 Man sagt: „**30 ist ein Vielfaches von 5.**"

Es gilt: Ist eine Zahl a ein Teiler einer Zahl b, dann ist b ein Vielfaches von a.

> **Wissen: Teiler, Vielfache**
> Ein **Teiler** einer Zahl ist eine natürliche Zahl, welche diese Zahl ohne Rest teilt: 30 : **3** = 10.
> Man schreibt kurz 3 | 30 (lies „3 teilt 30") oder 4 ∤ 30 (lies „4 teilt nicht 30").
>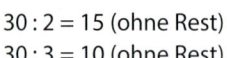
> Teiler
> Multipliziert man eine Zahl mit 1, 2, 3, 4, … , so erhält man ein **Vielfaches** der ersten Zahl.

> **Beispiel 1:**
> a) Prüfe, ob 4 ein Teiler von 48 und 38 ist.
> b) Bestimme die ersten drei Vielfachen von 7.
>
> **Lösung:**
> a) Dividiere die Zahl durch 4 und prüfe, ob   48 : 4 = 12 (ohne Rest) Also: 4 | 48
>   dabei ein Rest bleibt oder nicht.   38 : 4 = 9 Rest 2 Also: 4 ∤ 38
> b) Multipliziere 7 mit 1, 2 und 3.   1 · 7 = 7; 2 · 7 = 14; 3 · 7 = 21
>
>   Die ersten drei Vielfachen von 7 sind 7, 14 und 21.

Hinweis zu 2:
Hier findest du die Lösungen.

Basisaufgaben

1. Entscheide, ob die erste Zahl ein Teiler der zweiten ist. Setzte das richtige Zeichen | oder ∤.
   a) 3 ■ 15   b) 7 ■ 24   c) 8 ■ 62   d) 2 ■ 36   e) 4 ■ 60   f) 12 ■ 60

2. Bestimme alle Teiler von 16 (von 14, von 18).

3. Bestimme die ersten fünf Vielfachen.
   a) 8   b) 12   c) 25   d) 34   e) 75   f) 220

4. Untersuche, ob
   a) 82 ein Vielfaches von 24 ist,   b) 168 ein Vielfaches von 14 ist,
   c) 96 ein Vielfaches von 12 ist,   d) 136 ein Vielfaches von 16 ist.

6.1 Teiler und Vielfache

Teilermenge bestimmen

Wissen: Teilermenge
Alle Teiler einer natürlichen Zahl a werden in Form einer Teilermenge $T_a = \{...\}$ angegeben.

Beispiel 2: Bestimme alle Teiler von 63 und gib sie als Teilermenge T_{63} an.

Lösung:
Zerlege die Zahl 63 in alle möglichen Produkte.   63
Die Faktoren sind die Teiler der Zahl. $= 1 \cdot 63$
    $= 3 \cdot 21$
    $= 7 \cdot 9$

Schreibe die Teiler anschließend geordnet als $T_{63} = \{1, 3, 7, 9, 21, 63\}$
Teilermenge auf.

Basisaufgaben

5. Bestimme alle Teiler der Zahl und gib sie als Teilermenge an.
   a) 16   b) 14   c) 18   d) 30   e) 74   f) 99

6. Welche Teilermenge kann es sein? Setze die fehlenden Zahlen ein.
   a) $T_{(■)} = \{■, 5\}$ b) $T_{(■)} = \{1, ■, 3, ■, 6, ■\}$ c) $T_{(■)} = \{1, 3, 17, ■\}$

7. Alle Vielfachen einer Zahl kann man mit ihrer Vielfachenmenge angeben. Die Vielfachenmenge von 4 lautet $V_4 = \{4, 8, 12, 16, ...\}$. Bestimme die Vielfachenmengen der Zahl.
   a) 3   b) 5   c) 7   d) 10   e) 35   f) 80

8. Welche Vielfachenmenge kann es sein? Setze die fehlenden Zahlen ein.
   a) $V_{(■)} = \{■, 4, ■, 8, ...\}$ b) $V_{(■)} = \{■, ■, 9, ■, ...\}$ c) $V_{(■)} = \{■, ■, ■, 100, ...\}$

Weiterführende Aufgaben

9. Zeichne einen Zahlenstrahl von 1 bis 40.
   a) Markiere alle Vielfachen von 4 in Grün und alle Vielfachen von 3 in Rot.
   b) Beschreibe, welche Eigenschaft die grün und rot markierten Zahlen haben.

10. Es sind drei aufeinander folgende Vielfache gegeben.
    ① ..., 28, 35, 42, ...   ② ..., 64, 72, 80, ...   ③ ..., 48, 60, 72, ...   ④ ..., 143, 156, 169, ...
    a) Gib an, welche Zahl vervielfacht wurde. Erkläre, wie du die Antwort gefunden hast.
    b) Ergänze die nächsten drei Vielfachen.

11. Notiere drei Zahlen, die Vielfache aller angegebenen Zahlen sind.
    a) 2 und 5   b) 5 und 10   c) 2; 4 und 6   d) 3; 6 und 9

12. Zeichne einen Zahlenstrahl von 0 bis 20.
    a) Markiere alle Teiler von 20 in Rot und alle Teiler von 16 in Grün.
    b) Beschreibe, welche Eigenschaft die grün und rot markierten Zahlen haben.

13. Eine Klasse hat 24 Schüler. Finde alle Möglichkeiten, die Klasse in gleich große Gruppen einzuteilen.

14. a) Gib alle Teiler von 15 und die ersten fünf Vielfachen von 15 in der Mengenschreibweise an.
    b) Überprüfe, ob die Teiler von 15 auch Teiler der Vielfachen von 15 sind. Erkläre deine Beobachtung.

15. Bestimme die gemeinsamen Teiler der Zahlen.
    a) 8 und 20   b) 15 und 35   c) 48 und 60   d) 12, 18 und 30   e) 35, 42 und 98

16. **Stolperstelle:** Prüfe die Aussagen. Korrigiere, wenn nötig.
    a) „0 ist Teiler von 10, da bei 10 : 0 = 0 kein Rest bleibt."
    b) „Jeder Teiler einer Zahl ist kleiner als die Zahl selbst."

17. In der Schildkrötenformation mussten die römischen Legionäre genau in einem Rechteck stehen. Auch in der Marschordnung standen sie in Reih und Glied.
    a) Bestimme die Möglichkeiten, die es für eine Truppe von 60 Legionären gibt, sich in einem Rechteck zu formieren.
    b) Vier Römer sind erkrankt. Können die Legionäre sich trotzdem zu einem Rechteck formieren?
    c) Der Anführer verkündet: „Es darf nie passieren, dass genau ein oder genau sieben Legionäre fehlen." Erkläre, wie er das gemeint haben könnte.

18. Beim Memory werden die Spielkarten zu Spielbeginn in einem Rechteck ausgelegt.
    a) In einer kleinen Spielvariante wird Memory mit 12 Paaren gespielt und in einer großen Variante mit 15 Paaren. Untersuche, bei welcher Variante es zu Spielbeginn mehr Möglichkeiten gibt, die Karten in einem Rechteck auszulegen.
    b) Häufig gehen mit der Zeit Spielkarten verloren, sodass mit weniger Karten gespielt werden muss. Untersuche, welche Möglichkeiten es für ein Rechteck gibt, wenn bei beiden Varianten 2 Kartenpaare fehlen.

19. Die Mitglieder des Schulchors (maximal 50 Schüler) sollen sich für ihren Auftritt in gleich langen Reihen aufstellen. Sie versuchen es in Reihen mit 2, 3, 4 und 6 Personen. Jedes Mal bleibt eine Person übrig.
    Bestimme, wie viele Mitglieder der Schulchor hat. Es gibt mehrere Möglichkeiten. Findest du alle?

20. **Ausblick:** Die Teiler einer Zahl außer der Zahl selbst heißen echte Teiler. Ist die Summe der echten Teiler einer Zahl gleich der Zahl selbst, so heißt die Zahl vollkommene Zahl. Ist die Summe kleiner als die Zahl, so ist sie eine „arme Zahl". Ist die Summe größer als die Zahl, so wird sie eine „reiche Zahl" genannt.
    a) Zeige, dass 6 eine vollkommene Zahl und 12 eine reiche Zahl ist.
    b) Überprüfe, ob es sich bei 26, 28, 30 um arme, reiche oder vollkommene Zahlen handelt.
    c) Die drittkleinste vollkommene Zahl ist 496. Weise rechnerisch nach, dass 496 eine vollkommene Zahl ist.

6.2 Teilbarkeitsregeln

■ Wo muss das dritte Glücksrad stoppen, damit die zu sehende dreistellige Zahl durch 2 (durch 5; durch 10 teilbar) ist? ■

Teilbarkeit durch 2, 5 und 10

Alle Vielfachen von 2 (von 5; von 10) sind auch teilbar durch 2 (durch 5; durch 10).
Aus den Vielfachen von 2, 5 und 10 lassen sich daher Regeln für die Teilbarkeit erkennen.

- Alle Vielfachen von 2 sind die **geraden Zahlen**: 2, 4, 6, 8, 10, 12, 14, 16, 18, 20, ...
  Bei den geraden Zahlen sind die Endziffern immer 0, 2, 4, 6 oder 8.
- Bei den Vielfachen von 5 sind die Endziffern immer 0 oder 5: 5, 10, 15, 20, 25, ...
- Bei den Vielfachen von 10 ist die Endziffer immer eine Null: 10, 20, 30, 40, ...

> **Wissen: Teilbarkeit durch 2, 5 und 10 – Endziffernregeln**
> Eine Zahl ist ...
> - durch 2 teilbar, wenn sie auf 2, 4, 6, 8, 0 endet;
> - durch 5 teilbar, wenn sie auf 5 oder 0 endet;
> - durch 10 teilbar, wenn sie auf 0 endet.

Hinweis:
Die **geraden Zahlen** sind 2, 4, 6, 8, 10 ...,
die **ungeraden Zahlen** sind 1, 3, 5, 7, 9 ...

> **Beispiel 1:**
> a) Untersuche, ob die Zahlen 672, 150, 125 durch 2 (durch 5; durch 10) teilbar sind.
> b) Gib eine dreistellige Zahl an, die durch 2 und durch 5 teilbar ist.
>
> **Lösung:**
> a) Betrachte die Endziffern. Dann kannst du entscheiden, welche Teilbarkeit vorliegt.
>   672 endet auf 2, ist also durch 2 teilbar.
>   150 endet auf 0, ist also durch 2, 5 und 10 teilbar.
>   125 endet auf 5, ist also durch 5 teilbar.
>
> b) Eine Zahl, die durch 2 teilbar ist, endet auf 2, 4, 6, 8 oder 0.
>   Eine Zahl, die durch 5 teilbar ist, endet auf 5 oder 0.
>   Eine Zahl, die durch 2 und durch 5 teilbar ist, muss daher auf 0 enden, z. B. 120, 990, 870.

Basisaufgaben

1. Untersuche, ob die Zahlen durch 2 (durch 5; durch 10) teilbar sind.
   a) 265   b) 476   c) 1390   d) 457   e) 656   f) 675   g) 123   h) 12 438   i) 23 340

2. Ordne zu, welche der Zahlen teilbar sind
   a) durch 2,
   b) durch 5,
   c) durch 2 und durch 5,
   d) weder durch 2 noch durch 5.

   224   635   207   1000   441   515   370   8484

3. Bestimme alle zweistelligen Zahlen, die sowohl durch 2 als auch durch 5 teilbar sind. Erkläre das Ergebnis.

4. Bilde aus den Ziffern 0, 1, 2, 3, 4, 5 alle zweistelligen Zahlen, die teilbar sind
   a) durch 2,   b) durch 5,   c) durch 10.

Teilbarkeit durch 3 und durch 9

Wenn du eine Zahl so geschickt in eine Summe zerlegen kannst, dass alle Summanden durch dieselbe Zahl teilbar sind. Dann ist auch die Ausgangszahl durch diese Zahl teilbar.
Beispiel: $119 = 70 + 49 = 7 \cdot 10 + 7 \cdot 7 = 7 \cdot (10 + 7)$

Da sowohl 70 als auch 49 durch 7 teilbar sind, ist auch die Summe 119 durch 7 teilbar.

Mithilfe dieser Summenregel kannst du die Teilbarkeitsregeln für die 3 und die 9 erklären:

$45 = 10 + 10 + 10 + 10 + 5$
$ = 9 + 1 + 9 + 1 + 9 + 1 + 9 + 1 + 5$
$ = \underbrace{9 + 9 + 9 + 9}_{\text{durch 3 teilbar}} + \underbrace{4 + 5}_{4 + 5 = 9}$
(9 ist durch 3 teilbar.)

$218 = 100 + 100 + 10 + 8$
$ = 99 + 1 + 99 + 1 + 9 + 1 + 8$
$ = \underbrace{99 + 99 + 9}_{\text{durch 3 teilbar}} + \underbrace{2 + 1 + 8}_{2 + 1 + 8 = 11}$
(11 ist nicht durch 3 teilbar.)

Hinweis:
Entsprechend kannst du auch die Teilbarkeit durch 9 prüfen. So ist zum Beispiel 45 durch 9 teilbar, aber 218 ist nicht durch 9 teilbar.

Da die Zahlen 9, 99, 999 … immer durch 3 teilbar sind, musst du nur die letzten Summanden anschauen. Diese entsprechen den einzelnen Ziffern der Zahl. Die Summe dieser Ziffern ist die Quersumme der Zahl. Sie bestimmt, ob die Zahl durch 3 teilbar ist.
Die Quersumme von 9123 ist $9 + 1 + 2 + 3 = 15$. Da 15 durch 3 teilbar ist, ist die Zahl 9123 auch durch 3 teilbar.

Wissen: Quersummenregeln
Eine Zahl ist durch 3 teilbar, wenn ihre Quersumme durch 3 teilbar ist.

Eine Zahl ist durch 9 teilbar, wenn ihre Quersumme durch 9 teilbar ist.

Beispiel 2: Prüfe, ob die Zahlen 3177 und 2806 durch 3 oder durch 9 teilbar sind.

Lösung:
a) Berechne die Quersumme von 3177. $3 + 1 + 7 + 7 = 18$
Prüfe, ob die Quersumme durch 3 bzw.   3 | 18 und 9 | 18
durch 9 teilbar ist.   3177 ist durch 3 und durch 9 teilbar.

b) Berechne die Quersumme von 2806. $2 + 8 + 0 + 6 = 16$
Prüfe, ob die Quersumme durch 3 bzw.   3 ∤ 16 und 9 ∤ 16
durch 9 teilbar ist.   2806 ist weder durch 3 noch durch 9 teilbar.

Basisaufgaben

1. Überprüfe, ob die Zahl durch 3 oder durch 9 teilbar ist.
   a) 345   b) 1395   c) 6430   d) 18 015

2. Ergänze die fehlende Ziffer, sodass die Zahl durch 9 teilbar ist.
   a) 35■   b) 45■1   c) 42■7   d) 8■23   e) 3■96

3. Bilde aus den Ziffern möglichst viele vierstellige Zahlen, die durch
   a) 3 teilbar sind,   b) 9 teilbar sind.

   | 1 | 2 | 3 | 4 | 5 | 6 | 7 | 8 | 9 | 0 |

4. Finde drei vierstellige Zahlen, die durch 3, aber nicht durch 9 teilbar sind.

Teilbarkeit durch 4

Mithilfe der Summenregel kannst du auch die Teilbarkeit durch 4 überprüfen, da alle Vielfachen von 100 ... durch 4 teilbar sind.

3464 = 3400 + 64   1247 = 1200 + 47
 durch 4 teilbar durch 4 teilbar   durch 4 teilbar nicht durch 4 teilbar

> **Wissen: Teilbarkeit durch 4**
> Eine Zahl ist durch 4 teilbar, wenn ihre beiden letzten Ziffern (Zehner und Einer) eine durch 4 teilbare Zahl bilden.

> **Beispiel 3:** Prüfe, ob die Zahlen 346 und 123 460 durch 4 teilbar sind.
>
> **Lösung:**
> Betrachte jeweils die Zahl, die aus den   346   4 ∤ 46 und damit 4 ∤ 346
> letzten beiden Ziffern gebildet wird.   123 460   4 | 60 und damit 4 | 123 460

Basisaufgaben

5. Überprüfe, ob die Zahlen durch 4 teilbar sind.
   a) 3424   b) 8569   c) 45 688   d) 345 971

6. Bilde aus den Ziffern möglichst viele vierstellige Zahlen, die durch 4 teilbar sind.

   | 1 | 2 | 3 | 4 | 5 | 6 | 7 | 8 | 9 | 0 |

7. Ergänze die fehlende Ziffer so, dass die Zahl durch 4 teilbar ist.
   a) 71■   b) 44■   c) 91■   d) 123■   e) 3■36

   Hinweis zu 7: Es sind jeweils mehrere Lösungen möglich.

Weiterführende Aufgaben

8. Untersuche die Zahl auf Teilbarkeit durch 2, 3, 4, 5, 9 und 10.
   Begründe mithilfe der zugehörigen Teilbarkeitsregel.
   a) 45   b) 77   c) 4332   d) 8080   e) 990

9. **Stolperstelle:** Johanna behauptet: „Eine Zahl ist genau dann durch 6 teilbar, wenn ihre Quersumme durch 6 teilbar ist." Überprüfe die Aussage an eigenen Beispielen.

10. Finde Zahlenpaare, die durch dieselbe Zahl teilbar sind, sodass keine Zahlen übrig bleiben.

    | 40 | 81 | 51 | 32 | 48 | 39 | 55 | 54 | 58 | 70 | 75 | 96 |

11. Überprüfe, ob die Aussage wahr ist. Begründe.
    a) Wenn eine Zahl durch 10 teilbar ist, dann ist sie auch durch 5 teilbar.
    b) Wenn eine Zahl durch 3 teilbar ist, dann ist sie auch durch 9 teilbar.
    c) Wenn eine Zahl durch 2 und durch 3 teilbar ist, dann ist sie auch durch 6 teilbar.

12. **Ausblick:** Anna behauptet: „Unter vier beliebig gewählten Zahlen gibt es immer zwei Zahlen, deren Differenz durch 3 teilbar ist." Hat Anna recht? Begründe.

Primzahlen

■ Wie ist die Zahl 126 zusammengesetzt?
Marla hat die 126 Schritt für Schritt in Produkte zerlegt. Das Produkt aus den beiden neuen Zahlen ergibt immer die Zahl darüber.
Zerlege die Zahlen wie Marla: 45, 84 und 770. ■

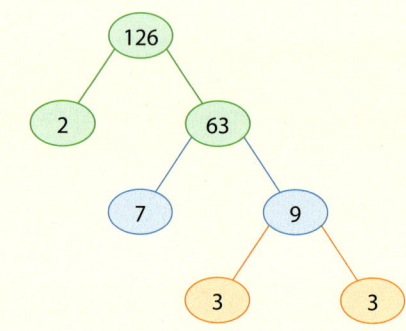

Hinweis:
1 ist keine Primzahl, da 1 nur einen Teiler hat.

Wissen: Primzahlen
Eine Zahl ist immer teilbar durch 1 und durch sich selbst. Hat eine Zahl nur diese beiden Teiler, so heißt sie Primzahl. Die ersten Primzahlen sind 2, 3, 5, 7, 11, 13, …

Beispiel 1: Prüfe, ob es sich um eine Primzahl handelt.
a) 23 b) 27

Lösung:
a) 23 hat nur die Teiler 1 und 23. $T_{23} = \{1; 23\}$, 23 ist Primzahl
b) 27 hat mehr als zwei Teiler. $T_{27} = \{1; 3; 9; 27\}$, 27 ist keine Primzahl

Basisaufgaben

1. Prüfe, welche Zahlen Primzahlen sind.

a)
1	3	6
9	4	7
2	8	5

b)
13	21	39
25	19	16
31	43	49

c)
83	29	63
61	48	
77	71	

d)
97	121	
201	123	101
149	151	

2. Wie viele Primzahlen liegen zwischen 20 und 30? Notiere sie.

3. Gib alle Primzahlen an.
   a) zwischen 100 und 120   b) zwischen 150 und 180   c) zwischen 230 und 270

Primfaktorzerlegung

Wissen: Primfaktorzerlegung
Natürliche Zahlen, die keine Primzahlen sind, lassen sich eindeutig als Produkt schreiben, dessen Faktoren Primzahlen sind. Solch ein Produkt heißt **Primfaktorzerlegung** der Zahl.

Beispiel 2: Zerlege die Zahl 120 in Primfaktoren.

Lösung:

Schreibe die Zahl 120 als Produkt.	$120 = 10 \cdot 12$
Zerlege die Faktoren solange weiter, bis du nur noch Primfaktoren hast. Verwende nicht den Faktor 1.	$= 2 \cdot 5 \cdot 3 \cdot 4$
	$= 2 \cdot 5 \cdot 3 \cdot 2 \cdot 2$
Sortiere die Primfaktoren.	$= 2 \cdot 2 \cdot 2 \cdot 3 \cdot 5$

Hinweis:
Primfaktorzerlegungen schreibt man auch mit Potenzen:
$120 = 2 \cdot 2 \cdot 2 \cdot 3 \cdot 5$
$ = 2^3 \cdot 3 \cdot 5$

Basisaufgaben

4. Übertrage die Aufgaben in dein Heft und ergänze in den Kästchen den richtigen Primfaktor.
   a) 22 = 2 · ☐   b) 50 = 2 · ☐ · 5   c) 63 = 3 · 3 · ☐   d) 104 = 2 · 2 · 2 · ☐

5. Zerlege die Zahl in Primfaktoren.
   a) 24   b) 57   c) 660   d) 348   e) 735

6. Zerlege die Zahl in Primfaktoren und schreibe gleiche Faktoren als Potenzen.
   a) 72   b) 125   c) 360   d) 1024   e) 567

7. Schreibe die Zahlen wenn möglich als Produkt von Primzahlen. Begründe, warum dies nicht bei allen Teilaufgaben möglich ist.
   a) 81   b) 93   c) 57   d) 29   e) 121

8. Fiona, Robin und Tom wollen die Zahl 180 in Primfaktoren zerlegen. Sie rechnen unterschiedlich:

   Fiona   Robin   Tom
   180 = 2 · 90   180 = 18 · 10   180 = 30 · 6

   a) Setze die Zerlegungen von Fiona, Robin und Tom fort.
   b) Zeige, dass sich am Ende immer die gleiche Primfaktorzerlegung ergibt.

Weiterführende Aufgaben

9. Betrachte die folgenden Produkte. Erkläre, wie du ohne zu rechnen feststellen kannst, ob der Wert der Produkte derselbe ist.
   a) 2 · 8 · 25 und 4 · 5 · 20
   b) 2 · 4 · 8 und $2^2 \cdot 4^2$
   c) 6 · 8 · 27 und $3^3 \cdot 4 \cdot 24$
   d) 7 · 9 · 15 und 21 · 45
   e) 6 · 12 · 16 und $2^2 \cdot 144$
   f) 4 · 12 · 35 und 5 · 14 · 22

10. Begründe mithilfe der Primfaktorzerlegung.
    a) 15 ist Teiler von 240.
    b) 18 teilt 732.
    c) 345 ist Vielfaches von 23.
    d) 78 ist Vielfaches von 1716.

11. Die Zahl 1500 lässt sich als Produkt aus $2^2 \cdot 3 \cdot 5^3$ darstellen. Nutze dieses Wissen, um die Primfaktorzerlegung anzugeben, ohne den Quotienten zu berechnen.
    a) 1500 : 3   b) 1500 : 4   c) 1500 : 15   d) 1500 : 30   e) 1500 : 75

12. Bestimme zunächst den Wert des Terms und gib dann dessen Teilermenge an.
    a) 2 · 3 · 7   b) 2 · 5 · 7   c) $2^2 \cdot 3^2$ d) $2^3 \cdot 3$ e) 7 · 11

13. Die Zahl 13 ist eine **Mirpzahl**. „Mirp" bedeutet rückwärts gelesen „prim". Die Mirpzahl 13 ist rückwärts gelesen die Primzahl 31. Finde weitere Mirpzahlen.

14. **Forschungsauftrag:** Erforsche die Primfaktorzerlegung von Produkten und Quotienten.
    a) Zerlege beide Zahlen in Primfaktoren.
       ① 4 und 20   ② 6 und 18   ③ 10 und 80   ④ 30 und 90   ⑤ 210 und 15
    b) Welche Primfaktorzerlegung ergibt sich, wenn man beide Zahlen multipliziert?
    c) Welche Primfaktorzerlegung ergibt sich, wenn man beide Zahlen dividiert?

Gemeinsame Teiler und gemeinsame Vielfache

■ Paula und Lars trainieren für einen Sponsorenlauf. Sie starten gleichzeitig an einer Parkbank und stoppen ihre Zeiten. Paula benötigt pro Runde um den See 12 Minuten. Lars benötigt für eine Runde 8 Minuten. Nach wie vielen Runden kommen Paula und Lars gleichzeitig wieder an der Parkbank an, wenn sie für jede Runde etwa die gleiche Zeit benötigen? ■

Bei vielen Fragen sucht man nicht nur nach Vielfachen oder Teilern einer Zahl, sondern man sucht **gemeinsame Vielfache** oder **gemeinsame Teiler** von zwei (oder mehr) Zahlen.

Beispiele:
- 5 und 7 haben die gemeinsamen Vielfachen 35, 70, 105, … Unter diesen Vielfachen ist 35 das kleinste.
- 4 und 6 haben die gemeinsamen Vielfachen 12, 24, 36, …

- 3 und 9 haben die gemeinsamen Teiler 1 und 3.
- 12 und 18 haben die gemeinsamen Teiler 1, 2, 3 und 6. Unter diesen Teilern ist 6 der größte.
- 5 und 7 haben nur den gemeinsamen Teiler 1. Daher sind 5 und 7 teilerfremd.

> **Wissen: Kleinstes gemeinsames Vielfaches und größter gemeinsamer Teiler.**
>
> Das **kleinste gemeinsame Vielfache (kgV)** zweier natürlicher Zahlen ist die kleinste Zahl, die gleichzeitig ein Vielfaches jeder der beiden Zahlen ist.
>
> Der **größte gemeinsame Teiler (ggT)** zweier natürlicher Zahlen ist die größte Zahl, die gleichzeitig beide Zahlen teilt. Ist der größte gemeinsame Teiler zweier Zahlen 1, so heißen die Zahlen **teilerfremd**.

Den größten gemeinsamen Teiler (ggT) und das kleinste gemeinsame Vielfache (kgV) kann man ohne großen Aufwand bestimmen, wenn man die Primfaktorzerlegungen der Zahlen kennt.

Hinweis:
„ggT (24; 60)" liest man „größter gemeinsamer Teiler von 24 und 60".
„kgV (24; 60)" liest man „kleinstes gemeinsames Vielfaches von 24 und 60".

Beispiel 1: Bestimme mithilfe der Primfaktorzerlegungen.
a) ggT(24; 60)
b) kgV(24; 60)

Lösung:
Zerlege 24 und 60 in Primfaktoren. Schreibe gleiche Primfaktoren übereinander.

$24 = 2 \cdot 2 \cdot 2 \cdot 3$
$60 = 2 \cdot 2 \cdot 3 \cdot 5$

a) Der ggT ergibt sich aus dem Produkt der Primfaktoren, die in **beiden** Zerlegungen vorkommen: $2 \cdot 2 \cdot 3 = 12$

$24 = \boxed{2 \cdot 2} \cdot 2 \cdot \boxed{3}$
$60 = \boxed{2 \cdot 2} \cdot \boxed{3} \cdot 5$
ggT(24; 60) $= 2 \cdot 2 \cdot 3 = 12$

b) Das kgV ergibt sich aus dem Produkt **aller** Primfaktoren. Allerdings werden Faktoren, die in beiden Zerlegungen vorkommen, nur **einmal** berücksichtigt: $2 \cdot 2 \cdot 2 \cdot 3 \cdot 5 = 120$

$24 = \boxed{2 \cdot 2 \cdot 2 \cdot 3}$
$60 = \boxed{2 \cdot 2} \cdot \boxed{3 \cdot 5}$
kgV(24; 60) $= 2 \cdot 2 \cdot 2 \cdot 3 \cdot 5 = 120$

Aufgaben

1. Gib die gemeinsamen Teiler der Zahlen an.
   a) 4 und 8   b) 18 und 27   c) 12 und 35   d) 48 und 120   e) 15, 45 und 60

2. Gib die ersten vier gemeinsamen Vielfachen der Zahlen an.
   a) 7 und 14   b) 18 und 27   c) 3 und 5   d) 40 und 50   e) 4, 6 und 9

3. Gib den größten gemeinsamen Teiler (ggT) und das kleinste gemeinsame Vielfache (kgV) an.
   a) $12 = 2 \cdot 2 \cdot 3$ und $88 = 2 \cdot 2 \cdot 2 \cdot 11$ b) $90 = 2 \cdot 3 \cdot 3 \cdot 5$ und $140 = 2 \cdot 2 \cdot 5 \cdot 7$

4. Bestimme den ggT mithilfe der Primfaktorzerlegungen.
   a) 12 und 18   b) 21 und 63   c) 100 und 220   d) 126 und 280   e) 30, 36 und 78

5. Bestimme das kgV mithilfe der Primfaktorzerlegungen.
   a) 6 und 9   b) 14 und 20   c) 15 und 60   d) 44 und 121   e) 8, 10 und 12

6. a) Nenne zwei einstellige Zahlen, deren ggT gleich 3 (gleich 4; gleich 1) ist.
   b) Nenne zwei zweistellige Zahlen, deren ggT gleich 5 (gleich 6; gleich 11) ist.
   c) Nenne zwei dreistellige Zahlen, deren ggT gleich 2 (gleich 3; gleich 4) ist.

7. Nenne – falls möglich – zwei (drei; vier) Zahlen, deren kgV die angegebene Zahl ist.
   a) 13   b) 50   c) 144   d) 176   e) 210

8. a) Gib für ■ je drei Zahlen so an, dass die Aussage wahr wird.
      ① Der ggT von 16 und ■ ist 4.   ② Der ggT von ■ und 24 ist 2.
      ③ Das kgV von 4 und ■ ist 36.   ④ Das kgV von ■ und 12 ist 60.
   b) Warum findest du für „Der ggT von 7 und ■ ist 2." keine Lösung?

9. Ein Karton soll vollständig mit Würfeln ausgelegt werden.
   Der Karton ist 6 cm breit, 9 cm lang und 15 cm hoch.
   Gib die größte Kantenlänge an, die ein solcher Würfel haben könnte.

10. Die Buslinien 5 und 7 fahren am Bahnhof beide um 8:00 Uhr, sodass man ohne Wartezeit umsteigen kann. Die Buslinie 5 fährt alle 20 min, die Buslinie 7 alle 25 min. Bestimme die drei nächsten drei Uhrzeiten, bei denen beide Buslinien wieder gleichzeitig abfahren.

11. a) Bestimme den größten gemeinsamen Teiler und das kleinste gemeinsame Vielfache.
       ① 3 und 4   ② 7 und 21   ③ 12 und 16   ④ 36 und 60   ⑤ 80 und 140
    b) Zwischen dem ggT und dem kgV zweier Zahlen a und b gilt der Zusammenhang:
       kgV(a; b) = a · b : ggT(a; b).
       Setze die Zahlen und deine Ergebnisse für den größten gemeinsamen Teiler aus a) in die Formel ein und überprüfe damit deine Ergebnisse für das kleinste gemeinsame Vielfache.
    c) Erläutere für a = 4 und b = 14, warum die Formel in b) gilt. Schreibe dazu die Primfaktorzerlegungen der beiden Zahlen auf.

12. **Forschungsauftrag:** Informiere dich im Internet über den **Euklidischen Algorithmus** zur Bestimmung des größten gemeinsamen Teilers zweier Zahlen. Führe ihn an drei interessanten Beispielen durch und präsentiere die Beispiele deiner Klasse.

6.3 Anteile von einem Ganzen – Brüche

■ Julia hat Geburtstag. Mit ihrer Mutter hat sie ein Blech Kuchen für ihre Klasse gebacken. In der Klasse sind 19 Kinder. Zusammen mit der Klassenlehrerin sind sie also 20 Personen. Zeichne in dein Heft, wie Julia den Kuchen gerecht aufteilen kann. ■

Hinweis:
Viertel ist die Kurzform von „vierter Teil". Ein Viertel ist ein Teil von vier gleichen Teilen.

Zerlegt man ein Ganzes gleichmäßig in 2, 3, 4 oder 5 **gleich große Teile**, so erhält man

Halbe,   **Drittel,**   **Viertel** oder   **Fünftel.**

| $\frac{1}{2}$ | | | $\frac{1}{3}$ | | | | $\frac{1}{4}$ | | | | | $\frac{1}{5}$ | | | | |

Wissen: Brüche als Anteile von einem Ganzen

Anteile von einem Ganzen können mit **Brüchen** beschrieben werden.

Der **Nenner** eines Bruches gibt an, in wie viele gleich große Teile das Ganze geteilt wurde.
Der **Zähler** gibt die Anzahl der Teile an.

So sind Brüche aufgebaut: $\frac{3}{4}$ ← **Zähler:** Anzahl der Teile
← **Bruchstrich**
← **Nenner:** Gesamtzahl der Teile, in die das Ganze aufgeteilt wurde.

Brüche angeben

Beispiel 1: Gib den blau gefärbten Anteil als Bruch an.

a) [▇▁▁▁▁]   b) 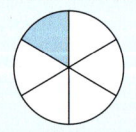   c) 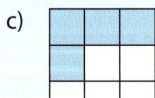   d)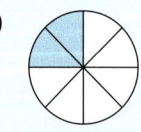

Lösung:
a) Es sind 5 gleich große Teile. 1 Teil ist blau. Also ist $\frac{1}{5}$ des Rechtecks blau.

b) Es sind 6 gleich große Teile. 1 Teil ist blau. Also ist $\frac{1}{6}$ des Kreises blau.

c) Es sind 9 gleich große Teile. 4 Teile sind blau. Also sind $\frac{4}{9}$ des Quadrats blau.

d) Es sind 8 gleich große Teile. 2 Teile sind blau. Also sind $\frac{2}{8}$ des Kreises blau.

Basisaufgaben

1. Ein Ganzes wurde in gleich große Teile geteilt. Ein Teil davon wurde jeweils blau gefärbt. Gib diesen Anteil als Bruch an.

a) 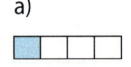   b) 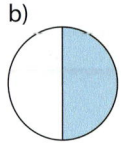   c) 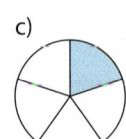   d)    e)

6.3 Anteile von einem Ganzen – Brüche

2. Gib den blau gefärbten Anteil als Bruch an.

a) 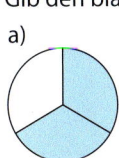   b) 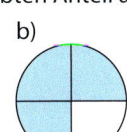   c) 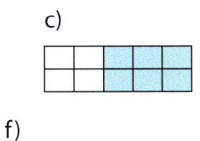   d) 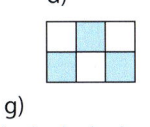   e)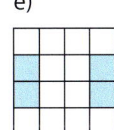

f)   g)

Hinweis zu 2: Hier findest du die Lösungen.

3. Gib zum blau gefärbten Anteil einen Bruch an. Bestimme auch den gelb gefärbten Anteil.

a)   b)   c)    d) 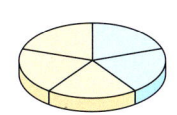   e)

Brüche zeichnerisch darstellen

Beispiel 2:

a) Zeichne die Figur ab. Färbe $\frac{1}{4}$ davon rot.

b) Zeichne die Figur ab. Färbe $\frac{3}{5}$ davon gelb.

Lösung:

a) Der Nenner 4 von $\frac{1}{4}$ gibt an, dass das Quadrat zuerst in 4 gleich große Teile zerlegt wird. Färbe davon 1 Teil rot.

b) Der Nenner 5 von $\frac{3}{5}$ gibt an, dass das Rechteck zuerst in 5 gleich große Teile zerlegt wird. Färbe davon 3 Teile gelb.

Hinweis: In der Lösung zu a) und b) siehst du nur eine passende Zerlegung. Es gibt auch andere Möglichkeiten.

Basisaufgaben

4. Zeichne das Rechteck ab und färbe den Anteil.

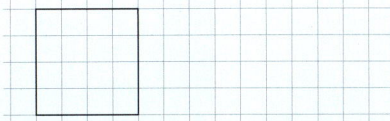   

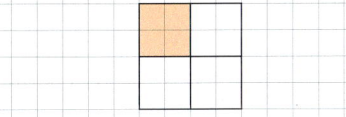   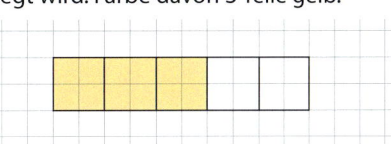

5. Zeichne zu jeder Teilaufgabe ein Rechteck mit 12 Kästchen Länge und 5 Kästchen Breite. Teile in gleich große Teile auf und färbe dann den Anteil.

a) $\frac{1}{2}$ b) $\frac{1}{3}$ c) $\frac{1}{6}$ d) $\frac{1}{5}$ e) $\frac{1}{12}$

6. Zeichne zu jeder Teilaufgabe ein Rechteck wie im Bild.
   Färbe dann den angegebenen Anteil.
   a) $\frac{3}{4}$ b) $\frac{3}{6}$ c) $\frac{1}{4}$ d) $\frac{5}{6}$
   e) $\frac{2}{3}$ f) $\frac{3}{8}$ g) $\frac{5}{12}$ h) $\frac{7}{24}$

Weiterführende Aufgaben

7. Gib jeweils den gefärbten Anteil an.

   a) 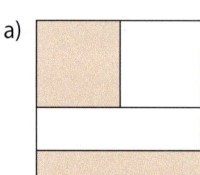   b) 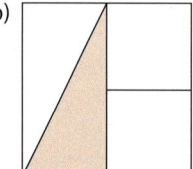   c) 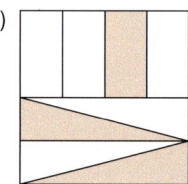   d)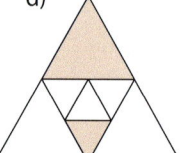

8. Bestimme den Anteil, der auf dem Bild zu sehen ist. Was gibt der Anteil an?

   a)    b) 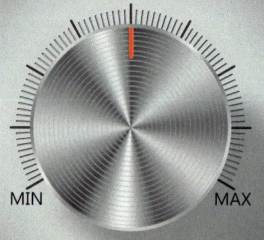   c)

9. a) Begründe, warum alle Bilder den Bruch $\frac{3}{4}$ darstellen.

   ① ② ③ ④ ⑤

   b) Erläutere an den Figuren ① und ②, dass der Anteil $\frac{3}{4}$ unterschiedlich groß sein kann.

   c) Finde weitere Möglichkeiten, um $\frac{3}{4}$ darzustellen. Zeichne sie in dein Heft.

10. **Stolperstelle:** Überprüfe die Zeichnungen und begründe, warum sie richtig oder falsch sind. Zeichne eine richtige Lösung ins Heft.

    a) 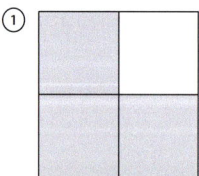   b)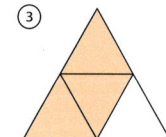

    c) 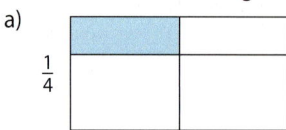 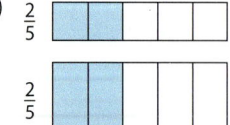   d)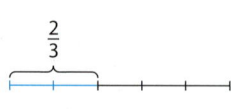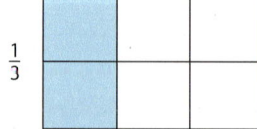

6.3 Anteile von einem Ganzen – Brüche

11. Miriam, Petra und Nina teilen sich einen Schokoriegel. Petra sagt: „Nina hat doppelt so viel bekommen wie Miriam und doppelt so viel wie ich". Welchen Anteil hat Miriam bekommen?

12. Zeichne ein Quadrat mit der Seitenlänge a = 6 cm. Färbe $\frac{1}{6}$ des Quadrats rot. Finde dafür mindestens drei verschiedene Möglichkeiten.

13. Wie viele Teile ergeben ein Ganzes?
    a) Zehntel   b) Achtel   c) Siebtel   d) Halbe   e) Drittel

14. Welcher Anteil fehlt bis zu einem Ganzen?
    a) $\frac{2}{3}$ b) $\frac{6}{8}$ c) $\frac{1}{2}$ d) $\frac{1}{9}$ e) $\frac{11}{15}$

15. Welcher Anteil eines Ganzen könnte dargestellt sein? Übertrage die Figur jeweils in dein Heft und ergänze sie zum Ganzen.

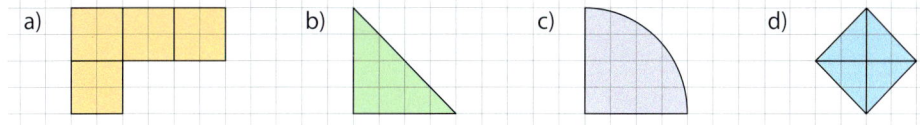

16. Ein Foto im Format 4 cm x 6 cm soll so vergrößert werden, dass es 3-mal so breit und 3-mal so hoch ist. Bestimme den Anteil der Fläche des ursprünglichen Fotos an der Fläche des vergrößerten Fotos. Was fällt dir auf?

17. a) Zeichne auf Karopapier eine 10 cm lange Strecke. Markiere $\frac{3}{5}$ der Strecke blau.
    b) Gib fünf weitere Brüche an, die du an einer solchen Strecke gut darstellen kannst.
    c) Gib drei Brüche an, die du an einer solchen Strecke nicht einfach darstellen kannst.

18. **Anteile von einer Menge:** 3 von 16 Gummibärchen sind weiß. Der Anteil an weißen Gummibärchen beträgt dann $\frac{3}{16}$.
    a) Gib jeweils den Anteil an roten, gelben, grünen und orangen Gummibärchen an.
    b) Gib die Anteile an, wenn man von jeder Farbe ein Bärchen wegnimmt.

19. Gib Anteile an, mit denen du die Situation beschreiben kannst.
    a) In einer Lostrommel sind 100 Lose. Es gibt zwei Hauptgewinne und 20 Trostpreise. Der Rest sind Nieten.
    b) In einer Klasse sind 10 Mädchen und 14 Jungen.
    c) Kaiserslautern hat 14 Spiele gewonnen, 6 verloren und 14-mal unentschieden gespielt.

20. **Ausblick:**
    a) Gib für jedes Zimmer den ungefähren Anteil an der Gesamtfläche der Wohnung an.
    b) Zeichne einen Grundriss, in der die Zimmer folgende Anteile an der Gesamtfläche der Wohnung haben.

    Wohnzimmer: $\frac{1}{3}$ Schlafzimmer: $\frac{1}{4}$

    Küche: $\frac{1}{6}$ Badezimmer: $\frac{1}{8}$

    Flur: $\frac{1}{8}$

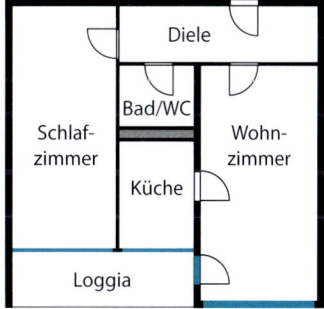

Streifzug

6. Brüche

Spiel: Triff den Bruch

Tipp:
Unterteile das Quadrat vorher in 36 kleine Quadrate.

■ Dieses Bild findest du auch auf der Rückseite deines Buches. Übertrage es zuerst in dein Heft und trage dort den Anteil der einzelnen Flächen als Bruch ein. Benachbarte Flächen in derselben Farbe gehören zusammen.
Beispiel: Die drei blauen Kästchen links oben bilden ein Rechteck.
Das sind $\frac{3}{36}$ der Gesamtfläche. ■

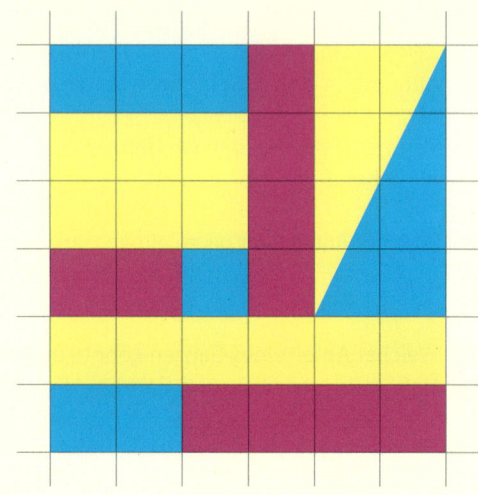

Tipp:
Spielt jede Runde so oft, dass jeder Spieler einmal begonnen hat, und dreht das Spielfeld nach jeder Runde.

Wissen: Spielregeln

Es sollten möglichst 4 Personen spielen. Ihr könnt auch zwei Teams mit je 2 Spielern bilden. Jeder Spieler benötigt eine 1-Cent-Münze. Markiert eure Münze mit einem Bleistift, damit ihr eure Münze wiedererkennt. Das Spiel wird in mehreren Runden gespielt.

In jeder Runde legst du deine Münze auf dein Startfeld und schnippst sie auf das Spielfeld. Falls dabei allerdings eine Münze (deine eigene oder die eines Mitspielers) außerhalb des Spielfeldes gerät, erhalten alle deine Mitspieler einen Siegpunkt und die Runde ist beendet.

Liegen alle Münzen auf dem Spielfeld, wird der Siegpunkt nach folgenden Regeln vergeben:

1. **Runde: Max**
   Du gewinnst, wenn deine Münze den größten Flächenanteil belegt. Liegt die Münze auf mehreren Flächen mit unterschiedlichen Farben, zählt nur der kleinere Flächenanteil.

2. **Runde: Min**
   Du gewinnst, wenn deine Münze den kleinsten Flächenanteil belegt. Liegt die Münze auf mehreren, verschiedenfarbigen Flächen, zählt nur der größere Flächenanteil.

3. **Runde: Addmax**
   Du gewinnst, wenn deine Münze den größten Flächenanteil belegt. Liegt die Münze auf Flächen mit unterschiedlichen Farben, so werden diese zusammengezählt.

4. **Runde: Addmin**
   Du gewinnst, wenn deine Münze den kleinsten Flächenanteil belegt. Liegt die Münze auf Flächen mit unterschiedlichen Farben, so werden diese Flächen zusammengezählt.

In jeder Runde erhält der Sieger einen Siegpunkt. Bei Gleichstand können auch zwei oder mehr Spieler einen Punkt für die Runde bekommen.

Es gewinnt, wer die meisten Siegpunkte erzielt.

Streifzug

Beispiel 1: Spielsituation Max
Welche Münze belegt nach den Spielregeln von Max den größten Flächenanteil?

Lösung:
Spieler A gewinnt. Die Münze A belegt $\frac{6}{36}$. Die Münze von Spieler B liegt auf der Grenze zwischen der gelben und der lila Fläche. Es zählt aber nur der kleinere Anteil, also $\frac{4}{36}$.

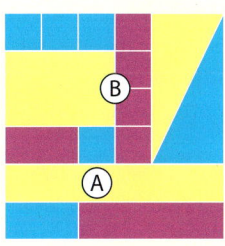

1. Hier siehst du eine typische Spielsituation. Alle vier Spieler haben ihre Münze gespielt. Entscheide und begründe jeweils, welche Münze oder welche Münzen nach den Spielregeln von Max oder Min gewonnen hätten.

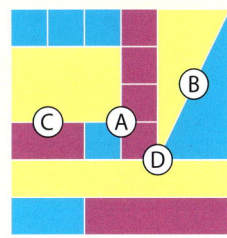

Beispiel 2: Spielsituation Addmax
Welche Münze belegt nach den Spielregeln von Addmax den größten Flächenanteil?

Lösung:
Hier zählt für Spieler A die blaue, pinke und gelbe Fläche, also der Anteil $\frac{13}{36}$. Für Spieler B zählt nur die gelbe Fläche, also der Anteil $\frac{6}{36}$. Spieler A gewinnt.

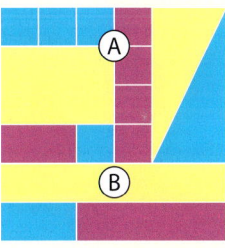

2. Hier siehst du eine typische Spielsituation. Alle vier Spieler haben ihre Münze gespielt. Entscheide und begründe jeweils, welche Münze oder welche Münzen nach den Spielregeln von Addmax oder Addmin gewonnen hätten.

3. Überlege dir für jede Runde Spielsituationen, in denen es weder Gewinner noch Verlierer geben kann.

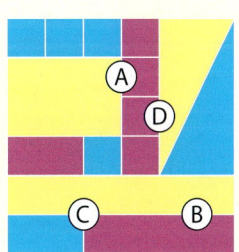

4. a) Gib für jede farbige Fläche den Flächenanteil als Bruch an und ordne sie der Größe nach. Beginne mit dem kleinsten Bruch.
   Hinweis: Es gibt 10 Flächen.
   b) Gib für die pinke, die blaue und die gelbe Fläche den Anteil insgesamt an.
   c) Welche Farbe hat den größten Anteil?

6.4 Brüche erweitern und kürzen

■ Jette: „Vom Apfelkuchen sind nur noch zwei Stücke übrig. Von der Erdbeertorte sind es noch drei. Aber ich esse doch viel lieber Apfelkuchen."
Mutter: „Aber es ist doch von beiden Kuchen noch ein Viertel übrig. Von beiden Kuchen ist genau gleich viel übrig, Jette."
Hat Jette recht oder ihre Mutter? Begründe. ■

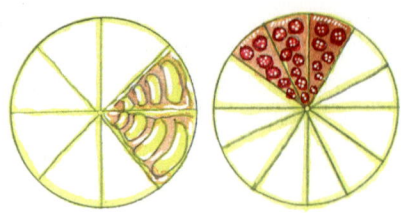

Ein Anteil kann durch verschiedene Brüche beschrieben werden. Durch Verfeinern oder Vergröbern der Einteilung lassen sich zu gleichen Anteilen verschiedene Brüche angeben.

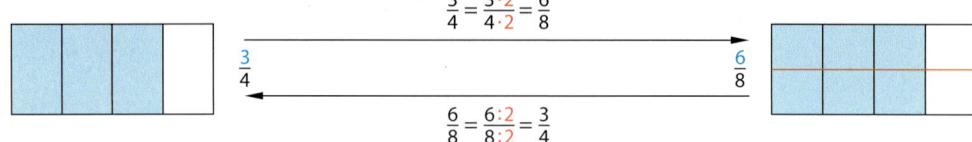

Hinweis:
Zu jedem Bruch kannst du durch Erweitern beliebig viele gleichwertige Brüche angeben.

Wissen: Erweitern und Kürzen
Brüche werden **erweitert**, indem man den Zähler und den Nenner mit derselben Zahl (der Erweiterungszahl) multipliziert.
Brüche werden **gekürzt**, indem man den Zähler und den Nenner durch dieselbe Zahl (die Kürzungszahl) dividiert.
Der Bruch stellt weiterhin den gleichen Anteil dar.

Brüche erweitern

Beispiel 1: Erweitere den Bruch $\frac{2}{7}$ mit 5.

Lösung: Multipliziere Zähler und Nenner mit 5.

$$\frac{2}{7} = \frac{2 \cdot 5}{7 \cdot 5} = \frac{10}{35}$$

Basisaufgaben

1. Schreibe passende Brüche zu den Darstellungen.

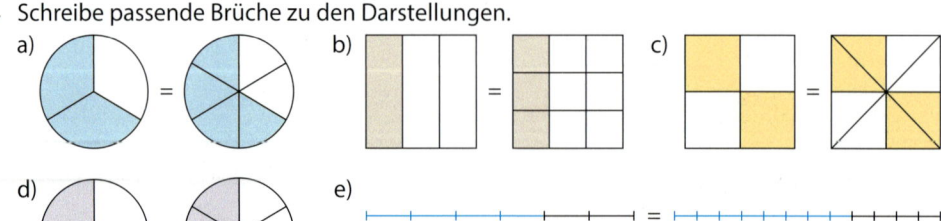

6.4 Brüche erweitern und kürzen

2. Zeichne zur Darstellung von $\frac{1}{3}$ eine verfeinerte Einteilung. Gib dazu den Bruch an. Prüfe, ob es auch andere Verfeinerungen gibt.

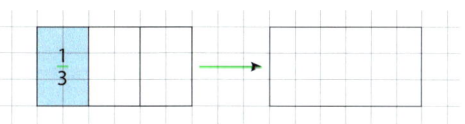

3. Erweitere den Bruch.

   a) $\frac{1}{2}$ (mit 6)   b) $\frac{2}{3}$ (mit 4)   c) $\frac{4}{5}$ (mit 3)   d) $\frac{3}{7}$ (mit 4)

   e) $\frac{9}{14}$ (mit 4)   f) $\frac{5}{9}$ (mit 4)   g) $\frac{3}{11}$ (mit 7)   h) $\frac{12}{25}$ (mit 8)

   Hinweis zu 3: Hier findest du die Lösungen.

4. Übertrage die Tabelle in dein Heft. Erweitere die Brüche jeweils mit der oben angegebenen Erweiterungszahl.

	2	3	5	10
$\frac{1}{2}$				
$\frac{3}{4}$				
$\frac{2}{5}$				
$\frac{7}{12}$				

Brüche kürzen

Beispiel 2: a) Kürze $\frac{24}{30}$ mit 6.   b) Kürze $\frac{42}{63}$ so weit wie möglich.

Lösung: Dividiere Zähler und Nenner durch 6.

a) $\frac{24}{30} = \frac{24:6}{30:6} = \frac{4}{5}$

b) Suche Schritt für Schritt gemeinsame Teiler von Zähler und Nenner. Am Ende stehen im Zähler und Nenner zwei Zahlen, die außer 1 keinen gemeinsamen Teiler haben.

Dividiere Zähler und Nenner durch 7.   Dividiere Zähler und Nenner durch 3.

$\frac{42}{63} = \frac{42:7}{63:7} = \frac{6}{9} = \frac{6:3}{9:3} = \frac{2}{3}$

Info: Wenn Zähler und Nenner außer der 1 keinen gemeinsamen Teiler haben, dann ist der Bruch **vollständig gekürzt**.

Basisaufgaben

5. Schreibe passende Brüche zu den Darstellungen.

   a) 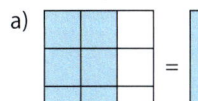 = 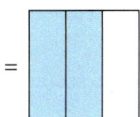   b) 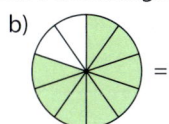 = 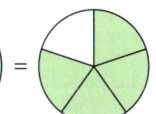   c)  =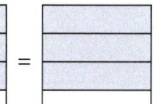

6. Zeichne zur Darstellung von $\frac{6}{8}$ eine vergröberte Einteilung. Gib dazu den Bruch an. Prüfe, ob es auch andere Möglichkeiten der Vergröberung gibt.

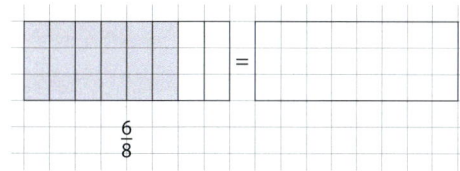

7. Kürze jeweils

   a) mit 2: $\frac{4}{6}$, $\frac{8}{10}$, $\frac{12}{14}$, $\frac{24}{36}$, $\frac{84}{100}$

   b) mit 3: $\frac{3}{9}$, $\frac{12}{18}$, $\frac{9}{15}$, $\frac{42}{45}$, $\frac{18}{27}$

   c) mit 5: $\frac{15}{25}$, $\frac{45}{60}$, $\frac{15}{40}$, $\frac{10}{60}$, $\frac{15}{35}$

   d) mit 8: $\frac{8}{16}$, $\frac{24}{56}$, $\frac{16}{64}$, $\frac{32}{48}$, $\frac{16}{40}$

   e) mit 6: $\frac{6}{12}$, $\frac{18}{24}$, $\frac{6}{30}$, $\frac{12}{60}$, $\frac{6}{18}$

   f) mit 9: $\frac{18}{27}$, $\frac{54}{90}$, $\frac{36}{45}$, $\frac{27}{54}$, $\frac{72}{81}$.

8. Übertrage die Tabelle in dein Heft und kürze die angegebenen Brüche jeweils mit der oben angegebenen Kürzungszahl, sofern das möglich ist.

	2	3	4	5
$\frac{60}{84}$				
$\frac{40}{120}$				
$\frac{48}{88}$				
$\frac{50}{55}$				

9. Kürze den Bruch so weit wie möglich.

   a) $\frac{16}{20}$ b) $\frac{6}{28}$ c) $\frac{24}{36}$ d) $\frac{64}{48}$ e) $\frac{9}{24}$ f) $\frac{40}{100}$

   g) $\frac{36}{54}$ h) $\frac{120}{96}$ i) $\frac{120}{124}$ j) $\frac{36}{144}$ k) $\frac{105}{63}$ l) $\frac{180}{360}$

Weiterführende Aufgaben

10. In den Bildern ist das Erweitern oder das Kürzen eines Bruchs dargestellt. Gib die passenden Brüche und die Erweiterungs- oder die Kürzungszahl an.

    a) 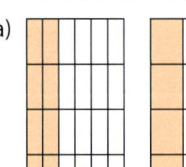 b) 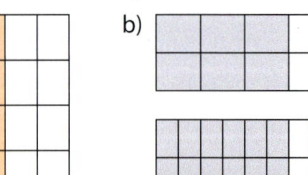 c)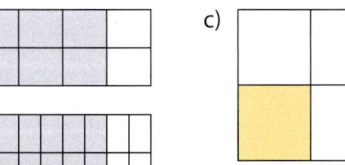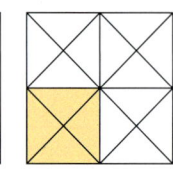

11. Erweitere den Bruch so, dass der Nenner 24 ist. Gib die Erweiterungszahl an.

    a) $\frac{1}{2}$ b) $\frac{2}{3}$ c) $\frac{1}{4}$ d) $\frac{5}{6}$ e) $\frac{3}{8}$ f) $\frac{3}{12}$

12. Kürze den Bruch so, dass der Nenner 3 ist. Gib die Kürzungszahl an.

    a) $\frac{4}{6}$ b) $\frac{6}{9}$ c) $\frac{18}{27}$ d) $\frac{33}{33}$ e) $\frac{27}{81}$ f) $\frac{72}{96}$

13. Vervollständige im Heft. Gib die Erweiterungs- oder die Kürzungszahl an.

    a) $\frac{3}{4} = \frac{\blacksquare}{12}$ b) $\frac{36}{\blacksquare} = \frac{9}{10}$ c) $\frac{\blacksquare}{28} = \frac{1}{4}$ d) $\frac{15}{25} = \frac{\blacksquare}{5}$

    e) $\frac{\blacksquare}{56} = \frac{3}{8}$ f) $\frac{2}{3} = \frac{16}{\blacksquare}$ g) $\frac{5}{6} = \frac{15}{\blacksquare}$ h) $\frac{45}{81} = \frac{5}{\blacksquare}$

    i) $\frac{12}{\blacksquare} = \frac{3}{7}$ j) $\frac{24}{\blacksquare} = \frac{2}{3}$ k) $\frac{5}{8} = \frac{35}{\blacksquare}$ l) $\frac{12}{13} = \frac{\blacksquare}{156}$

6.4 Brüche erweitern und kürzen

Info:
Bei echten Brüchen ist der Zähler kleiner als der Nenner.

14. Gib alle echten Brüche mit dem Nenner 12 an, die nicht gekürzt werden können.

15. Stolperstelle: Timo hat so weit wie möglich gekürzt, aber Fehler gemacht. Kontrolliere seine Lösungen und korrigiere sie gegebenenfalls.

a) $\frac{18}{27} = \frac{2}{3}$ b) $\frac{30}{44} = \frac{10}{11}$ c) $\frac{4}{12} = \frac{1}{4}$ d) $\frac{15}{42} = \frac{5}{14}$

e) $\frac{25}{45} = \frac{5}{45}$ f) $\frac{35}{56} = \frac{5}{7}$ g) $\frac{21}{126} = \frac{7}{42}$ h) $\frac{28}{200} = \frac{7}{25}$

16.
a) Kürze die Brüche rechts zunächst mit 2 und dann so weit wie möglich.
b) Kürze die Brüche rechts zunächst mit 3 und dann so weit wie möglich.
c) Vergleiche die Rechenwege und Ergebnisse in a) und b). Formuliere deine Erkenntnis in einem Satz.

① $\frac{12}{18}$ ② $\frac{42}{30}$ ③ $\frac{90}{150}$ ④ $\frac{144}{108}$

17. Gib drei passende Brüche für den gefärbten Anteil an.

a) 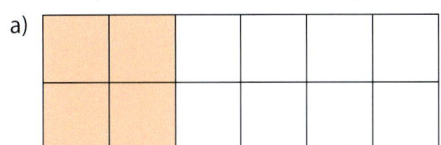   b) 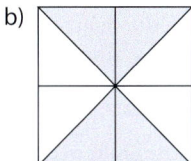   c)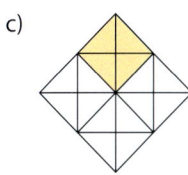

18. Gib zu dem Bruch drei verschiedene gleichwertige Brüche an.

a) $\frac{1}{5}$ b) $\frac{3}{4}$ c) $\frac{7}{14}$ d) $\frac{30}{70}$ e) $\frac{48}{72}$ f) $\frac{22}{55}$

19. Gib zu dem Bruch einen gleichwertigen Bruch mit dem Nenner 100 an.

a) $\frac{1}{10}$ b) $\frac{2}{4}$ c) $\frac{20}{25}$ d) $\frac{36}{300}$ e) $\frac{36}{48}$ f) $\frac{21}{150}$

20. Prüfe durch Erweitern oder Kürzen, ob die beiden Brüche den gleichen Wert haben.

a) $\frac{2}{12}$ und $\frac{8}{48}$ b) $\frac{3}{12}$ und $\frac{1}{3}$ c) $\frac{36}{54}$ und $\frac{49}{63}$ d) $\frac{40}{50}$ und $\frac{72}{96}$

21. Finde passende Brüche.
a) Gesucht ist ein Bruch, den man mit 3, aber nicht mit 6 kürzen kann.
b) Gesucht ist ein Bruch, den man auf den Nenner 10 erweitern kann.
c) Gesucht ist ein Bruch mit einem dreistelligen Nenner, der gleich einem Viertel des Ganzen ist.
d) Gesucht ist ein Bruch mit einem zweistelligen Zähler und einem dreistelligem Nenner, der gleichwertig zu $\frac{2}{3}$ ist.

22. Ausblick:
a) Kürze die Brüche so weit wie möglich: ① $\frac{54}{81}$ ② $\frac{66}{42}$ ③ $\frac{36}{108}$
b) Schreibe für jeden Bruch die Teiler des Zählers und die Teiler des Nenners auf.
c) Schreibe für jeden Bruch alle Zahlen auf, mit denen der Bruch gekürzt werden kann.
d) Kürze die Brüche mit der größtmöglichen Zahl und vergleiche die Ergebnisse mit a).
e) Vervollständige den Satz: „Man kann einen Bruch so weit wie möglich kürzen, indem man …" Verwende den Begriff Teiler.

6.5 Brüche vergleichen

■ Hier siehst du verschiedene Flaggen. Welche Flagge hat den größten Anteil Rot? Bei welcher Flagge ist der Anteil Rot am kleinsten? ■

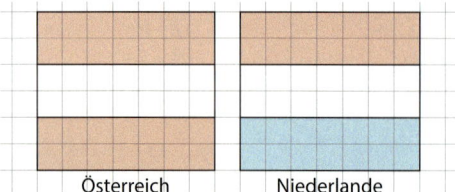
Österreich   Niederlande

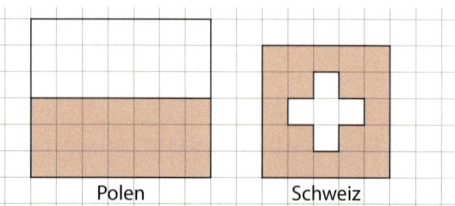
Polen   Schweiz

Zum Vergleichen sollten Brüche den gleichen Nenner (**gemeinsamen Nenner**) haben. Dazu muss man meist Erweitern oder Kürzen.
Die Brüche $\frac{3}{5}$ und $\frac{1}{2}$ werden durch Erweitern auf den gemeinsamen Nenner 10 gebracht.

$\frac{3}{5} = \frac{6}{10}$ und $\frac{1}{2} = \frac{5}{10}$

Man nennt dies auch **gleichnamig machen**.

Jetzt kann man die Brüche vergleichen:

$\frac{6}{10} > \frac{5}{10}$, denn 6 > 5. Also ist $\frac{3}{5} > \frac{1}{2}$.

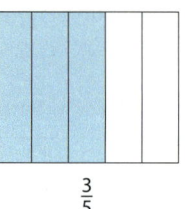
$\frac{3}{5}$

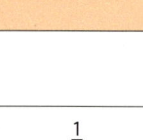
$\frac{1}{2}$

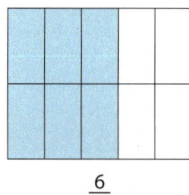
$\frac{6}{10}$

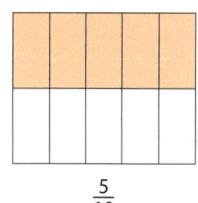
$\frac{5}{10}$

> **Wissen: Brüche vergleichen**
>
> Bei **Brüchen mit dem gleichen Nenner** ist der Bruch größer, der den größeren Zähler hat.
>
> **Brüche mit unterschiedlichen Nennern** werden zuerst durch Erweitern oder Kürzen **gleichnamig gemacht** und dann verglichen.

Beispiel 1: Bringe auf einen gemeinsamen Nenner und vergleiche die Brüche.

a) $\frac{2}{3}$ und $\frac{7}{9}$ b) $\frac{4}{5}$ und $\frac{7}{8}$

Hinweis:
Man kann immer auf das Produkt der Nenner erweitern wie bei b). Wenn man einen kleineren gemeinsamen Nenner findet, sind die Rechnungen aber einfacher wie bei a).

Lösung:

a) Hier kann 9 als gemeinsamer Nenner gewählt werden. Erweitere $\frac{2}{3}$ mit 3. Vergleiche dann die Zähler.

$\frac{2}{3} = \frac{2 \cdot 3}{3 \cdot 3} = \frac{6}{9}$

$\frac{6}{9} < \frac{7}{9}$, denn 6 < 7. Also ist $\frac{2}{3} < \frac{7}{9}$.

b) Erweitere die Brüche jeweils mit dem Nenner des anderen Bruchs. Erweitere also $\frac{4}{5}$ mit 8 und $\frac{7}{8}$ mit 5. Der gemeinsame Nenner ist 40. Vergleiche dann die Zähler.

$\frac{4}{5} = \frac{4 \cdot 8}{5 \cdot 8} = \frac{32}{40}$ und $\frac{7}{8} = \frac{7 \cdot 5}{8 \cdot 5} = \frac{35}{40}$

$\frac{32}{40} < \frac{35}{40}$, denn 32 < 35. Also ist $\frac{4}{5} < \frac{7}{8}$.

6.5 Brüche vergleichen

Basisaufgaben

1. Vergleiche die gleichnamigen Brüche.
   a) $\frac{2}{5}$ und $\frac{3}{5}$ b) $\frac{7}{9}$ und $\frac{4}{9}$ c) $\frac{5}{12}$ und $\frac{10}{12}$ d) $\frac{8}{8}$ und $\frac{7}{8}$ e) $\frac{34}{100}$ und $\frac{43}{100}$

2. Gib an, welche Brüche dargestellt sind. Vergleiche sie.

   a) 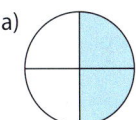 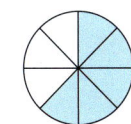   b)   c)

3. Bringe die Brüche auf einen gemeinsamen Nenner und vergleiche sie.
   a) $\frac{3}{5}$ und $\frac{4}{5}$ b) $\frac{3}{4}$ und $\frac{2}{3}$ c) $\frac{3}{4}$ und $\frac{7}{12}$ d) $\frac{2}{3}$ und $\frac{3}{5}$ e) $\frac{7}{8}$ und $\frac{3}{4}$
   f) $\frac{2}{5}$ und $\frac{2}{7}$ g) $\frac{3}{8}$ und $\frac{3}{5}$ h) $\frac{2}{11}$ und $\frac{9}{44}$ i) $\frac{3}{10}$ und $\frac{3}{5}$ j) $\frac{10}{100}$ und $\frac{5}{10}$

4. Übertrage ins Heft. Setze das richtige Zeichen <, > oder = ein.
   a) $\frac{3}{4}\,\square\,\frac{4}{8}$ b) $\frac{1}{8}\,\square\,\frac{5}{24}$ c) $\frac{3}{10}\,\square\,\frac{1}{2}$ d) $\frac{14}{18}\,\square\,\frac{7}{9}$ e) $\frac{15}{21}\,\square\,\frac{8}{14}$
   f) $\frac{6}{7}\,\square\,\frac{3}{4}$ g) $\frac{3}{8}\,\square\,\frac{4}{7}$ h) $\frac{3}{4}\,\square\,\frac{5}{8}$ i) $\frac{11}{18}\,\square\,\frac{4}{6}$ j) $\frac{7}{8}\,\square\,\frac{9}{10}$
   k) $\frac{2}{3}\,\square\,\frac{4}{7}$ l) $\frac{10}{12}\,\square\,\frac{40}{48}$ m) $\frac{3}{8}\,\square\,\frac{2}{7}$ n) $\frac{1}{32}\,\square\,\frac{1}{64}$ o) $\frac{13}{20}\,\square\,\frac{31}{50}$

Weiterführende Aufgaben

5. Samira sagt: „Um $\frac{1}{10}$ und $\frac{4}{5}$ zu vergleichen, muss ich nicht viel rechnen.
   Ich weiß, das $\frac{1}{10} < \frac{1}{2}$ ist und $\frac{1}{2} < \frac{4}{5}$. Also muss $\frac{1}{10} < \frac{4}{5}$ sein.
   Finde drei eigene Beispiele für solche Vergleiche. Erläutert sie euch gegenseitig.

6. Bringe die Brüche auf einen gemeinsamen Nenner und ordne sie.
   a) $\frac{2}{3}, \frac{4}{9}, \frac{1}{3}$ b) $\frac{5}{8}, \frac{1}{2}, \frac{3}{4}, \frac{7}{8}$ c) $\frac{8}{4}, \frac{7}{10}, \frac{1}{4}, \frac{1}{2}, \frac{4}{5}$
   d) $\frac{3}{4}, \frac{3}{2}, \frac{3}{3}, \frac{3}{5}$ e) $\frac{3}{7}, \frac{1}{7}, \frac{7}{3}, \frac{7}{7}, \frac{1}{3}$ f) $\frac{5}{12}, \frac{3}{4}, \frac{3}{8}, \frac{7}{24}$

   Hinweis:
   Schreibe die Brüche als Ordnungskette:
   $\frac{1}{5} < \frac{3}{5} < \frac{7}{5}$

7. Gib die dargestellten Brüche an und ordne sie der Größe nach.

   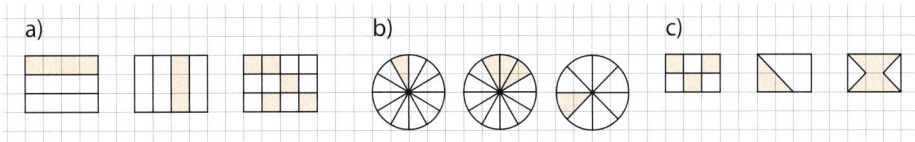

8. Setze für $\square$ einen Bruch mit dem Nenner 12 so ein, dass eine wahre Aussage entsteht.
   a) $\frac{5}{12} < \square < \frac{7}{12}$ b) $0 < \square < \frac{1}{6}$ c) $\frac{2}{3} < \square < \frac{11}{12}$ d) $\frac{5}{6} < \square < 1$

9. **Stolperstelle:** Was stimmt nicht an dem Vergleich? Begründe.

   a) Anton: *Am gefärbten Anteil im Bild rechts sieht man* $\frac{1}{3} < \frac{1}{4}$.
   b) Jasper: $\frac{1}{3} < \frac{1}{4}$, *da* $3 < 4$.

   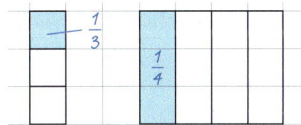

10. a) Gib alle Brüche mit dem Nenner 5 an, die größer als $\frac{3}{5}$ und kleiner als 1 sind.
    b) Gib alle Brüche mit dem Nenner 12 an, die größer als $\frac{1}{4}$ und kleiner als $\frac{2}{3}$ sind.

11. **Brüche mit gleichem Zähler vergleichen:** Überprüfe die Aussage an Beispielen.
    „Haben zwei Brüche den gleichen Zähler, dann ist derjenige der kleinere Bruch, der den größeren Nenner hat."
    Ist die Aussage immer richtig? Begründe mithilfe von Zeichnungen und Beispielen.

12. Gib jeweils Beispiele an und erläutere deine Lösungen.
    a) zwei Brüche, bei denen man nur den Zähler betrachten muss, um sie zu vergleichen
    b) drei Brüche, von denen einer kleiner als $\frac{1}{2}$, einer gleich $\frac{1}{2}$ und einer größer als $\frac{1}{2}$ ist
    c) zwei Brüche, die man ohne zu rechnen vergleichen kann
    d) zwei Brüche, die man gut an einem Zahlenstrahl vergleichen kann

13. Ordne die Brüche der Größe nach. Erläutere dein Vorgehen.
    a) $\frac{7}{13}, \frac{7}{9}$
    b) $\frac{1}{6}, \frac{5}{42}$
    c) $\frac{2}{3}, \frac{29}{32}$
    d) $\frac{11}{16}, \frac{5}{12}$
    e) $\frac{6}{15}, \frac{15}{15}, \frac{9}{15}$
    f) $\frac{9}{12}, \frac{5}{6}, \frac{4}{5}$
    g) $\frac{3}{5}, \frac{14}{25}, \frac{1}{2}$
    h) $\frac{1}{2}, \frac{11}{12}, \frac{2}{11}$

14. Landwirt Huber behauptet: „Ich baue mehr Roggen an als du."
    Landwirt Staller sagt: „Das kann ja gar nicht sein. Mein Roggenfeld ist viel größer als dein gesamter Acker."
    Wer von den beiden hat recht? Begründe.

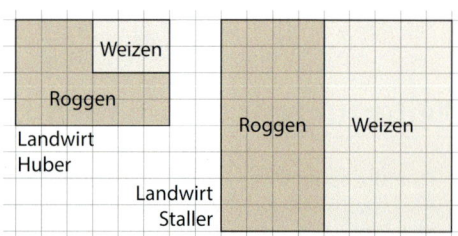

15. Begründe, welche Schule als „Jungenschule" bezeichnet werden kann.

    Goethegymnasium:
    1000 Schüler insgesamt
    450 Jungen

    Schillerschule:
    300 Jungen
    350 Mädchen

    Lessinggymnasium:
    $\frac{3}{7}$ Jungen

    Erich-Kästner-Schule:
    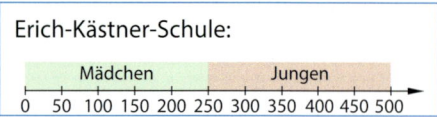

Hinweis: Wenn ein gemeinsamer Nenner schwer zu finden ist, kannst du die Anteile auch anhand eines gemeinsamen Zählers vergleichen.

16. a) Gib drei Bruchzahlen an, die zwischen $\frac{4}{7}$ und $\frac{5}{7}$ liegen.
    b) Daniel meint: „Ich kann beliebig viele Bruchzahlen angeben, die zwischen $\frac{4}{7}$ und $\frac{5}{7}$ liegen." Hat Daniel recht? Begründe.

Hinweis zu 16: Brüche, die durch Erweitern oder Kürzen auseinander hervorgehen, bezeichnen dieselbe Bruchzahl.

17. **Ausblick:** Martin hat in einem Mathematikbuch den „Kreuztest" für Brüche $\frac{a}{b}$ und $\frac{c}{d}$ entdeckt:

    Kreuztest: Wenn für die Zähler und Nenner der beiden Brüche $a \cdot d < c \cdot b$ gilt, dann gilt auch $\frac{a}{b} < \frac{c}{d}$.

    a) Führe den Kreuztest mit geeigneten Beispielen durch.
    b) Erläutere, warum dieses Verfahren immer zum Vergleichen zweier Brüche dienen kann.

6.6 Brüche und Größen

■ Robin hat auf dem Flohmarkt altes Spielzeug verkauft. Am Ende des Tages hat er 63 Euro eingenommen. Allein zwei Drittel des Geldes hat sein altes Kinderfahrrad eingebracht.
Wie viel Geld hat er für das Fahrrad bekommen? ■

Teile von Größen berechnen

Beispiel 1: a) Berechne $\frac{3}{4}$ von 8 kg.   b) Berechne $\frac{3}{8}$ von 1 kg.

Lösung:

a) Drei Viertel von … bedeutet:
Teile etwas in **vier** gleich große Teile und nimm **drei** davon.

Das heißt:
Teile 8 kg durch 4.
Multipliziere anschließend das Ergebnis mit 3.

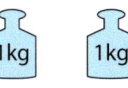

8 kg   2 kg   6 kg
    : 4   · 3

$\frac{3}{4}$ von 8 kg = (8 kg : 4) · 3
= 2 kg · 3 = 6 kg

$\frac{3}{4}$ von 8 kg sind 6 kg.

b) Da man 1 kg nicht direkt in acht gleich große Teile teilen kann, wandle 1 kg zunächst in eine **kleinere Maßeinheit** um.

$\frac{3}{8}$ von 1000 g bedeutet: Teile 1000 g durch 8 und multipliziere anschließend mit 3.

1 kg = 1000 g
1000 g   125 g   375 g
    : 8   · 3

$\frac{3}{8}$ von 1 kg = (1 kg : 8) · 3 = (1000 g : 8) · 3
= 125 g · 3 = 375 g

$\frac{3}{8}$ von 1 kg sind 375 g.

Basisaufgaben

1. Berechne.
   a) $\frac{1}{2}$ von 8 t
   b) $\frac{1}{3}$ von 24 h
   c) $\frac{2}{5}$ von 20 cm
   d) $\frac{3}{8}$ von 56 €
   e) $\frac{2}{3}$ von 63 cm
   f) $\frac{7}{10}$ von 500 g
   g) $\frac{7}{9}$ von 27 ℓ
   h) $\frac{3}{8}$ von 200 km

2. Berechne.
   a) $\frac{1}{5}$ von 1 cm
   b) $\frac{1}{10}$ von 1 kg
   c) $\frac{1}{4}$ von 2 km
   d) $\frac{9}{10}$ von 1 g
   e) $\frac{4}{5}$ von 1 min
   f) $\frac{2}{5}$ von 3 €
   g) $\frac{2}{3}$ von 5 h
   h) $\frac{3}{20}$ von 5 m

3. Zeichne jeweils eine 6 cm lange Strecke. Färbe dann den Anteil an der Strecke. Gib die Länge der gefärbten Strecke in cm an.
   a) $\frac{1}{3}$ von 6 cm
   b) $\frac{2}{3}$ von 6 cm
   c) $\frac{1}{6}$ von 6 cm
   d) $\frac{4}{6}$ von 6 cm

Hinweis zu 4:
Hier findest du die Lösungen.

4. Berechne die Anteile der gegebenen Größen.
   a) $\frac{3}{4}$ von 200 kg; 16 ℓ; 1 h   b) $\frac{2}{5}$ von 60 kg; 3 min; 8 m   c) $\frac{7}{10}$ von 7 t; 2 ℓ; 40 min

5. Ordne passend zu.

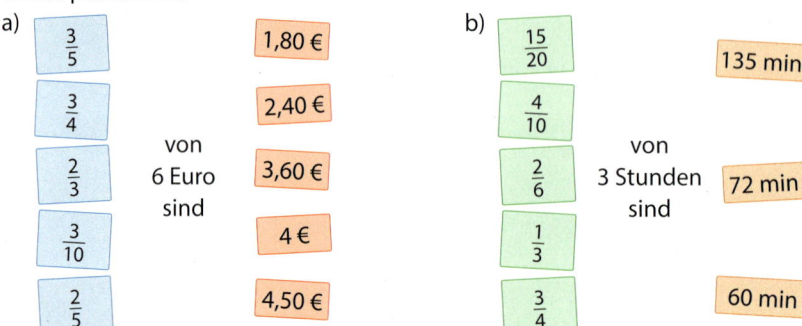

6. Berechne die Anteile der Größen.

$\frac{1}{10}$ von	1 t	2 dm	40 min	2,50 €
$\frac{5}{8}$ von	4 kg	64 km	2 h	3,20 €
$\frac{4}{5}$ von	2 kg	120 m	1 h	1 €

7. Familie Brenner fährt mit dem Auto in den Urlaub nach Italien. Die Strecke ist 1197 km lang. Herr Brenner fährt $\frac{7}{9}$ der Strecke, Frau Brenner $\frac{2}{9}$. Wie viele km ist jeder von beiden gefahren?

Anteile bestimmen

Beispiel 2: Gib den Anteil 4 cm von 10 cm als Bruch an.

Lösung:
Zeichne zur Verdeutlichung eine 10 cm lange Strecke. Teile diese Strecke in 1 cm lange Abschnitte und markiere davon 4.

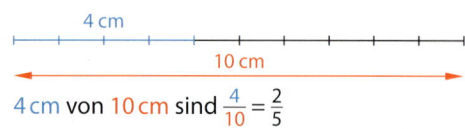

4 cm von 10 cm sind $\frac{4}{10} = \frac{2}{5}$

Basisaufgaben

8. Zeichne wie in Beispiel 2. Gib den Anteil dann als Bruch an.
   a) 7 cm von 9 cm   b) 4 cm von 6 cm   c) 3 cm von 12 cm

9. Gib zu dem Anteil zwei passende Brüche an.
   a) 3 € von 9 €   b) 8 € von 12 €   c) 12 € von 15 €

   d) 6 € von 8 €   e) 4 € von 10 €   f) 5 € von 20 €

6.6 Brüche und Größen

10. Gib den Anteil als vollständig gekürzten Bruch an.
   a) 10 min von 20 min
   b) 6 h von 10 h
   c) 3 s von 24 s

11. Gib den Anteil als Bruch an. Rechne zunächst in die gleiche Einheit um.
   Beispiel: 750 g von 1 kg sind 750 g von 1000 g. Der Anteil ist $\frac{750}{1000} = \frac{3}{4}$.
   a) 6 mm von 1 cm
   b) 15 min von 1 h
   c) 700 g von 1 kg
   d) 500 m von 3 km
   e) 80 s von 2 min
   f) 75 Cent von 2 €

Weiterführende Aufgaben

12. Brüche als Maßzahlen: Gib in der nächstkleineren Einheit an. Gehe vor wie rechts.
   a) $\frac{1}{4}$ km
   b) $\frac{1}{6}$ h
   c) $\frac{1}{5}$ m
   d) $\frac{3}{100}$ g
   e) $\frac{2}{5}$ ℓ
   f) $\frac{5}{6}$ min
   g) $\frac{7}{10}$ t
   h) $\frac{4}{5}$ dm

Beispiel zu Aufgabe 12:
$\frac{2}{5}$ kg sind $\frac{2}{5}$ von 1 kg.
Man rechnet:
1 kg = 1000 g 200 g 600 g
        : 5   · 3
Also gilt $\frac{2}{5}$ kg = 600 g.

13. Ordne die Größen im linken Kasten den Größen im rechten Kasten richtig zu.
   a)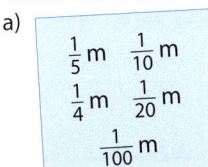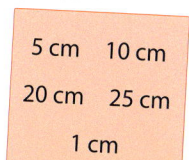
   b)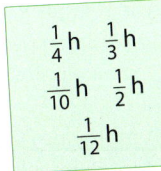

14. a) Welcher der beiden Angaben ist jeweils größer? Vergleiche die Brüche.
   ① $\frac{3}{4}$ kg ■ $\frac{1}{2}$ kg
   ② $\frac{1}{4}$ km ■ $\frac{1}{5}$ km
   ③ $\frac{4}{5}$ m ■ $\frac{7}{10}$ m
   ④ $\frac{2}{5}$ min ■ $\frac{1}{3}$ min
   ⑤ $\frac{11}{20}$ h ■ $\frac{7}{12}$ h
   ⑥ $2\frac{4}{5}$ ℓ ■ $2\frac{3}{4}$ ℓ
   b) Kontrolliere deine Ergebnisse aus a), indem du die Größenangaben in eine kleinere Einheit umrechnest.

15. Ergänze die fehlenden Angaben im Heft.
   a) $\frac{1}{4}$ von 80 g sind ■.
   b) $\frac{■}{■}$ von 11 m sind 5 m.
   c) $\frac{1}{10}$ kg = ■ g
   d) $\frac{1}{5}$ von 1 h sind ■.
   e) $\frac{■}{7}$ von 140 t sind 80 t.
   f) $\frac{5}{8}$ ℓ = ■ mℓ
   g) $\frac{7}{16}$ von 8 km sind ■.
   h) $\frac{■}{18}$ von 3 h sind 50 min.
   i) $\frac{9}{50}$ m = ■ cm

16. Zeichne jeweils eine 6 cm lange Strecke. Färbe dann den Anteil an der Strecke.
Gib die Länge der gefärbten Strecke in mm an.
   a) $\frac{1}{10}$ von 6 cm
   b) $\frac{4}{5}$ von 6 cm
   c) $\frac{3}{4}$ von 6 cm
   d) $\frac{7}{12}$ von 6 cm

17. Gib die Anteile mit einem möglichst einfachen Bruch an.
   a) Von 22 Flaschen Saft sind noch 11 voll.
   b) Von einem 36 m² großen Hausgiebel sind 24 m² verglast.
   c) Von 20 Liter Milch wurden 15 Liter verkauft.
   d) Von 28 Schülern kommen 12 mit dem Bus zur Schule.
   e) Ein Mensch schläft täglich etwa 8 Stunden.
   f) Laura hat im Training 30-mal aufs Tor geworfen. Sie hat 15-mal ins Tor getroffen und zweimal daneben geworfen. 13-mal hat die Torhüterin gehalten.

18. Stolperstelle:
a) Beschreibe Annikas Fehler, und korrigiere sie.
① $\frac{2}{3}$ von 18 kg sind 27 kg.   ② $\frac{1}{1000}$ g = 1 kg
③ $\frac{2}{5}$ m = 4 cm   ④ 2 mm von 10 cm sind der Anteil $\frac{1}{5}$.

b) Ein Sportreporter berichtet im Radio: „In der Basketball-Bundesliga trennten sich die BG Göttingen und die Baskets Oldenburg 60 zu 90. Damit erzielte Göttingen zwei Drittel aller Körbe." Beschreibe, welchen Fehler der Reporter gemacht hat. Formuliere die Nachricht richtig.

Merke:
Teile durch den Zähler, Multipliziere mit dem Nenner.

19. Berechne das Ganze:

Beispiel: $\frac{3}{4}$ einer Strecke sind 21 km. Also sind $\frac{1}{4}$ der Strecke 21 km : 3 = 7 km.
Die Strecke ist 7 km · 4 = 28 km

a) $\frac{2}{5}$ einer Strecke sind 100 km.   b) $\frac{45}{100}$ einer Flüssigkeit entsprechen 900 ml.
c) $\frac{1}{8}$ eines Films dauern 14 min.   d) $\frac{6}{5}$ eines Geldbetrages sind 240 €.
e) $\frac{9}{15}$ einer Lkw-Ladung wiegen 2700 kg.   f) $2\frac{1}{2}$ Kürbisse wiegen 10 kg.

20. a) Bei einer Wanderung sagt Ingos Vater nach 5 km Weg: $\frac{1}{3}$ der Strecke haben wir schon geschafft. Wie viele km müssen die beiden noch gehen?
b) Heinz hat bei einer Diät ein Fünftel seines Gewichts verloren und wiegt jetzt noch 84 kg. Wie viel wog er vor der Diät?
c) Ein Gärtner hat ein Drittel seines Gartens mit Gemüsebeeten bepflanzt. Vom Rest sind $\frac{3}{4}$ Rasenfläche und 15 m² Blumenbeete.
Wie groß ist der ganze Garten?

Hinweis:
Die Figuren beim Schach:
- Turm
- Springer
- Läufer
- König
- Dame
- Bauer

21. Gib die Anteile der Felder an, die von den einzelnen Figurentypen auf einem Schachbrett belegt werden. Unterscheide auch Farben.
Bilde Sätze wie:
$\frac{1}{4}$ der hellen Felder sind mit Bauern belegt.

22. Ausblick: Bei einer Umfrage wurden 3600 Schüler nach ihrem Lieblingssport befragt. Das Ergebnis wurde in einem Kreisdiagramm dargestellt.
Bestimme, wie viele Schüler welche Sportart genannt haben.

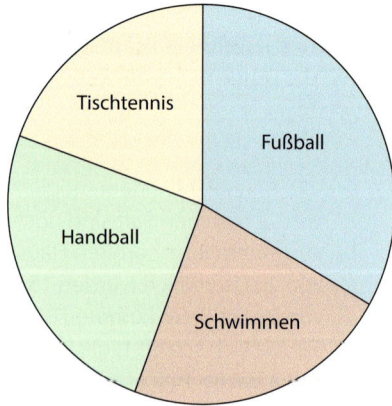

6.7 Unechte Brüche und gemischte Zahlen

■ Ein Rezept für einen Kuchen sieht eine halbe Tasse Schokoflocken und eine viertel Tasse Rosinen vor. In einer Bäckerei soll der Teig für fünf Kuchen hergestellt werden. Wie viele Tassen Schokoflocken sind nötig? Wie viele Tassen Rosinen sind nötig? Wie würdest du diese Menge abmessen? ■

Mit **Messbechern** werden Flüssigkeiten gemessen. Es ist damit möglich, auch Mengen abzumessen, die größer als 1 Liter sind, zum Beispiel $\frac{3}{2}$ Liter. Das bedeutet: drei halbe Liter. Dies ist so viel wie ein ganzer Liter und ein halber Liter. Man schreibt dafür kurz: $1\frac{1}{2}$ Liter.

Auch beim **gerechten Verteilen auf mehrere Personen** können Brüche auftreten, die größer als 1 sind. Es sind drei Situationen möglich.

① Das Ergebnis ist eine natürliche Zahl.

Beispiel:
6 Flaschen Limo zu je 1 Liter werden auf 3 Personen aufgeteilt.
6 Liter : 3 = 2 Liter
Jeder bekommt 2 Liter Limo.

② Das Ergebnis ist ein Bruch, der kleiner als 1 ist.

Beispiel:
6 Flaschen Limo zu je 1 Liter werden auf 12 Personen aufgeteilt.

6 Liter : 12 = $\frac{6}{12}$ Liter = $\frac{1}{2}$ Liter

Jeder bekommt $\frac{1}{2}$ Liter Limo.

③ Das Ergebnis ist ein Bruch, der größer als 1 ist.

Beispiel:
6 Flaschen Limo zu je 1 Liter werden auf 4 Personen aufgeteilt.

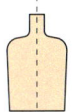  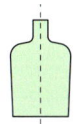 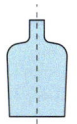 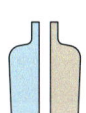 

6 Liter : 4 = $\frac{6}{4}$ Liter = $\frac{3}{2}$ Liter = $1\frac{1}{2}$ Liter

Jeder bekommt $1\frac{1}{2}$ Liter Limo.

> **Wissen: Unechte Brüche und gemischte Zahlen**
>
> $\frac{1}{5}$ oder $\frac{2}{3}$ sind Beispiele für **echte Brüche**. Sie sind kleiner als ein Ganzes.
> Bei echten Brüchen ist der Zähler kleiner als der Nenner.
>
> $\frac{5}{2}$ oder $\frac{7}{4}$ sind Beispiele für **unechte Brüche**. Sie sind größer als ein Ganzes.
> Bei unechten Brüchen ist der Zähler größer als der Nenner oder genauso groß.
>
> $\frac{5}{2}$ und $\frac{7}{4}$ schreibt man auch als **gemischte Zahlen** $2\frac{1}{2}$ und $1\frac{3}{4}$. Die gemischte Schreibweise ist eine Kurzschreibweise für die Summe aus einer natürlichen Zahl und einem echten Bruch.

> **Beispiel 1:** 6 Kinder wollen sich 10 Waffeln gerecht teilen.
> Gib den Anteil, den jedes Kind bekommt, als Bruch an.
>
> **Lösung:**
> 10 Waffeln werden auf 6 Kinder aufgeteilt: $10 : 6 = \frac{10}{6}$.
> Jedes Kind bekommt $\frac{10}{6}$ Waffeln.

Basisaufgaben

1. Gib den Anteil, den jede Person bekommt, als Bruch an.
   a) Sechs Kinder wollen sich fünf Lakritzstangen gerecht teilen.
   b) 7 Sportler bestellen drei große Familienpizzen. Sie wollen gerecht teilen.
   c) 30 Schüler teilen 7 Tafeln Schokolade gerecht auf.

2. Zeichne Strecken mit den angegebenen Längen.
   a) $\frac{5}{2}$ cm   b) $4\frac{1}{2}$ cm   c) $\frac{9}{4}$ cm   d) $\frac{3}{2}$ cm   e) $1\frac{1}{5}$ dm

3. Wie viele Pizzen wurden hier auf wie viele Personen verteilt?
   Gib auch als Bruch an, welchen Anteil jede Person bekommt.

   a) 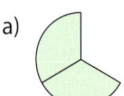 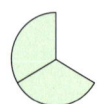    b)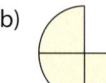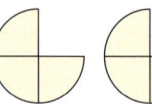

4. Gib an, wie viele Ganze durch den unechten Bruch dargestellt werden.
   Beispiele: $\frac{3}{3} = 1$, $\frac{6}{3} = 2$, $\frac{9}{3} = 3$
   a) $\frac{4}{2}$ b) $\frac{12}{3}$ c) $\frac{4}{4}$ d) $\frac{25}{5}$ e) $\frac{30}{10}$
   f) $\frac{15}{5}$ g) $\frac{68}{4}$ h) $\frac{25}{25}$ i) $\frac{3}{1}$ j) $\frac{78}{6}$

Unechte Brüche in gemischte Zahlen umwandeln

> **Beispiel 2:** Schreibe den Bruch $\frac{8}{3}$ als gemischte Zahl.
>
> **Lösung:**
> Berechne die Division $8 : 3$. $8 : 3 = 2$ Rest 2
> $\frac{8}{3}$ sind also 2 Ganze und $\frac{2}{3}$. $\frac{8}{3} = 2\frac{2}{3}$

Hinweis:
Brüche, bei denen Zähler und Nenner gleich sind, ergeben immer 1: $\frac{6}{6} = 1$
Brüche, bei denen der Nenner 1 ist, stellen immer Ganze dar:
$\frac{6}{1} = 6$

Basisaufgaben

5. Schreibe den Bruch als gemischte Zahl.
   a) $\frac{5}{2}$ b) $\frac{11}{2}$ c) $\frac{15}{4}$ d) $\frac{21}{4}$ e) $\frac{4}{3}$
   f) $\frac{11}{3}$ g) $\frac{10}{6}$ h) $\frac{7}{5}$ i) $\frac{17}{10}$ j) $\frac{23}{10}$
   k) $\frac{15}{7}$ l) $\frac{29}{14}$ m) $\frac{101}{100}$ n) $\frac{211}{100}$ o) $\frac{491}{100}$

6. Gib die Division als unechten Bruch an und wandle in eine gemischte Zahl um.
   a) $5 : 3$ b) $12 : 7$ c) $36 : 8$ d) $112 : 3$ e) $450 : 40$

Gemischte Zahlen in unechte Brüche umwandeln

Beispiel 3: Schreibe die gemischte Zahl $2\frac{1}{4}$ als unechten Bruch.

Lösung:
Schreibe 2 Ganze als Viertel. $\quad$ 2 Ganze $= \frac{8}{4}$

Gib an, wie viele Viertel es insgesamt sind. $\quad 2\frac{1}{4} = \frac{9}{4}$

Basisaufgaben

7. Schreibe die gemischte Zahl als unechten Bruch.
   a) $2\frac{1}{2}$ $\quad$ b) $3\frac{1}{4}$ $\quad$ c) $3\frac{3}{4}$ $\quad$ d) $1\frac{2}{3}$ $\quad$ e) $3\frac{1}{3}$
   f) $4\frac{5}{6}$ $\quad$ g) $2\frac{3}{5}$ $\quad$ h) $3\frac{1}{5}$ $\quad$ i) $4\frac{9}{10}$ $\quad$ j) $1\frac{3}{7}$
   k) $2\frac{5}{7}$ $\quad$ l) $4\frac{3}{14}$ $\quad$ m) $1\frac{3}{100}$ $\quad$ n) $5\frac{21}{100}$ $\quad$ o) $3\frac{57}{100}$

8. Sarah soll $2\frac{1}{6}$ in einen unechten Bruch umwandeln. Sie sagt: „Ich rechne $2 \cdot 6 + 1 = 13$. 13 ist der Zähler des Bruchs. Den Nenner 6 lasse ich unverändert. $2\frac{1}{6}$ ist gleich $\frac{13}{6}$."
   Prüfe Sarahs Rechenweg mit den gemischten Zahlen aus Aufgabe 7 a) – e).

9. Stelle die gemischte Zahl grafisch dar und schreibe sie anschließend als unechten Bruch.
   Beispiel: $2\frac{3}{4} = \frac{11}{4}$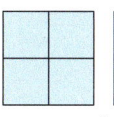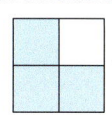

   a) $1\frac{1}{4}$ $\quad$ b) $2\frac{1}{3}$ $\quad$ c) $4\frac{1}{2}$ $\quad$ d) $3\frac{6}{10}$ $\quad$ e) $4\frac{4}{5}$

Weiterführende Aufgaben

10. Finde eine Situation, in der etwas geteilt wird und die zu dem Bruch passt.
    a) $\frac{3}{5}$ $\quad$ b) $\frac{5}{3}$ $\quad$ c) $\frac{8}{6}$ $\quad$ d) $\frac{17}{7}$

11. Vier Kinder wollen fünf Tafeln Schokolade gerecht aufteilen.
    a) Moritz teilt jede Tafel in vier gleich große Teile. Fertige eine Skizze an. Welchen Anteil erhält jeder? Gib als Bruch und als gemischte Zahl an.
    b) Lisa sagt: „Du musst doch gar nicht alle Tafeln Schokolade zerteilen." Woran denkt Lisa?

12. **Stolperstelle**
    a) Was meinst du zu den Aussagen von Christin, Inga und Lili?

    Christin: $\qquad\qquad\qquad\qquad$ Inga:
    „Hier sind $1\frac{3}{4}$ markiert." 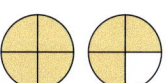 „Nein, hier sind $\frac{7}{8}$ markiert."

    Lili: „Ich glaube, ihr habt beide recht."
    b) Was würden Christin und Inga sagen, welcher Anteil jeweils markiert ist?

① 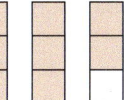 $\quad$ ②     $\quad$ ③

13. Zeichne auf Karopapier ein Rechteck mit den angegebenen Flächeninhalten.
    a) $\frac{7}{2}$ cm²   b) $6\frac{1}{2}$ cm²   c) $3\frac{3}{4}$ cm²
    d) $1\frac{1}{2}$ dm²   e) $1\frac{2}{5}$ dm²   f) $2\frac{3}{10}$ dm²

14. **Gemischte Zahlen als Maßzahlen:** Schreibe die Größenangabe in der nächstkleineren Einheit.
    Beispiel: $2\frac{3}{4}$ kg = 2 kg + $\frac{3}{4}$ kg = 2000 g + 750 g = 2750 g
    a) $2\frac{1}{2}$ cm   b) $1\frac{5}{8}$ kg   c) $3\frac{4}{10}$ g   d) $1\frac{1}{4}$ km   e) $1\frac{1}{2}$ h
    f) $1\frac{1}{10}$ t   g) $2\frac{1}{6}$ min   h) $3\frac{2}{5}$ m   i) $1\frac{3}{8}$ km   j) $1\frac{3}{20}$ ℓ

15. Daniel und Samira sind um 17 Uhr zum Kino verabredet.
    Daniel kommt um 14:15 Uhr nach Hause. Für das Mittagessen braucht er eine halbe Stunde. Dann hat er $1\frac{3}{4}$ h Training auf den Sportplatz nebenan. Für den Weg zum Kino braucht Daniel mit dem Fahrrad 20 Minuten.
    Wird er pünktlich sein?

16. Welche der Brüche und gemischten Zahlen sind
    a) weniger als ein Ganzes,
    b) mehr als ein Ganzes und weniger als zwei Ganze,
    c) mehr als zwei Ganze?

17. **Gemischte Zahlen vergleichen:** Thea möchte $2\frac{1}{6}$ und $2\frac{2}{5}$ vergleichen. Sie meint: „Da die Ganzen gleich sind, muss ich nur die echten Brüche vergleichen."
    a) Erläutere, was Thea meint, und führe den Vergleich durch.
    b) Übertrage ins Heft. Setze das richtige Zeichen < oder > ein.
       ① $3\frac{7}{10}$ ■ $3\frac{1}{2}$ ② $9\frac{3}{7}$ ■ $9\frac{2}{5}$ ③ $8\frac{2}{7}$ ■ $3\frac{3}{5}$ ④ $1\frac{9}{13}$ ■ $6\frac{1}{12}$
    c) Schreibe eine Anleitung, wie man zwei gemischte Zahlen vergleichen kann. Erläutere dein Vorgehen an Beispielen.

18. a) Vergleiche die unechten Brüche, indem du sie durch Erweitern oder Kürzen auf den gleichen Nenner bringst.
       ① $\frac{5}{3}$ und $\frac{7}{2}$ ② $\frac{23}{7}$ und $\frac{12}{5}$ ③ $\frac{35}{3}$ und $\frac{71}{6}$ ④ $\frac{21}{4}$ und $\frac{63}{12}$
    b) Vergleiche die unechten Brüche, indem du sie als gemischte Zahlen schreibst.
    c) Welches Verfahren ist einfacher? Begründe deine Meinung.

19. Übertrage ins Heft und setze das richtige Zeichen <, > oder = ein. Begründe deine Entscheidung.
    a) $\frac{2}{7}$ ■ $\frac{5}{7}$ b) $\frac{3}{3}$ ■ 1   c) $2\frac{1}{3}$ ■ $\frac{6}{3}$ d) $\frac{4}{7}$ ■ $\frac{4}{3}$ e) $\frac{2}{5}$ ■ $\frac{2}{7}$

20. **Ausblick:** Was meinst du zu den Behauptungen? Begründe deine Meinung.
    a) Raiko sagt: „$\frac{0}{3}$ ist 0. Wenn drei Personen Pizza essen wollen, aber keine Pizza da ist, bekommt jeder null Pizzen."
    b) Oskar erwidert: „$\frac{3}{0}$ ist auch 0. Wenn es drei Pizzen gibt, aber keiner ist da, dann kann auch keiner was essen."
    c) Lotta entgegnet: „$\frac{3}{0}$ geht nicht. Wenn es drei Pizzen gibt, aber keiner ist da, dann kann auch keiner die Pizzen teilen."

6.8 Brüche am Zahlenstrahl

■ Eine Tankanzeige gibt an, wie voll der Tank noch ist.
Zu welchem Anteil ist der Tank noch gefüllt?
Für welchen Anteil steht ein Kästchen? ■

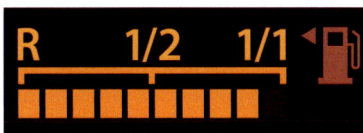

Jedem Bruch lässt sich genau ein Punkt auf dem Zahlenstrahl zuordnen.

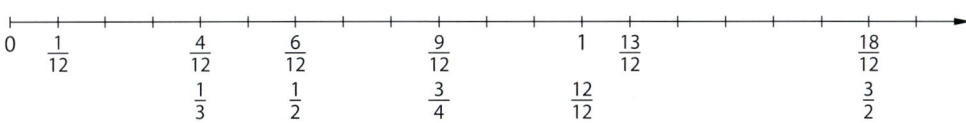

> **Wissen: Brüche auf dem Zahlenstrahl**
> Brüche, die durch Erweitern und Kürzen auseinander hervorgehen, gehören zu demselben Punkt auf dem Zahlenstrahl. Sie bezeichnen dieselbe **Bruchzahl**.

Beispiel 1: Zeichne die Brüche $\frac{2}{3}$ und $\frac{3}{4}$ jeweils auf einem Zahlenstrahl ein.

Lösung:
Zeichne einen Zahlenstrahl. Teile die Strecke von 0 bis 1 in 3 gleich große Teile. Markiere dann $\frac{2}{3}$.

Zeichne einen Zahlenstrahl. Teile die Strecke von 0 bis 1 in 4 gleich große Teile. Markiere dann $\frac{3}{4}$.

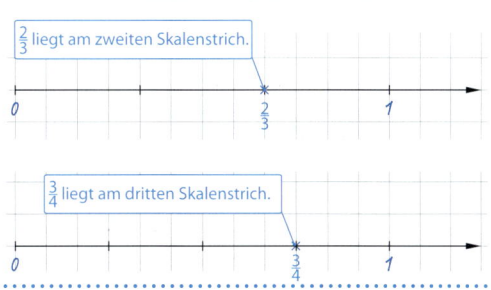

Tipp:
Die Anzahl der Kästchen zwischen der 0 und der 1 auf dem Zahlenstrahl sollte ein Vielfaches des Nenners des einzutragenden Bruches sein.

Basisaufgaben

1. Gib die markierten Brüche an.

   a) 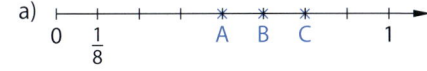   b)

2. Zähle zuerst, in wie viele Teile die Strecke von 0 bis 1 auf dem Zahlenstrahl unterteilt ist. Gib dann für jeden Buchstaben zwei Brüche an.

   a)    b)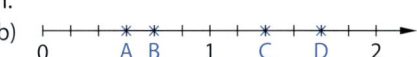

3. Gib für jeden Buchstaben einen Bruch und – falls möglich – eine gemischte Zahl an.

   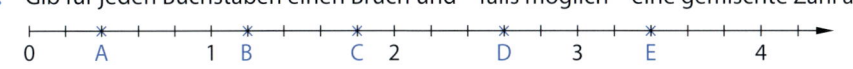

4. Zeichne einen Zahlenstrahl in dein Heft. Die Strecke von 0 bis 1 soll 10 Kästchen lang sein. Markiere auf diesem Zahlenstrahl die folgenden Brüche.

   a) $\frac{3}{10}, \frac{4}{10}, \frac{9}{10}$ b) $\frac{2}{5}, \frac{8}{20}, \frac{40}{100}$ c) $\frac{1}{5}, \frac{1}{2}, \frac{9}{15}$

5. Zeichne jeweils einen Zahlenstrahl und markiere die Brüche. Überlege gut, wie viele Kästchen die Strecke von 0 bis 1 haben soll.

   a) $\frac{1}{3}, \frac{2}{3}, \frac{5}{6}$ b) $\frac{3}{8}, \frac{1}{4}, \frac{7}{16}$ c) $\frac{2}{7}, \frac{3}{4}, \frac{12}{14}$

Erinnere dich:
Gemischte Zahlen bestehen aus einer natürlichen Zahl und einem echten Bruch, z. B. $2\frac{1}{6}$.

Weiterführende Aufgaben

6. **Brüche am Zahlenstrahl vergleichen:** Auf dem Zahlenstrahl liegt der kleinere von zwei Brüchen immer links vom anderen Bruch.
   a) Zeichne einen passenden Zahlenstrahl in dein Heft. Markiere jeweils zwei Brüche und vergleiche sie.
      ① $\frac{3}{15}$ und $\frac{1}{5}$ ② $\frac{7}{15}$ und $\frac{2}{5}$ ③ $\frac{2}{3}$ und $\frac{4}{5}$ ④ $\frac{19}{15}$ und $\frac{4}{3}$
   b) Markiere auf deinem Zahlenstrahl die gemischten Zahlen $1\frac{1}{15}$ und $1\frac{2}{5}$. Vergleiche sie ebenfalls.

7. Markiere die Brüche auf einem geeigneten Zahlenstrahl und vergleiche sie.
   a) $\frac{2}{5}, \frac{4}{5}, \frac{6}{5}$ b) $\frac{1}{6}, \frac{5}{6}, \frac{7}{6}, \frac{11}{6}$ c) $\frac{1}{12}, \frac{2}{3}, \frac{1}{2}, \frac{5}{12}$ d) $\frac{2}{5}, \frac{1}{3}, \frac{4}{5}$

8. **Stolperstelle:** Moritz vergleicht $\frac{1}{3}$ und $\frac{1}{4}$ am Zahlenstrahl. Was meinst du dazu?
   Der kleinere Bruch liegt am Zahlenstrahl weiter links. Also ist $\frac{1}{3} < \frac{1}{4}$.

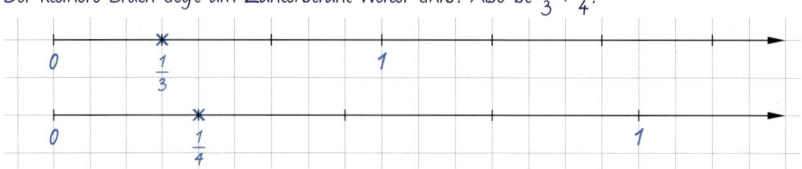

9. Rechnen ist nicht immer nötig. Du kannst auch argumentieren.
   a) Liegt der Bruch im blauen, roten, grünen oder schwarzen Bereich des vorgegebenen Zahlenstrahls? $\frac{3}{5}, \frac{2}{7}, \frac{17}{10}, \frac{7}{8}, \frac{7}{12}, \frac{6}{17}, \frac{15}{13}, \frac{13}{11}$

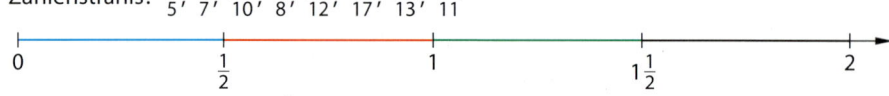

   b) Durch Vergleich mit 1 oder $\frac{1}{2}$ lässt sich manchmal ganz leicht erkennen, welcher der Brüche der größere ist. Vergleiche die Brüche.
      ① $\frac{3}{5}$ und $\frac{2}{7}$ ② $\frac{13}{11}$ und $\frac{7}{8}$ ③ $\frac{6}{17}$ und $\frac{7}{12}$ ④ $\frac{15}{13}$ und $\frac{17}{10}$
   c) Finde in der Liste aus a) den größten und den kleinsten Bruch.

10. a) Zeichne einen geeigneten Zahlenstrahl und markiere die Brüche.
       $\frac{1}{2}, \frac{18}{12}, \frac{5}{6}, \frac{4}{4}, 1\frac{1}{2}, \frac{6}{12}, 1\frac{9}{12}, \frac{7}{4}, \frac{3}{3}, \frac{2}{4}, 1\frac{3}{4}, \frac{10}{12}, \frac{9}{6}$
    b) Wie viele verschiedene Bruchzahlen sind es?

11. a) Lies die markierten Zahlen ab.

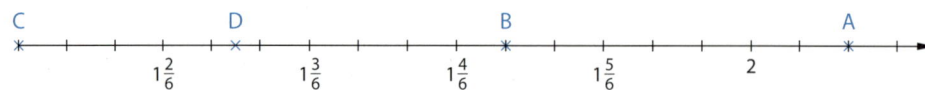

    b) Zeichne einen geeigneten Ausschnitt eines Zahlenstrahls und markiere: $5\frac{3}{10}, 5\frac{7}{10}, 6\frac{1}{5}, \frac{26}{5}$

12. Setze im Heft passende Brüche oder gemischte Zahlen ein.
    a) $2\frac{1}{5} = \blacksquare = \blacksquare = \blacksquare$ b) $\frac{7}{3} = \blacksquare = \blacksquare = \blacksquare$ c) $1\frac{2}{10} = \blacksquare = \blacksquare = \blacksquare$

13. **Ausblick:**
    a) Gib drei Bruchzahlen an, die zwischen $\frac{4}{7}$ und $\frac{5}{7}$ liegen.
    b) Daniel meint: „Ich kann beliebig viele Bruchzahlen angeben, die zwischen $\frac{4}{7}$ und $\frac{5}{7}$ liegen." Hat Daniel recht? Begründe.

6.9 Vermischte Aufgaben

1. Mit dem Sieb des Eratosthenes kann man Primzahlen finden:
   Schreibe Zahlen von 1 ausgehend der Reihe nach auf. Streiche die 1 durch, denn sie ist keine Primzahl. Unterstreiche die 2, denn sie ist eine Primzahl. Streiche nun alle anderen Vielfachen von 2 durch. Gehe bei der 3 und ihren Vielfachen vor wie bei der 2. Zahlen, die bereits durchgestrichen sind, kannst du auslassen. Also brauchst du bei der 4 und ihren Vielfachen nichts mehr machen. Fahre mit der 5 und ihren Vielfachen fort und so weiter.
   1̶ 2 3 4̶ 5 6̶ 7 8̶ 9̶ 1̶0̶

   Hinweis:
   Eratosthenes von Kyrene (etwa 275–194 v. Chr.) war ein äußerst vielseitiger griechischer Gelehrter.
   Unter anderem berechnete er erstaunlich genau den Erdumfang.

   a) Wie kannst du anschließend erkennen, welche Zahlen Primzahlen sind und welche nicht?
   b) Bestimme mit dem Sieb des Eratosthenes alle Primzahlen von 1 bis 100. Überlege, warum du keine Zahlen mehr durchstreichen musst, wenn du bei der 11 angekommen bist.

2. Finde die kleinste Zahl, die durch alle einstelligen Zahlen teilbar ist. Erkläre, wie du vorgegangen bist.

3. Wer bin ich?
   - Ich bin ein gemeinsamer Teiler von 18 und 48 und bin ungerade.
   - Ich habe 8 Teiler, bin größer als 40 und kleiner als 50.
   - Ich bin ein Vielfaches von 6 und 9 und bin kleiner als 20.
   - Ich habe 5 Teiler und bin kleiner als 40.
   - Denke dir selbst ein solches Zahlenrätsel aus und tausche es mit deinem Partner.

4. Auf dem Schulfest hatte die Klasse 5b mehrere Stände. Am Abend werden die Kassen überprüft. Untersuche, ob die Beträge in den Kassen stimmen können.
   Dosenwerfen: 2 € pro Spiel – Kasse: 116 €   Lose ziehen: 3 € für 5 Lose – Kasse: 242 €
   Kaffee und Kuchen: 3 € – Kasse: 466 €   Bratwurst mit Pommes: 4 € – Kasse: 184 €

5. Wenn man die Teilnehmer eines Geländelaufs in zwei, drei oder fünf gleich große Gruppen einteilt, bleibt jeweils immer ein Teilnehmer übrig.
   Gib an, wie viele Teilnehmer es insgesamt sein könnten. Begründe dein Ergebnis.

6. Um 6:20 Uhr fahren Busse der Linien 320, 460 und 840 zur gleichen Zeit am Hauptbahnhof ab.
   a) Alle drei Linien fahren in regelmäßigen Abständen. Gib diese Abstände an.
   b) Untersuche, wann alle drei Linien das nächste Mal gleichzeitig abfahren.
   c) Wie oft fahren alle drei Linien bis zum Betriebsschluss um 22:00 Uhr gleichzeitig vom Hauptbahnhof ab?

Hauptbahnhof Abfahrt		
320	460	840
ab	ab	ab
6:20	6:20	6:20
6:24	6:26	6:30
6:28	6:32	6:40
6:32	6:38	6:50
6:36	6:44	7:00

7. Benenne sowohl den farbigen als auch den weißen Anteil und kürze, wenn möglich.

a) b) c)  d)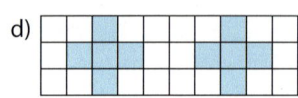

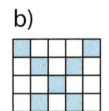

8. Stelle mithilfe von Flächen dar.

a) $\frac{5}{8}$ b) $2\frac{1}{2}$ c) $\frac{9}{4}$ d) $\frac{3}{10}$

Tipp zu 9:
Du kannst die Tabelle abschreiben und dann links oben beginnend eine neue Bruchzahl umkreisen und alle Brüche, die dieselbe Bruchzahl darstellen, durchstreichen, bis du rechts unten angekommen bist.

9. Erinnere dich: Brüche, die den gleichen Wert haben wie $\frac{1}{3}$, $\frac{2}{6}$ oder $\frac{3}{9}$, gehören zu derselben Bruchzahl.

a) Finde unterschiedliche Bruchzahlen und zugehörige Brüche in der Tabelle.

$\frac{1}{1}$	$\frac{1}{2}$	$\frac{1}{3}$	$\frac{1}{4}$	$\frac{1}{5}$	$\frac{1}{6}$	$\frac{1}{7}$	$\frac{1}{8}$	$\frac{1}{9}$	$\frac{1}{10}$
$\frac{2}{1}$	$\frac{2}{2}$	$\frac{2}{3}$	$\frac{2}{4}$	$\frac{2}{5}$	$\frac{2}{6}$	$\frac{2}{7}$	$\frac{2}{8}$	$\frac{2}{9}$	$\frac{2}{10}$
$\frac{3}{1}$	$\frac{3}{2}$	$\frac{3}{3}$	$\frac{3}{4}$	$\frac{3}{5}$	$\frac{3}{6}$	$\frac{3}{7}$	$\frac{3}{8}$	$\frac{3}{9}$	$\frac{3}{10}$
$\frac{4}{1}$	$\frac{4}{2}$	$\frac{4}{3}$	$\frac{4}{4}$	$\frac{4}{5}$	$\frac{4}{6}$	$\frac{4}{7}$	$\frac{4}{8}$	$\frac{4}{9}$	$\frac{4}{10}$
$\frac{5}{1}$	$\frac{5}{2}$	$\frac{5}{3}$	$\frac{5}{4}$	$\frac{5}{5}$	$\frac{5}{6}$	$\frac{5}{7}$	$\frac{5}{8}$	$\frac{5}{9}$	$\frac{5}{10}$
$\frac{6}{1}$	$\frac{6}{2}$	$\frac{6}{3}$	$\frac{6}{4}$	$\frac{6}{5}$	$\frac{6}{6}$	$\frac{6}{7}$	$\frac{6}{8}$	$\frac{6}{9}$	$\frac{6}{10}$
$\frac{7}{1}$	$\frac{7}{2}$	$\frac{7}{3}$	$\frac{7}{4}$	$\frac{7}{5}$	$\frac{7}{6}$	$\frac{7}{7}$	$\frac{7}{8}$	$\frac{7}{9}$	$\frac{7}{10}$
$\frac{8}{1}$	$\frac{8}{2}$	$\frac{8}{3}$	$\frac{8}{4}$	$\frac{8}{5}$	$\frac{8}{6}$	$\frac{8}{7}$	$\frac{8}{8}$	$\frac{8}{9}$	$\frac{8}{10}$
$\frac{9}{1}$	$\frac{9}{2}$	$\frac{9}{3}$	$\frac{9}{4}$	$\frac{9}{5}$	$\frac{9}{6}$	$\frac{9}{7}$	$\frac{9}{8}$	$\frac{9}{9}$	$\frac{9}{10}$
$\frac{10}{1}$	$\frac{10}{2}$	$\frac{10}{3}$	$\frac{10}{4}$	$\frac{10}{5}$	$\frac{10}{6}$	$\frac{10}{7}$	$\frac{10}{8}$	$\frac{10}{9}$	$\frac{10}{10}$

b) Wie viele verschiedene Bruchzahlen gibt es in der Tabelle insgesamt?

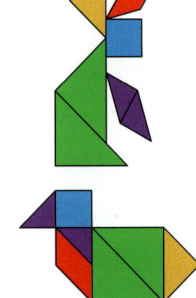

10. In der Abbildung siehst du ein altes chinesisches Legespiel, das Tangram genannt wird. Es besteht aus einzelnen geometrischen Teilstücken und kann zu verschiedenen Formen, wie zum Beispiel einem Hasen oder einer Ente zusammengelegt werden. Das große zusammengelegte Quadrat ist achtmal so groß wie das kleine Quadrat Nr. 4.

a) Den wievielten Anteil des Flächeninhalts vom großen Quadrat haben die anderen Teilstücke? Begründe deine Antwort.

b) Bestimme den Flächeninhalt von jedem Teilstück, wenn das große Quadrat 10 cm lange Seiten hat.

c) Wie groß ist der Flächeninhalt von Teilstück 2, wenn das kleine Quadrat (Teilstück 4) 2 cm² groß ist?

b) Denk dir eigene Zuordnungsaufgaben aus und lasse sie von einem Mitschüler lösen.

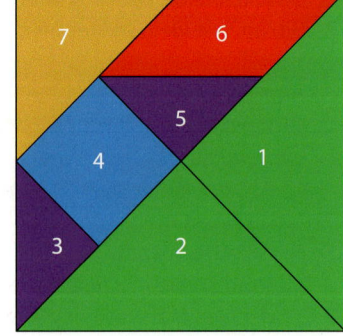

6.9 Vermischte Aufgaben

11. Die Piraten Hinkelbein und Einauge möchte ihre Beute teilen. Sie besteht aus fünf Goldbarren. Jeder Barren wiegt 500 Gramm.
    a) Wie können die beiden ihre Beute sinnvoll aufteilen? Beschreibe eine Möglichkeit.
    b) Wie müsste die Beute aufgeteilt werden, wenn es sieben Piraten sind? Jeder soll die gleiche Menge Gold erhalten.

12. Der abgebildete Messbecher hat zwei Skalen: eine in Millilitern und eine andere in Pint. Diese Maßeinheit für Flüssigkeiten wird zum Beispiel in Großbritannien verwendet.
    a) Lies ab, wie viel Milliliter ungefähr $\frac{1}{4}$ Pint ($\frac{1}{2}$ Pint; $\frac{3}{4}$ Pint) entsprechen.
    b) Ermittle anhand des Bildes eine näherungsweise Regel zur Umrechnung von Pint in Liter und umgekehrt.
    c) Prüfe deine Regeln aus b) durch eine Recherche (Internet, Nachschlagewerke).

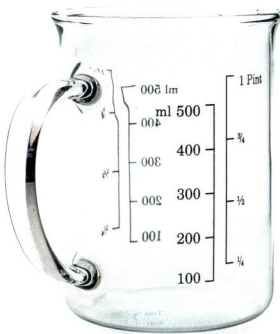

13. Vergleiche und ersetze ■ so durch =, < oder >, dass eine wahre Aussage entsteht.
    a) $\frac{3}{4}$ von 4 m ■ $\frac{1}{2}$ von 4 m
    b) $\frac{2}{6}$ von 30 kg ■ $\frac{1}{3}$ von 30 kg
    c) $\frac{3}{5}$ von 10 € ■ $\frac{4}{5}$ von 10 €
    d) $\frac{3}{5}$ von 20 € ■ $\frac{4}{5}$ von 15 €

14. Peter sagt: „Ich bin $1\frac{3}{4}$ m groß." „Dann bist du 8 cm größer als ich", meint Paula. Wie groß ist Paula in cm?

15. Die Redakteure der Schülerzeitung haben an die 250 Unterstufenschüler des Adenauer-Gymnasiums Fragebögen verteilt. Sie wollen wissen, was in der Schule verbessert werden könnte und gaben vier Möglichkeiten vor, von denen genau eine angekreuzt werden soll. Anschließend haben sie die Ergebnisse aller 250 Fragebögen zusammengefasst:
    – 115 Schüler wünschen sich einen Süßigkeiten-Automaten,
    – 73 Schüler hätten gerne eine „Chillecke" speziell für die Unterstufenschüler,
    – 40 Schüler wünschen sich Spinde mit Schlössern in der Schule und
    – 22 Schüler würden sich über Gratis-WLAN freuen.

   a) In der Schülerzeitung steht: „Die Hälfte der Schüler möchte einen Süßigkeiten-Automaten!" Prüfe diese Aussage.
   b) Welcher Anteil der Schüler hätte gern eine „Chillecke"? Überschlage. Gib einen möglichst einfachen Bruch an, der etwa dem genauen Anteil entspricht.
   c) „Nicht einmal ein Zehntel der Schüler spricht sich für Gratis-WLAN aus". Stimmt das?
   d) Welcher Anteil der Schüler wünscht sich Spinde mit Schlössern? Gib einen möglichst weit gekürzten Bruch an.

Prüfe dein neues Fundament

6. Brüche

Lösungen ↗ S. 235

1. a) Gib die drei kleinsten Vielfachen der Zahl 6 an.
   b) Gib die fünf kleinsten Vielfachen der Zahl 14 an.
   c) Gib die Vielfachen von 6 zwischen 100 und 130 an.

2. Prüfe, ob die Aussage richtig oder falsch ist.
   a) 30 ist ein Vielfaches von 8.
   b) 150 ist ein Vielfaches von 25.
   c) 12 ist ein Teiler von 48.
   d) 9 ist ein Teiler von 111.
   e) 60 ist teilbar durch 15.
   f) 260 ist teilbar durch 20.
   g) 39 teilt 13.
   h) 7 teilt 91.

3. Bestimme alle Teiler der Zahl und gib sie als Teilermenge an.
   a) 12   b) 19   c) 36   d) 100   e) 144   f) 260

4. Untersuche, ob die Zahl durch 2 (durch 5; durch 10) teilbar ist.
   a) 32   b) 75   c) 290   d) 523   e) 1094   f) 2025

5. Untersuche, ob die Zahl durch 3 (durch 9) teilbar ist.
   a) 57   b) 83   c) 679   d) 789   e) 1332   f) 8562

6. Welche Ziffern kannst du für ■ einsetzen, damit die Zahl 79■
   a) durch 2 teilbar ist,
   b) durch 3 teilbar ist,
   c) durch 5 teilbar ist,
   d) durch 2 und 3 teilbar ist?

7. Untersuche, ob die Zahl durch 4 teilbar ist.
   a) 166   b) 280   c) 1536   d) 721 462   e) 202 892

8. Auf einem Schulfest wird Kuchen zu 2 € pro Stück verkauft. Am Abend sind bei der Abrechnung 1311 € in der Kasse. Kann das stimmen? Begründe deine Antwort.

9. Gib den gefärbten Anteil als Bruch an.
   a) 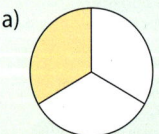   b) 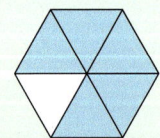   c) 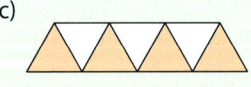   d)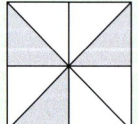

10. Zeichne zu jeder Aufgabe ein Rechteck wie im Bild. Färbe dann den angegebenen Anteil.
    a) $\frac{1}{6}$ b) $\frac{7}{12}$ c) $\frac{2}{3}$

11. a) Erweitere $\frac{3}{5}$ mit 2, 5 und 8.   b) Kürze $\frac{36}{48}$ durch 12, 4, 3 und 2.

12. Kürze so weit wie möglich.
    a) $\frac{6}{21}$ b) $\frac{25}{50}$ c) $\frac{30}{24}$ d) $\frac{100}{60}$ e) $\frac{18}{160}$ f) $\frac{108}{144}$

13. Übertrage ins Heft. Setze das richtige Zeichen < oder > ein.
    a) $\frac{6}{16}$ ■ $\frac{5}{16}$ b) $\frac{3}{4}$ ■ $\frac{4}{5}$ c) $\frac{7}{12}$ ■ $\frac{11}{16}$ d) $3\frac{7}{10}$ ■ $3\frac{1}{2}$

14. Berechne den Anteil.
    a) $\frac{1}{3}$ von 63 €   b) $\frac{7}{20}$ von 400 g   c) $\frac{1}{6}$ von 5 min   d) $\frac{3}{10}$ von 2 cm

Prüfe dein neues Fundament

15. Gib den Anteil als Bruch an. Kürze so weit wie möglich.
    a) 40 g von 100 g
    b) 14 m von 21 m
    c) 5 min von 1 h
    d) 250 mℓ von 2 ℓ

16. Schreibe in der nächstkleineren Einheit.
    a) $\frac{1}{10}$ kg
    b) $\frac{1}{2}$ g
    c) $\frac{2}{5}$ dm
    d) $\frac{3}{8}$ ℓ
    e) $5\frac{1}{2}$ km
    f) $2\frac{3}{4}$ h

17. Peter und Marie schießen auf eine Torwand. Peter trifft bei 1 von 10 Schüssen, Marie bei 1 von 5 Schüssen. Wer hat die höhere Trefferquote, also einen höheren Anteil von Schüssen, die zum Tor führten?

18. Wie viel erhält jeder, wenn gerecht geteilt wird?
    a) 4 Kinder teilen sich 9 Pfannkuchen.
    b) 11 Donuts sind noch übrig. 2 Kinder möchten die Donuts mitnehmen.
    c) Mareike und ihre fünf Freunde bestellen zwei Pizzen.

19. Schreibe als unechten Bruch.
    a) $6\frac{1}{2}$
    b) $1\frac{1}{5}$
    c) $2\frac{2}{3}$
    d) $7\frac{3}{10}$
    e) $2\frac{1}{17}$
    f) $5\frac{3}{11}$

20. Schreibe als gemischte Zahl.
    a) $\frac{4}{3}$
    b) $\frac{6}{5}$
    c) $\frac{19}{2}$
    d) $\frac{17}{4}$
    e) $\frac{29}{10}$
    f) $\frac{44}{7}$

Wiederholungsaufgaben

1. Übertrage in dein Heft und setze ein passendes Rechenzeichen ein.
   a) 12 ■ 88 = 100
   b) 100 ■ 5 = 20
   c) 48 ■ 19 = 29

2. Gib an oder berechne.
   a) Wie viel cm³ sind ein Liter?
   b) Wie viel Zentimeter passen in einen Meter?
   c) Wie viel Gramm enthält eine Tonne?
   d) Wie viele Minuten hat ein Tag?

3. Die 212 Schüler der Körbe-Schule planen einen großen Schulausflug. Für die gesamte Schule werden Reisebusse organisiert. In jeden Bus passen höchstens 50 Schüler. Wie viele Busse müssen mindestens bestellt werden?

4. Gib Beispiele für Gegenstände oder Situationen an, die
   a) 1 cm breit sind,
   b) 2500 kg schwer sind,
   c) 90 Sekunden lang sind,
   d) 1000 cm³ einnehmen.

5. Zeichne in dein Heft
   a) ein Quadrat,
   b) ein Trapez, das kein Parallelogramm ist,
   c) ein Viereck mit 4 gleich langen Seiten, das kein Quadrat ist.

Zusammenfassung

6. Brüche

Teiler und Vielfache	Ein **Teiler** einer Zahl ist eine natürliche Zahl, welche diese Zahl ohne Rest teilt.	21 ist durch 7 teilbar, denn 21 : 7 = 3. Man schreibt: 7 | 21 7 ist kein Teiler von 18, denn 18 : 7 = 2 Rest 4. Man schreibt: (7 ∤ 18)
	Multipliziert man eine Zahl mit 1, 2, 3, 4, … , so erhält man ein **Vielfaches** dieser Zahl.	24 ist ein Vielfaches von 4, denn 4 · 6 = 24. Multipliziert man eine Zahl mit 1, 2, 3, 4, … , so erhält man ein Vielfaches dieser Zahl.
Teilbarkeits-regeln	**Endziffernregeln** Eine Zahl ist genau dann – **durch 2 teilbar**, wenn sie auf 2; 4; 6; 8; 0 endet; – **durch 5 teilbar**, wenn sie auf 5 oder 0 endet; – **durch 10 teilbar**, wenn sie auf 0 endet. – durch **4 teilbar**, wenn ihre beiden letzten Ziffern eine durch 4 teilbare Zahl bilden.	12, 310, 18, 36 sind durch 2 teilbar. 870 und 985 sind durch 5 teilbar. 70 und 920 sind durch 10 teilbar. 824 und 6360 sind durch 4 teilbar.
	Quersummenregeln Eine Zahl ist genau dann **durch 3 teilbar**, wenn ihre Quersumme durch 3 teilbar ist. Eine Zahl ist genau dann **durch 9 teilbar**, wenn ihre Quersumme durch 9 teilbar ist.	162 ist durch 3 teilbar, denn die Quersumme (1 + 6 + 2 = 9) ist durch 3 teilbar. 873 ist durch 9 teilbar, denn die Quersumme (8 + 7 + 3 = 18) ist durch 9 teilbar.
Brüche	Anteile von einem Ganzen können mit **Brüchen** beschrieben werden. Der **Nenner** eines Bruches gibt an, in wie viele gleiche Teile das Ganze geteilt ist. Der **Zähler** gibt die Anzahl der Teile an. Bei **echten Brüchen** ist der Zähler stets kleiner als der Nenner. Bei **unechten Brüchen** ist der Zähler stets größer als der Nenner. Unechte Brüche kann man auch als **gemischte Zahlen** schreiben.	Zähler $\frac{4}{5}$ Bruchstrich Nenner Beachte: Der Nenner darf nie 0 sein. **Echte Brüche:** $\frac{1}{2}, \frac{3}{4}, \frac{5}{7}$ **Unechte Brüche:** $\frac{3}{2}, \frac{7}{4}, \frac{15}{7}$ **Gemischte Zahlen:** $\frac{3}{2} = 1\frac{1}{2}, \frac{7}{4} = 1\frac{3}{4}, \frac{15}{7} = 2\frac{1}{7}$
	Brüche können **Anteile von Größen** angeben.	$\frac{3}{4}$ h = 45 min, $2\frac{1}{2}$ kg = 2500 g, $\frac{3}{8}$ ℓ = 0,375 ℓ
Kürzen und Erweitern von Brüchen	Beim **Erweitern** werden Zähler und Nenner mit der gleichen Zahl multipliziert. Beim **Kürzen** werden Zähler und Nenner durch die gleiche Zahl dividiert.	$\frac{2}{3} = \frac{2 \cdot 4}{3 \cdot 4} = \frac{8}{12}$ $\frac{8}{12} = \frac{8 : 4}{12 : 4} = \frac{2}{3}$ 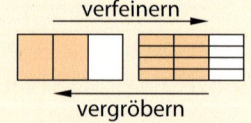
Brüche vergleichen	Von zwei **gleichnamigen Brüchen** ist der Bruch mit dem größeren Zähler der größere. **Ungleichnamige Brüche** werden zuerst gleichnamig gemacht und dann verglichen.	$\frac{3}{7} < \frac{4}{7}$, denn 3 < 4. $\frac{2}{3} < \frac{3}{4}$, denn $\frac{2}{3} = \frac{2 \cdot 4}{3 \cdot 4} = \frac{8}{12}$, $\frac{3}{4} = \frac{3 \cdot 3}{4 \cdot 3} = \frac{9}{12}$ und $\frac{8}{12} < \frac{9}{12}$.

7. Komplexe Aufgaben

Die folgenden Aufgaben verbinden Kapitel dieses Buches und methodische Kompetenzen.

Zahlen bitte

1. Kira spielt mit ihrer kleinen Schwester Sina im Kaufladen einkaufen.
   a) „Das macht 1,39 €. Haben Sie es klein?", fragt Sina. Kira überlegt, wie viele Euro- und Cent-Münzen (also 1 ct, 2 ct, 5 ct, 10 ct, 20 ct, 50 ct, 1 €, 2 €) sie mindestens benötigt, um den Betrag zu zahlen. Wie würdest du bezahlen?
   b) Schreibe auf, wie viele und welche Münzen du mindestens benötigst, um alle Beträge zwischen 1,80 € und 2,00 € genau bezahlen zu können.

2. Kira und Sina stellen fest, dass nicht mehr genug Scheine in der Kasse sind. Sie erfinden ihre eigene Währung, den SIRA. In dieser Währung gibt es nur folgende Scheine: 1 SIRA, 5 SIRA, 25 SIRA und 125 SIRA. Sie schneiden jeweils 4 Scheine von jeder Sorte aus.
   a) Welche SIRA-Beträge können Sie mit ihrem Spielgeld zahlen, welche nicht?
   b) Wie viele SIRA-Scheine benötigt man mindestens, um alle Beträge zwischen 190 SIRA und 200 SIRA bezahlen zu können?

3. Kira macht noch einen anderen Vorschlag und erfindet die Währung KINA. Hier gibt es folgende Scheine: 1 KINA, 2 KINA, 4 KINA, 8 KINA, 16 KINA, 32 KINA, 64 KINA und 128 KINA Jeden Schein gibt es nur einmal.
   a) Kann man 12 KINA, 31 KINA, 120 KINA oder 140 KINA mit diesen Scheinen bezahlen?
   b) Wie viele Scheine benötigt man mindestens, um alle Beträge zwischen 100 KINA und 120 KINA zu begleichen?
   c) Stell dir vor, dass es statt der zur Zeit existierenden EURO-Scheine und Cent-Münzen künftig nur noch folgende Zahlungsmittel gibt: 1 ct, 10 ct, 100 ct, 1000 ct und 10 000 ct Was hältst du von der Währungsumstellung? Begründe deine Antwort.

Puzzle mit Streichhölzern

4. a) Lege in Bild ① vier Streichhölzer so um, dass vier gleich große Quadrate entstehen.
   b) Lege in Bild ② drei Hölzer so um, dass vier Rauten entstehen.
   c) Füge in Bild ③ fünf Streichhölzer so hinzu, dass vier gleich große Trapeze entstehen.

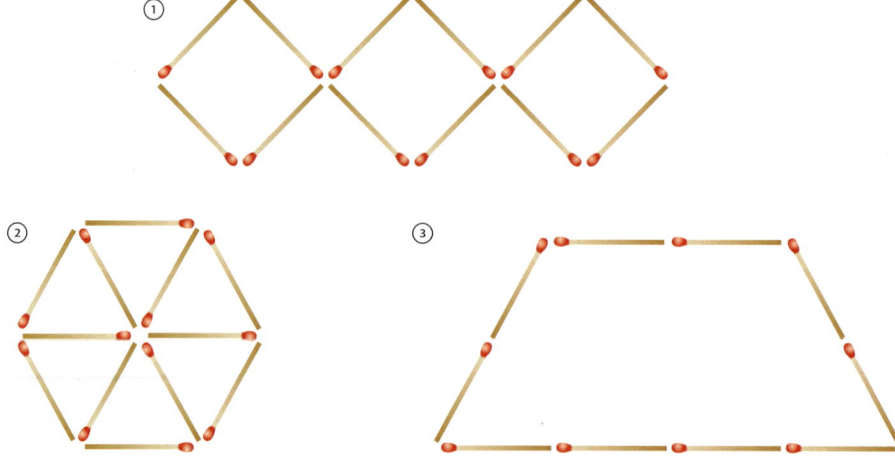

Auf zu fernen Welten

Jans ältere Schwester ist schon in Klasse 9. Manchmal redet sie ganz komisch. Sie sagt zum Beispiel „Ein Containerschiff hat eine Masse von 350 000 Tonnen." statt „Es wiegt 350 000 Tonnen."
Im Internet findet Jan eine Erklärung: „Solange man auf der Erde bleibt und sich ein Objekt nicht bewegt, ist der Unterschied zwischen Masse und Gewicht praktisch egal. Ein Astronaut in einer Raumkapsel kann jedoch, wie man in vielen Filmen sieht, schwerelos sein. Seine Masse bleibt, nur sein Gewicht hat sich verändert."
Weiter liest er: „Dass Masse und Gewicht nicht gleich sind, kann jeder erfahren. Dazu benötigt man eine Personenwaage und einen Aufzug. Wenn der Aufzug hochfährt, verändert sich dein Gewicht: Die Waage zeigt mehr an, obwohl du natürlich nicht zugenommen hast."

Planet	Merkur	Venus	Erde	Mars	Jupiter	Saturn	Uranus	Neptun
Entfernung von der Sonne (in Mio. km)	59	108	150	228	778	1427	2870	4497
1 kg Masse wiegt hier rund …	380 g	910 g	1000 g	380 g	2400 g	1100 g	900 g	1100 g

5. Stell dir vor, du könntest die Planeten unseres Sonnensystems besuchen und dich dort auf eine Waage stellen. Welches Gewicht würde die Waage jeweils anzeigen?

6. Ein Experte hat ausgerechnet, dass alle 180 Billionen Jahre alle Planeten unseres Sonnensystems genau in einer Reihe stehen – also Sonne, Merkur, Venus, Erde, Mars, Jupiter, Saturn, Uranus und Neptun. Stellt 9 Schüler auf dem Schulhof so auf, dass die Abstände der Planeten von der Sonne maßstabsgetreu dargestellt werden.

7. Berechne: Wie viele Kilometer muss man mindestens zurücklegen, um von der Erde zum Neptun zu gelangen? Wie lange dauert die Reise ungefähr, wenn man so schnell wie das Licht reisen könnte? Das Licht legt in einer Stunde rund 1 000 000 000 km zurück.

8. In spätestens 8 000 000 000 Jahren wird unsere Erde nicht mehr bewohnbar sein, da unsere Sonne stirbt. Deswegen sucht man nach Alternativen. 2011 stand in einer Zeitung, dass eine neue Erde entdeckt wurde. Sie gehört zu einer anderen Sonne, dem Stern Kepler 20. Er ist von unserer Erde unglaubliche 10 000 Billionen Kilometer entfernt. Natürlich möchte man gerne zu dieser Erde reisen. Einige Wissenschaftler sagen, dass man in den nächsten 20 Jahren durchaus Raumschiffe bauen könnte, die mehr als 100 000 km in der Stunde zurücklegen. Pro Jahr könnte man dann rund eine Milliarde Kilometer zurücklegen. Wie viele Jahre würde die Reise zu der neuen Erde in so einem Raumschiff ungefähr dauern?

Hinweis zu 5:
Wenn man von Gewicht spricht, meint man umgangssprachlich immer das Gewicht auf der Erde.

Hinweis zu 8:
Mit dieser Geschwindigkeit könnte man in weniger als 30 Minuten einmal um die Erde fliegen.

Das Haus der Vierecke

9. Theresa hat von ihrer Lehrerin eine besondere Aufgabe bekommen: Sie soll die Vierecke in einer Übersicht darstellen, sodass man Zusammenhänge gut erkennt. Sie soll besonders berücksichtigen, welche Seiten bei den einzelnen Viereckarten gleich lang sind und ob es parallele Seiten gibt. Theresa hat wie folgt begonnen:

a) Theresas Freundin Nele meint, dass das Rechteck zwischen das allgemeine Viereck und das Trapez gesetzt werden muss, weil im Trapez nur zwei Seiten parallel sind. Was meinst du dazu? Begründe deine Antwort.
b) Die Lehrerin hat Nele gesagt, dass man beim Quadrat aufpassen muss, da hier die Linien wieder zusammenlaufen. Beschreibe, was die Lehrerin damit wohl meint.
c) Vervollständigt die Übersicht. Arbeitet in verschiedenen Teams und vergleicht eure Lösungen im Anschluss.

Renovierung

10. Familie Moritz plant die Renovierung ihrer 3 m hohen Altbauwohnung. Sie möchte alle Wände und alle Decken im Schlafzimmer (4 m lang und 5 m breit), im Kinderzimmer (4 m lang und 3,5 m breit) sowie im Wohnzimmer (5 m lang und 6 m breit) neu streichen.
    a) Berechne die Renovierungskosten, wenn ein 10-ℓ-Eimer, der für 90 m² ausreicht, 27,99 € kostet.
    b) Der Baumarkt bietet auch Eimer mit 5 Liter Wandfarbe an, ausreichend für 45 m². Familie Moritz möchte noch zusätzlich die Wände und die Decke in der Küche (5 m lang und 5 m breit) streichen. Im Baumarkt rät man, drei 10-ℓ-Eimer und einen 5-ℓ-Eimer zu kaufen. Stimmst du diesem Vorschlag zu? Begründe deine Antwort.

Fußballstadion

11. Ein Fußballstadion bietet 61 673 Zuschauern Platz. Das Spielfeld ist nur 6 m vom Rand der Tribüne entfernt und misst 105 m × 68 m.
    a) Fertige eine maßstabsgetreue Skizze des Spielfeldes im Maßstab: 1 : 1000 an.
    b) Berechne den Flächeninhalt des Spielfeldes.
    c) Berechne, welches Gewicht die Tribünen aushalten müssen, wenn die Plätze ausverkauft sind. Rechne mit etwa 90 kg pro Zuschauer.

Holzklötze

Marvins kleiner Bruder spielt mit Holzklötzen. Er baut mit gleich großen Klötzen immer unterschiedliche Figuren.

12. Ermittle die Längen der beiden anderen Kanten eines Klotzes in der nebenstehenden Figur, wenn die kürzeste Kantenlänge des Klotzes 1 cm beträgt. Erläutere dein Vorgehen.

13. Gib das Gesamtvolumen der Figur an. Erläutere dein Vorgehen.

14. Prüfe, ob sich durch Hinzufügen weiterer Klötze ein Würfel bauen lässt. Begründe deine Entscheidung. Wie lang wäre die Kantenlänge solch eines Würfels?

15. Marvin möchte die Holzklötze mit einer Sprühdose lackieren. Eine Sprühdose mit 400 mℓ Farbe reicht für etwa 3 m². Wie viele Holzklötze könnte er damit mindestens besprühen?

Getränketransport

Viele Waren werden auf sogenannten Europaletten transportiert. Solche Paletten sind 80 cm breit, 120 cm lang und haben eine Masse von ca. 20 kg. Ein Transport für eine Getränkefirma soll mit einem Sattelzug erfolgen, dessen Ladefläche 2,4 m breit und 13,6 m lang ist. Er darf mit höchstens 28 450 kg beladen werden. Mit dem Sattelzug sollen in Kartons verpackte Flaschen aus Glas mit jeweils 750 mℓ Mineralwasser transportiert werden. In jedem Karton sind 12 Flaschen. Auf einer Palette befinden sich 56 Kartons. Die voll gepackte Palette ist 935 kg schwer. Die Paletten dürfen nicht gestapelt werden.

16. Ermittle die Anzahl der Europaletten, die auf der Ladefläche des Sattelzuges Platz haben. Fertige dazu auch eine Skizze an.

17. Berechne: Wie viele voll gepackte Paletten darf der Sattelschlepper transportieren, ohne dass er überladen wird? Wie viele Wasserflaschen hat er dann geladen? Runde die Anzahl Wasserflaschen auf Tausender.

18. Berechne: Wie viele Sattelzüge mit Wasser müssten ungefähr pro Monat in einen Ort mit 1 000 000 Einwohnern fahren, wenn man von 30 Tagen im Monat und 3 Flaschen pro Person und Tag ausgeht?

19. Schätze, wie viele Flaschen ein Sattelzug transportieren kann, wenn das Wasser in PET-Flaschen anstatt in Glasflaschen abgefüllt wird. Eine typische PET-Flasche ist etwa 100 g leichter als eine Glasflasche.

Null gewinnt

20. Arbeitet zu zweit oder zu dritt.
    Jeder Spieler erhält zunächst 99 Punkte.
    Es wird mit zwei Würfeln gewürfelt.

    Bei jedem Wurf könnt ihr entscheiden, ob ihr die Augenzahlen addieren, subtrahieren oder multiplizieren wollt:

    → 6 + 3 = 9
    → 6 − 3 = 3
    → 3 · 6 = 18

    Ziel des Spiels ist es, genau 0 Punkte zu erzielen. Dieses Ziel kann man erreichen, indem man die errechnete Zahl aus beiden Augenzahlen entweder zu den aktuellen Punkten addiert oder davon subtrahiert. Gebt acht, dass euer Punktestand nicht kleiner als 0 wird. Gewonnen hat derjenige, der zuerst 0 Punkte erzielt oder nach 12 Runden der Null am nächsten ist.
    Tipp: Schreibt euren Punktestand nach jeder Runde auf.

Sommerschlussverkauf

21. Jan möchte sich im Sommerschlussverkauf neue Kleidung kaufen. In einem Schaufenster sieht er die Preisnachlässe. Er sucht sich insgesamt folgende Kleidungsstücke aus:
    Vier T-Shirts für je 10 €, eine Hose für 20 €, vier Paar Socken für 2 €.
    Den Nachlass erhält er an der Kasse.
    a) Wie viel Geld hätte Jan ohne den Nachlass zahlen müssen?
    b) Wie viel Geld muss er für die Kleidungsstücke im Ausverkauf an der Kasse bezahlen?
    c) Er überlegt, ob er noch ein weiteres Paar Socken für je 2 € dazu nimmt. Zahlt er dann vielleicht sogar weniger als vorher?

Ab 5 Teile — $\frac{1}{4}$ Nachlass

Ab 10 Teile — $\frac{1}{2}$ Nachlass

Pizza bei der Klassenfahrt

22. Sina, Alina und Janine sind beste Freundinnen. Sie freuen sich riesig, dass sie bei der Klassenfahrt alleine in Dreiergruppen durch Berlin streifen dürfen. Gegen Mittag sehen sie ein Angebot: Familienpizza für nur 6 €. Sina hat noch 2 €, Janine 4 €, aber Alina hat leider kein Geld mehr im Portemonnaie. Alina schlägt vor, die Familienpizza zu kaufen und den beiden Freundinnen in der Unterkunft das Geld zurückzugeben. Alle sind einverstanden und lassen sich die Pizza schmecken.
    In der Unterkunft gibt Alina Sina 2 € und Janine 4 €.
    a) Was könnte sich Alina dabei gedacht haben?
    b) Wie viel Euro hättest du an Alinas Stelle den beiden gegeben? Begründe.

8. Methoden

Kopiere die Seiten in diesem Abschnitt und schneide die Methodenkarten aus. Dann kannst du die Karten länger verwenden und mit eigenen Notizen ergänzen.

Methodenkarte 5 A: Tipps zur Heftführung

Wenn du dein Heft ordentlich führst, hast du immer eine gute Übersicht.

Du kannst schneller etwas nachschlagen und leichter für Klassenarbeiten üben.

Nutze ein Heft mit Rand oder lass am Rand immer etwas Platz für Notizen.

Durch einen Umschlag kannst du dein Heft schonen.

Schreibe groß und deutlich deinen Namen, deine Klasse und das Fach auf das Heft.

Beginne neue Eintragungen mit einer Überschrift.

Schreibe das Datum neben die Überschrift.

Führe dein Heft ordentlich: Kennzeichne zum Beispiel Hausaufgaben mit HA und schreibe daneben die Seitenzahl und Nummer der Aufgabe aus dem Buch.

Hebe Regeln und Formeln hervor, zum Beispiel durch einen Kasten als Umrandung oder durch das Schreiben mit einer anderen Farbe.

Methodenkarte 5 B: Sachaufgaben bearbeiten

Beim Lösen einer Sach- oder Textaufgabe können dir folgende Schritte helfen.

1. Lies die Aufgabe mehrmals durch.
   Worum geht es?
2. Verstehst du alle Informationen im Text?
   Schreibe auf, was gegeben und was gesucht ist.
3. Hilft dir eine Skizze, Tabelle, Formel …?
   Was kannst du zuerst berechnen?
   Welche Rechenoperation (Addition, …) brauchst du?
4. Führe eine Überschlagsrechnung durch oder schätze, in welcher Größenordnung das Ergebnis liegen müsste.
5. Löse die Aufgabe.
   Achte besonders darauf, dass du auch später gut nachvollziehen kannst, was du gerechnet hast.
6. Vergleiche das Ergebnis mit der Überschlagsrechnung oder Schätzung.
   Führe – wenn möglich – eine Probe durch.
   Lies noch einmal die Aufgabenstellung durch und überlege, ob dein durch Berechnung gewonnenes Ergebnis wirklich die Lösung der Sachaufgabe sein kann.
7. Formuliere einen Antwortsatz.

Methodenkarte 5 C: Ein Lerntagebuch führen

In einem Lerntagebuch schreibst du auf, was du im Mathematikunterricht neu gelernt hast, was du gut oder nicht so gut verstanden hast und was du dir unbedingt merken möchtest. Beachte auch bei einem Lerntagebuch die Tipps zum Führen eines Heftes.

Schreibe oben das Datum des Eintrages hin und überlege dir eine Überschrift für den Eintrag (zum Beispiel das Thema der Stunde). Beantworte dann die Fragen.

- Was hast du dazugelernt? Was kannst du schon besonders gut?
- Was hast du nicht verstanden? Schreibe dir eine Frage auf, die du in der nächsten Stunde deiner Lehrerin oder deinem Lehrer stellen kannst.
- Welche Fehler hast du gemacht? Was hast du aus deinen Fehlern gelernt?
- Was solltest du noch üben?
- Was hat dich besonders interessiert?
- Bist du mit deiner Mitarbeit im Unterricht zufrieden? Könntest du dich noch verbessern?

Methodenkarte 5 D: Tipps für die Arbeit in der Gruppe

Bei der Arbeit in einer Gruppe arbeitest du mit anderen Mitschülern zusammen. Natürlich gelten auch dabei die Klassenregeln, die ihr vereinbart habt. Damit Gruppenarbeit gelingt, solltet ihr einige Dinge beachten.

1. Stellt die Tische so auf, dass ihr bei euren Gesprächen andere Gruppen nicht stört.
2. Legt euch die Materialien zurecht, die ihr für die Aufgabe benötigt.
3. Klärt zu Beginn, ob jeder verstanden hat, was genau zu tun ist.
4. Legt eine Uhr auf den Tisch und notiert, wann ihr die Bearbeitung der Aufgabe abgeschlossen haben müsst. Bearbeitet dann die Aufgabenstellung.
5. Alle Gruppenmitglieder beteiligen sich an der Lösung der Aufgabe. Jeder darf ausreden und seine Ideen sagen, während die anderen zuhören.
   Manchmal ist es hilfreich, dem Redner einen Gegenstand zu geben – nur wer diesen Gegenstand hat, darf etwas sagen.
6. Achtet auf die Zeit, damit ihr pünktlich fertig seid.
7. Wenn Schwierigkeiten auftreten oder ihr nicht weiterkommt, fragt eure Lehrerin oder euren Lehrer.
8. Alle machen sich Notizen und schreiben die Rechenwege und Ergebnisse auf.
9. Helft euch in der Gruppe gegenseitig. Jeder ist für das Ergebnis der Gruppe verantwortlich. Jeder muss das Ergebnis verstehen und vorstellen können.

Methodenkarte 5 E: Ergebnisse an der Tafel vorstellen

1. Stell die Aufgabenstellung nochmals mündlich vor, damit jeder weiß, was du präsentierst.
2. Nutze den Platz auf der Tafel gut aus. Beginne oben links – nicht in der Mitte. Schreibe deutlich und groß, sodass es alle Mitschüler lesen können.
3. Erkläre deine Überlegungen. Drehe dich dabei zur Klasse und erkläre alles, was du an der Tafel aufgeschrieben hast.
4. Beantworte die Fragen der Klasse.

Methodenkarte 5 F: Ergebnisse auf Plakaten präsentieren

1. Skizziere den geplanten Aufbau des Plakates in dein Heft. Entscheide dich für die Größe (zum Beispiel DIN A2) und das Format (Hoch- oder Querformat) sowie die Anordnung der Informationen.
2. Nutze den gesamten Platz auf dem Plakat aus. Zeichne die Position wichtiger Elemente (zum Beispiel Bilder) auf dem Plakat mit Bleistift vor.
3. Dein Plakat sollte nicht nur aus Text und Rechnung bestehen. Pfeile, Bilder oder Skizzen helfen, dein Ergebnis besser zu verstehen. Hebe Wichtiges durch einen Kasten oder mit einer anderen Farbe besonders hervor.
4. Schreibe groß und deutlich. Das Plakat sollte aus fünf Metern Entfernung noch gut lesbar sein.
   Überprüfe die Texte vor dem Übertragen, damit du keine inhaltlichen oder grammatikalischen Fehler abschreibst. Achte auch auf die Rechtschreibung.

9. Anhang

Lösungen zu
- Dein Fundament
- Prüfe dein neues Fundament

Stichwortverzeichnis

Bildnachweis

Lösungen

Lösungen zu Kapitel 1: Natürliche Zahlen und Größen

Dein Fundament (S. 6/7)

S. 6, 1.
a) 9   b) 21   c) 8

S. 6, 2.
a)

Anzahl der richtigen Antworten	8	7	6	5	4	3	2	1	0
Anzahl der Kinder	0	1	5	4	3	4	2	2	2

b) 4 Kinder hatten drei richtige Antworten.
c) 10 Kinder hatten weniger als 4 richtige Antworten.
d) 12 Kinder hatten mehr als drei richtige und weniger als sieben richtige Antworten.
e) 5 Kinder hatten nur zwei falsche Antworten.

S. 6, 3.
a)

Alter der Kinder der Klasse 5a in Jahren	10	11	12
Anzahl der Kinder	9	13	2

b) 13   c) 15   d) 24

S. 6, 4.
a) achttausendachthundertachtundachtzig
b) 7808: siebentausendachthundertacht

S. 6, 5.

	T	H	Z	E
a) 719		7	1	9
b) 4010	4	0	1	0
c) 2401	2	4	0	1
d) 517		5	1	7
e) 9987	9	9	8	7
f) 1005	1	0	0	5
g) 5780	5	7	8	0
h) 2500	2	5	0	0

S. 7, 6.
a) 4502
b) 3502; 4402; 4501
c) 5502; 4602; 4512; 4503

S. 7, 7.
a) Einer   b) Zehner   c) Hunderter   d) Einer

S. 7, 8.
a) 12 < 17   b) 23 > 13   c) 89 < 98   d) 31 > 13

S. 7, 9.
a) 1 < 4 < 9 < 11   b) 9 < 17 < 19 < 23
c) 10 < 40 < 50 < 90   d) 0 < 5 < 18 < 27 < 31

S. 7, 10.
a) 19 > 11 > 7 > 5
b) 150 > 100 > 50 > 25
c) 79 > 66 > sechzig (60) > 59
d) 550 > 301 > dreihundert (300) > 99

S. 7, 11.
a) 0 < 1   b) 18 < 19   c) 79 > 78   d) 62 > 61 oder 60

S. 7, 12.
a) A: 2; B: 5; C: 7; D: 10   b) A: 2; B: 6; C: 12; D: 17
c) A: 1; B: 6; C: 12; D: 16

S. 7, 13.
a) z. B. 13, 22, 38   b) z. B. 2, 3, 4   c) 20, 21, 22

S. 7, 14.
a) 2   b) 7   c) 16

Prüfe dein neues Fundament (S. 40/41)

S. 40, 1.
a)

	Strichliste	Häufigkeit
1. FC Kaiserslautern	|||| |||	8
Bayern München	||||	5
Mainz 05	|||| |||	8
Hamburger SV			1
VfL Wolfsburg			1
Borussia Dortmund	||	2
Schalke 04			1

b)

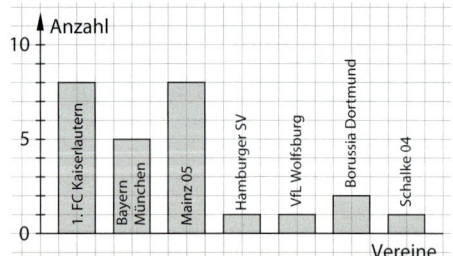

c)

	Häufigkeit
1. FC Kaiserslautern	11
Bayern München	6
Mainz 05	4
Vfl Wolfsburg	1
Borussia Dortmund	3
SV Darmstadt 98	4

S. 40, 2.
a) einhundertdreiundzwanzigtausendvierhundertfünfzig
b) 11 500 001

Lösungen

S. 40, 3.
8349 < 83 315 < 83 402 < 85 000 < 91 022 < 787 345

S. 40, 4.
a) 310; 2040; 1850
b) 100; 6700; 73 900
c) 15 000; 0; 100 000

S. 40, 5.
a) Auf Tausender gerundet: 39 000 Zuschauer
b) Runden nicht sinnvoll, da der Schuh genau passen muss.
c) Die Zahl ist vermutlich schon gerundet. Man könnte noch weiter runden: 200 000 kg = 200 t
d) Telefonnummern können nicht gerundet werden.
e) Die Zahl ist vermutlich schon gerundet. Man könnte noch weiter runden: 2 000 000 Menschen

S. 40, 6.
a)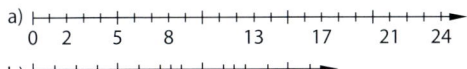
b)
```
├─┼─┼─┼─┼─┼─┼─┼─┼─┼─┼─▶
0 50  200 325  475 600
```

S. 40, 7.
a) 70 cm = 700 mm
b) 23 t = 23 000 kg
c) 7 min = 420 s
d) 470 cm = 47 dm
e) 800 dm = 80 000 mm
f) 420 min = 7 h
g) 10 kg = 10 000 000 mg
h) 550 000 mm = 550 m

S. 41, 8
a) 5,6 dm = 56 cm
b) 14,5 t = 14 500 kg
c) 2,875 m = 2875 mm
d) 10,90 € = 1090 Cent
e) 0,04 kg = 40 g
f) 30,15 km = 30 150 m

S. 41, 9.
Länge: 0,43 m = 0,00043 km   Gewicht: 263 g

S. 41, 10.
a) 22:10 Uhr   b) 4 Stunden 14 Minuten

S. 41, 11.
80 cm lang und 50 cm breit.

S. 41, 12.
72 km

S. 41, 13.
a) 3000 Umdrehungen
b) 3000 s, also 50 min
c) individuelle Lösungen

Wiederholungsaufgaben (S. 41)

S. 41, 1.
a) 4 + 14 = 18   b) 5 · 4 = 20   c) 48 – 19 = 29

S. 41, 2.
a) 104   b) 110   c) 60

S. 41, 3.
mit diesen drei Karten: größte Zahl: 983; kleinste Zahl 389; mit den üblichen Spielkarten: größte Zahl: 999; kleinste Zahl: 222

S. 41, 4.
5,5 cm

Lösungen zu Kapitel 2: Rechnen mit natürlichen Zahlen

Dein Fundament (S. 44/45)

S. 44, 1.
a) 47   b) 13   c) 69   d) 25
e) 20   f) 67   g) 115 h) 112

S. 44, 2.
a) 45   b) 18   c) 59   d) 96
e) 100 f) 12   g) 150 h) 40

S. 44, 3.
a) 5 + 15 = 20   b) 56 + 21 = 77
c) 27 – 20 = 7   d) 44 – 6 = 38

S. 44, 4.
a) richtig   b) 36 + 24 = 60
c) 100 – 33 = 67   d) 76 – 41 = 35

S. 44, 5.
Zum Beispiel 19 + 8 = 27; 10 + 17 = 27

S. 44, 6.
24 – 17 = 7: Es können 7 Kinder nicht schwimmen.

S. 44, 7.
55 kg + 47 kg = 102 kg. Ja, zusammen sind sie schwerer als 100 kg.

S. 44, 8.
a) 72   b) 54   c) 64   d) 56
e) 420 f) 480 g) 55   h) 400

S. 44, 9.
a) 4   b) 9   c) 8   d) 8
e) 80   f) 84   g) 30   h) 25

S. 44, 10.
a) 7 · 9 = 63   b) 42 : 6 = 7
c) 9 · 6 = 54   d) 4 : 4 = 1

S. 44, 11.
a) 12 : 4 = 3   b) 6 · 3 = 18
c) 210 : 30 = 7   d) richtig

S. 44, 12.
Zum Beispiel 6 · 10 = 60; 2 · 30 = 60; 5 · 12 = 60

S. 44, 13.
30 Cent

S. 44, 14.
400 cm = 4 m

S. 45, 15.

a) T H Z E   eintausendachthundertsiebenund-
   1 8 9 7   neunzig

b) ZT T H Z E   fünfundzwanzigtausendvier-
   2 5 4 0 7 hundertsieben

c) T H Z E   neuntausendachtundachtzig
   9 0 8 8

d) HT ZT T H Z E   zweihundertachtundzwan-
   2 2 8 6 1 5   zigtausendsechshundertfünf-
                   zehn

e) ZT T H Z E   fünfundzwanzigtausend
   2 5 0 0

f) HT ZT T H Z E   zweihunderteinstausend-
   2 0 1 5 0 0   fünfhundert

g) M HT ZT T H Z E   zwei Millionen
   2 0 0 0 0 0 0

h) ZM M HT ZT T H Z E   zehn Millionen acht-
   1 0 8 0 0 0 0 0   hunderttausend

S. 45, 16.
a) 5000, 6000, 7000, 8000, 9000, 10 000
b) 600, 800, 1000, 1200, 1400, 1600, 1800
c) 100, 125, 150, 175, 200, 225, 250, 275, 300
d) 100 000, 400 000, 700 000, 1 000 000

S. 45, 17.
a) 200, 400, 800, 1600
b) 6000, 12 000, 24 000, 48 000
c) 50, 100, 200, 400
d) 80 000, 160 000, 320 000, 640 000

S. 45, 18.
a) 800, 400, 200, 100
b) 40 000, 20 000, 10 000, 5000
c) 200, 100, 50, 25
d) 240 000, 120 000, 60 000, 30 000

S. 45, 19.
a) 5000   b) 1300   c) 19 000   d) 1000

S. 45, 20.
a) $7 \cdot 8 = 56$ b) $49 : 7 = 7$
c) $2 \cdot 2 = 4; 2 + 2 = 4$ d) $140 - 70 = 70$
e) $12 + 0 = 12$ f) $132 - 5 = 127$
g) $0 \cdot 39 = 0$ h) $100 : 50 = 2$

S. 45, 21.
Insgesamt $25 + 6 = 31$ Personen.
In 4 Boote passen $4 \cdot 8 = 32$ Personen, in 3 Boote nur $3 \cdot 8 = 24$. Es müssen also 4 Boote ausgeliehen werden. In einem sitzen dann nur 7 Personen.

S. 45, 22.
a) $6 \xrightarrow{+3} 9 \xrightarrow{\cdot 2} 18 \xrightarrow{-7} 11$
b) $9 \xrightarrow{\cdot 5} 45 \xrightarrow{-3} 42 \xrightarrow{:7} 6 \xrightarrow{:2} 3$

S. 45, 23.
a) ① 12 / 5 7 / 2 3 4
   ② 48 / 6 42 / 3 3 39
   ③ 300 / 285 15 / 273 12 3
b) Sie vergrößert sich um 2 auf 14.

Prüfe dein neues Fundament (S. 78/79)

S. 78, 1.
a) 103   b) 179   c) 64   d) 382
e) 144   f) 435   g) 61   h) 13

S. 78, 2.
a) 51   b) 55   c) 84   d) 360
e) 12   f) 21   g) 108 h) 17

S. 78, 3.
a) 13   b) nicht möglich   c) 0   d) 0

S. 78, 4.
a) 64   b) 6   c) 164
d) 13   e) 4   f) 534

S. 78, 5.
a) $(3 + 6) \cdot 5 = 45$
b) $5 - 18 : (6 + 3) = 3$
c) $(19 - 3) : (3 + 5) = 2$

S. 78, 6.
a) $14 + 12 \cdot 6 = 96$
   12 6
   ·
   14 72
   +
   86

b) $(67 - 11) : (3 + 5) = 7$
   67 11   3 5
   −   +
   56   8
   :
   7

S. 78, 7.
a) 57   b) 1445   c) 309
d) 480   e) 7900   f) 7000

S. 78, 8.
a) 190   b) 120   c) 345
d) 260   e) 995   f) 0

S. 78, 9.
a) 13 000   b) 23 700 c) 14 200 d) 32 000
e) 140 000 f) 30 000 g) 45   h) 40

S. 78, 10.
a) $3000 + 11 000 = 14 000$ b) $8000 - 4000 = 4000$
```
  3 4 5 6                       7 8 6 3
+1 1 3 4 7                     − 3 6 7 3
 1 4 8 0 3                       4 1 9 0
```
c) $30 \cdot 6000 = 180 000$ d) $9000 : 6 = 1500$
```
32 · 5609                       9708 : 6 = 1618
  160                            6
  192                            37
  000                            36
  288                             10
179488                             6
                                  48
                                  48
                                   0
```

S. 78, 11.
a) 1230   b) 284 970

S. 78, 12.
a) Ines hat bei der Addition der Hunderttausender den Übertrag vergessen. Richtig:
   $234 609 + 376 011 = 610 620$
b) Richtig.
c) Ines hat bei den Zehntausendern addiert statt zu subtrahieren. Richtig:
   $10 962 - 7753 = 3209$
d) Ines hat vergessen, die Zwischenergebnisse an die richtigen Stellen anzuordnen. Richtig:
   $746 \cdot 42 = 31 332$

S. 78, 13.
a) 7 Rest 4   b) 703 Rest 1
c) 1237 Rest 7 d) 93 Rest 4

S. 79, 14.
a) 81   b) 216   c) 500   d) 12 000
e) 26   f) 34   g) 81   h) 72

S. 79, 15.
9 · (23 + 25 + 24 + 3) = 675
Frau Specht muss insgesamt 675 € bezahlen.

S. 79, 16.
90 · 24 · 60 = 129 600
Das Herz eines Zwölfjährigen schlägt etwa 129 600-mal am Tag.

S. 79, 17.
Ab der 26. Fahrt lohnt sich die Monatskarte.

S. 79, 18.
(1592 − (60 · 14)) : 8 = 94
Es kamen 154 Besucher.

Wiederholungsaufgaben (S. 79)

S. 79, 1.
Zeichenübung

S. 79, 2.
a) ca. 2 bis 5 g   b) ca. 1 t   c) ca. 100 bis 240 g

S. 79, 3.
Der Film endet um 21:10 Uhr.

S. 79, 4.
68 : 8 = 8 Rest 4
Die Gruppe braucht 9 Kleinbusse, da 8 Busse nicht reichen.

S. 79, 5.
3 m; <u>9 s</u>; <u>2 h</u>; 8 g; 5 cm; <u>20 min</u>; <u>3 s</u>; 99 g; 12 €; <u>5 h</u>

Lösungen zu Kapitel 3: Grundbegriffe der Geometrie

Dein Fundament (S. 82/83)

S. 82, 1.
a) 2 cm   b) 7,2 cm   c) 7,9 cm   d) 2,7 cm

S. 82, 2.
a) 2 cm   b) 3,5 cm   c) 2,7 cm

S. 82, 3.
a)
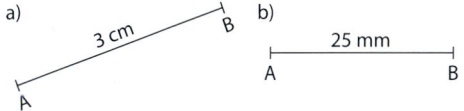
b)
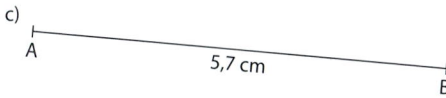
c)

S. 82, 4.
a)
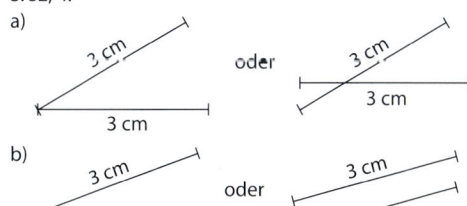
b)

S. 82, 5.
Beide Linien sind gleich lang. Durch die Pfeilspitzen entsteht der Eindruck, die untere sei länger.

S. 82, 6.
a) 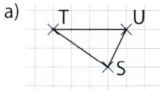   b)

c)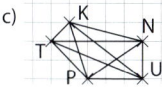

S. 82, 7.
Dreiecke: b); c); j)   Vierecke: a); d); f); g); i)
Quadrate: f)   Rechtecke: a); f); g)

S. 82, 8.
Zeichenübung

S. 83, 9.
a) Dreiecke: 4; Vierecke: 4
b) Dreiecke: 2; Vierecke: 4
c) Dreiecke: 3; Vierecke: 3

S. 83, 10.
symmetrisch: A, C, D, E
nicht symmetrisch: B, F

S. 83, 11.
Zeichenübung

S. 83, 12.
Übung zur Beobachtung in der Umwelt

S. 83, 13.
a) A: 3; B: 5; C: 8; D: 10
b) A: 15; B: 25; C: 40; D: 50

S. 83, 14.
a)
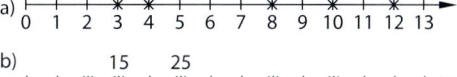
b)
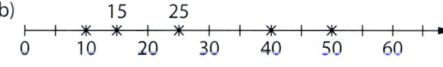

S. 83, 15.
a)
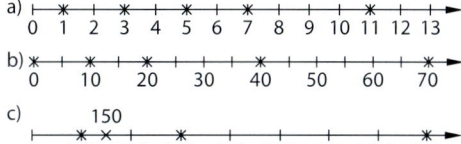

S. 83, 16.
a) A: 25; B: 150; C: 200; D: 250
b) A: 80; B: 96; C: 108

Prüfe dein neues Fundament (S. 118/119)

S. 118, 1.
a) e und f sind zueinander senkrecht.
b) g und h sind zueinander parallel.

S. 118, 2.

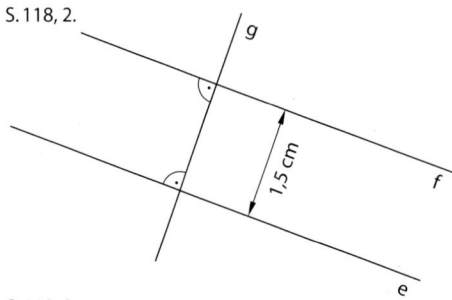

S. 118, 3.

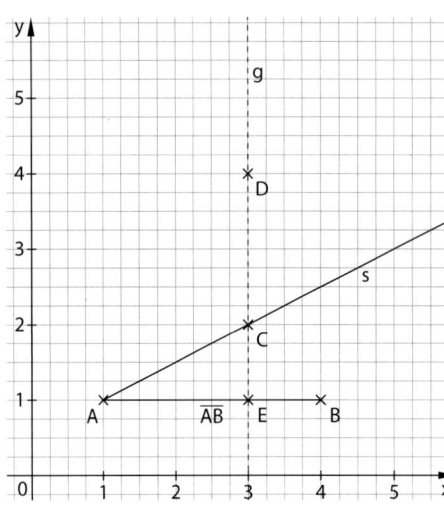

c) 3 cm
d) E (3|1)

S. 118, 4.
a)
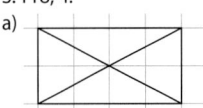

b)
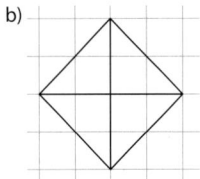

c)
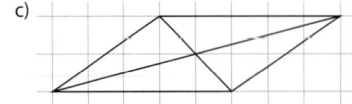

d)
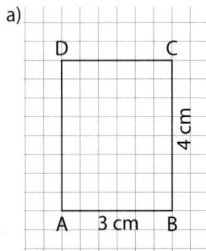

e)
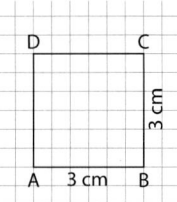

S. 118, 5.
a)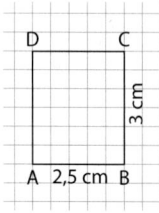

b)

c)

S. 118, 6.

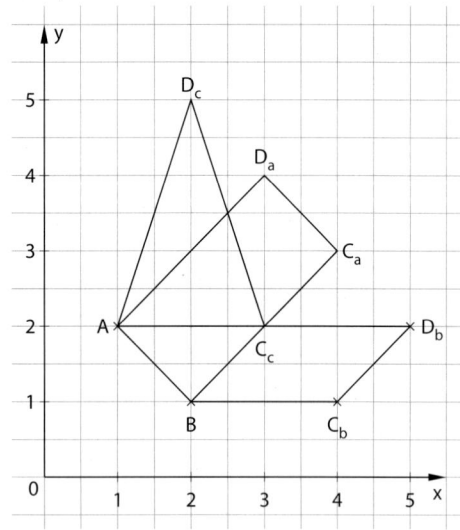

Mögliche Lösungen:
a) $C_a(4|3)$ und $D_a(3|4)$
b) $C_b(4|1)$ und $D_b(5|2)$
c) $C_c(3|2)$ und $D_c(2|5)$

S. 118, 7.
a) Rechteck und Quadrat   b) Quadrat und Raute
c) Quadrat   d) Trapez
e) Rechteck, Quadrat, Parallelogramm, Raute

S. 119, 8.

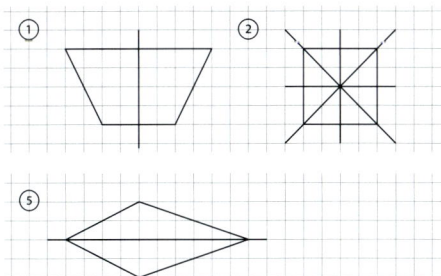

S. 119, 9.

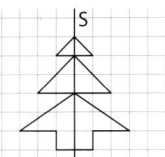

S. 119, 10.

	a) Ecken	Kanten	b) Flächen
①	8	12	6 Quadrate
②	8	12	2 Quadrate und 4 Rechtecke
③	5	8	1 Quadrat und 4 Dreiecke
④	12	18	2 Sechsecke und 6 Rechtecke

① Würfel; ② Quader; ③ Pyramide; ④ Prisma

S. 119, 11.
Würfelnetze: a), c), d)

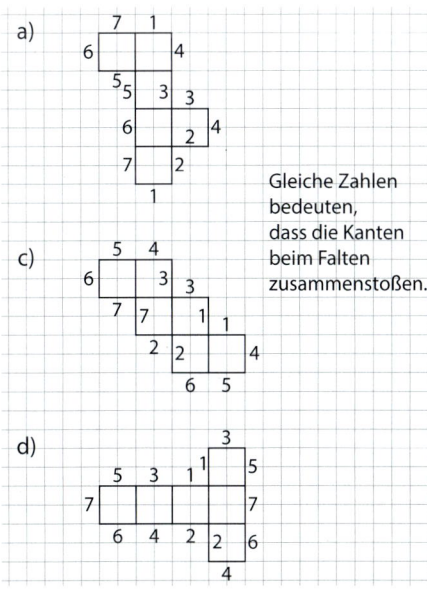

Gleiche Zahlen bedeuten, dass die Kanten beim Falten zusammenstoßen.

S. 119, 12.
a)
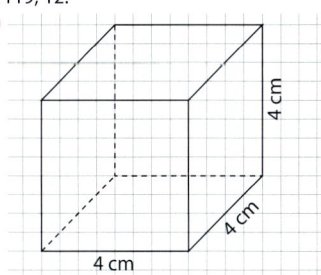

b)
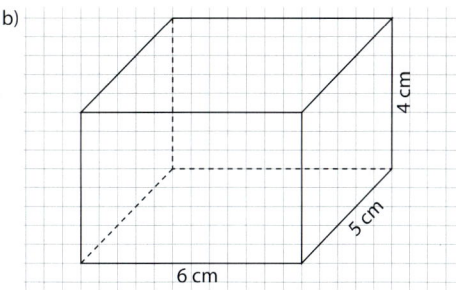

S. 119, 13.
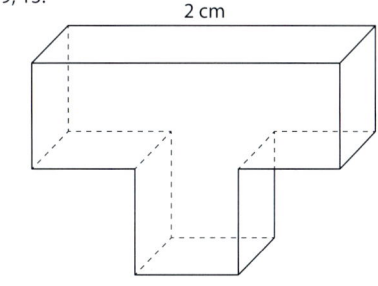

Wiederholungsaufgaben (S. 119)

S. 119 1.
a) 31 > 13   b) 6 + 5 = 11   c) 735 > 99

S. 119, 2.
a) 5 < 29 < 30 < 32 < 35
b) 18 < 19 < 205 < 250 < 502

S. 119, 3.
a) 1000 mm   b) 3000 g

Lösungen zu Kapitel 4: Flächeninhalt und Umfang

Dein Fundament (S. 122/123)

S. 122, 1.
64 Felder

S. 122, 2.
Es werden 42 Platten benötigt.

S. 122, 3.
a) In Figur ① passen 16 Quadrate, in Figur ② 28.
b) Bei Figur ① fehlen noch 12 Quadrate, bei Figur ② 21.

S. 122, 4.
a) 4 cm   b) 300 cm   c) 1500 m   d) 80 dm

Lösungen

S. 122, 5.
a) mm b) m c) cm d) m

S. 122, 6.
a) richtig
b) 5 cm = 50 mm
c) richtig
d) 2,5 km = 2500 m

S. 122, 7.
60 cm = 6 dm = 600 mm
60 dm = 6 m = 600 cm
0,6 km = 600 m = 6000 dm

S. 123, 8.
a) 100 b) 140 c) 67 d) 240

S. 123, 9.
a) 72 b) 152 c) 60 d) 392

S. 123, 10.
a) 30 cm b) 15 m c) 8 m d) 50 cm

S. 123, 11.
a) 32 cm b) 8 cm c) 26 m d) 8 m

S. 123, 12.
a) 130 · 10 = 1300
   134 · 12 = 1608
b) 300 · 20 = 6000
   346 · 18 = 6228
c) 100 · 100 = 10 000
   140 · 120 = 16 800
d) 10 · 3400 = 34 000
   11 · 3453 = 37 983

S. 123, 13.
a) 2100 = 700 · 3 = 70 · 30 = 7 · 300
b) 12 000 = 2 · 6000 = 30 · 400 = 400 · 30 = 6000 · 2
c) 2400 = 200 · 12 = 400 · 6 = 800 · 3
d) 72 000 = 8 · 9000 = 80 · 900 = 800 · 90 = 8000 · 9

S. 123, 14.
Zeichenübung

S. 123, 15.
a) a = 3 cm, b = 2 cm   b) a = 2 cm, b = 2 cm

S. 123, 16.
Die benachbarte Seite ist ebenfalls 3,7 cm lang.

S. 123, 17.
a) a = 12 cm − 3 cm = 9 cm
b) a = 4 cm und b = 8 cm,
   denn 2 · 4 = 8 und 4 + 8 = 12

S. 123, 18.
a) Quadrat b) Rechteck
c) Parallelogramm d) Trapez

S. 123, 19.
D (3 | 3)

Prüfe dein neues Fundament (S. 146/147)

S. 146, 1.
①: 16 ②: 10 ③: 10 ④: 12 ⑤: 9,5
a) Figur ①
b) Figur ⑤
c) Figuren ② und ③

S. 146, 2.
Umfang in Kästchenlängen:
①: 24 ②: 16 ③: 18 ④: 18
a) Figur ①
b) Figur ②
c) Figuren ③ und ④

S. 146, 3.
a) 20 000 cm² b) 3 dm² c) 10 000 m²
d) 2 a

S. 146, 4.
50 000 mm² < 20 dm² < 4000 cm² < 1 m² < 300 dm²

S. 146, 5.

	a)	b)	c)
Flächeninhalt A	48 cm²	81 mm²	3 m²
Umfang u	32 cm	36 mm	7 m

S. 146, 6.

	a)	b)	c)	d)
Breite	3 m	4 cm	2 cm	2 dm
Länge	5 m	4 cm	4 cm	5 dm
Flächeninhalt A	15 m²	16 cm²	8 cm²	1000 cm²
Umfang u	16 m	16 cm	120 mm	14 dm

S. 146, 7.
Individuelle Lösungen

S. 146, 8.
a) Nein, Rheinland-Pfalz ist rund 1000-mal so groß.
b) Kann stimmen.
c) Nein, eine Ein-Zimmer-Wohnung ist etwa 10-mal so groß.
d) Kann stimmen.

S. 147, 9.
a) Der Umfang vergrößert sich um 12 cm.
   u = a + 3 + b + 3 + a + 3 + b + 3
     = a + b + a + b + 12
b) Der Flächeninhalt vervierfacht sich.
   A = (a · 2) · (a · 2) = a² · 4

S. 147, 10.
a) Flächeninhalt: ①: 4800 m² ②: 2400 m²
b) Umfang: ①: 340 m
           ②: 320 m
   Grundriss ① hat den größeren Umfang.

S. 147, 11.
a) 18 m² Teppich werden benötigt.
b) u = 22 m
   Es müssen für 19 m und 60 cm Fußbodenleisten besorgt werden.
c) Familie Knettel kann einmal 5 m x 2 m und einmal 4 m x 2 m kaufen. Dann bleibt kein Rest übrig und die Familie kauft nicht mehr Teppich, als nötig.

Lösungen

Wiederholungsaufgaben (S. 147)

S. 147, 1.
a) 350 b) 310 c) 111 d) 240

S. 147, 2.
Individuelle Lösungen

S. 147, 3.
1,8 cm

S. 147, 4.
1 Hunderter im Übertrag fehlt: 208 + 692 = 900

S. 147, 5.
250 006

Lösungen zu Kapitel 5: Volumen und Oberflächeninhalt

Dein Fundament (S. 150/151)

S. 150, 1.
a) 18 b) 14 c) 22 d) 10

S. 150, 2.
a) Es fehlen 3 kleine Würfel, dann besteht der große aus 27 kleinen.
b) Es fehlen 5 kleine Würfel, dann besteht der große aus 27 kleinen.

S. 150, 3.
a) 2 cm² b) 4 cm² c) 6 cm² d) 1 cm²

S. 150, 4.
a) 2 cm · 3 cm = 6 cm² b) 4 cm · 4 cm = 16 cm²

S. 150, 5.
a)

Rechteck	①	②	③	④	⑤
Länge	15 cm	10 cm	10 cm	21 cm	5 dm
Breite	3 cm	1 dm	10 cm	6 cm	5 dm
Flächeninhalt	45 cm²	1 dm²	100 m²	126 cm²	25 dm²

b) Die Rechtecke ②, ③ und ⑤ sind Quadrate.

S. 150, 6.
Zum Beispiel 4 cm und 3 cm (4 cm · 3 cm = 12 cm²) oder 6 cm und 2 cm (6 cm · 2 cm = 12 cm²).

S. 150, 7.
Die Seitenlängen sind 2 m.

S. 151, 8.
a) 30 mm b) 500 cm c) 100 cm d) 5000 m
e) 3 cm   f) 35 km   g) 2 m   h) 50 m

S. 151, 9.
a) 3 cm²   b) 20 000 cm²
c) 500 cm²   d) 5 cm²

S. 151, 10.
a) 6700 mm²   b) 900 cm²
c) 10 000 cm² d) 110 000 cm²
e) 5 cm²   f) 370 m²
g) 5 dm²   h) 1 000 000 m²

S. 151, 11.
a) Längeneinheiten: mm, dm, cm
b) Flächeneinheiten: m², a, dm², ha, km²

S. 151, 12.
a) 13 cm = 130 mm   b) 2 m = 20 dm
c) 1200 cm = 12 m   d) 17 dm = 1700 mm
e) 1 m² = 100 dm²   f) 2 cm² = 200 mm²
g) 2200 cm² = 22 dm²   h) 20 000 mm² = 2 dm²

S. 151, 13.
Ein Quader hat a) 6 Flächen, b) 12 Kanten und c) 8 Ecken.

S. 151, 14.
b) und d) sind keine Würfelnetze. Bei b) gibt es nur fünf statt sechs Seitenflächen. Bei d) liegen zwei Flächen nach dem Zusammenfalten übereinander.

S. 151, 15.
a) und d) sind Quadernetze, b) und c) muss man wie folgt verändern, um ein Quadernetz zu erhalten:

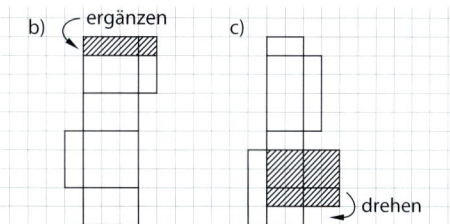

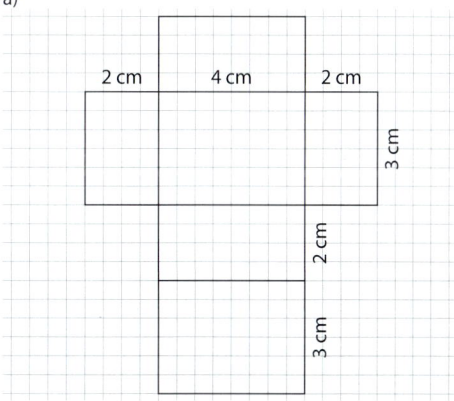

S. 151, 16.
a)

b)
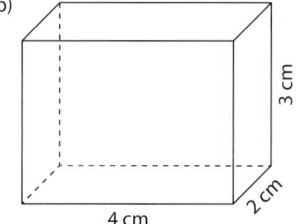

S. 151, 17.
a) 81 b) 8 c) 42 d) 52 e) 94

Prüfe dein neues Fundament (S. 170/171)

S. 170, 1.
a) Das größte Volumen hat Körper ③.
b) Die Körper ①, ② und ④ sind alle gleich groß.

S. 170, 2.
a) $20\,000\,mm^3$ b) $6000\,cm^3$
c) $15\,m^3$ d) $3\,000\,000\,mm^3$
e) $30\,000\,000\,mm^3$ f) $6\,000\,000\,cm^3$
g) $15\,000\,000\,000\,mm^3$ h) $3\,\ell$

S. 170, 3.
$1000\,\ell = 1\,000\,000\,ml$, $1\,000\,000 : 200 = 5000$
Die Riesen-Dose reicht für 5000 Gläser.

S. 170, 4.
a) $48\,m^3$ b) $48\,cm^3$ c) $18\,dm^3$

S. 170, 5.
a) $V = 32\,cm^3$; $O = 88\,cm^2$ b) $V = 60\,cm^3$; $O = 104\,cm^2$
c) $V = 135\,cm^3$; $O = 198\,cm^2$
d) $V = 729\,cm^3$; $O = 486\,cm^2$

S. 170, 6.
Grundfläche: $4\,cm \cdot 3\,cm = 12\,cm^2$;
Höhe: $132\,cm^3 : 12\,cm^2 = 11\,cm$

S. 170, 7.
$V = 1\,m \cdot 1\,m \cdot 3\,mm = 1000\,mm \cdot 1000\,mm \cdot 3\,mm$
$= 3\,000\,000\,mm^3 = 3\,dm^3 = 3\,\ell$

S. 170, 8.
Ein Buch im DIN-A4-Format ist 21 cm breit und knapp 30 cm lang. Auf den Boden des Kartons passen also 3 solcher Bücher. Ein Schulbuch ist etwa 1,5 cm bis 2 cm hoch, es passen also 30 bis 40 Lagen Bücher übereinander. Das ergibt insgesamt 90 bis 120 Bücher – je nach Dicke der Bücher können durchaus über 100 Bücher in den Karton passen.

S. 171, 9.
a) $V = 5 \cdot 2\,cm \cdot 2\,cm \cdot 2\,cm = 40\,cm^3$;
$O = 20 \cdot 2\,cm \cdot 2\,cm = 80\,cm^2$
b) Der Körper ② besteht ebenfalls aus 5 Würfeln, sein Volumen ist also gleich. Die Oberfläche ist größer, da 22 Würfelflächen zu sehen sind.
($V = 40\,cm^3$; $O = 22 \cdot 2\,cm \cdot 2\,cm = 88\,cm^2$)

S. 171, 10.
a) $V = (12\,m \cdot 3\,m + 6\,m \cdot 3\,m) \cdot 4\,m = 216\,m^3$
b) $O = 2 \cdot (12\,m \cdot 3\,m + 6\,m \cdot 3\,m) + 6 \cdot (3\,m \cdot 4\,m) +$
$6\,m \cdot 4\,m + 12\,m \cdot 4\,m = 252\,m^2$

S. 171, 11.
a) Richtig, das ist die Definition des Volumens.
b) Falsch, sie ist sechsmal so groß.
c) Richtig, die beiden Größen sind identisch.
d) So allgemein falsch, das Volumen hängt auch von der Grundfläche ab.
e) Falsch, bei unterschiedlichen Seitenlängen ergeben sich unterschiedliche Oberflächen.

Wiederholungsaufgaben (S. 171)

S. 171, 1.
a) 22 257 b) 2382 c) 17 631 d) 228

S. 171, 2.
```
  5 6 6
- 3 2 3
-------
  2 4 3
```

S. 171, 3.
a) 75 dm b) 1400 g c) 9250 m d) 225 mm

S. 171, 4.
a) $36\,cm^2$ b) $9\,cm$.

Lösungen zu Kapitel 6: Teilbarkeit und Brüche

Dein Fundament (S. 174/175)

S. 174, 1.
a) 72 b) 63 c) 42 d) 64 e) 48
f) 36 g) 39 h) 48 i) 80 j) 81

S. 174, 2.
a) $3 \cdot 7 = 21$; $5 \cdot 7 = 35$; $10 \cdot 7 = 70$
b) $3 \cdot 8 = 24$; $5 \cdot 8 = 40$; $10 \cdot 8 = 80$
c) $3 \cdot 9 = 27$; $5 \cdot 9 = 45$; $10 \cdot 9 = 90$
d) $3 \cdot 10 = 30$; $5 \cdot 10 = 50$; $10 \cdot 10 = 100$
e) $3 \cdot 12 = 36$; $5 \cdot 12 = 60$; $10 \cdot 12 = 120$

S. 174, 3.
a) 3 b) 4 c) 5 d) 9 e) 5
f) 6 g) 7 h) 7 i) 9 j) 8

S. 174, 4.
a) 8 b) 420 c) 28 d) 65
e) 6800 f) 4 g) 9 h) 38

S. 174, 5.
a) $25 \cdot 17 \cdot 4 = 25 \cdot 4 \cdot 17 = 100 \cdot 17 = 1700$
b) $5 \cdot 37 \cdot 2 = 5 \cdot 2 \cdot 37 = 10 \cdot 37 = 370$
c) $19 \cdot 5 \cdot 20 = 19 \cdot 100 = 1900$
d) $2 \cdot 39 \cdot 5 = 2 \cdot 5 \cdot 39 = 10 \cdot 39 = 390$
e) $7 \cdot 19 \cdot 0 = 0$
f) $2 \cdot 59 \cdot 50 = 2 \cdot 50 \cdot 59 = 100 \cdot 59 = 5900$
g) $25 \cdot 47 \cdot 0 = 0$
h) $50 \cdot 32 \cdot 20 = 50 \cdot 20 \cdot 32 = 1000 \cdot 32 = 32\,000$
i) $4 \cdot 25 \cdot 10 = 100 \cdot 10 = 1000$
j) $15 \cdot 5 \cdot 4 = 15 \cdot 4 \cdot 5 = 60 \cdot 5 = 300$

S. 174, 6.
a) richtig b) $56 : 8 = 7$
c) $0 \cdot 7 = 0$ d) $808 + 8 = 816$
e) $7000 - 70 = 6930$ f) $100 : 1 = 100$
g) richtig h) richtig

Lösungen

S. 174, 7.
a) 5   b) 9   c) 4   d) 4
e) 60   f) 13   g) 32   h) 57

S. 174, 8.
a) 11 : 2 = 5 Rest 1; 11 : 3 = 3 Rest 2;
   11 : 5 = 2 Rest 1; 11 : 10 = 1 Rest 1
b) 18 : 2 = 9 Rest 0; 18 : 3 = 6 Rest 0;
   18 : 5 = 3 Rest 3; 18 : 10 = 1 Rest 8
c) 23 : 2 = 11 Rest 1; 23 : 3 = 7 Rest 2;
   23 : 5 = 4 Rest 3; 23 : 10 = 2 Rest 3
d) 30 : 2 = 15 Rest 0; 30 : 3 = 10 Rest 0;
   30 : 5 = 6 Rest 0; 30 : 10 = 3 Rest 0
e) 32 : 2 = 16 Rest 0; 32 : 3 = 10 Rest 2;
   32 : 5 = 6 Rest 2; 32 : 10 = 3 Rest 2
f) 60 : 2 = 30 Rest 0; 60 : 3 = 20 Rest 0;
   60 : 5 = 12 Rest 0; 60 : 10 = 6 Rest 0
g) 15 : 2 = 7 Rest 1; 15 : 3 = 5 Rest 0;
   15 : 5 = 3 Rest 0; 15 : 10 = 1 Rest 5
h) 228 : 2 = 114 Rest 0; 228 : 3 = 76 Rest 0;
   228 : 5 = 45 Rest 3; 228 : 10 = 22 Rest 8
i) 420 : 2 = 210 Rest 0; 420 : 3 = 140 Rest 0;
   420 : 5 = 84 Rest 0; 420 : 10 = 42 Rest 0
j) 425 : 2 = 212 Rest 1; 425 : 3 = 141 Rest 2;
   425 : 5 = 85 Rest 0; 425 : 10 = 42 Rest 5

S. 174, 9.
a) 39 : 8 = 4 Rest 7   b) 17 : 3 = 5 Rest 2
c) 54 : 6 = 9 ohne Rest   d) 53 : 7 = 7 Rest 4
e) 39 : 17 = 2 Rest 5   f) 123 : 10 = 12 Rest 3
g) 490 : 7 = 70 ohne Rest h) 455 : 9 = 50 Rest 5

S. 174, 10.
a) 1; 2; 3; 4; 6; 12
b) 1; 2; 3; 6; 9; 18
c) 1; 7
d) 1; 2; 3; 5; 6; 10; 15; 30
e) 1; 2; 3; 4; 6; 8; 12; 24
f) 1; 2; 4; 8
g) 1; 2; 4; 8; 16; 32
h) 1; 3; 5; 15; 25; 75

S. 174, 11.
a) 4; 8; 12   b) 225; 275; 350

S. 174, 12.

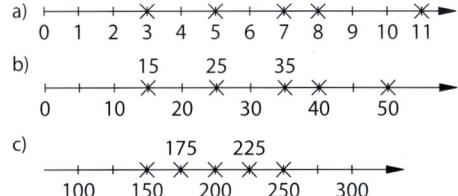

S. 175, 13.
Lea bekommt, genau wie Tobias, 4,50 €.

S. 175, 14.
a) 12 Stücke
b) 6 Stücke
c) 4 Stücke
d) Sie bekommt insgesamt 3 Stücke,
   also jetzt noch 1 Stück.
e) 6 Kinder

S. 175, 15.

	Das Doppelte	Das Dreifache
a)	6 kg	9 kg
b)	60 min = 1 h	90 min
c)	40 Cent	60 Cent
d)	50 cm	75 cm
e)	14 Tage	21 Tage

	Das Vierfache	Das Fünffache
a)	12 kg	15 kg
b)	120 min = 2 h	150 min
c)	80 Cent	100 Cent = 1 €
d)	100 cm = 1 m	125 cm
e)	28 Tage	35 Tage

S. 175, 16.
a) 1000 m = 1 km b) 100 cm = 1 m c) 500 m
d) 45 min   e) 60 min = 1 h f) 1,25 € = 125 Cent

S. 175, 17.
a) 2 halbe Liter sind ein Liter.
b) 15 Minuten sind eine Viertelstunde.
c) 90 Minuten sind eineinhalb Stunden.
d) 3 halbe Meter sind anderthalb Meter.

S. 175, 18.
a) Zehner: 4570; Hunderter: 4600; Tausender: 5000
b) Zehner: 6750; Hunderter: 6700; Tausender: 7000
c) Zehner: 7900; Hunderter: 7900; Tausender: 8000
d) Zehner: 10 230; Hunderter: 10 200;
   Tausender: 10 000
e) Zehner: 90 980; Hunderter: 91 000;
   Tausender: 91 000

S. 175, 19.
a) 786 < 2346 < 2356 < 9908
b) 99 999 < 999 345 < 3 799 779 < 3 799 789

S. 175, 20.
Für 1000 km benötigt man durchschnittlich 10-mal so viel Benzin wie für 100 km, also hier 70 ℓ.

S. 175, 21.
26 Stunden

Prüfe dein neues Fundament (S. 212/213)

S. 212, 1.
a) 6, 12, 18
b) 14, 28, 42, 56, 70   c) 102, 108, 114, 120, 126

S. 212, 2.
a) falsch
b) richtig, 150 = 6 · 25
c) richtig, 48 : 12 = 4
d) falsch
e) richtig, 60 : 15 = 4
f) richtig, 260 : 20 = 13
g) falsch, 13 teilt 39
h) richtig, 91 : 7 = 13

S. 212, 3.
a) $T_{12} = \{1, 2, 3, 4, 6, 12\}$ b) $T_{19} = \{1, 19\}$ (Primzahl)
c) $T_{36} = \{1, 2, 3, 4, 6, 9, 12, 18, 36\}$
d) $T_{100} = \{1, 2, 4, 5, 10, 20, 25, 50, 100\}$
e) $T_{144} = \{1, 2, 3, 4, 6, 12, 24, 36, 48, 72, 144\}$
f) $T_{260} = \{1, 2, 4, 5, 10, 13, 20, 26, 52, 65, 130, 260\}$

S. 212, 4.
a) 32 : 2 = 16; 32 ist nicht durch 5 oder 10 teilbar
b) 75 : 5 = 15; 75 ist nicht durch 2 oder 10 teilbar
c) 290 : 2 = 145; 290 : 5 = 58; 290 : 10 = 29
d) 523 ist nicht durch 2, 5 oder 10 teilbar (523 ist sogar eine Primzahl)
e) 1094 : 2 = 547; 1094 ist nicht durch 5 oder 10 teilbar
f) 2025 : 5 = 405; 2025 ist nicht durch 2 oder 10 teilbar

S. 212, 5.
a) Die Quersumme von 57 ist 12, 3 | 57 und 9 ∤ 57.
b) Die Quersumme von 83 ist 11; 3 ∤ 83 und 9 ∤ 83.
c) Die Quersumme von 679 ist 22, 3 ∤ 679 und 9 ∤ 679.
d) Die Quersumme von 789 ist 24, 3 | 789 und 9 ∤ 789.
e) Die Quersumme von 1332 ist 9, 3 | 1332 und 3 | 1332.
f) Die Quersumme von 8562 ist 21, 3 | 8562 und 9 ∤ 8562

S. 212, 6.
a) 0, 2, 4, 6 und 8
b) 2, 5 und 8
c) 0 und 5
d) 2 und 8

S. 212, 7.
a) nein, denn 66 : 4 = 16 Rest 2
b) ja, denn 4 | 80
c) ja, denn 4 | 36
d) nein, denn 62 : 4 = 15 Rest 2
e) ja, denn 4 | 92

S. 212, 8.
Nein, da 1311 eine ungerade Zahl und nicht durch 2 teilbar ist.

S. 212, 9.
a) $\frac{1}{3}$ b) $\frac{5}{6}$ c) $\frac{4}{7}$ d) $\frac{3}{8}$

S. 212, 10.
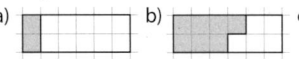

S. 212, 11.
a) $\frac{6}{10}, \frac{15}{25}, \frac{24}{40}$ b) $\frac{3}{4}, \frac{9}{12}, \frac{12}{16}, \frac{18}{24}$

S. 213, 12.
a) $\frac{2}{7}$ b) $\frac{1}{2}$ c) $\frac{5}{4}$
d) $\frac{5}{3}$ e) $\frac{9}{80}$ f) $\frac{3}{4}$

S. 213, 13.
a) $\frac{6}{16} > \frac{5}{16}$ b) $\frac{3}{4} < \frac{4}{5}$
c) $\frac{7}{12} < \frac{11}{16}$ d) $3\frac{7}{10} > 3\frac{1}{2}$

S. 213, 14.
a) 21 € b) 140 g c) 50 s d) 6 mm

S. 213, 15.
a) $\frac{40}{100} = \frac{2}{5}$ b) $\frac{14}{21} = \frac{2}{3}$ c) $\frac{5}{60} = \frac{1}{12}$ d) $\frac{250}{2000} = \frac{1}{8}$

S. 213, 16.
a) $\frac{1}{10}$ kg = 100 g b) $\frac{1}{2}$ g = 500 mg
c) $\frac{2}{5}$ dm = 4 cm d) $\frac{3}{8}$ ℓ = 375 mℓ
e) $5\frac{1}{2}$ km = 5500 m f) $2\frac{3}{4}$ h = 165 min

S. 213, 17.
Peters Anteil beträgt $\frac{1}{10}$, Maries $\frac{1}{5}$. Maries Anteil ist also höher, sie trifft öfter.

S. 213, 18.
a) Jedes Kind bekommt $2\frac{1}{4}$ Pfannkuchen.
b) Jedes Kind erhält $5\frac{1}{2}$ Donuts.
c) Für jeden gibt es $\frac{1}{3}$ Pizza.

S. 212, 19.
a) $\frac{13}{2}$ b) $\frac{6}{5}$ c) $\frac{8}{3}$ d) $\frac{73}{10}$
e) $\frac{35}{17}$ f) $\frac{58}{11}$

S. 212, 20.
a) $1\frac{1}{3}$ b) $1\frac{1}{5}$ c) $9\frac{1}{2}$ d) $4\frac{1}{4}$
e) $2\frac{9}{10}$ f) $6\frac{2}{7}$

Wiederholungsaufgaben (S. 213)

S. 213, 1.
a) 12 + 88 = 100 b) 100 : 5 = 20
c) 48 – 19 = 29

S. 213, 2.
a) 1 Liter entspricht 1 dm³; also 1 dm³ = 1000 cm³.
b) 1 m = 100 cm
c) 1 t = 1 000 000 g = 1 Mio. g
d) Ein Tag hat 24 Stunden, also 24 · 60 = 1440 Minuten.

S. 213, 3.
In 4 Busse passen nur 200 Schüler, man braucht also 5 Busse.

S. 213, 4.
a) Geschenkbänder, dicke Bundstifte, Griffe von Bestecken
b) 2500 kg = 2,5 t: Kleinlaster, Elefantenkuh, mögliche Zuladung auf viele PKW-Anhänger
c) Nachrichtenbeiträge; 3 durchschnittliche Werbespots
d) 1000 cm³ sind ein Liter: Milchpackungen, Getränkeflaschen

S. 213, 5.
Zeichenübung

Stichwortverzeichnis

Abrunden 20
Abstand 85
Achse
– x-Achse 90
– y-Achse 90
Achsenspiegelung 99
Achsensymmetrie 98
achsensymmetrisch 98
Addition 46, 58, 66
Anteil an einem Ganzen 186
Anteile von Größen 199, 203
Anzahlen ermitteln 74
Ar 128, 129
Assoziativgesetz
– der Addition 58
– der Multiplikation 59
Aufriss 115
Aufrunden 20
Ausklammern 62
Ausmultiplizieren 61

Balkendiagramm 8
Basis 72
Baumdiagramm 74
Befragungen 12
Bildpunkt 99
Binärsystem 18
Breite 124, 132, 138, 158, 161
Bruch 186, 203
– echter 203
– erweitern 192
– in gemischte Zahlen umwandeln 204
– kürzen 192, 193
– unechter 203
– vergleichen 196
– zeichnerisch darstellen 187
Bruchzahl 207

Daten 8
Deckfläche 161
Diagonale 97
Diagramm
– anfertigen 8
– Balkendiagramm 8
– Säulendiagramm 8
Differenz 46, 69
Distributivgesetz 61
Dividend 50
Division 50, 70, 176
Divisor 50
Drachenviereck 94
Dynamische Geometriesoftware 102

echter Bruch 203
Ecke 104
Einheiten 25, 28, 29, 32
– Einheitentafel 32
– umrechnen 28, 29, 32
Endziffernregeln 180, 182
Erweitern 192
Exponent 72

Faktor 50
Fläche am Körper 104
Flächeneinheiten 128, 129
– Ar 128, 129
– Hektar 128, 129
– Quadratdezimeter 128, 129
– Quadratkilometer 128, 129
– Quadratmeter 128, 129
– Quadratmillimeter 128, 129
– Quadratzentimeter 125, 128, 129
Flächeninhalt 124, 132
– eines Rechtecks 132
– eines Quadrats 133
– messen 124, 128
– Näherungswert bestimmen 141
– vergleichen 125
– zusammengesetzter Figuren 136

gemischte Zahl 203
– in Brüche umwandeln 205
Geodreieck 85, 95, 99
Gerade 84
gerade Zahl 180
Geraden zeichnen
– parallel 85
– senkrecht 85
Gewichtseinheiten 25, 28
– Gramm 25, 28
– Kilogramm 25, 28
– Milligramm 25, 28
– Tonne 25, 28
gleichnamig 196
Größen 25, 199
– Anteile 199
– Einheiten 25, 28
– Kommaschreibweise 32
– schätzen 25
– umrechnen 28, 129, 155
größter gemeinsamer Teiler (ggT) 184
Grundfläche 161
Grundriss 115

Grundzahl 72

Halbgerade 84
Häufigkeitstabelle 8
Hektar 128, 129
Hochzahl 72
Höhe 152, 158, 161

Kante 104
Kantenmodell 107
Kegel 104
Klammern 53
kleinstes gemeinsames Vielfaches (kgV) 184
Kommaschreibweise bei Größen 32
Kommutativgesetz
– der Addition 58
– der Multiplikation 59
Koordinaten 90
– ablesen 90
– eintragen 91
– x-Koordinate 90
– y-Koordinate 90
Koordinatensystem 90
Kopfrechnen
– Addition und Subtraktion 46
– Multiplikation und Division 50
Körper 104
– Volumen 152
Körpernetz 108
Kubikdezimeter 153, 154
Kubikmeter 153, 154
Kubikmillimeter 153, 154
Kubikzentimeter 153, 154
Kugel 104
Kürzen 192, 193

Länge 124, 132, 138, 158, 161
Längen und Maßstab
– in der Wirklichkeit berechnen 34
– im Bild berechnen 35
Längeneinheiten 25, 28
– Dezimeter 25, 28
– Kilometer 25, 28
– Meter 25, 28
– Millimeter 25, 28
– Zentimeter 25, 28
Liter 153, 154
lotrecht 116

Masse 25
Maßeinheit 25, 28, 29, 32

Maßstab 34, 35, 136
Maßzahl 25
Milliliter 153, 154
Minuend 46
Modellieren 141
Multiplikation 50, 59, 69, 176

Nachfolger 14
natürliche Zahlen 13, 22
Nenner 186
Netz 108
– eines Quaders 108, 111
– eines Würfels 108
– erkennen 111
– zeichnen 108

Oberfläche 161
Oberflächeninhalt 152, 161
– eines Quaders 161
– eines Würfels 162
– zusammengesetzter Körper 166

parallel 85
Parallelogramm 94
Parallelverschiebung 88
platonische Körper 107
Potenz 72
Primfaktorzerlegung 182
Primzahl 182
Prisma 104
Proberechnung 70
Problemlösen 56
Produkt 50, 69, 72
Punkt- und Strichrechnung 53
Pyramide 104
– quadratische Pyramide 104

Quader 104, 108, 112
– Oberflächeninhalt 161
– Volumen 158
Quadrat 94
Quadratdezimeter 128, 129
Quadratkilometer 128, 129
Quadratmeter 128, 129
Quadratmillimeter 128, 129
Quadratzentimeter 125, 128, 129
Quersummenregeln 181
Quotient 50, 71
– Bruch 197, 203

Rauminhalt s. Volumen
Raute 94
Rechengesetze
– der Addition und Multiplikation 58, 59

– Distributivgesetz 61
Rechenregeln 53, 58, 59, 61, 73
Rechteck 94, 132
rechter Winkel 85, 94
Rhombus 94
römische Zahlen 16
– lesen 16
– schreiben 16
Runden 20
– Rundungsregeln 20
– Rundungsstelle 20

Säulendiagramm 8
Schrägbild 112
schriftliches Rechnen
– Addieren 66
– Dividieren 70
– Multiplizieren 69
– Subtrahieren 67
Seitenfläche 161
Seitenriss 115
Seitenlängen berechnen 133, 139
senkrecht 85
Spiegelachse 99
Stellenwerttafel 13, 14
Strahl 84
Strecke 84, 124
Strich- und Punktrechnung 53
Strichliste 8
Subtrahend 46
Subtraktion 46, 67
Summand 46
Summe 46, 67
Symmetrieachse 98, 99

Teilbarkeitsregeln 180, 181, 182
Teiler 176, 184
– einer Summe 181
– gemeinsame 184
Teilermenge 177
Trapez 94

Überschlagsrechnung 64
Umfang 124, 138
– eines Rechtecks 138
– eines Quadrats 139
Umkehroperationen 47, 51, 133
Umrechnungszahlen 28
unechter Bruch 203
ungerade Zahl 180
Ursprung 90

Vergrößerung 34
Verkleinerung 343

Verschiebung 88
verschiebungssymmetrisch 84
Vielfache 176
– gemeinsame 184
Vielfachenmenge 177
Vierecke 94
– zeichnen 95
Volumen 152, 158
– eines Quaders 158
– eines Würfels 159
– messen 153
– umrechnen 156
– zusammengesetzter Körper 164
– vergleichen 152
Volumeneinheiten 153
– Kubikdezimeter 153, 154
– Kubikmeter 153, 154
– Kubikmillimeter 153, 154
– Kubikzentimeter 153, 154
– Liter 153, 154
– Milliliter 153, 154
Vorgänger 14
Vorrangregeln 53, 73
Vorsilben 32

Würfel 104, 108
– Oberflächeninhalt 162
– Volumen 159
x-Achse 90
x-Koordinate 90
y-Achse 90
y-Koordinate 90

Zahlen
– natürliche Zahlen 13, 22
– römische Zahlen 16
– Umrechnungszahlen 28, 129, 155
– Zweiersystem 18
Zahlenstrahl 22, 207
Zähler 186
Zehnersystem 16
Zeiteinheiten 25, 29
– Minute 25
– Sekunde 25
– Stunde 25
– Tag
Zeitpunkt 29
Zeitspanne 29
Zerlegung 138, 164
Ziffer 13
zusammengesetzte Figur 136
zusammengesetzte Körper 164
Zweiersystem 18
Zylinder 104

Bildquellenverzeichnis

Technische Zeichnungen: Christian Böhning

Illustrationen: Gudrun Lenz, Zweiband Media, Niels Schröder, Claudia Lieb, hawemannundmosch

Abbildungen:

Cover: oben mitte/Shutterstock.com/Nancy Bauer

5/oben mitte/Shutterstock.com/Olga Danylenko, 9/mitte rechts/stock.adobe.com/Eleonora Ivanova, 12/oben rechts/stock.adobe.com/shootingankauf, 13/oben mitte/Shutterstock.com/Ints Vikmanis, 15/mitte links/mauritius images/alamy stock photo/BSIP SA, 16/oben rechts/Shutterstock.com/N.Minton, 20/oben rechts/Shutterstock.com/koya979, 21/mitte rechts/stock.adobe.com/Eleonora Ivanova, 22/oben rechts/stock.adobe.com/Gudellaphoto, 22/oben mitte/Shutterstock.com/FooTToo, 24/unten rechts/stock.adobe.com/p!xel 66, 27/Delphin/Shutterstock.com/seb2583, 27/Schlange/Shutterstock.com/Anukool Manoton, 27/Giraffe/Shutterstock.com/meunierd, 27/Gepard/Shutterstock.com/Maros Bauer, 27/Strauß/Shutterstock.com/Elsa Hoffmann, 27/Schildkröte/Shutterstock.com/Danny Alvarez, 28/oben rechts/stock.adobe.com/Nadine Haase, 29/Katze/stock.adobe.com/masterloi, 29/Hund/stock.adobe.com/meldes, 29/Seehund/stock.adobe.com/Eric Isseleé, 29/Luchs/Shutterstock.com/Eric Isselee, 30/oben links/stock.adobe.com/mouse_md, 30/unten rechts/stock.adobe.com/soupstock, 31/oben mitte/stock.adobe.com/Luis Louro, 32/oben rechts/stock.adobe.com/jagodka, 33/mitte rechts/stock.adobe.com/Scanrail, 36/mitte rechts/stock adobe.com/Mirscho, 36/mitte/stock.adobe.com/Kenishirotie, 36/mitte links/stock.adobe.com/tournee, 36/mitte/Shutterstock.com/Nakoff, 37/unten rechts/Shutterstock.com/Everett Collection, 37/oben rechts/stock.adobe.com/doomu, 39/oben mitte/Shutterstock.com/Gearstd, 39/oben rechts/Shutterstock.com/Alexander Mak, 39/mitte rechts/Shutterstock.com/Joe Gough, 41/mitte/stock.adobe.com/Robert Neumann, 41/oben/stock.adobe.com/womue, 43/oben rechts/stock.adobe.com/matimix, 46/oben rechts/stock.adobe.com/josef muellek, 46/unten links/stock.adobe.com/GraphicsRF, 49/oben rechts/stock.adobe.com/Pakhnyushchyy, 49/oben mitte/stock.adobe.com/Halfpoint, 49/mitte rechts/stock.adobe.com/contrastwerkstatt, 49/mitte/Shutterstock.com/REDSTARSTUDIO, 50/oben rechts/stock.adobe.com/charnsitr, 50/unten links/stock.adobe.com/Eleonora Ivanova, 52/unten rechts/stock.adobe.com/WavebreakmediaMicro, 54/oben links/stock.adobe.com/mouse_md, 56/oben rechts/stock.adobe.com/karandaev, 57/unten mitte/stock.adobe.com/storm, 59/oben rechts/stock.adobe.com/kraska, 60/unten rechts, oben rechts/stock.adobe.com/Fotosasch, 61/oben rechts/Shutterstock.com/Oliver Klimek, 61/oben mitte/Shutterstock.com/nuwatphoto, 62/unten links/stock.adobe.com/mouse_md, 63/mitte/stock.adobe.com/pressmaster, 65/oben mitte/stock.adobe.com/powell83, 66/unten links/stock.adobe.com/kraska, 67/unten rechts/stock.adobe.com/kraska, 68/mitte links/stock.adobe.com/mouse_md, 69/oben rechts/Cornelsen/Maya Brandl, Berlin, 69/unten rechts/stock.adobe.com/Eleonora Ivanova, 70/unten links/Shutterstock.com/Erik Lam, 70/unten links/stock.adobe.com/GraphicsRF, 71/mitte/stock.adobe.com/eyeQ, 72/unten rechts, oben rechts/stock.adobe.com/Fotosasch, 73/mitte rechts/stock.adobe.com/Eleonora Ivanova, 74/oben rechts/stock.adobe.com/DWP, 75/unten rechts/Shutterstock.com/Fotyma, 76/mitte rechts/stock.adobe.com/Schlierner, 76/unten rechts/Shutterstock.com/mTaira, 77/mitte/Shutterstock.com/kerstiny, 79/oben rechts/stock.adobe.com/by-studio, 79/unten rechts/stock.adobe.com/Alexander, 79/unten mitte/stock.adobe.com/Norman Nick, 79/unten links/Clip Dealer /pdesign, 81/oben mitte/Shutterstock.com/stable, 87/mitte rechts/Shutterstock.com/Nikki Zalewski, 87/unten rechts/stock.adobe.com/anamejia18, 92/oben rechts/stock.adobe.com/obelicks, 92/unten rechts/stock.adobe.com/AlexanderZam, 92/oben links/stock.adobe.com/GraphicsRF, 96/oben rechts/Shutterstock.com/Roman Sigaev, 98/oben rechts/Cornelsen/Maya Brandl, 99/oben mitte/stock.adobe.com/Joss, 101/oben rechts/stock.adobe.com/GraphicsRF, 101/8a/Shutterstock.com/Paul Stringer, 101/8b/Shutterstock.com/Julinzy, 101/8c/Shutterstock.com/Globe Turner, 101/8d/Shutterstock.com/Paul Stringer, 101/8e/Shutterstock.com/Mertsaloff, 101/8f/Shutterstock.com/Paul Stringer, 101/unten links/stock.adobe.com/JPS, 101/unten mitte/Shutterstock.com/SP-Photo, 101/unten rechts/Shutterstock.com/olga_gl, 105/unten rechts/stock.adobe.com/Eleonora Ivanova, 106/mitte rechts/stock.adobe.com/demerzel21, 115/unten mitte/Cornelsen/Moritz Vennemann, 116/oben rechts/stock.adobe.com/ArTo, 121/oben mitte/action press/QKD/Rex Features, 122/oben rechts/stock.adobe.com/AlexanderZam, 126/unten mitte/Shutterstock.com/ii-graphics, 130/unten links/stock.adobe.com/Eleonora Ivanova, 131/mitte/stock.adobe.com/franzdell, 135/oben mitte/stock.adobe.com/K.-U. Häßler, 135/unten mitte/stock.adobe.com/contrastwerkstatt, 136/oben rechts/stock.adobe.com/montego6, 142/unten links/stock.adobe.com/bugphai, 142/unten mitte/stock.adobe.com/photoman120, 142/unten rechts/stock.adobe.com/Agence DER, 142/mitte rechts/stock.adobe.com/janvier, 149/oben mitte/stock.adobe.com/darknightsky, 152/oben rechts/stock.adobe.com/Ramona Heim, 153/unten rechts/stock.adobe.com/Eleonora Ivanova, 155/mitte links/stock.adobe.com/Sergey Yarochkin, 155/mitte/stock.adobe.com/rdnzl, 155/mitte/stock.adobe.com/ekostsov, 155/mitte rechts/stock.adobe.com/pixelrobot, 157/mitte rechts/stock.adobe.com/mouse_md, 158/oben rechts/Stephanie Charlotte Benner, 159/mitte rechts/stock.adobe.com/mouse_md, 160/mitte rechts/stock.adobe.com/koosen/babimu, 161/oben mitte/Cornelsen/Volker Döring, Hohen-Neuendorf, 162/oben links/stock.adobe.com/kraska, 166/mitte links/HERMEDIA Verlag GmbH, Riedenburg/TimeTEX/www.timetex.de, 169/unten mitte/stock.adobe.com/vladimirnenezic, 169/mitte/Shutterstock.com/Baloncici, 170/unten rechts/stock.adobe.com/Janina Dierks, 173/oben rechts/Shutterstock.com/nattanan726, 175/oben rechts/stock.adobe.com/Klaus Eppele, 176/unten links/stock.adobe.com/mouse_md, 176/oben rechts/Shutterstock.com/Steve Cukrov, 178/mitte rechts/Shutterstock.com/Regien Paassen, 184/oben rechts/stock.adobe.com/Jacek Chabraszewski, 186/oben rechts/stock.adobe.com/Andrea Wilhelm, 187/oben rechts/stock.adobe.com/Eleonora Ivanova, 188/mitte rechts/stock.adobe.com/Rawpixel.com, 188/mitte/stock.adobe.com/timboosch, 188/mitte links/stock.adobe.com/Björn Wylezich, 189/mitte rechts/Cornelsen/Sonja Thiele, 193/unten mitte/Cornelsen/Christian Böhning, 199/oben mitte/stock.adobe.com/Brad Pict, 200/oben links/stock.adobe.com/mouse_md, 203/oben mitte/stock.adobe.com/Zerbor, 211/mitte rechts/stock.adobe.com/emuck, 211/oben rechts/stock.adobe.com/guy, 211/unten rechts/Shutterstock.com/Ian Tragen, 215/oben mitte/ClipDealer GmbH/Elena Elisseeva, 216/oben rechts, oben mitte/stock.adobe.com/janvier, 218/unten rechts/stock.adobe.com/pico, 219/mitte rechts/stock.adobe.com/beermedia.de, 219/unten rechts/Shutterstock.com/Nathan Till, 220/oben links/stock.adobe.com, 221/oben mitte, oben rechts/stock.adobe.com/Christian Schwier, 224/mitte/Cornelsen/Dr. Sandra Wortmann, Ense, 225/oben rechts, oben mitte/stock.adobe.com/Dziurek, 240/unten links/PEFC Deutschland e.V.

Fundamente
| der Mathematik |

Autoren Hans Ahrens, Nina Ankenbrand, Frank Becker, Prof. Dr. Ralf Benölken, Daniela Ebe, Dr. Lothar Flade, Dr. Matthias Gercken, Anneke Haunert, Walter Klages, Anna-Kristin Kracht, Brigitta Krumm, Dr. Hubert Langlotz, Thorsten Niemann, Dr. Andreas Pallack, Melanie Quante, Dr. Ulrich Rasbach, Nadeshda Rempel, Wolfgang Ringkowski, Andreas von Scholz, Angelika Siekmann, Malte Stemmann, Christian Theuner, Alexander Uhlisch, Jonas Vogl, Anja Widmaier, Florian Winterstein, Anne-Kristina Wolff, Dr. Sandra Wortmann

Berater Jochen Dörr
Herausgeber Dr. Andreas Pallack
Redaktion Matthias Felsch, Romy Möller
Illustration Niels Schröder
Grafik Christian Böhning
Umschlaggestaltung havemannundmosch GbR
Layoutkonzept klein & halm GbR
Technische Umsetzung zweiband.media, Berlin

Begleitmaterialien zum Lehrwerk	
für Schülerinnen und Schüler	
Arbeitsheft Klasse 5	978-3-06-009281-9
für Lehrerinnen und Lehrer	
Serviceband Klasse 5	978-3-06-040286-1
Unterrichtsmanager plus	978-3-06-001249-7
Lösungsheft Klasse 5	978-3-06-009571-1

www.cornelsen.de

1. Auflage, 4. Druck 2022

Alle Drucke dieser Auflage sind inhaltlich unverändert und können im Unterricht nebeneinander verwendet werden.

© 2018 Cornelsen Verlag GmbH, Berlin

Das Werk und seine Teile sind urheberrechtlich geschützt. Jede Nutzung in anderen als den gesetzlich zugelassenen Fällen bedarf der vorherigen schriftlichen Einwilligung des Verlages. Hinweis zu §§ 60a, 60b UrhG: Weder das Werk noch seine Teile dürfen ohne eine solche Einwilligung an Schulen oder in Unterrichts- und Lehrmedien (§ 60b Abs. 3 UrhG) vervielfältigt, insbesondere kopiert oder eingescannt, verbreitet oder in ein Netzwerk eingestellt oder sonst öffentlich zugänglich gemacht oder wiedergegeben werden.
Dies gilt auch für Intranets von Schulen.

Allgemeiner Hinweis zu den in diesem Lehrwerk abgebildeten Personen:

Soweit in diesem Buch Personen fotografisch abgebildet sind und ihnen von der Redaktion fiktive Namen, Berufe, Dialoge und Ähnliches zugeordnet oder diese Personen in bestimmte Kontexte gesetzt werden, dienen diese Zuordnungen und Darstellungen ausschließlich der Veranschaulichung und dem besseren Verständnis des Buchinhalts.

Druck und Bindung: Livonia Print, Riga

ISBN 978-3-06-009273-4 (Schülerbuch)
ISBN 978-3-06-040280-9 (E-Book)

PEFC zertifiziert
Dieses Produkt stammt aus nachhaltig bewirtschafteten Wäldern und kontrollierten Quellen.
www.pefc.de

PEFC/12-31-006